Utilitarianism

功利主義リベラリズムの擁護

統治と功利

Governance and Utility
A Vindication of Utilitarian Liberalism

安藤 馨
Ando Kaoru

勁草書房

はじめに

　本書は現代リベラリズムの構想としての功利主義のある具体像を提示し、かつ、その擁護を試みる。より正確に述べるならば、リベラリズムとしての功利主義に基づく政治構想を展開するための準備作業として、ある功利主義構想の輪郭を具体的に描き、それを批判に対して擁護することが目指される。

　率直に言えば、功利主義は現在贔屓目に見ても有力な道徳理論・政治理論ではない。であるにもかかわらず、功利主義が第2次大戦後の復興期を経て再び衰微しつつあるこの期に及んでなぜいまさらその擁護を企てるかについて、そのような動機の解明が本書の説得性を増すということがないとしても、些かなりとも述べておくことが有益でありうるだろう。本書に到る著者の初発の動機はジェンダーを中心とするセクシュアリティに関わる領域に於ける規範理論——特にあるべき法や国家制度の提示を主たる関心とするもの——にあった。それらは近年に到るまで論じられることが稀であったが、少数ながらそうした規範理論が展開された最初期に目を向けるならば、一般的無関心の例外としてジェレミー・ベンサム (Jeremy Bentham) を嚆矢とするウィリアム・ゴドウィン (William Godwin)、ウィリアム・トムソン (William Thompson) といった古典的功利主義者（ないし英国哲学的急進派）たちを、当時最も雄弁にそれらの領域に於ける社会的不正を糾弾した人々として挙げることができよう。ジョン・スチュアート・ミル (John Stuart Mill) の『女性の隷従 *The Subjection of Women*』を待つまでもなく、ベンサムによる、性別・人種などに関わらない完全な平等選挙権を要求したフランス憲法典私案、堕胎擁護論、同性愛脱犯罪化論、などを見れば、第一波フェミニズムの下地をメアリ・ウルストンクラフト (Mary Wollstonecraft) とは別の形で彼らが用意した事がわかるだろう[†1]。果たして、功利主義とこのような不正義の告発と改革への情

[†1] 或いは有名なフランス人権宣言批判『大言壮語のナンセンス *Nonsense Upon Stilts*』などをもここに含めることができるかもしれない。こうしたことから、ニコラ・レイシー (Nicola Lacey) はベンサムを「原-フェミニスト proto-feminist」と位置づけている [cf. Lacey 1998]。

熱との間には何らかの内在的関係があったのだろうか。それとも、それらは単に彼らの個人的資質の問題に過ぎなかったのだろうか。

　これらの問いに対して、本書は古典的功利主義者にこれらの社会的不正義を批判することを可能にした要素がまさに古典的功利主義そのものに内在していたのだと考え、こうした要素を保持する形で現代的に再構成された古典的功利主義が今日の問題に対して如何なる応答を行いうるかに関心を向ける。古典的功利主義の特質は、その時代に於いて支配的な「政治的常識」や「道徳的直観」に果敢な攻撃を加えることで我々の政治体系・道徳体系を改変しようと試み、意外なほどの成功を収めたところにある。現代に於いて我々は古典的功利主義のこうした営為を完全にではないにせよ、ある程度まで再生することができないだろうか。この作業を遂行するために、古典的功利主義がその時代に於いて生み出した言説をそのまま解説しつつそこに現代的意味を見出そうとすることはもちろん可能であるだろう。しかしながら、本書ではそうした方法を採らない。我々はあくまで現代功利主義の議論を取り扱い、しかしながら古典的功利主義が功利主義一般に比して抜きん出て有する幾つかの特徴を継承することで、他の功利主義構想よりも古典的功利主義に近しい相貌を備えた功利主義がいかにして可能でありうるかを検討したい。

　もちろん、古典的功利主義は今や人気のない時代遅れの哲学的教説の見本のような地位にある。幸いにして一時期よりは衰微したとはいえ、反功利主義的な権利論の隆盛がこの事態に一役かっていることはいうまでもなく、残念なことにいまや功利主義は現代功利主義も含めて政治思想・政治哲学に於いて真剣な検討の対象にさえならないことが多い。そのせいか功利主義批判も代わり映えのしないものでありつづけ、誰も提唱していないような「功利主義」だけが不可思議にも批判され続けるという戯画化が進行しているのである。そこで本書ではこうした潮流に抗して、功利主義のある具体像の構築を試みる。上に述べたような本書の目的からいって、本書が提示する功利主義の持つだろう様々な含意が一般的な「直観」や「常識」と衝突することは不可避であるし、そのことはむしろ功利主義の歓迎すべき特質であるので、功利主義の道徳的反直観性（のみ）に訴えかけるような議論について、またそれらへの応答について、多くの紙幅を割くことはしない。『統治と功利』という題名が示すとおり、本書では功利主義の統治理論としての側

面に力点が置かれる。このことは古典的功利主義の主要な特徴のひとつであったことに注意したい。ただし、このことは本書が望ましい功利主義的な統治制度の設計を細部に渡って論述するものであることを意味しない。むしろ、そうした作業の基礎となるべき枠組みを設定することこそが本書の基本的関心である。

本書の構成は概ね次の通りである。まず、第I部では功利主義のある具体像を描く。これは様々な功利主義の類型を検討し、その中から適切なものを選り抜いてゆくという、功利主義内在的な批判検討の作業を通じて行われる。第II部では一般的な功利主義批判を類型別に分けて論じ、またそれに対する反論を、第I部で描き出した功利主義像を前提にして検討する。第III部では、第I部と第II部で行われた議論を前提に、本書の採る功利主義が統治についてどのような態度を取るかについて簡単に論じ、あるべき統治制度の輪郭を簡単に素描する。

本論に入る前に、「功利性・効用 (utility)」という語について少しばかり触れておかなければならない。「功利性」は本来は（少なくとも古典的功利主義に於いては）およそ総ての事物が備える性質であって、快楽を増大させ苦痛を減少させる傾向性、快を増し苦を減らすのに役立つこと (usefulness) を指す概念であって、快苦それ自体のことを指していたのではない。しかし、後に厚生経済学の進展に伴って、快苦や欲求充足など個人が享受する個人的善を指すものとして「功利性・効用」が用いられることになった。現在の経済学でのこうした用法に哲学者達が影響を受けたために、倫理学・政治哲学に於いても経済学同様に個人的善を表す語としてしばしば「功利性・効用」が使われるようになっている。この2つの用法は明らかに異質な概念を指しているので、混用は本来望ましくない。功利主義に於いて「正しい」行為とされるのは、所与の選択肢集合のうちで社会に於ける快苦の総和を最大化するものであり、まさに最大の功利性を備えた行為であるから、古典的な意味での「最大の功利性 (maximal utility) を備えた行為」と現代的な意味での「功利性を最大化する (maximizing utility) 行為」がほぼ同義になる。これは確かに紛らわしい。しかし、これら2つの用法が本質的に異質なために、どちらの用法でこの語を用いているかが読者に直ちにわかるため、混用の弊害が比較的小さいということが、哲学者達がこうした混用を受け容れてきた背景にある。前者は「幸福増進性」と言い換え、後者は「幸福」と言い換えてみればよい。「規則の功利性」という表現は「規則の幸福増進性」と有意味に言い換えられようが、

「規則の幸福」と言い換えるならばこれはあからさまな範疇錯誤である。この基準によって、古典的な用法と現代的な用法を問題なく識別できよう。だから、本書でこれらの両方の意味で「功利性」と言う一語のみを用いても良かったのである。

しかしながら、問題はここでは終わらない。「功利性」の現代的な用法がそれ自体曖昧ないし多義的であるからである。現代に於いて「功利主義 (utilitarianism)」を名乗る理論が「功利性・効用」と考える対象は実に様々であって、快楽や欲求の充足を始めとして友情や公平性、果ては序数的選好の基数表現までもがそこに入れられるに至っている。「功利性・効用」という語は、「功利主義」が価値だと考えるもの、という程度の意味しか持たなくなってしまったのである（ある理論が「功利主義」かどうかが基本的には理論家の自己申告に委ねられているせいもあろう）。残念ながら、「功利性・効用 (utility)」のみならず、功利主義者によってほぼ同様に用いられる「福利 (well-being)」「厚生 (welfare)」といった語に関しても理論家の間に共通の了解はない。両者を同義だと見なす理論家も、同義ではないが同一だと見なす理論家も、はたまた範疇が違う概念だと考える理論家もいる。こうした用語の混乱から生ずる無用な誤解はできれば避けたいところである。私はといえば、もちろん功利主義者であるので、通常の会話などではこれらのほぼ総てを一括して「功利性」とだけ言って済ませる傾向にあるけれども、非功利主義者の読者の功利性を混乱によって低下させ、以って本書の功利性を低下させることを望むものではない。

そこで本書では以下のような方針を採ることにする。事物の幸福増進性という "utility" の古典的用法を指すものとして「功利性」を用い、現代的な用法はなるべくこれを避けることとし、その代わりには「厚生」を用いることとしよう。但し、非功利主義者が個人的善を厚生に尽きるものとは考えないことを考慮に入れて、個人的善の方は「福利」と呼ぶこととしよう。こうすると、大抵の場合に主観主義的なものとして考えられている「厚生」は「福利」の（功利主義者に言わせれば唯一の）構成要素であることになる。「効用」は経済学での用法が流通しているので、「効用の異個人間比較」など定着した術語に現れる場合や、特に「厚生」とは別して序数効用など選好の表現を指すものとして用いることにする。

目　次

第 I 部　功利主義の諸形態と具体像及びその内在的批判

第 1 章　統治理論と個人道徳 …………………………………… 3
- 1.1　統治理論と個人道徳の差　4
- 1.2　統治功利主義の名宛人　5
- 1.3　制度と個人　6
- 1.4　総督府功利主義　11
- 1.5　正義の理論としての統治功利主義　14
- 1.6　小括　15

第 2 章　行為功利主義と規則功利主義 ………………………… 17
- 2.1　功利主義的一般化　18
  - 2.1.1　UG の定式化　19
  - 2.1.2　AU と UG の外延等価性　20
  - 2.1.3　普遍化された行為功利主義と UG　29
- 2.2　功利考量対象の規則への限定　31
  - 2.2.1　RU の基本問題　31
  - 2.2.2　規則の功利性　34
- 2.3　最適規則体系の条件　52
- 2.4　統治功利主義に於ける規則の位置　55
- 2.5　小括　58

第 3 章　直接功利主義と間接功利主義 ………………………… 59
- 3.1　客観的評価と主観的受容　59
- 3.2　間接帰結主義に対する批判と応答　61

　　　　3.2.1　帰結主義の密教的道徳化　62
　　　　3.2.2　事実主義と蓋然主義　62
　　3.3　間接帰結主義のモデル　66
　　　　3.3.1　事態と行為　66
　　　　3.3.2　分岐時間モデル　68

第 4 章　厚生と内在的価値　…………………………………………　93
　　4.1　善の功利説　94
　　　　4.1.1　内在的価値の条件　95
　　　　4.1.2　内在的価値の同定　100
　　4.2　指標的功利説　114
　　　　4.2.1　卓越主義の陥穽　116
　　　　4.2.2　主観主義的厚生概念と通約　117
　　4.3　それは「誰」の厚生か？　118
　　　　4.3.1　再び時点主義と歴史主義を巡って　118
　　　　4.3.2　総量説・平均説・先行存在説　119

第 5 章　主観的功利説と客観的功利説　………………………………　123
　　5.1　客観説　124
　　　　5.1.1　客観的リスト説　124
　　　　5.1.2　制限功利説　129
　　5.2　主観説　134
　　　　5.2.1　欲求充足説　134
　　　　5.2.2　快楽説　142
　　　　5.2.3　再び欲求と快楽について　156

第 II 部　功利主義に対する外在的批判とその検討

第 6 章　帰結主義批判と応答　…………………………………………　161
　　6.1　帰結主義について　161
　　　　6.1.1　予備的考察　162

   6.1.2　事態について　166
   6.1.3　不偏性・没人格性と内在的価値　169
 6.2　帰結主義と個人　175
   6.2.1　帰結主義と消極的責任　175
   6.2.2　統治功利主義と不偏性　181

第7章　厚生主義批判と応答　187
 7.1　適応的選好形成　187
   7.1.1　適応の様々なレベル　188
   7.1.2　選好と欲求と快楽と　190
   7.1.3　行為選択肢　198
   7.1.4　適応費用　206
 7.2　快楽生産の効率性　210
   7.2.1　高価な嗜好　210
   7.2.2　快楽生産と障害　213

第8章　総和主義批判と応答　217
 8.1　方法論的個人主義による総和主義の論証　218
   8.1.1　ベンタムの場合　219
   8.1.2　尾高朝雄の場合　220
 8.2　経済学的論証　222
   8.2.1　集計定理　223
   8.2.2　不偏観察者定理　225
 8.3　還元主義的人格観　226
   8.3.1　パーフィット的論証　227
   8.3.2　時点主義的人格観　233

第III部　功利主義とリベラリズム

第9章　善と正義　功利主義はリベラルか　255
 9.1　善に対する正義の基底性　255

　　　　9.1.1　善の理論と善き生の諸構想　256
　　　　9.1.2　目的論と義務論　257
　　　　9.1.3　「正」に反する「善」　260
　　9.2　功利主義はリベラリズムの「劣った構想」か　262
　　　　9.2.1　正義の範囲　262
　　　　9.2.2　妥当要求と充足要求　263

第10章　功利主義に於ける国家と個人　269
　10.1　統治手段としての自律　269
　　　　10.1.1　分割して統治せよ　269
　　　　10.1.2　主体の論理と配慮の論理　273
　　　　10.1.3　人格亡きあとのリベラリズムへ　277
　10.2　国家介入の境界　280
　　　　10.2.1　功利主義に於ける自由の位置　280
　　　　10.2.2　他者危害原理再び　285

結　語　293
文献一覧　295
あとがき　305
索　引　309

第 I 部

功利主義の諸形態と具体像
及びその内在的批判

一口に功利主義と言っても、古典的功利主義以来の議論の蓄積と共に、いまや功利主義は非常に多様なタイプの理論を内包する決して一枚岩ではない理論の総称となってしまっている。アマルティア・セン (Amartya Sen) によって与えられた、帰結主義 (consequentialism)・厚生主義 (welfarism)・総和順位 (sum-ranking)[†1]という功利主義の特徴づけはよく功利主義の本質を捉えているが[†2]、後にこれらのそれぞれの要素に対する功利主義外在的な批判を検討する際に、実際の具体的な功利主義においてこれらの要素がどのように関連しているかを前もって知っておく必要がある。功利主義に共通するこれらの要素に対する外在的批判に対し、我々は我々が説得的だと考えているある功利主義の構想を擁護することを目指すのであるから、そのような批判に対し帰結主義一般を擁護しても、その功利主義構想が採用するタイプの帰結主義を擁護できなければ無駄である。従って、まず我々の採用する功利主義の具体像を描き、その功利主義が如何なるタイプの帰結主義や厚生主義、或いは集計原理を採るかを確定した上で、外在的批判に応えなければならない。

　そこで、我々が採用する功利主義の具体像を確定するという目的のために、以下では功利主義の代表的な類型を取り上げて、我々の採る立場をそれらを通じて析出させていくことにする。それゆえ、以下の議論は決して功利主義の思想史的な或いは博物学的な細部にわたる分類を意図するものではなく、本書の問題関心に応じた形でその展開に必要な範囲のみでなされることに注意されたい。

[†1] より正確に言えば、特に集計方法として加法的集計を採用した集計主義 (aggregationism) の一類型。
[†2] [Sen 1985 p.175]

第1章　統治理論と個人道徳

　そもそも功利主義が何に関する主張なのか、という根本的な点で各々の論者が取る功利主義的立場は大きく二分される。ベンタムが残した膨大な著述を見ればわかるように、彼にとって功利主義は何よりもまず統治の原理であった。それはあるべき統治、あるべき法を指し示す理論として構想されていた[†1]。しかし、ミル (J.S. Mill) を経てヘンリー・シジウィック (Henry Sidgwick) に到ると、功利主義の理論的課題は第一義的には、統治の原理ではなく個々人が従うべき道徳の原理とされたのである[†2]。個人道徳へと議論の焦点が移ったことで、現在に到るまで功利主義の検討は主に倫理学者によって担われてきた。そのため、現代の功利主義も主として個人道徳の原理として論じられてきた。このことは理論の洗練・深化に資した反面、功利主義が政治哲学・法哲学の領域で論じられることが少なくなり、無理解や不人気を託つ原因にもなった。これらの領域でも近年、功利主義の統治理論としての側面を重視する、ロバート・グディン (Robert Goodin) のような若干の論者が出てきているとはいえ、広範な研究がなされているとは言いがたい。

　本書はリベラリズムの構想としての功利主義を取り扱うので、個人が何をなすべきかではなく、如何なる法・国家制度が望ましいかを対象にする。従って、そこで採られる立場は基本的には統治理論としての功利主義であるといってよい。但し、このことは個人道徳としての功利主義を否定することを意味するものではな

[†1] 実は『義務論 Deontology』という後期の著作に於いて、ベンタムは明示的に個人道徳としての功利主義を構想する。しかし、それは彼の功利主義の主眼が個人道徳ではなく専ら統治或いは国家制度にあったことを示すものであり、この著作の不成功は、ベンタム自身の功利主義が個人道徳の理論として見た時に問題なしとはしがたいものであることをも示している。

[†2] 例えば、シジウィックの大著『倫理学の諸方法 The Methods of Ethics』の冒頭では次のように述べられている。"...[if] a 'Method of Ethics' is explained to mean any rational procedure by which we determine what individual human beings 'ought' ..." [Sidgwick 1981(1907) p.1]。実際、この浩瀚な著作において法や制度の話は極く付随的なものとしてしか言及されていない。誤解を避けるために付言しておけば、ミルの場合でも統治制度への功利主義的関心が失われているわけではない。

いし、私個人はむしろそれを基本的には支持できると考えている。とはいえ、それを説得的なものとして提示するために必要な議論は、統治理論としての功利主義が要するよりも労苦の多いものになるだろう。以下では個人道徳的功利主義にも触れるが、基本的には議論の主眼が統治功利主義にあることに留意されたい。

本章は続く数章での細かな検討に入る前に、功利主義に対する幾つかの定型的な批判に対して簡単に応答しておくためのものである。実際に本書で採られる功利主義がどのようなものかは後に次第に明らかになるので、個人道徳とは区別された統治理論としての具体像をここで詳細に述べることはできない。従って、本章は比較的簡素な導入にとどまる。第I部と第II部を通して、我々は折に触れて我々の功利主義が統治理論としてどのような特徴を持つかを述べていく。

1.1 統治理論と個人道徳の差

統治理論としての功利主義（以下、統治功利主義と略す）と個人道徳の理論としての功利主義（以下、個人道徳的功利主義と略す）の具体的な相違はどのようなものだろうか。もちろん、相当程度に正確な功利計算が可能な場合に統治功利主義が間接功利主義的な個人道徳的功利主義とその帰結に於いて近いものになりうるという留保の下で、しかし、現実に人々が個人道徳として功利主義を（直接的にはもちろん、おそらく間接的にも）採用していないとすれば、人々の行動を制度的なサンクションによるインセンティヴ制御によって統制することに中心的な関心を寄せる統治功利主義と、個人が如何に振舞うべきかや、必ずしも法や制度と結びつかない人々の道徳的直観の説明と正当化に関心を寄せる個人道徳的功利主義とは相当程度に異なった像を見せることになるだろう。特に、個人の内心に於ける道徳的サンクションが必ずしもあてにならず法的なサンクションのみが主要な手段である状況で（すなわち、現代リベラリズムの語法によれば「善の諸構想」が競い合い収束が期待できない状況で）、最大の功利が如何なる法制度によって達成されるかが統治功利主義の応えるべき問題となる。この差は、統治功利主義が、ジョン・ロールズ (John Rawls) 流の正義と善の区別を明確に打ち出し、前者にコミットするに及んでより大きなものとなるだろう。統治功利主義が「善の構想」と区別されるために如何なる制約を受け、いかなる点で個人道徳的功利主

義と離れるかは、しかし、後にリベラリズムの問題として論じるべき事柄である。とりあえずは、制度構想に中心的な関心をおき、個人の内心や、法的サンクションを除いた動機付けに立ち入ることなく如何にして功利を最大化できるか、を論じるタイプの功利主義として統治功利主義を考えておけば充分である。

1.2 統治功利主義の名宛人

そうしてみると、統治功利主義が誰を名宛人とする理論なのかが直ちに問題となろう。功利主義の統治理論としての側面に光を当てた現代功利主義の労作『公共哲学としての功利主義 *Utilitarianism as a Public Philosophy*』に於いて、ロバート・グディンは功利主義の特徴である不偏性 (impartiality) を、特に公務員が備えるべき性質として考え、功利主義の主たる名宛人を彼らに限定することで「反直観的」な帰結を引き起こすことを避けようとした[†3]。統治功利主義も、一般人に個人道徳のレベルで不偏性を要求することは困難であるし、その必要もないと考える点でこれに同意し、その主たる名宛人が統治者——とりあえずは三権の統治行為に従事する全ての公務員が該当すると考えておけばよい——であると考える。

しかし、これは一般人を排除した、統治者のみにしか関係がない総督府功利主義 (government-house utilitarianism) であり、統治者と被治者を分断するのではないか、という批判があるかもしれない[†4]。これは誤った見解である。統治功利主義は、間接功利主義をベースとし、その上で、特に意思決定の方法として（すなわち直接功利主義的に）統治者がこれを採用すべき場面がある、と主張しているのであって、ベースとなる間接功利主義において統治者・被治者の非対称性があるわけではなく、意思決定の場面に於ける両者の非対称性は、統治者（公務員）がその職務遂行において不偏性を備えているべきである、という被治者側からの

[†3] [Goodin 1995 pp.8-9] グディンは非個人性 (impersonality)、不偏性 (impartiality)、中立性 (neutrality) といった言葉でこれを述べている。非個人性と不偏性は厳密には区別されるべきである。この区別については後に触れる。**4.1.1.2** と **6.1.3.2** を見よ。

[†4] この類の批判は、不偏性を持ったエリートが不偏性を身につけることが困難な大衆のために、大衆が従いやすいような一般的準則（或いは法律）を功利計算によって導出する、といったエリート主義に陥る、という批判へとつなげられることが多い。そのような例としてたとえばバーナード・ウィリアムズ (Bernard Williams) による批判 [Smart and Williams 1973 p.139] を挙げることができる。こうした批判への応答としては **1.5** を見よ。

要請によって支えられるのである†5。また、言うまでもないことであるが、一般に統治者もまた被治者の一人であって、統治者に不偏性が要求されるのはあくまで統治遂行の場面に於いてである。統治者が個人的事項に関して不偏性を採用する必要は必ずしもない（もちろん個々人の道徳的信念によって個人が不偏性を採用することを妨げるものではない）。従って、統治功利主義が統治者と被治者を分断するなどという事態を懸念するには及ばない。

1.3　制度と個人

功利主義に対して向けられる批判の多くは、「かくかくしかじかの状況で功利主義は我々の道徳的直観に明らかに反するような結論をもたらすので受け入れることができない」といったものである。これらの「反直観型」功利主義批判に対して、功利主義には大きく分けて二つのタイプの反論が可能である。第一は、きちんと功利計算を行えばそのような反直観的結論は導かれない、という反論であり、第二は、そのような直観が間違っているのであって、直観に反することは功利主義を否定する理由にはならない、と突っぱねる反論である。実際にはどの功利主義者もこの二つのタイプの反論を混合して用いるのだが、その使い分けは難しい。歴史的に見た場合、古典的功利主義者の多くは、直観を突っぱねるタイプの反論を（現代功利主義者よりは大幅に）好んだといってよいだろう†6。あまり反直観的な結論を称揚していても人々に受容される可能性が無駄に低くなるだけなのだが、恣意的にではなくこの二つのタイプの反論の使い分けができるかどうかはメタ倫理をも巻き込む、それ自体大きな問題でありうる。もちろん統治功利主義もこの例外ではないが、これらの「反直観型」功利主義批判の多くは、そも

---

†5 間接功利主義と直接功利主義について詳しくは第 3 章を参照せよ。
†6 古典的功利主義者から現代功利主義者へのこのような態度変化についてウィル・キムリッカ (Will Kymlicka) は、「驚くほど同調主義的 (surprisingly conformist)」と、厳しい評価を下している [Kymlicka 2002 p.46]。人々の道徳的直観に如何に適合させるかを巡って複雑化する傾向にあった現代功利主義にとってこれは大きな問題であるが、実は功利主義者の功利計算自体はさほど変動しておらず、古典的功利主義者が求めていた制度がある程度実現されたことで保守化したように見えるだけかもしれない。しかし、いずれにせよ、功利主義はもはや 19 世紀イギリスで果たしたようなラディカルな批判的政治理論としての地位を現代において回復しえないのだろうか？本書はこのようなキムリッカの挑発 [ibid. p.48] に応えようという試みでもある。

そも統治功利主義に手が届かない、射程の限定されたものであることも少なくない。そこで、なにがしかの実例を取り上げて、従来言われてきたような批判の少なからずが統治功利主義にとって端的に無視しうるものであることを示しておくのが有益であると思われる。

良く取り上げられる仮設的状況として以下のような状況を想像されたい。

> a は b に謝礼を約束して自分の引越しの手伝いをしてもらった。だが、引越しが終わった後、生活にさほど困窮していない b に謝礼を渡すよりは孤児院に全額寄付した方が人々の幸福を増大させるとき、功利主義に従えば a は b との約束を守らず寄付すべきである。

この時、個人道徳的功利主義は、a は b に謝礼を支払わず寄付するべきである、と命じることになり、それゆえ、a が約束の上で b に手伝いをさせたにもかかわらず b に謝礼を払わないということの「一見して明らかな不道徳性」が功利主義の説得性を大きく損なう、と批判的論者は主張する。これに対して、多くの功利主義者は、謝礼を払わないことによって b の期待が侵害されることを取り上げる。そもそも謝礼が支払われないことがわかっていれば b は労働を提供しなかっただろうから、b に賃金への期待があったと考えてよい。約束が実行されないことに対して、b が期待を損なわれ腹を立てるならば——その怒りがしばしば不合理なほど大きなものになることがあるのは周知の通りである——その不快も功利計算に算入する必要があるだろう。功利主義に不慣れなうちに良く犯す間違いは「従って、a はそもそも b に引越しの手伝いをしてもらわずに b に約束する予定だった賃金分を孤児院に寄付すべきであった」という結論を導くことである。この設例で問題になっているのは、約束をする前の時点で約束をすべきかどうかについて功利主義がどういうか、ではない。既に約束をして相手の履行が済んでしまった時点で、謝礼の支払いを履行して約束を完成させるべきか否かについて功利主義がどういうかが問題なのである。その上で、例えばもし b の期待が何らかの理由で低ければ（最初から無償のつもりだったとか、a が約束を履行せずにより幸福増進的な目的に金銭を使うことを好むタイプだと事前に知っていたとか）、a が支払いを履行する理由を功利主義は提供しないことになるだろう。結局のところ、問題

の核心は、bの期待が高かろうと低かろうと、bの期待の保護が孤児たちの厚生の改善を上回るものなのか、という点にある。後者がなお上回る場合には、功利主義はbが謝礼を欲していたとしてもaは賃金を払わず寄付すべきであると命じるのではないだろうか。「やはり約束を履行する明らかな道徳的義務に功利主義は違背しているではないか」という批判的論者が勝ち誇る声が聞こえてきそうである。

これに対し、更に洗練された応答を続けることが可能である。約束を守るという費用の負担がシグナリングとして働くことで約束を守る人々の規範共同体が出来上がっているならば[†7]、約束を破ることでその共同体から排除されればそれ以降aは慈善にまわすべき資源そのものの獲得が危うくなるだろう。従って、そのような共同体があり、自分と相手がその共同体の一員であるような場合には（つまり、約束という制度の中にaとbがいるならば）、aは約束を守るべき強い理由がある事になるだろう。そして、約束という制度がなければそもそもaとbは約束関係に入らなかっただろうから、彼らが実際に約束の共同体内部にいるのだと考えてよく、それゆえaが約束を守るべきことを功利主義は主張することになるだろう。或いは、社会規範レベルではなく、そもそも契約法を備えた法制度内で契約がなされているならばbはaに対し強制執行ができaはいずれにせよ最終的に約束の金銭をbに払うことになるのだから、無駄にかかる裁判費用などの社会的損失を考えれば最初から金銭を払うべきであることになるだろう。しかし、これに対する次のような批判もまた可能である。これらの制度が科す約束違反へのサンクションが存在しない場合には（共同体内での信頼の喪失・強制執行と損害賠償）、功利主義はなお約束への違反を命じうるのではないか。bが子供であり、お小遣いをあげるといって草刈をさせ実際にはお小遣いを与えるのではなく慈善団体に寄付する場合、相手が法律に訴えることもまずないと思われ、aの主たる取引相手である大人たちの間での信頼も子供であるbの苦情程度では揺るがないとすれば、やはり約束を履行せず寄付を行うべきである、と功利主義は命じるのではないだろうか[†8]。ここでは、しかし、個人道徳的功利主義の議論をいった

[†7] だが、功利主義者だけがいる社会に於いてはそもそもこうした約束という社会制度が生成しないのではないか、と思われるかもしれない。非功利主義的な社会に存在する社会的制度を所与に功利主義を擁護することには問題があるのではないだろうか？ この問題に関しては後に触れる。2.2.2.2 を見よ。

[†8] とはいうものの、ここまで来れば、このような条件が満たされない時に慈善団体（例えばOXFAM）に寄付することがどれほど「反直観的」であるかはかなり疑わしいようにも思われ

ん脇において統治功利主義がこの事例においてどういう含意を持つかを見てみることにしたい。

ここで注目すべきは、個人道徳的功利主義者の応答に於いて、既に契約の実効性を担保する制度が存在していることが前提にされている点である。契約を（少なくとも最終的には）履行するか、そもそも契約関係に入らないか、の二択しかない状況が既に制度によって作出されているならば、この議論はそれなりに有効である。ここで重要なことは、個人道徳的功利主義が制度を所与としており制度自体の功利性を必ずしも直接問わないことである。一般に個人の行動選択肢には制度を改変するという選択肢が入ってこない以上、これは当然のことであるが、統治功利主義は反対に如何なる制度及びその適用が望ましいかをその対象とする。では、統治功利主義はこの事例にどのように対応するのであろうか。

統治功利主義を採る統治者にとっても、この事例だけを見るならば、寄付の方が望ましいように見える。とすると、このような場合には b の金銭債権の強制執行を当局が拒む方がいい、と統治功利主義は主張するかにも思われる。「契約は守らるべし (pacta sunt servanda)」という直観の持ち主にとっては、これだけで功利主義が否定されるのに充分だと考えられるかもしれない[19]。だが、実際には統治功利主義は強制執行を認めるであろう。もし、このような事例でアド・ホックに強制執行を認めないとすると、人々がそもそも契約制度自体を信頼しなくなってしまうだろうからである。強制執行できる、と当事者が信用できる制度があって初めて契約実践は成り立つ。そうでなければ、契約関係に入ることがクレディブル・コミットメントとして働かないからである。我々が、サンクションを備えた諸制度を必要としているのは、必ずしも仁愛的ではない現実の人々にとってそれらがなければ不可能であるだろう協調行動を取ることが可能になるからである。それゆえ、制度自体の効用を掘り崩してしまうアド・ホックな功利考量はできるだけ避けられなければならない。

アド・ホックにではなく、かくかくしかじかの場合には強制執行ができない、と事前に明示されている制度ならば認められるのか、という議論がありえよう。そ

る。
[19] だが、「契約を破る自由」を支持する人々も──私もその一員であるが──多くいるのであり、「契約は守らるべし」がどれほど堅固な道徳的直観であるかについては疑問の余地が相当程度にある事は留意されてよい。

の場合、予測可能性や制度への信頼は問題ないが、人々の協調行動をそのような場合に掘り崩してしまうことが功利的にどの程度望ましいかに議論は依存することになる。例えば、民法708条（不法原因給付）に見るように、犯罪のために貸した金銭を取り戻すことを認めないことで、犯罪における人々の協調行動を掘り崩してしまう、ということができる場合には、まさにそのような制度が——その「犯罪」が功利主義から見て望ましくないものである限りに於いて、という留保の下で——望ましいわけである。しかし、この事例のような場合、敢えて協調行動を台無しにしてしまう制度を支持するだけの功利主義的理由があるようには思えない。

　もちろん、この事例の場合に、孤児院が何らかの分配を必要としていることを統治功利主義が見落としてよいわけではまったくない。我々は一般に協調行動を可能にする制度を作ることで、社会全体のパイを増やすことができるが、そのパイを厚生最大化基準に従って分配するための制度をも統治功利主義は要求する。その分配制度によって、孤児院には分配が行われるべきである。パイを増やす制度とパイを分配する制度を分けることで、我々は制度全体を功利主義の実行のために現実的なものにすることができる[†10]。一方の要請を他方の制度に埋め込むことは原理的には不可能ではないかもしれないが、一般的には我々の能力を越えるものになってしまうであろう。我々の能力の限界ゆえに、ある制度内でアド・ホックな功利考量を行うよりは、その目的を達成するための一般的な制度を別に作ることを、統治功利主義が望ましいと判断する、という点は重要である。

　上で見たような、制度を所与のものとして議論に用いる個人道徳的功利主義に対して、そのような逃げ道を封じようとして次のように修正された約束遵守の事例が功利主義批判のために用いられることがしばしばある。

[†10] 経済学に於ける一般的な効率性の要請と課税を通じた再分配の要請にこれらは対応する。再分配制度はそれ自体、効率性の局面に於ける人々のインセンティヴ構造に影響を与えるが、全体としてなおこれらを両立させる事ができる。税がインセンティヴ構造に与える「歪み」について、それらが効率性を論じるうえで容認不可能ではないことを論じたものとしてたとえば [Kaplow and Shavell 1998] を見よ。

> 無人島に漂着した二人の人間 a と b がいる。b は瀕死であり、祖国にある自分の隠し財産の処理を a に頼む。a はそれを引き受ける約束をし、b は平穏と満足の内に死ぬ。a はその後通りかかった船に拾われ祖国へと帰った。a は約束した以上、それを果たすべきである。しかし、約束を破ってでも孤児院にその財産を寄付した方が社会全体の効用が増すと確かにわかっている場合、功利主義は a にむしろ約束を破るように積極的に命じる。

個人道徳的功利主義にとっても、この事例がどれほど打撃なのかは相当疑わしいと思われるが[†11]、統治功利主義にとって、事態は非常に単純である。仮定により、a と b が如何なる約束をしたかは統治者には知る事ができないのだから、統治者には何もしようがないのである。仮に b が孤児院に寄付などせず自らの遊興にそれを費やしたのだとしても、その事実自体を知りようがない以上、法適用を含む如何なる対応も不可能である。従って、この事例が統治功利主義に対して何らかの含意を持つとは考えられない。このように、個人道徳的功利主義を攻撃しようとして作られる事例は「洗練」すればするほど統治功利主義に対するレレヴァンスを失う傾向にある。制度は人々の間に他者の行動の予期と期待を生み出すが、個人道徳的功利主義を批判するためにこれらの制度的影響を排除しようと仮想的事例の設定を操作すればするほど、制度の生み出す功利を主たる検討の対象とする統治功利主義にとってそのような事例は脅威ではなくなっていってしまう。

1.4 総督府功利主義

　個人道徳的功利主義と統治功利主義が分けられることを前提に、統治功利主義が如何に功利主義に対する典型的な批判を免れるかを上のように検討した[†12]。しか

[†11] 例えば、この隠し財産がフェルメールの絵であり、頼まれた処理が焼却だったとしよう。こうなると、どれだけの人々が約束を守らなければならないと思うかは甚だ心もとないものになろう。我々の直観は実に不安定なものなのであり、広範な支持を得られない「直観」ほど惨めなものはない。

[†12] 統治を功利主義の主たる場と見る立場は「総督府功利主義」と呼ばれやすい。グディンも自らの功利主義が適切に「総督府功利主義」と呼ばれうることを認め、批判に対して反論を提出している [Goodin 1995 pp.60-77]。統治選択を個別の指令として行うことは情報の面でもコストの面でも馬鹿げているので、一般的な法準則を作るという形で統治は行われざるを得ない。

し、功利主義及び帰結主義一般に激烈な批判を行ったことで知られるバーナード・ウィリアムズ (Bernard Williams) は統治功利主義的な立場と個人道徳的功利主義の立場の双方が必ずしも截然と分けられるものではない、と主張する[†13]。私的領域における功利主義的精神は公的領域に於ける功利主義的精神の採用に繋がる。では逆はどうか。もし公衆が功利主義的精神に侵されていなければ、公的領域に於ける功利主義は功利主義的意思決定者・評価者を必要とする以上は、総督府的であり、非功利主義的公衆を功利主義的な協同の実現へと（それと知らせることなく）操作することになる。公的レベルに於ける功利主義は、私的レベルでの功利主義か、或いは総督府功利主義のどちらかに繋がらざるを得ない。

この批判に対してどう応えるべきだろうか。総督府功利主義が、エリート主義的、ないし大衆蒙昧主義的でないものであるためには、統治者が功利主義的に統治を行っていることを被治者が認識していればよいだけである[†14]。被治者の（仮設により非功利主義的な）要求は、統治者には決してそのまま受容されることはない。それは常に功利計算のデータとしてのみ統治者に到達することになる。しかし、ここに特に問題視すべきことがあるわけではない。ここで描かれているような功利主義的政体に限らず、およそ被治者からの要求がそのまま透明に統治者に到達することなど現実的にはないし、理想的にも望ましいことですらない。被治者が能動的に自らの要求を功利主義的統治者に考慮させたければ、その要求の実現がもたらす功利性を提示してみせる必要があるが、これを要求することは被治者が自らの要求の妥当性を反省する契機として欠くべからざる負荷であるといえよう[†15]。もちろん、統治功利主義が統治者に不偏性を要求するとしても、それは

この時点で個々人の個々の状況に対して個別指令を行うことで生じると想定される「反直観的」な事態は避けられるとされる。他にも、消極的責任を正当化する、人権などを不可侵と見ない、不偏的過ぎて個人の視点を台無しにする、などといった批判に対して応答が行われるが、これらについては本書でも順を追って検討していく。

[†13] [Smart and Williams 1973 p.136] 但しそこで念頭に置かれているのは直接功利主義的な個人道徳功利主義であり、間接功利主義者には多くの異論があるだろう。しかし、ここではとりあえずその問題は措く。

[†14] ただし、統治者の決定基準を被治者に知らせないことが必要であれば、功利主義が統治の決定基準を被治者に対して隠匿する可能性自体は常にある（いわば密教的道徳として）。しばしば攻撃されるシジウィックの見解については [cf. Sidgwick 1987(1907) pp.489 − 492]。道徳理論の密教性を大衆蒙昧主義と同視することは馬鹿げているが、いずれにせよ我々はそうした密教化が必要だとは考えていない (cf. 3.2.1, 6.2.2.2)。

[†15] 被治者の要求が仮に統治者に受け容れられるとしても、それが功利主義的理由からなされることが被治者の要求を台無しにしてしまう、という批判があるかもしれない。つまり、被治者が

統治者の個人的な能力の優越性への信頼ゆえにではないから、統治功利主義は仮に総督府主義的であるとしてもエリート主義的ではない。統治者が一定以上の優れた能力を備えていることはもちろん功利主義的に要請されるけれども、その優れた能力を持った「卓越的選良」の指令がその卓越性ゆえに社会に於ける権威ある指令として通用すべきだなどとは考えていないのである。

さて、諸個人が個人道徳として功利主義を採用した場合に、そういった諸個人が功利主義的統治を望み、統治功利主義がもたらされる、ということは確かに大いにありうることだろう。功利主義批判者はこの逆を主張することができるかもしれない。ことによると功利主義的統治が行われる社会では、被治者も長期的には功利主義者に適応的に変容してしまい個人的な生のコミットメントを台無しにされてしまう、と論じることもまったく不可能ではないだろう[†16]。だが、そもそも、統治理論としての功利主義の始祖であるベンタムは功利主義を諸個人のエゴイスティックな善の追求を調整する社会的原理として構想したのであった。統治功利主義が採用されることで、人間が自らに内在するエゴイスティックな傾向を捨てて、個人道徳的功利主義の要求する不偏的で仁愛的 (benevolent) な態度を採用するに到るなどという想定はそこではなされていない[†17]。確かに、功利主義を含む帰結主義一般は、いかなる悪しき帰結ももたらさないような行為に対する、因習などによる恣意的な禁止などを統治制度から排除しようとする。それゆえ、統治理論として用いられた帰結主義がこのような因習（例えばユダヤ人差別や同性愛嫌悪）を締め出すことで、人々の選好やコミットメントをより合理的なものに変容させていく可能性は大いにある。これはむしろ歓迎すべきことだろう。だが、こういった変化が人々に個人道徳的功利主義（特に直接功利主義的なそれ）を採用させるに到るとは思われない。個人が自らの生について強固なコミットメントを持っているときに、それを覆してまで個人に行為させるような力がそもそも道

自らの要求を非功利主義的な何がしかの理由に基づいて「妥当」でありその「ゆえに」統治者に受け容れられるべきであると考えている場合に、功利主義的統治はこうした被治者の要求を最初から排除しているようにも思われるかもしれない。この点については後に取り扱う。

[†16] この点について詳しくは後に第 6 章で取り扱う。

[†17] 実際、フレッド・ローゼン (Fred Rosen) が指摘するように、ベンタムの（数々の悪政への安全策を伴った）憲法典は「本来的に自己利益追求的で偏り (partiality) のゆえに腐敗と迷妄に陥りがちであるバラバラな個人によって社会が形成されているという仮定なくしては理解しがたい」[Rosen 1983 p.22]。

徳そのものにあるかどうかが疑わしいのであってみればなおさらである。

更に、仮に、ありそうもないことだが、統治功利主義が功利主義的精神の浸透を通じて個人道徳的功利主義を人々に採用させるに到ったとしよう。そのとき、ウィリアムズが個人道徳的功利主義を批判するために提出した消極的責任論批判やコミットメント侵害の批判は殆ど無意味なものとなる[†18]。というのも、仮定よりただちに、人々が功利主義的精神と個人道徳的功利主義に対してコミットメントを有する以上は、功利主義はそれらの個人のコミットメントを侵害せず、消極的責任もまた問題なく彼らによって引き受けられるだろうからである。ウィリアムズは、個人道徳的功利主義がそれ自体善の構想の一つとして、真剣なコミットメントを伴って追求されうるものであることを無視しているように思われる。しかし、例えば、人生に於ける自らの行為の少なからぬ割合を不偏的な功利主義の下に導きたいと願う人間は公務員を志願するかもしれない。そして、公務員として不偏的に行為したい、というコミットメントそれ自体はウィリアムズも認めるように思われる[†19]。

1.5 正義の理論としての統治功利主義

ここまで統治功利主義についていくばくかの敷衍を行ってきたが、統治功利主義が制度と統治に関心を集中することのそもそもの理由が説明されるべきであろう。前述のように、本書に於ける理論的関心はリベラリズムとしての功利主義、という基本的に制度的なものである。規範的な諸理論に関して、それらが関わる価値を塩野谷の整理に従い「善」「正」「徳」の三種に分けるならば、「正」は特に「制度」を評価対象とする価値語であるが[†20]、統治功利主義はこの意味での「正」に関わる正義の理論として構想される。功利主義について、ロールズは功利主義が「善と正を区別しない」ことを批判したし、逆にこの二つを区別しないこと

[†18] これらの批判については不偏性の問題として、後に検討する。第 6.2 節を参照せよ。
[†19] 統治功利主義が人々に個人道徳的功利主義を強いるものではない、という点は後に功利主義とリベラリズムの関係を論じるときに重要となってくる。
[†20] この整理は [塩野谷 2002 pp.18-26] による。もちろん、実際には倫理学でこのように截然とした区別のもとで議論がなされているわけではないし、また、こうした「善」や「正」の区分を、道徳的価値としての善とそれを最大化することに存するものとしての正という、最大化主義的帰結主義の枠組に於ける「善」と「正」の区分と混同してはならない。

こそが功利主義の理論的魅力であるという主張もなされる。しかし、功利主義を特徴付ける不偏性の要請などは、まず正義の理論として理解する方が適切である（或いは異論の余地が少ない）と思われる。もちろんこのことは、個人道徳の理論としてあるタイプの功利主義が妥当でありうることを排除するものではない。私自身も功利主義が個人道徳の理論としても統治の理論としても魅力的であることを認めるに吝かではないが、一挙に両方をカバーする功利主義の構想を単一的に立てるよりも、両方からそれぞれの領域に於ける最良の功利主義理論を探求した後に双方の功利主義が如何に接合できるかを考える方がよいのではないか、と思う。いずれにせよ我々は正義の善に対する優越を説く以来の現代正義論と、善の諸構想に依存しない形で制度を構想しようとするリベラリズムという枠組みに適合的に功利主義を論じるものであるが、そうした区別をしない点に功利主義の魅力を見出す論者にとっても、本書で行われる多くの議論は無意味ではないはずである。

1.6 小括

統治理論としての功利主義と個人道徳としての功利主義は基本的には分けることができ、我々は前者の立場に立つ。統治功利主義は、統治者を名宛人としつつ主として法や国家制度に焦点を当てる正義の理論として構想されることで、個人道徳的功利主義に向けられがちな批判の多くを回避することができる。また、統治功利主義は被治者に対して不偏性や功利主義を個人道徳のレベルで採るように内在的に要求するものではない。

統治理論としての功利主義の位置づけをある程度示したので、以下では我々の採る功利主義そのものを「統治功利主義」と呼ぶことにする。統治に着目するタイプの功利主義一般と、我々の立場のどちらを指しているかは殆どの場合文脈上明らかであり、混同の恐れはないと思われるが注意されたい。

第2章　行為功利主義と規則功利主義

　次に取り上げられる功利主義の類型は行為功利主義 (act utilitarianism) と規則功利主義 (rule utilitarianism) である。これらは、功利主義に於ける功利計算の対象を何にするか、を巡って対立する[†1]。行為功利主義はある行為がなされた時に生じる帰結の含む厚生の総体を考慮の対象としその行為の評価を下すのに対し、規則功利主義はある一般的規則の体系が行為の指針として採用された場合に生じる帰結の含む厚生の総体を考慮の対象とし規則の評価を下した上で、行為自体の評価を直接に功利計算によるのではなく、当該行為に対応するルールに従っているか否かで決定するのである[†2]。

　規則功利主義は、行為功利主義の難点を解決すると称して提唱されたものであるから、まずはその難点が如何なるものであるかを考える必要がある。**1.3** で取り上げた約束遵守に関する事例を再び思い起こそう。我々はそこで、個人道徳的功利主義（特に行為功利主義）が約束を破るよう命じる可能性がある事を確認しておいた。規則功利主義によれば、このような「反直観的」な結論は、行為の際に約束を守る・破るという行為の選択肢を直接に功利考量の対象にするがゆえに生じる、というのである。つまり、「約束は守らるべし」という規則が社会に存在するのとしないのとでは存在する方が功利が増大するのでこの規則が規則功利主義によって採用され、個人はこの規則に従って行為しさえすればいいのであって、個々の約束の場面で功利計算をすべきではない。こうすることによって約束遵守の事例に於ける「反直観的」結論が避けられる、と規則功利主義は主張する。

[†1] 行為帰結主義と規則帰結主義は基本的には相容れないとはいえ、行為帰結主義と規則帰結主義を調停しようとする試みもないわけではない。そうしたものとしてティム・マルガン (Tim Mulgan) の「複合的帰結主義 combined consequentialism」を挙げることができる [Mulgan 2001 pp.169-294]。**6.2.1.1** を見よ。

[†2] 規則功利主義ないし規則帰結主義は、目下のところ、かつてほどの勢いを持たないが、それでも一定の魅力ある立場であることは間違いない。初めて体系的にこれを展開したリチャード・ブラント (Richard Brandt) の重要性は言うまでもないが、その雑多な論点を見通しよく整理し具体的な規則帰結主義像を提示したブラド・フッカー (Brad Hooker) の『理想の規則と現実世界 *Ideal Code, Real World*』[Hooker 2000] をその代表的定式として参照せよ。

規則功利主義の勃興は二十世紀後半になってから初めて生じたのだが、このような発想自体は古典的功利主義に遡ることができる。例えば、主権者命令説で知られるジョン・オースティン (John Austin) は "Our rules be fashioned on utlity; Our conduct, on our rules." と述べたのだったし[†3]、そもそも規則功利主義が人々の興味を引く契機となったのはアームソン (J. O. Urmson) が、ジョン・スチュアート・ミルの功利主義が（行為功利主義よりも説得的な）規則功利主義として理解されるべきである、と主張してからである。1960 年代に功利主義に対する関心が再興した際の議論の殆どは、規則功利主義と行為功利主義の関係性やそれらの妥当性を巡るものであったといってよい。かかる膨大な議論をここで検討することは不可能であるから、ここでも我々のとる立場を析出させるのに必要な範囲でのみ触れることにする。再び、前もって述べておくならば、我々のとる立場は行為功利主義である。規則功利主義が行為功利主義との差異化を図るために提出してきた論点は錯綜しており、見通しのよいものではない。そこで、次のように規則功利主義の論点を分割することにしよう。

- 功利主義的一般化 (utilitarian generalisation) [†4]
- 功利考量対象の規則への限定
- 最適規則体系の条件

2.1 功利主義的一般化

功利主義的一般化（以下 UG）は規則功利主義（以下 RU）のもとになった発想である。規則功利主義がそもそもどのような主張であるかをある程度正確に理解するために、UG を簡単に検討しておく必要があるだろう。

[†3][Austin 1995(1832) p.49]
[†4]実際には功利主義に限らず帰結主義一般に適用可能であるがここでは立ち入らない。

2.1.1 UGの定式化

UGの定式化はおよそ次のようなものである[†5]。

> ある行為選択肢 A に対し、関連する点で同様の状況にあり行為選択肢 A,B を有する全ての人々が同じ行為を行う場合、A を行う場合と同じだけの功利を生み出すような行為選択肢 B が存在しないならば、そしてその場合に限って、A をなせ。

UGによる判断の実例を挙げてみよう。散歩道に美しい薔薇を庭に植えている家がある。薔薇の花のついた枝を一本無断で折り取ったとしても持ち主には判らないので、折り取ったほうが幸福の増進にかなうと仮定しよう。議論のために、仮定よりただちに行為功利主義（以下AUと略す）はこの行為を命じることになるものとする。一方で、UGを採用するならば、「通りすがる人々の全員が薔薇の枝を一本ずつ折り取ってしまうならば薔薇は丸裸になり持ち主は多大な損害を受けるし、囲いをつけるか或いは薔薇を育てること自体をやめてしまうだろう。それよりは誰もこの薔薇を折り取らず、持ち主が薔薇を育て続けることで通りすがりの我々が目を楽しませ続けられるほうが全体の厚生において優越するであろう。」と考え、薔薇を折り取らないことになる。

この例を見ると、「道徳的直観」に照らして、AUが反直観的な行為を命じている一方で、UGが直観に適合的であるから説得的だ、と感じられるかもしれない。しかし、事態はそれほど明らかではない。薔薇の花の数が露骨に減れば持ち主に打撃を与えてしまうかもしれないが、薔薇が大量にある中で一本だけ折り取るのならば打撃が殆どないものとしよう（例えば全体の花の数のうち、減少分が5%を上回らないのならば）。そうすると、次のような推論ができる。「全員が、枝を折り取ったときに持ち主に打撃を与えないほど薔薇が咲いているときにのみ枝を折り取るならば、全員が全く折り取らないよりも良い」。これが直観に適合的なのかはそれほど明らかではないだろう[†6]。

[†5] これはブラントによるものを簡略化した定式化である [Brandt 1979 pp.280-281]。簡略化による相違は行為選択肢を有する行為者の人数を巡るやや技術的な論点のみに関わるものであるので、ここでは特に気にする必要はないだろう。UGを巡る複数の定式化とその詳細な検討についてはデイヴィド・ライアンズ (David Lyons) の議論 [Lyons 1965 pp.1-29] を参照せよ。

[†6] この問題は素朴なフェアネス論にも共通して言えることである。

一般論として、ある行為選択肢 A の一般功利性（全員が行った時に生じる功利の総計）が行為選択肢 B の一般功利性を上回っている場合でも、A,B の中間的な行為選択肢（例えば双方の確率混合）が A,B をともに上回る一般功利性をもたらす可能性があるわけだから、最適な行為選択肢を求めていけば、非常に細かい状況記述を伴った（例えば「薔薇の持ち主が薔薇に水をやる曜日の午後もしくはその他の曜日の午前中に花の数の減少が 5% を越えないときに限って折り取るべし」といったような複雑怪奇な）行為選択肢をも考慮に入れざるを得ないだろう。とすると、RU が AU を批判したような難点が UG にも伴うことになるのではないだろうか。つまり、約束遵守の事例でいえば、いかなる事情があれば約束を破っていいかについての判断を、行為を選択する時点で精密化する点では UG も AU と全く変わるところがないのである。従って、当然次のような疑問が生じることになる——きちんと判断を精密化するならば、UG による行為判断と AU による行為判断は実は同じものになるのではないか？

2.1.2 AU と UG の外延等価性

この問題は AU と UG の外延等価性 (extentional equivalence) として知られる問題である[†7]。つまり、AU によって意思決定を行う行為者と UG によって意思決定を行う行為者は実は同じ行為をすることになるのではないか、という問題である。もしこれが成立すれば AU に対して RU の独自性・優位性を擁護する論者にとって事態は厄介である。というのは、UG は RU と密接な関係を持っており、UG が AU と実質上異ならないとすれば RU も AU と実質上異ならないものになってしまう恐れがあるからである。これは、UG の定式に現れる「同様の状況」や「同じ行為」といった表現が結局のところ何を意味しているかを検討することによって明らかになるであろう。

UG が AU に対抗して唱えられるようになったのは軽微な行為が累積することで大きな結果をもたらすところに注目したからである。一人の人間が薔薇を折り取っても厚生の減少はわずかだが、人々がこぞって薔薇を折り取るとある限界点

[†7] この問題を体系的に検討した文献として [Lyons 1965 pp.62-118] を参照せよ。但し、ライアンズの議論自体はここで紹介・検討するにはやや煩瑣に過ぎると思われるので、明示的に取り扱うことはしない。

で薔薇の持ち主が薔薇を育てなくなってしまい、厚生が大きく損なわれる。以下ではこれを累積効果と呼ぶことにしよう[†8]。しかし、この種の累積効果をもたらす一連の(薔薇を折り取る)行為は「同じ行為」なのだろうか。あと一輪折ると持ち主の忍耐の限界を超える時の薔薇を折り取る行為と、誰もまだ折り取っていない薔薇を折り取る行為は明らかに「同じ行為」ではない。誰もまだ折り取っていない薔薇を折り取る行為は、あくまで次に薔薇が元通りになった時点でまた薔薇を折り取る行為と「同じ」なのであって、限界点の薔薇を折り取る行為と「同じ」ではない。つまり、行為はその行為に先立つ他者或いは自己の行為というコンテクストをその特徴付けに本質的に含みこまざるを得ないのだ。従って、ある行為の通時的な累積効果を(素朴な)UG が主張するにもかかわらず、我々はそれらの行為を累積していくに従って功利的にレレヴァントな違いを持つ「違う行為」だと考えるほかはない。功利的にレレヴァントな違いのない「同じ行為」は累積効果を生み出しえず、n 回実践されるならば n 倍の厚生が生み出されるにすぎない[†9]。従って、我々が（素朴な）UG が主張するところの通時的累積効果を考慮するとしても、それは別の方法で考えられる必要がある。このようにして累積効果による通時的な一般功利性が UG から退けられるならば、我々は個々の状況に於ける（一般）功利性の最大化を通じてのみ全体の功利性を最大化しうることが明らかであろう。それゆえ、我々は以下では特定の共時的状況に於ける UG の詳細を検討すれば足る。そこで、次のような事例を考えてみよう。

[†8]実際には「累積」という言葉はややミスリーディングであるかもしれない。問題の核心は各行為の実践が相互作用によって、単なる独立した行為の集合とは見なし得ないと思われるような外見を呈することがある、という点であるから。この点ではライアンズの用語法である「非線型性 (non-linearity)」の方が正確であろう。

[†9]ライアンズはこのように行為の回数と全体の功利が比例することを線型性 (linearity) と呼び、レレヴァントな点で相違のない行為から (non-linear な) 累積効果が生まれることはありえない、と論じている。

無人島にaとbがいる。彼らは生き延びるために食料を調達しなければならない。島の食料資源は少数の果樹と少数の獣のみである。島は広く資源は少ないので、二人とも果実と獣肉のどちらか一方の調達に専念しなければ生き延びられるだけの収穫を得られない。また、二人ともが果樹或いは獣肉によって生き延びようとするならばたちまちの内に資源が枯渇し二人は餓死するであろう。それぞれの身体能力の違いからaは果実の採集を得意としbは狩猟が得意である。彼らはこれらの事情を知っているが、殺されるのを恐れて互いに近づかないため意思疎通はできない。

この事例を次のようなマトリックスで表現することにしよう[†10]。

a \ b	果実	獣肉
果実	餓死	幸福
獣肉	不幸	餓死

a \ b	得意	不得意
得意	幸福	餓死
不得意	餓死	不幸

a \ b	好き	嫌い
得意	幸福	餓死
不得意	餓死	不幸

まず最左のマトリックスを参照してみよう。もしa,bの双方がUGによって意思決定する場合、彼らはどのような行為を採ることになるだろうか。問題の所在は殆ど明らかである。「果実を採集する」という行為を双方が取っても「獣肉を採集する」という行為を双方がとっても、餓死しか道は残されていない。とすれば、UGは彼らを餓死させてしまう、どうしようもない欠陥を持った原理であるということにならないだろうか。しかし、流石に何かがおかしいのではないか、と思われるだろう。すぐに予想される反論は中央のマトリックスのように事態を書き直せばいい、というものであろう。つまり、bの行為選択肢を入れ替えた上でラベルを「得意・不得意」と張り替えるのである。こうすればUGによってa,bの双方が「得意なものを採集する」という行為を選択することになる。

だが、この解決策にはどこかしっくり来ないところがないだろうか。この違和感を明確なものにするために上の事例を改変し、aの状況はそのままに、bが果実と獣肉の採集について得意不得意はないが体質上の理由から果実を獣肉より好むものとしよう。この時、この状況を表現する最右のマトリックスはやはり左の

[†10] 選択肢の確率混合はとりあえず考えない。

二つと同型のものになる。さて、今度はラベルを入れ替えたりすることで UG が適用できるようになるだろうか。どうもうまい解決策はないように思われる。しかし、ここで元の事例を考えてみよう。例えば、a,b 双方が「得意なものを採集する」というのだが、a が果実を採集するのが得意な理由や様態と b が獣肉を採集するのが得意な理由や様態はおそらく異なっているはずである。にもかかわらず、それらが同じ「得意なものを採集する」行為として考えられるのはそもそもなぜだろうか。それは、そういった理由や様態がこのマトリックスに有意な差をもたらさない、つまり、この事例の含む厚生に関して無関連 (irrelevant) だからである。とすると、この議論を推し進めるならば、中央のマトリックスと最右のマトリックスには厚生に関して差がないのだから、b の事情がそれぞれで異なるとしても、それはイレレヴァントな差異であって、UG にはこの二つを区別する理由が内在的にはないのである。しかし、区別する理由がないとはいえ、最右のマトリックスに UG が適用できるのは中央のマトリックスに文句なく UG が適用できるからである。従って、あるマトリックスに対しそれと厚生に関して同等でかつ明確に UG が適用できるようなラベルをもったマトリックスが作れるかどうかが問題になる。それができなければ、そのマトリックスに関する限り、通時的累積性が成立しない以上は、UG は AU に崩壊していることになるだろう。

　だが、このマトリックスに関する限りでは、UG が適用できるようなマトリックスをそこから得る事は、実は簡単である。まずマトリックス中で最も優越する功利をもたらす、両者の全行動パタン中の最善パタンを見つける。そのパタンに於いて a,b が行うべき行為選択肢のラベルを「最善パタンに寄与する行為」とつければよい。こうすると UG によって意思決定する a,b はその行為を選択することになる。というのも、UG が適用できるようなラベルの組み合わせがマトリックスの他の箇所にあろうとも、定義により「最善パタンに寄与する行為」の一般功利がそれらの一般功利に優越するからである。実際、最左のマトリックスにこの手順を適用してみれば次頁のマトリックスを得る。

　ここまで論じたところで、AU と UG の外延等価性の問題を取り扱うことができるだろう。外延等価性は、AU や UG といった判断基準が我々に命じる行為が結局等しくなるかどうかを問題にするのであった。しかるに、AU は上のような事例で a,b に何を命じるであろうか。AU によって意思決定する a は「b が獣肉を

24　第 2 章　行為功利主義と規則功利主義

a \ b	最善パタンに寄与	(任意のラベル)
最善パタンに寄与	幸福	餓死
(任意のラベル)	餓死	不幸

採集するならば果実を採集し、b が果実を採集するならば獣肉を採集せよ」という指示を AU から得るであろう。仮設により彼らは互いに意思疎通・協力ができる状況ではないので、この指示はこれだけでは行為指導的ではない。更に相手がどう振舞うかについての蓋然性などといった情報がなければならない。相手についての情報がまったくなければ無差別原理などに基づいて、相手が半々の確率でそれぞれの種類の食料を採集するものと考えるべきかもしれない。いずれにせよ、これはそうした状況で如何に振舞うのが合理的かという別の問題に帰着する。従って、それが与えられなければこの AU の指示は非決定的 (indeterminate) なものである。これに対して、UG はどうか。a と b は行為マトリックスが対称であり意思決定原理も UG なので同じ状況にある。そこで相手と自分が同じ行為を選択するときの行為の功利性が問題となり、確率的混合選択肢を含めて考えても、二人共に得意なものを採集するという行為を UG は指示するだろう。だから、UG は a に対し「果実を採集せよ」という決定的な指示を与える[†11]。AU と UG が a に与える指示が相違しているのは明らかである。それゆえ、一般的には AU と UG の外延等価性は成り立たない。これが本節冒頭の問いに対する答えである。だが、UG について今しばらく検討を続けることにしよう。

　まず、標準的な UG の「功利的に関連する点で同様の（状況に於ける）行為」という一般化が狭隘に過ぎることに注意したい。先に見たように、たとえ行為のラベルを張り替えるという小細工を用いるとしても、こうした UG が AU に崩壊しないのは、いままさに検討したような事例に限られる。しかし、UG が AU とは区別される「魅力」を持ちうるとすれば、まさにこの事例に於いて見せたよう

[†11] すぐ後に見るように、実はこの点について争うことができないわけではない。AU と同じ「b が獣肉を採集するならば果実を採集し、b が果実を採集するならば獣肉を採集せよ」という指示を UG が命じられないものかどうか考えてみればよいだろう。事後から見たときに相手の実際の行為を所与の状況と見て UG 適合的かどうかという点からは確かに UG 適合的である。問題の所在は「同じ状況」や「同じ行為」をどう捉えるかにある。

な相違にこそ、それが求められなければならない。そしてこの「魅力」が最善の行為パタンを構成する行為を UG が命じるところにあるのだとすれば、UG が AU に崩壊するような場合でも、同様に要求すればいいのではないだろうか。すなわち、ある行為状況に於いてその行為状況中の全行為者の行為がなす可能な組み合わせのうちで最善の行為パタンを構成する行為を行え、とするのである。さて、これを UG と区別して UC(utilitarian co-operationism) と呼ぶことにしよう[†12]。本書では以降 UG を UC の不完全なヴァージョンとして（も）見ることにする。

ここで、外延等価性がなぜ成り立たないのかを確認しておく事が重要である。この議論で明白なのは、AU が相手の行動がわからないために非決定的な指示しか与えられないのに対し、UG が相手の行動に関する情報がないのに決定的な指示を与えている点である。つまり、UG は他者の行動に対して恣意的な仮定を置いているのである[†13]。このことは、UG の定式化にある「同様の状況」という言葉がマトリックスのみを問題にするならば不可避の結論であり、それゆえ外延等価性が成立しないのである。

実は、この問題に関して準拠点とされるライアンズは外延等価性を肯定し、他の多くの論者もライアンズを参照しつつこれを肯定するので、ライアンズの議論を退ける論拠をもうすこし示しておく必要があるだろう[†14]。確かに、通時的累積

[†12] ドナルド・リーガン (Donald Regan) はこれと似てはいるが重要な違いを見せる次のようなヴァージョンの功利主義 (co-operative utilitarianism 以下 CU) を主張する。すなわち、ある行為状況に於いて、非協力的な行為主体の行為を所与とし、その他の協力主体と協力して達成できる帰結のうち最善の帰結を持つ行為パタンを構成するような行為を行え、というものである。詳細は [Regan 1980 pp.124-145] を見よ。UC と CU を混同すべきではない。もちろん、AU と UC は等価ではない。また、UG の持つ「魅力」を徹底すれば UC になるだろう、ということは UC が UG よりも説得的であることを必ずしも意味しない。なお集団が為しうる最善の行為パタンを基礎にそこから個人の為すべきことを導出するという同様の発想に基づく帰結主義としてリアム・マーフィー (Liam Murphy) の議論をも見よ [cf. Murphy 2000]。

[†13] だが、この仮定こそが UG が AU と違い「反直観的でない」結論を導く（ことがある）原因であり、それゆえ UG の「魅力」もこの仮定に存在する。しかし、AU が実践的なレベルでこれらの問題に対処できるのだとすれば、敢えて UG を保持しようとする理由もないだろう。UG（ないし UC）のこの仮定は、道徳的義務を同定する際にある道徳的選択の場面に於いて生じうる道徳規範遵守の極大状況を基準にするある種の可能主義 (possibilism) に基づいており、AU はこれに対して、実際に生じるだろう道徳規範遵守の状況を基準にする現実主義 (actualism) に基づいている。これと同型の対立が功利主義を巡る議論に於いて他の箇所でもしばしば現れることに注意したい。つまり、ここで事実主義を採って AU を擁護する我々としてはそうした場面でもまた事実主義を採ることが——必ずそうでなければならないというわけではないが——（一貫性の点からは）要請されることになるだろう。なお、ここでいう事実主義を次節の ACU と混同してはならない。

[†14] とはいえ、UG 論者でなく、この問題を主題的に扱った文献の多くもライアンズ的な外延

効果は行為をその状況を含めて適切に記述するならば存在し得ない、というライアンズの議論は正しい。しかし、共時的累積効果に関してはそうではない。通時的累積効果において、累積行為を行う際にそれまでの行為の様態という、次の行為を特徴付ける状況の記述が原理的に入手可能なものであるのに対し、共時的累積ではそうではないからである。例として次のような場合を考えてみればよい。

> ある公共財を n 人の人間が維持しなければならない。最低で k 人が維持に加わらなければこの公共財は全く維持できず k 人以下の人数の維持コストは無駄になる。維持のための最適な人数は i 人であり、これを上回っても下回っても余計なコストがかかるものとする。また彼らは意思疎通できない。

順次維持者が退出していくならば、維持者が k 人になったところで次に公共財維持を退出する（破綻を引き起こす）行為、既に k 人を下回ってしまい破綻が避けられなくなった時点で退出する行為、i 人を超えたところでの退出行為、及び他の時点での退出行為は功利的に大きな相違を有するだろう。その場合には通時的累積性を否定するライアンズの議論が妥当しよう。しかし、維持か退出かを決めるために互いに意思疎通ができず、それらが共時的に行われるならば、これらの退出行為間の相違は——我々の実践的な限界ゆえにではなく——原理的に知られえない（何人かが一斉に維持から退出して公共財維持が破綻したとき、公共財が維持できなくなる最後の一線を越えたのが誰なのかは原理的に同定しようがない）。通時的累積の場合のような、各行為の功利性上の特性を左右する他者の行為という、行為を取り巻く状況がまだ確定していないからである。そして、共時的累積の要点はまさにここにある。それゆえ、通時的累積効果に関するライアンズの議論は UG 全体には貫徹されえず、AU と UG の外延等価性は成立しないのである。

しかし、いったん行為決定がなされた後で振りかえればどの行為についても、

等価性には否定的である。[Feldman 1997 pp.36-46],[Gibbard 1990a],[Regan 1980 pp.94-104],[Horwich 1974] を参照せよ。それぞれの論者がライアンズの議論を退ける論拠はここで扱うにはどれもかなり複雑であったり錯綜しているので、それらの具体的な検討は差し控えることにする。しかし、その際に共時的事例においてライアンズの議論が成功していないとするのはほぼ共通であるといえよう。問題含みの仮定を幾つかおけば外延等価性自体は成立する、という見解については [Gibbard 1990a],[Regan 1980] を見よ。包括的で精細な検討としては [Gibbard 1990a pp.55-128] を見よ。

つまりこのような共時的累積行為についても、他者の行為を含む状況を伴った記述が完全にできるので、ライアンズの議論は貫徹されうる、という反論があるかもしれない。そうすると事態は次のようになる。$n-k+1$ 人が一斉に退出したとしよう。すると、事後から見たとき、この退出者はみな、他の $n-k$ 人が退出し k 人が維持している状況で退出したことになるので、全員が公共財維持の破綻の最後の引き金を引いた張本人であることになる（どの退出者を取ってもその退出者が退出しなかったならば破綻は生じなかっただろうから）。これは控えめにいってかなり奇妙な結論だと思われるが、この奇妙さをむしろ魅力的であると思う向きには次の事例で充分であろう。$n-k+2$ 人が一斉に退出したとしよう。すると、事後から見たとき、この退出者はみな、他の $n-k+1$ 人が退出し $k-1$ 人のみが維持している――そして公共財維持の破綻が確定した――状況で退出したことになるので、無駄な維持コストを節約しただけで、誰も破綻の最後の引き金を引いてはいないことになるだろう。おそらくこれは先の結論を歓迎する向きには嬉しい結論ではないだろう。どちらの場合でも退出者全員が「同じ行為」を行っているのは確かである。しかし、生じた結果をこのように記述されたどの単一の退出者の行為のせいにすることもできない。「他の条件が等しければ」という反事実的条件法がここでは巧く機能しないからである。ある退出者 a がもし退出しなかったとすると、この不退出は他の退出者の行為コンテクストを a が退出した場合と違ったものにしてしまう。$n-k+1$ 人の退出の場合、退出者の行為「維持者が k 人の状況で退出する」は退出者が丁度 $n-k+1$ 人の場合にしかなされえない。それゆえ、ただひとりの退出者の行為コンテクストを含んだ事的行為記述が全行為者の事後的行為パタンの記述を与えてしまう。つまり、行為の記述が事態の記述に崩壊しているのである。これを許容するならば、AU と UG は（vacuously に）等しいものとなるだろう[†15]。ということは、等価性に関する限り、やはりライアンズが正しかったということになるのではないか？

　UG をこのように解釈する際の事後的な行為記述は、実は帰結主義一般に関するある問題を提起する。この解釈の背後には、ある行為を取り巻く他者の行為パタンなり環境なりが不確定的であると考えられるときに、実際にその行為を行って帰結する（した）事態こそが帰結主義に於いて評価の基礎となる、という事実

[†15] この点については [Regan 1980 pp.94-104] を見よ。

主義 (factualism) がある。ある行為選択肢が最良の結果と最悪の結果を半々の確率でもたらすものと見込まれるとき、事実主義と対立する蓋然主義 (probabilism) は、帰結の期待値をとって、これを最良と最悪の中間にある行為選択肢とみなすだろう。他方で事実主義によれば、実際にこの行為選択肢の実行後に帰結する事態に応じてこの選択肢の評価を決めるので、この行為選択肢は最良であるか最悪であるのかのどちらかであって、その中間ではありえない。従って、評価対象である行為の特徴づけは、事前には不確定だと見なされていたが事後には確定している行為コンテクストを所与として行われることになる。UG を擁護する論者として知られるマーカス・シンガー (Marcus Singer) は、この点について、ライアンズによる AU と UG の外延等価性テーゼはほぼこの事実主義の説得性に依存し、かつ事実主義が説得的でないので外延等価性テーゼもまた説得的でない、と主張している[†16]。

本節では UG それ自体ではなく、この原理が提示する幾つかの特徴と問題を踏まえ、次節以降の議論を進めることが目的であるから、ここではこれ以上の詳細には踏み込まない。もし、UG に於ける「功利性に利いてくる点に於いて同様の行為」について上に述べたような解釈を採るならば、UG は行為指導性を失う代わりに AU と等しいものとなるだろう。もしそうではなく、行為指導性を備えた、UC の不完全なヴァージョンとして解釈するならば、UG は AU とは異なったものとなるだろう。では我々はどちらの解釈を採用すべきなのだろうか？

後に再び触れるが、前者は事後的に行為者の行為が UG に従っているかを評価する原理か、せいぜい他者の行為状況を自らの行為時点で完全に知悉する「大天使」的主体にとっての行為指導的原理であるしかない[†17]。もちろんこのことはそ

[†16][Singer 1977 p.77] シンガーがそこで念頭に於いているのはムーア (G. E. Moore) の理想的功利主義 (ideal utilitarianism) である。事実主義的功利主義の支持者はそれほど多くないが、たとえばピーター・レイルトン (Peter Railton) の「客観的帰結主義 (objective consequentialism)」は間接帰結主義を採用した上で、更に事実的帰結を行為評価の基準に取っている [Railton 1984 pp.152-153n.24]。ほかにも、徳評価との関係で直接帰結主義と事実的帰結を基準に採る例としてたとえばジュリア・ドライヴァー (Julia Driver) の議論を参照せよ [cf. Driver 2001 pp.63-83]。なお、現在一般的なのは事実主義 (factualism, actualism)・蓋然主義 (probabilism) という用語法であり、他の区別との混同を避けるうえでも有用なので本書でもこれを用いるが、シンガーは事実主義を採る功利主義を事実的帰結功利主義 (actual consequence utilitarianism 以下 ACU) と呼んでいる。以下でも特に事実主義と蓋然主義そのものではなく功利主義の類型について語る際には ACU という略号を使用することにする。

[†17]先の公共財維持の事例を考えよう。この時、ある行為者が維持か退出かを半々の確率で採るも

れ自体では問題ではないのだが、次節以降で検討するように、一般に UG やそれ
をもとにした RU はそのような情報が我々の能く知りうるところではないという
前提に立ち、自らの意思決定原理としての妥当性を主張するのだから、後者の解
釈を採っておくほうが生産的であろう。いずれにせよ、前者の場合に AU と UG
が一致するのだとすれば、AU を採用する我々にとって特に問題とはならないか
らである。

2.1.3 普遍化された行為功利主義と UG

UG の基本的発想がカントの定式とかなりの親近性を持っていることは明らか
であろう[†18]。とすれば、カント的な発想と功利主義を組み合わせた、と評価され
ることの多いリチャード・ヘア (Richard Hare) の功利主義と UG の相違が興味
を引くであろう。ヘアは普遍的指令主義と呼ばれる非認識説的なメタ倫理学上の
立場を採用し、道徳言明の普遍化可能性 (universalisability) を主張する。ヘア自
身の規範倫理上の立場は二層功利主義と呼ばれる独特の立場だが、そのベースは
行為功利主義である[†19]。その行為功利主義は「普遍化された AU（以下 UAU）」

のとしよう。すると、事後には維持か退出のどちらかしかない。従って、事後的に行為を記述
しようとしても、他の行為主体にとっての行為状況としてのこの主体の「半々の確率で維持か
退出」という行為の記述は巧くいかない。ここには傾向性 (disposition) を巡るお馴染みの問
題が見て取れよう。事後的観察によっては行為時点での行為状況をきちんと記述することがで
きない（事後的にかく行為したからには事前にもそう行為することが決まっていたはずだとい
う決定論的な立場を採ること自体は不可能ではないが）。そこで、こうした認識的限界を持た
ず、他の行為主体の取る行為を決定的に、ないし、少なくとも確率的に、完全に知悉している
理想的主体を想定する必要が生ずるのである。

[†18] もちろん、一般化原理自体は遥かに古くから知られており、カントの定式よりも古いものであ
り、カントが一般化原理からその着想を引き出していることはほぼ明らかである。シンガーは
カントの定言命法には意志と格率という一般化原理論法に見られない要素があることを指摘し
ている [Singer 1961 pp.10-11]。ヨアキム・フルシュカによれば、これらの要素はこれまた古
代から良く知られた黄金律 (golden rule) に由来するものであって、カントの定式は黄金律と
一般化原理の結合なのである。

[†19] ここでヘアの理論の詳細な紹介をすることは避けるが、概ね以下の通りである。まず、道徳判
断を直観レベルと批判レベルにわける。批判レベルでは普遍化された——個体指示を禁じられ
た——行為功利主義による道徳的判断がなされるとされる。直観レベルでは「人を殺してはな
らない」・「約束は守らねばならない」といった道徳的直観による道徳的判断がなされる。我々
は不完全にしか功利計算ができずしかもその計算コストが高いので、日常の道徳判断に功利主
義を直接用いることはできず、道徳的直観に頼って判断してよい。しかし、道徳的直観が衝突
して決まった答えが直観レベルでは導けないならば、批判レベルに移行して功利主義に訴えて
判断をしなければならない。もちろん、道徳的直観ならばなんでもよいわけではなく、直観の
正当性自体はそれを持つ事が功利性に資するかどうか、という功利主義的な観点（批判レベル）
から判断されることになる。詳細は [Hare 1981]（[ヘア 1994]）を直接参照されたい。なお、

であるが、ある功利判断を下す時には、同様の状況では同様の功利判断が下されるべきだ、ということにコミットしなければならないとされる。こうしてみると、UAU は UG に似た話であるように思われるかもしれない。そうだとすると UAU は AU ではないのだろうか。

UAU は同様の状況にある個人が同じ判断をすることにコミットしなければならない。ここで生じる問題はこうである。他者が必ずしも同様に振舞うとは考えていないが他者が同様に振舞うべきだ、と考える時、UAU 決定者は如何なる功利性に基づいて行動を決定しなければならないか。相手が自己利益によって行動するエゴイストであると知っているならば、それによって決定される相手の行動を前提に最善の帰結をもたらすように自分の行動を決定すると同時に、もし仮想的にそのエゴイストが UAU 決定者として振舞った場合にも最善の結果が生じるような行動を UAU は命じることになるのではないか。しかし、この二つの要求が一般に両立しないことは明らかである。それゆえ、我々はここで「同様の状況」に行為者が UAU 決定者であるかどうかを含めなければならないだろう[20]。ポイントは UAU が同様の状況で他者が同様に振舞うべきだと考えることは他者が実際に同様に振舞うと考えることではなく、他者の行動に関する恣意的な仮定を置くものではないということだ。それゆえ、ここでの UAU の決定は普通の AU のそれと異ならないものになり、UAU と UG は等しいものではない。それゆえ、UAU の持つ普遍化可能性要求と UG の一般化要求とが違うものであることは明らかである[21]。

肝心なポイントはこれらのどちらもが特定の状況での特定の意思決定を巡って

行為選択肢を規則随従行為に限定する功利主義はそれだけではまだ規則功利主義ではない。規則功利主義はあくまで、行為選択肢の限定に加えて、帰結評価方式に一般化原理を組み込んだ型の功利主義を指す。一般化原理を組み込んでいない「規則功利主義」は、意思決定方式を規則体系に制限する間接功利主義と呼ぶのがが適切であることが普通であろう。

[20] この点はヘア型の理論にとっては明らかである。自分が衝突する直観を有しており批判レベルで思考している状況で、他者は適合的な直観を有しており直観レベルで思考しているということがありうるからである。この両者の判断が一致する必要が必ずしもあるわけではないし、両者の直観体系の功利性がそれぞれ同程度ならば、ムリに批判的思考に一致させることで後者の直観を損なってしまうかもしれない。それゆえ、相手が直観と批判のどちらのレベルにいるかが行為の本質的な状況の一部になるだろう。ヘアは批判的思考は AU によるのだと考えているから、他者が AU 決定者であるかどうかは相手が批判的思考のレベルにいるかどうかと同じことになる。

[21] とはいえ、他者の行為状況に関して確定的にそれらを知悉している、ヘアの想定する「大天使」にとってこの区別は崩壊しているのだが。

判断を精密化するタイプの原則であるということだ。従って、RU が AU を批判しようとした時の論点はほぼ両者に同時に当てはまるものになるだろう。ブラントが指摘するように、AU も UG も一元主義的 (monistic) な理論であって、自らを除く如何なる規則にも内在的重要性を認めないのである[†22†23]。であるにもかかわらず、他者の行動に関する想定について AU と UG の間に重要な差異があるために AU と UG は同じものにはならない。我々の次の目的は、RU がこれらとどのような関係に立ち、この違いが RU 内部での対立にどのように関わってくるかを示すことである。

2.2 功利考量対象の規則への限定

2.2.1 RU の基本問題

これまでの議論から直ちに次のことがわかるだろう。RU の狙いからすれば、AU にしろ UG にしろ行為をナマの功利計算の対象にしてしまう（そして約束を破るべきか否かをそのたびごとに検討してしまう）ことに問題があるのだから、どんな行為も何らかの規則によって推奨・禁止・許容されていなければならない。そうでなければ、規則が尽きたときに、行為者が AU や UG によって採るべき行為を決定することを功利主義にコミットしている RU 決定者が妨げられないからである。それゆえ、それらの難点を避けるために RU は如何なる行為に対しても必ずそれに関して推奨・禁止・許容を与える規則を提示しなければならない。従って、それはおよそ人間の行為全体を覆いつくすような外延を持った巨大な規則の体系を伴ったものとなるほかはない（但しこのことはその体系の複雑さを必ずしも意味しない）。

[†22][Brandt 1979 p.285]
[†23] なお UG 及びその基礎にある一般化原理 (generalisation principle) について、これが必ず一元主義的でなければならないわけではない。ライアンズ以降の殆どの論者がそうするように他者の行為を含む状況を行為の功利的に利いてくる性質とみなして一般化原理を全面的に用いようとする立場を論争初期の一般化原理の支持者は採用していない。たとえばマーカス・シンガーは、これを行為に適用して、そこから反直観的な結論が生じる場合（ある行為を全員がする場合と全員がしない場合の双方向に望ましくない帰結が生ずる場合）にはその行為を一般化原理の有効射程を超えるものとして扱っている [cf. Singer 1961 pp.71-95]。

とはいうものの、UG と RU との類似は殆ど明らかであろう。UG の定式化に於いて、行為者に可能な行為選択肢を「どのような規則体系に従うか」に限定するのである（ここでは規則体系に従わないという行為選択肢が排除されていることに注意せよ）。このようにして RU の基本的な定式化「ある規則体系に全員が従うことが、他のどの規則体系に全員が従うときよりも大きい功利をもたらすならば、そしてその時にのみ、その規則体系に従うべきである」が得られる。そしてこの定式によって選ばれる規則体系——人間に可能な広大な行為の領域を覆いつくすだけの大きな外延を持つ体系になるが——に従って行為せよ、と RU は主張するのである。ここで、我々は再び「規則に従う」ということについて UG に対して向けたのと同じ疑問を呈することができるだろう。例えば同じルールであるにしても、他者が殆ど従っていない状況で従うのと、他者が殆ど従っている状態で従うのとには大きな差がある（自動車の速度制限のような場合だと前者の状況では却って交通の流れを妨げることになってしまうだろう）。それゆえ、他者の遵守状況が行為の功利性に本質的な影響を与えるのである。従って、周囲の遵守状況に応じて適切な対応を採ることを許す例外規定がルールに設けられなければならない。とすると、このような例外規定は際限なく細分化してゆき、結局その場で功利計算をするのと変わらなくなるのではないか[†24]。

更に、他者の遵守状況を考慮に入れてしまうことで、「規則体系に全員が従う」ときの功利性を判断基準にすることとの整合性が問題になるはずである。人々が実際には規則体系に従わない・従い得ないのであれば、なぜそのような恣意的仮定を置くことができるのだろうか。これに関して RU からは次のような譲歩がなされるのが常である。「規則体系に全員が従う」ときの功利性を一般遵守功利性 (general conformity utility) と呼び、「規則体系に全員が従うよう動機付けられる（諸々の事情で従い損ねることは許容される）」ときの功利性を一般受容功利性 (general acceptence utility) と呼んで区別する。そして、RU が基準にするのは後者である、と主張するのである[†25]。確かにこうすると、他者の遵守状況を考

[†24] こうした、他者の遵守状況に応じた例外規定をティム・マルガン (Tim Mulgan) に従って「ブラント的例外条項 (Brandtian exception clause)」と呼ぶことにしよう。その問題点について、本書の以下の記述のほかにたとえば [cf. Mulgan 2001 pp.87-90]。

[†25] [Lyons 1965 pp.136-143],[Brandt 1963 pp.120-125],[Brandt 1979 164-176],[Hooker 2000 pp.75-80] ここで注意したいのは、こうした修正が UG の基礎にある可能主義に於ける「可能」の意味に対する——論理的可能性から個人の行為能力への——修正だということである。ある

2.2 功利考量対象の規則への限定

慮に入れた例外規定の存在が一般受容功利性を基準にすることと不整合を起こすわけではなくなる。しかし、これに対しても「なぜ全員が規則遵守を動機付けられるなどという恣意的な想定がなされるのか」という疑問が呈されることになる。この想定はしかも、UG の想定よりも強いものであることに注意しなければならない。RU の基本定式は UG 定式に対し、「どの規則体系に随従するか」のみを行為選択肢とする、という強い限定を施すことで得られるものだからである。我々が何らかの規則体系（しかも RU は AU や UG などの単一の規則のみでなる規則体系——なるほど確かにもはや「体系」ではないかもしれない——はお好みでないのである）に従う以外のことは最初から想定されていないのだ。しかし、我々はある（道徳的）行為を、それが何らかの規則に従っているかどうかなど全くお構いなしにそれをするよう動機付けられることが明らかにあるし、また、こうした行為を、規則に服従して行われたのではないのだから決して正しいものではありえない、とは考えがたい。

　前者の問題に関する応答は比較的容易である。一般遵守功利性から一般受容功利性への基準移行に伴って、UG に関してのこれまでの議論がある程度影響を受けることになる。我々はそこで基本的には一般遵守功利性を考えていたのであって、規則の「受容」の前提に規則の実行可能性があると考えるならば、我々に受容可能な規則は極端な実行コストを持つことはできない。従って、無限に細分化された規則や極度に一般的原則——AU や UG——は一般的受容の考量の選択肢に入ってこないことになるか、或いは、選択肢に入れたとしても実行コスト上最適な規則ではありえないことになる、というのが RU が素朴な AU や UG に崩壊しない理由とされる。この議論は基本的には正しいと考えてよいが、これらの実行コストもまた AU や UG によって事前に計算されうるのであって、AU や UG

道徳規則体系の遵守の成否が行為者の制御不可能な外的要因（他者の行為もこれに含まれる）に依存し、これが行為者の能力を超えていると考えるときでも、少なくともそうした規則体系に従うよう動機付けられることは行為者の能力の範囲内にあるだろう。この点は、ある所与の規則体系の一般受容帰結を考える際に、こうした能力レベルでその規則体系を受容することが不可能な行為主体 (たとえば小児や精神的無能力者など) を「一般的受容」の範囲から外すフッカーの議論 [Hooker 2000 pp.80-85] に良く見て取れよう。そこでフッカーは、徳倫理であれカント主義であれ、自らが提示する道徳的規範について共同体内における（事実的受容とは異なった）一般的受容を想定する点については規則帰結主義と同罪であって、この恣意的想定のもたらす困難を免れていることが行為帰結主義の利点であることを認めている [ibid. p.85]。行為功利主義の特異的な「魅力」の一端がここにあることが、後に重要な意味を持ってくるだろう。

も一定の場合に一元的な原理以外の規則に従って行動することを妨げられはしない、というAUやUGからの反論があり得るところである。従って、問題はAUやUGに本当にそれが可能なのか、そして可能だとしてAUとRUに実質的に差があるのか、が問題となるだろう。これはRUの独自性にとっては致命的な問題である。

　後者の問題にも比較的簡単にRUからの応答が可能であると思われるかもしれない。つまり、どの行為に対しても、それが随従していると見なしうる規則体系を考えることができ、その行為を「かくかくしかじかの規則体系に従う」行為として記述しなおせばよいではないか。だが、この応答は致命的な一歩を踏み出しているのである。というのも、ある（諸）行為がその随従となるような規則は決して一意に決定されず、無数に存在するからである。このことに一般受容功利性へとRUが基準を転換したことを考え合わせるならば問題は明らかである。我々はある行為をしたからといって、その際にその行為がその随従となるような無数の規則に従うように一遍に動機付けられているのではない。それは単純に不可能である。そして、この行為者は実際にはその行為をしようと動機付けられていたのであって、その行為が随従となるような規則に従おうと動機付けられていたわけではないから、何らかの規則を無数の規則の中から取り出しての再記述は必然的に恣意的なものになるほかはない。

　我々はもしRUをその主張の通りに受け取りたいならば、これらの問題を解決しなければならない。即ち、なぜ規則体系に随従することのみが必要なのか（つまるところそれは明らかにルールに違背する方が良い結果をもたらす時にもルールに従うことを要求する「ルール崇拝」なのではないか）、そしてある程度複雑であるだろうその規則体系は、実は規則に従うことを選択肢に入れたAUと同じものになるのではないか、という二つの問題である。

2.2.2　規則の功利性

　このような疑問に対してRU陣営は規則に特に注目する理由を弁証しようと試みてきたし、AU陣営も「道徳的直観に反する」という定型的な功利主義批判に対応するためにAUの枠内で規則がどのような位置を与えられうるかについて論じてきた。議論の筋道は大きく二つに分けることができるだろう。RUはアド・ホッ

クな功利計算を排除したいので、規則には行為に還元できない内在的な重要性が（帰結主義の範囲内で）存在する、と主張することを好む。これに対して AU は、規則は功利主義にとって内在的な重要性を持たないが実践的なレベルで現実の我々がそれに訴えて行為する方が良い帰結を生む、と論じたがる。後者の方がより一般的に良く目にする議論であるから、そちらから検討していくのが良いであろう。

2.2.2.1　AU に於ける規則の位置〜その1〜

　まず、現実の我々の行動において功利計算はしばしば困難である。功利計算の困難さはもちろん我々の能力的限界であって理論的限界ではないのだが、その限界にも二つの類型があると考えてよい。一つは状況の複雑さゆえに多くの時間を費やしても功利計算が困難である場合、もう一つは功利計算を行うための時間がそもそもない場合である。二人の海で溺れている人間のどちらか一方しか助けられないとして、どちらを助けるべきかを迷っているうちに彼らが溺れ死んでしまうような状況を考えればよい。後者の場合、個別の状況では必ずしも的確なものではないが全体としてみれば有益な判断基準というものを作ることが不可能ではないだろう（例えば「子供の方が早く生命の危機に到るので、仮に二人目を助けられる可能性が生まれるならばそれは子供を先に助けた時に限られるだろう。従って子供の救助を優先すべきである」といった事前の計算による基準を考えてみよ）。そのような基準に従って行動するコストは功利計算を一から行うコストより低いことが明確であろう。功利計算をその場で行えないような状況に備えて事前に計算を行うならば、それは決して完全に具体的な状況に対して行われる計算にはならず、必ずある程度の一般性をもった状況の類型に対する計算になるだろう。それゆえ、事前の功利計算は必然的に「かくかくしかじかの状況であるならば〜せよ」といった基準を生み出すことになる。ところで、仮設によってこのような状況ではその場での功利計算ができず何らかの基準に従うほかないので、このような事前計算による基準に従って我々は行為を遂行することになるだろう。としてみると、AU に於いても AU 以外の基準で行為を決定するべきことがある、と認めることができるだろう。

　この議論に対しては直ちに次のような反論が思いつかれるはずである。事前計算によって常に何らかのそれ自体は AU でない基準が生み出されるのだとしても、

事前計算は幾らでも精密化されうるし、精密化を AU は命じるはずである。そうしてみると、このような事前計算によって生み出される基準の全体系は結局のところ「同じような状況では同じように判断せよ」という普遍性要求を満たす AU、つまり UAU に他ならないではないか、と。しかし、ここでも我々が実践的なレベルで話をしていることに注意すべきである。そのように極度に精密化された事前計算による無数の基準の体系は全く実践的でない。そのように巨大な体系は記憶されえないし、仮に記憶されえたところで、眼前の具体的な状況がそれらの内のどれに妥当するのかを検索する作業は結局アド・ホックな功利計算そのものにほかならない。とすれば、そのように精密な事前計算を AU は我々に命じはしないのだ、と考えて良いだろう。

だが、「功利計算を行う時間が絶対的に欠如している場合はその通りであるかもしれない。しかし、約束遵守の事例を再び思い起こすならば、そのような事例では功利計算を行う時間が不足しているわけではないはずである。であるとすれば、功利主義は結局肝心な場面で規則に従い損ねているのだ」といった反論もまたありえよう。これに対する AU からの応答は、第 1.3 節で論じたようなものになるであろう。更に AU はこういった批判者に対して「複雑な帰結をここまで精密に考慮してなお約束を守ることが良い帰結をもたらさないならば、約束を破るべきである、といって何が問題なのか。結局は道徳的直観の名の下に約束に固執するあなた方も RU と同様にルール崇拝の罠に嵌まっているに過ぎないのだ。」と応えることが許されるようにも思われる。ヘアが指摘するように、功利計算に於ける情報の不足の問題に加えて、我々の自己欺瞞的性向を牽制するために一般的な規則に訴えてアド・ホックな功利判断を排除すべき場合が実践的に存在することは明らかであり、それは AU が規則を行為決定の基準として採用すべきだと考える主な理由の一つであるのだが、それらの実践的有用性を超越した何かが規則にあるわけではない。

いずれにせよ、問題の所在は「状況が複雑すぎて我々の手に負えない」ような場合の功利計算がどう処理されるかに移ることになる。ここでは、幾ら時間があろうとも手におえない、というところが本質的なのだから事前計算という議論に頼ることができないのは明らかであろう。では、功利性に大きくは影響を与えない部分の詳細を切り落として状況を類型化・単純化することで再びある基準を生

み出せる、と考えてはいけないのだろうか。残念ながら、これはさほど複雑でない――その状況のどのあたりが功利性の重大な部分を左右しているかがわかるような――事例でのみ可能である。というのも、所与の複雑きわまる状況のどこが「功利性に大きく影響を与えないか」すら、真に複雑な状況では我々にとって明らかではないだろうから。しかし、規則が果たせる位置はそれで充分なのであり、ここまで状況が複雑ならば功利計算について――それが理論的限界ではなく我々の実践的能力の限界であることを確認したうえで――ある程度恣意的な決断をせざるを得ないかとも思われる。そのような状況には複数の単純化・類型化が同等なレベルでありえ、そのそれぞれについて規則・基準が生み出されるとして、おそらくそれらは互いに衝突する判断を生み出すことになるであろう。とすれば、規則・基準への焦点の移行はそのような事例での我々の限界を超えさせてくれるようなものではありえない。そのような状況では衝突する諸基準を調整する高階の基準も衝突してしまうだろうからである。我々はこうした形で AU に於いて採用される規則を経験則 (rules of thumb) と呼んでおこう。

2.2.2.2　AU に於ける規則の位置～その 2～

さて、経験則に関する議論の特徴として、他者との相互作用に関する考慮が明示的には働いていないことが挙げられよう。経験則はあくまで単独の AU 決定者の賢慮 (prudence) にとどまっている。しかし、AU に於ける規則の位置づけはこのような限定されたものに限られるのだろうか。そこで再び **2.1.2** の事例に戻ることにしよう。そこでは効用に関して等しくない複数の均衡を持つ調整問題がおきていたのであった。AU 決定者はこの事例でどちらの均衡が実現されるかを（仮設により意思疎通が排除されていたので）事前に知ることはできず、非決定性へ追い込まれていたのであった。にもかかわらず、我々は UG がこのような状況で選択すべき行為を決定的に与えてしまうことも確認しておいた。UG が RU の基礎にあるのだとすれば、ルールとこの（AU が備えていない）決定性の間には何らかの関連があるのではないか、と考えることが当然の成り行きであろう。そこで、UG が持ち込んだ「他者の行為」への仮定を理論的レベルではなく実践的レベルで AU に持ち込むことが可能なのではないかを考えたい。もしこれが可能であるとすると、実践的レベルにおいて AU と UG は殆ど異ならないものとな

り、RU を UG から導出せずとも、AU で模倣する (emulate) ことが可能になるはずである。ここでは意思決定原理が問題になっているので、UG を UC 的に解釈しよう。つまり、諸個人が行為ごとに AU 的意思決定原理を行使せずに規則に従う時その規則が諸個人の協同を達成する状況を考えよう。UC 決定者からなる集団であれば、諸個人のなす行為パタンのうち最善のパタンが実現するだろう。これを AU が模倣できないかを考えるのである。ここでは「規則」そのものよりはむしろそれらが果たす機能である、諸個人の協同を実現するような習律・規約 (convention) が AU 決定者たちの間に存し得るかという問いとして考えてみることにしよう。

まず、ある規約があって、それに AU 決定者達が合意したとしよう。この時、それに AU 決定者たちが随従することができるかを考えよう。ある規約に合意すること自体はおそらく AU 決定者達にも可能な事柄であるだろう。その規約よりも優れた規約が（無規約も含めて）存在しなければ、その規約に対する合意自体は不可能ではない。しかし、AU 決定者たちは、AU のみに従って意思決定を行うのだから、基本的に自らの合意によって拘束されることはできない。すなわち、ある行為をするとの他者との合意それ自体はその行為を遂行する理由を AU 決定者に与えないのである。であるとすると、可能性は次の 2 通りである。規約に対する合意が彼らの意思決定に影響を与えず、それゆえ功利性にも影響を与えないために、そもそも前段階の何らかの規約を選んでの合意自体が功利性上無益なものとして失敗する場合と、規約に対する合意が何らかの形で AU 決定者の意思決定に影響を与えることができる場合である。もし 2 番目の場合が成立しないならば、AU 決定者間における協働的規約は不可能であることになる。だが、合意がそれ自体として AU 決定者達に行為理由を与えないのであれば、意思決定に影響を与えることなどできないのではないか？[†26]

アラン・ギバード (Allan Gibbard) はこうした問いについて概ね次のような応答を行っている[†27]。規約に関する支持的履歴 (supporting history) があるならば、

[†26] 行為状況の仮設そのものによって前提されない限りは AU 決定者が合意に拘束力を認められないという点は重要である。これは AU 決定者同士の行為状況が（全プレイヤー間で利得が共通の）非協力ゲーム状況だということである。従って彼らの行為選択について、以下のような非形式的な議論に代えて、情報不完備ゲームの分析などを用いることができるだろうが、本書では扱わない。

[†27] [Gibbard 1978 pp.97-102]

2.2 功利考量対象の規則への限定

AU 決定者は AU に基づいて規約に随従する。支持的履歴、すなわち、これまでその規約について他者が従ってきたことに関する共通知識があれば、AU 決定者達は他の AU 決定者の行為選択に関して帰納的に推論し、彼らが従前同様の行為選択を行うことを所与に自らの選択を行うことになる[28]。単純に言えば、他の皆が規約を守るとわかっているならば自分もまた規約を守るべきことが AU によって命じられるというわけである（そうでなければこの AU 決定者が規約逸脱へのインセンティヴを持つことが他者の予期を掘り崩すので AU 決定者間の均衡となることができない）。だが、この応答には明らかに不穏な点が幾つかあるだろう。まず過去に於ける人々の随従行為に関する知識がなぜ現在直面している選択における他者の行為に関する推測の根拠たりうるのか（すなわち、合理性を備えた AU 決定者にこのような帰納的推論が許されているのか）、また、支持的履歴がそもそも何らかの時点に於いて AU 決定者間で生じると考えるべき理由がないため、帰納的推論の合理性を認めたとしても、そもそも規約随従が最初から生じないだけのことになるのではないか、という点が最も重大であろう。

帰納的推論に関するギバードの応答は「帰納的推論が合理的でないなどと考える理由はない」というものである[29]。この点を我々は次のように考えることができよう。目下の状況では、AU は主観的意思決定基準として用いられているので、ここで問題になっている合理性は主観的合理性である。ここで我々がベイズ主義を含めてこうした帰納的な推論を認識的に理想的ではない AU 決定者の主観的合理性を説明するものとして採用することはもちろん可能であるし、それなりに説得的であろう。最初に充分な長さの支持的履歴さえあるならば、AU 決定者は最初の信念がどのようなものであれ、相手の規約随従に対して高い確率を付与することができ、これに従って自らも規約に随従するであろう。従って、問題は充分な長さの支持的履歴がそもそもどうやって AU 決定者間の規約に発生しうるかということに移ることになる。もしその発生が偶然的なものに委ねられるとすれば、功利性に於いて異なる複数の均衡のうちのどれがそうした支持的履歴を獲得してしまうかも偶然的であることになるだろう。そうすると、そのような均衡を達成

---

[28] 支持的履歴の存在によって他の AU 決定者が規約を知っているということを AU 決定者は知ることができる（そしてそのことを他の AU 決定者が知っていることを知ることもできる）。
[29] [Gibbard 1978 pp.100-101]

する規約が他の均衡を達成する規約よりも功利的に優れていることを保証することはできないことになる。

　支持的履歴の問題に対するギバードの応答は「教示 (teaching)」を理由としてAU決定者たちが最初の規約随従行為を選択する、というものである[30]。他のAU決定者たちに彼らから見た他のAU決定者たちがどういう行動をとるかについての帰納的推論の証拠 (evidence) を与えるために、AU決定者はまず規約に随従する、というのである。支持的履歴が成立したあとの功利性はその規約の功利性によって決まるのだから、それを理由に最初の随従行為を始めるAU決定者は、その成立時に最も高い功利性を有する規約に随従することを選択することになる。AU決定者は功利的に優れた規約に随従することができるのである。ただし、その随従の理由なり拘束力なりはただAUのみから生じていることに注意が必要である。規約ないしそれを表現する規則に内在的な拘束力や理由などはない。これが他者との協働に関する、AUに於ける規約と規則についてのひとつの結論である。まずはこの点が確認できれば充分である。

　さて、こうした規約は特にサンクション機構を備えていない。AU決定者たちは自分を含めた誰かが規約から逸脱した際の厚生の低下を（AU決定者なので）自らの利得の低下として認識するが、AU決定者たちの間の規約はサンクション機構なしに自己存続的である。サンクション機構を事前にAU決定者が調達できていれば、こうした規約の随従の達成はより容易になるだろう。規約の不随従に対して科されるサンクションが充分強ければ、規約随従がAU決定者にとっての支配的選択となることは間違いないが[31]、そうしたサンクション機構が偶然的に発生するならば、そのサンクション機構が最善の行為パタンを選び出しているという保証はまたもや失われる。そして、行為者たちが最初からAU決定者であれば、先の議論のようにしてそもそもサンクション機構を余計なものとして必要としないかもしれない。しかしながら、ここで視点を転じて、人々が必ずしもAU決定者でない場合を考えたときにはサンクション機構が重要な意味を持ってくるだろう。被治者が必ずしもAU決定者ではないが、統治者がAU決定者であるという、

---

[30][Gibbard 1978 p.99]
[31]サンクションが不随従者の数に比例して厚生の総計を低下させることに注意しよう。AU決定者は他者に科されたサンクションも負の厚生として等しく考慮に算入するので、サンクションは効率的に随従を優越的選択とすることになる。

統治功利主義の標準的な社会像を考えてみよう。

社会には様々な規範が存在する。社会規範は統治的介入によらない自生的なものであることが通常である。こうした社会規範の自生のモデルとしてシグナリング理論を考えよう[†32]。典型的な調整問題状況として道路のどちら側を通行するかを考えよう。たとえ公道ではなく私道であったとしても、何も特別な表示がない場合には、公道に於ける交通法規なり運転慣習なりがフォーカル・ポイントとなるであろうし、特に何かの表示があれば、それに対する不随従がサンクションを伴うものではないとしても、人々はその表示に随従するだろう。こうしたフォーカル・ポイントとしてなにが選ばれるかは基本的には偶然の事柄である。そして、そうであるがゆえに、社会規範が実現する人々の協働パタンは効率的なものではないことも多い。

ある社会規範実践に巻き込まれている当事者たちにとって、その規範の持つ構造を変えることは容易なことではない。そうした変容はまず規範からの逸脱と見なされ、まさにそれが安定した規範としてある以上は、サンクションを科されることになるだろうからである。当事者は通常、その行為選択肢集合に社会規範の変更という選択肢を持っていない。しかし、統治者は、まさに彼が統治権力を有しているそのことによって、その行為選択肢集合にそうした選択肢を持っていることがある（そうでない場合も多いが）。ここには明らかに統治功利主義へとつながる道筋が見て取れるであろう。調整問題状況に於いて、その解決のために複数の均衡から功利的に優れた実現さるべき均衡を選び、それを指示するような規則を提示することによって適切な協調行動を可能にすることこそがここでの立法者の役割である。この規則は、それが協調行動を可能にするためには、公開され広く知られていなければならない。更に、必ずしも AU 決定者ではない被治者の自己利益に訴え、諸個人の行動を調整するためにサンクションが必要とされる（最も目立つ行為主体としての国家がフォーカル・ポイントを新たに作出するだけで済む場合もあるだろうが）。これは明らかに立法者を中心とする統治者の任務に属する事柄である。

すると事態は次のようである。必ずしも AU 的に振舞わない被治者の中に AU 決定者がいるとしよう。この社会規範の規約に巻き込まれた AU 決定者はその規

[†32] 特に社会規範との関連で [Posner 2000] を見よ。以下でもこれを前提にする。

約に対する他者の随従履歴を参照し、この AU 決定者は恐らく社会規範自体の変更という行為選択肢を有していないだろうから、AU に従って自らも規約に概ね随従することになるだろう。AU 的決定のための功利計算コストが一定程度以上に高い場合には、その計算を行わずにそのまま規約に随従することが AU に適合することも多くなるだろう。こうした状況で AU は AU を意思決定方式とすることを必ずしも求めないのである。しかし、この AU 決定者がいわゆる規範仕掛人 (norm entrepreneur) であることを選べる状況にあるならば、そうした AU 決定者は功利性に優れた社会規範の創出を企むことを AU から決定することになろう。そして、この AU 決定者が偶さかに統治者である場合には、まさに国家という規範仕掛人の最大候補を社会規範の変更・創出に用いるべきことを AU が命じるのである。その際にも AU は慣習的規約を操作することでこれを達成しようとし、人々を AU 決定者へと変容させようとするわけではないだろう。功利的に望ましくないならば、AU は人々に AU を意思決定原理として採用せよとはいわないのである。後にも触れるように、統治功利主義はこの点に於いて多分に間接功利主義的である。

　調整問題の解決として規則を位置づけることの要点は、人々が規則に従うよう動機づけられる場合、我々が他者の行動に対してある程度確かな予期を持つことができるために情報費用が大幅に低減される、という事実にある。この点は RU の AU に対する優位として語られることが多かったが、AU がこの情報費用の低減のもたらす多大な功利性を認識できない理由はどこにもない。情報費用の低減が AU を意思決定原理として採用することから生ずる功利計算コストを上回るならば、人々が AU ではなく規則に従うように動機づけられることは積極的に容認される。これは、先に検討した経験則としての規則とは違って、功利原理に直接由来するのではない動機付けを規則随従に認めるものである。そして、再び **1.3** 節の主張を確認することになるが、この恩恵はサンクションによって規則随従への動機付けを柔軟に確保できる規則としての法によって最も良く達成されるであろうし、それゆえ統治功利主義にとって非常に重要なものとなるのである。

2.2.2.3 RU に於ける規則の位置～その1～

　こう述べてきたにもかかわらず、RU からは AU の議論に対する不満が聞かれるかもしれない。特に個人道徳としての功利主義を考える立場からは、我々が制度的サンクションを持ち出して規則が AU において役割を果たしうることを説明することに違和感があるだろう。約束遵守は、たとえ制度的サンクションが全く介在しない時でも守られるべきものではなかったか、というしつこい疑問がなおも AU に対して向けられうることは間違いがない。帰結主義者としてはやや極端だが、約束責務を約束したからという内在的な理由からではなく果たそうとするところが気にいらない RU 支持者もいるかもしれない。このような RU 論者は上述の AU の議論において規則がサンクションによって「動機」と結び付けられていることを問題視するかもしれない。もちろん RU に於いても我々は規則を守るように動機付けられるのだとしても、AU が主張するようにその動機付けがその規則に外在的なサンクションによってなされるべきではないのだ、とする考え方がありうる。

　このような論者は規則を行為決定の正当化理由として考えようとする。これを理解するためには、再び RU の定式に戻り、RU に於ける規則の評価基準である一般受容功利性をもたらす「一般的受容」の中身を再検討しなければならない。我々が前に検討した際には、それは規則服従への動機付けが一般に存在することとして定義されていた。その動機付けの由来が道徳的サンクションであるか物理的サンクションや制度的サンクションであるか、或いはもっと別の心理的要素によるサンクションかどうかはそこでは問題にならなかったのである。これに対して、規則に内在的重要性を認めようとする立場からは、規則随従への動機付けは規則そのものからそれを行為理由として生じなければならないことになるだろう。それゆえ、規則の一般的受容を上のような形で考えることはできないのである。そこで以下ではこのような立場を採る RU の議論をコンラッド・ジョンソン (Conrad Johnson) の議論を参照して検討しておくことにしよう。

　ジョンソンによれば、規則の（ある集団における）一般的受容とは次のようなものである[33]。

---

[33][Johnson 1991 p.37]

> 規則 R は次の条件が満たされる時、集団 G に於いて一般的に受容されている。即ち
>
> - 一般的に G のメンバーの行動が R に従った (conform) ものである。
> - 一般的に G のメンバーが R を、R の要求に従うことに対する充分な理由 (good reason) を提供している、とみなしている。
> - 一般的に G のメンバーが R を、G の全てのメンバーが R の要求に従うことに対するしかじかの充分な理由を提供している、とみなしている。

三番目の条件が重要な役割を果たしていることはすぐに理解できるであろう。この条件には、異なった規則に内在的に動機付けられた諸個人の行動が偶さかにある単一の規則の要求に従っているように見えるだけではだめだ、ということが含意されている。しかも、メンバーが一般的にそのようにみなしているということは、ある集団の中で皆が「同じ」ルールに従っているとメンバーがみなしているということになる。これらの条件が満たされたとき、G の各メンバーが規則 R に従うことは G に於ける共有知識となっていることに注意しよう。どのメンバーもメンバーが R に従うことを知っており、そのことをメンバーは知っている……（以下無限に続く）のである[†34]。このように理由に基づいて規則随従を説明することは、しかし、直ちに RU の基本問題を提起せずには於かないだろう。この規則の提供する理由と衝突する他の理由を行為者が有している時、行為者は如何に行為すべきなのか。実際、AU 決定者にとってはそのような理由とはまさに AU であろう。にもかかわらず、RU が規則の内在的重要性を説き、AU 決定者が AU に訴えることをまったく拒絶するのだとすれば（そうでなければ RU は行為ごとの功利衡量を許してしまい殆ど意味を持たなくなる）、これは相当露骨なルール崇

[†34] だが、次のような疑問が直ちに生ずるであろう。他者についてのそのような共有知識があるところでは R が行為者たちの均衡点を表現する限り、行為者は他者の行為パタンを所与として自己の目的価値（AU 決定者ならば全体功利性）の最大化を R に従うことで達成する。それゆえ、一端こうした規則 R への一般的随従が生じてしまえば、それ以降 R 自体を理由とするのではなく、自己の目的価値を理由として R への一般的随従が維持されるだろう。ここでは R は行為者の行為理由を先取する力を持っていない。だが、R がそれへの随従によって達成する G のメンバー間での協働がもたらす功利性にはなんら違いは無いだろう。

拝であるかのように見える。

　この点に関するジョンソンの戦略は瞠目すべきものである。なんとジョンソンはこれを真正面から認めようとする。つまり、RU において規則は他の行為理由を先取 (preempt) して排除理由 (exclusionary reason) を提供するのであり、AU による行為理由は排除されてしまう、と彼は主張する[†35]。我々は規則によって提供される理由に従わなければならず、そこで具体的な事情や他の行為理由（例えば AU 行為者にとっての行為功利）を行動に当たって考慮してはならないのである。ジョンソンは道徳立法モデル (moral legislation model) というテーゼを唱え、道徳的規則の体系を法モデルに埋め込みなおし、道徳を道徳的権利と義務の体系として構築しなおそうと考えている。法が個人的事情による理由を先取 (preempt) するのと同様に、RU は社会的衝突の解消の場で参照されるべき道徳規則体系の提供する理由が個人的な道徳的信念に基づく理由（たとえば AU による行為理由）を置換する、と主張することになる。ジョンソンの RU では、規則それ自体と言うよりも、個人的判断を先取した形で諸個人の行為を協働的に調整する規約としての道徳体系に主眼が置かれているのである。

　この議論は、しかし、直ちにいくつもの疑問にさらされることになるだろう。まず、ラズ流の先取テーゼの背景にある、法に於ける権威要求のアナロジーが道徳体系に対して成立するのだろうか。道徳的議論のポイントが、結局はいかなる権威も最終的にそこでは問題にならないからこそこれまで紛糾してきたのだということにあるのだとすれば[†36]、果たしてこのような RU の構想がそもそも道徳の体系足りうるのかがやや疑わしいと思われる。加えて、ジョンソンの RU が全般的に成立しているような社会に於ける道徳は良く言っても静的であり、悪くすれば停滞した体系をなすことにならないだろうか。もちろん、既に社会に存在し一般的に受容されている規則体系に従いつつ、よりよい規則体系について考えることはできるが、後者に従おうという行為理由は前者によって先取されてしまうわけである。法が権威要求を有するにもかかわらず、実際にそのような権威が法に

[†35] [Johnson 1991 pp.40-41] こうした用語法はジョゼフ・ラズ (Joseph Raz) の理由分析 (reason analysis) から借用されたものである。このあたりの様々な「〜理由」の詳細については [Raz 1990] を参照せよ。

[†36] すなわち、どのような権威的源泉に由来するどのような指令も「これは道徳的に正しいだろうか」という問いに開かれているとすれば。

存在するわけではない、というラズの議論はほぼアナロジカルに（そして恐らく法に対してよりも強く）道徳に対して妥当することになる[†37]。とはいうものの、これは統治功利主義にとって非常に興味深い話題を提供する。統治功利主義は最初から法や統治者を対象にするのだから、おそらくもし可能だとして、このようなRUが採用されうる功利主義の類型としてはかなり有望であろう。とすると、AUを採るべきであると考えている我々の統治功利主義にとっても、このモデルは他の功利主義者が退けるようにはRUを簡単には退けられなくするような魅力を持ちうるものであることも確かである。実際、被治者の行動を指導するものとしての法体系は、殆どの場合理想的な体系ではないにもかかわらず、理想的な体系（だと被治者がみなすもの）ではなく、自らに従うべきことを要求するからである。統治功利主義は法体系全体について功利性上の判断を下すであろうが、被治者が功利主義的意思決定を直接に行うことを求めるわけではない。

であるにもかかわらず、ジョンソンのRUと統治功利主義の相性の問題は明らかである。ジョンソンによる規則の一般受容の定義に見るように、そこでは「理由」が問題にされており、「動機」の問題が理由と独立した形では考慮されないからである。多様な善き生の構想の衝突を調整することを目指す統治功利主義に於いて主要な役割を果たすのは、それらの多様性ゆえに統治者にとって扱い難いものとならざるを得ない「理由」ではなくて、サンクションを通じた「動機」のコントロールである。一般に統治に於いて必要なのはある一定の行動パタンであって、そのパタンが生成される際に個々人がどのような理由からそのように行動したかは副次的重要性しか持たない。つまり、ジョンソンによる規則の一般的受容の定義の二番目と三番目の条件は統治功利主義とはうまく噛み合わないのである。ここで注意しておかなければならないが、統治功利主義はあくまでAUであって、法体系に全員が従った時の功利性（一般功利性）を考えるものではなく、事実的にも仮想的にも法体系に被治者が一般的に服従していることを前提として求めるものではない。もし我々が功利主義の改革主義的な側面を生かそうと思うならば、ある規則の(ジョンソンの意味での)一般受容功利性判断が権威を持つ、というこ

[†37] しかし、法の権威要求を認め、更にラズとは違い、実際に法に権威があり違法責務がある、という議論が（私は否定的だが）もし成功するならば、ジョンソン流のRUにも可能性がないわけではないかもしれない。

とは容認しがたい。現実に受容されている規則が存在していることの功利性が相当程度に高い——そしてどのメンバーの単独的逸脱も功利性を低下させる——ということを認めることと、そのような規則に他の行為理由を排除するような権威を認めることは全く別だからである[†38]。そもそも、そのような権威的規則が本当に存在し人々がそれを受容しているところでは、人々は規則の功利性を行為理由にはしない——その規則の一般受容功利性が高いことではなくまさにその規則の存在それ自体が行為の理由となるということが規則の権威性である——から、そのような権威的規則を功利性の改善に向けて別の規則へと改革しようという契機が必ずしも適切に確保されなくなってしまうおそれがあるだろう。

ジョンソンの RU の特徴は、他者の一般的受容の想定を仮想的なものとして処理するのではなく現実的条件として考えるところにある。つまり、ジョンソンは人々が実際にある規則体系を一般的に受容していることから個々人の行為に還元できない功利性が生じていると考え、仮想的に一般受容された場合に理想的に高い功利性をもたらす規則体系と、さして理想的な功利性をもたらしてはいないが現実に一般的に受容されている規則体系では後者の方を重視するのである。今ある規則体系を保持するという選択肢と、理想的規則体系を実際に一般受容状態まで持って行く、という高コストの選択肢を比較するならば、多くの場合後者に功利判断上の軍配が上がることになるからである[†39]。規則体系の移行コスト自体が功利計算に参入されるべきである、という主張は正しい。しかし、ジョンソンの主張に照らせば、これは現実に人々が一般的に受容しているならその道徳的規則体系には権威があると認めるべき功利性上の理由がある、ということだ。もちろん、裏を返せば、一般的に受容されていない規則は一般的に受容されている規則体系の一部には入らないはずであり、功利考量の対象になるのだが、それでもなお一般的受容それ自体から、規則随従の場面に於いて他の行為理由を排除するよ

[†38] 例えばベンタムはアナキーのもたらす功利性の減少を重大視したが、秩序に従う理由が功利性を離れて権威的に存在するとは全く考えていなかった。ベンタムにしてみれば、法に対する不服従が服従よりも高い功利性を有するならば法に従うべきではないし、或いは反乱が従属よりも高い功利性を有するのならば革命を起こすべきなのである [cf.Bentham FG pp.481-7]。

[†39] この点は、統治功利主義にとってはそれなりに重要な点である。現にある法制度を改変する際に、その法制度に従って形成されている人々の期待を大幅に損なう改変は莫大な功利の低下をもたらしかねないからである。もちろん、法制度の場合はある程度の改変ならば比較的すみやかに人々が順応するので、改変時点での人々の旧制度への慣性的選好は実際上はさほど重視する必要がないことも多いだろう。

うな権威が規則に生じるとは考えにくいところであろう。このように、現実に受容されている規則体系をベースに考える RU を事実的道徳規則功利主義 (actual moral code rule utilitarianism 以下 ARU) と呼ぶが、これらは確かに仮想的一般受容を功利判断の仮定とする RU の基本的問題を克服しているとは言えるかも知れない。しかし、これは統治功利主義が採用する形態とはなり得ないだろうし、個人道徳的功利主義としても、それらの難点以外のあらたな難点を抱えているように思われるのである[†40]。

2.2.2.4　RU に於ける規則の位置〜その2〜

そこで、次いで同じく RU 論者であるリチャード・ブラントが自らの RU に於いて規則にどのような位置を与えているのかを検討することにしよう。ブラントもまた、RU が AU には還元されないと主張する。その際に、ブラントは AU や UG といった理論を一元論的道徳体系 (monistic moral code) として批判する。ブラントは人々が完全に合理的ならば支持するだろうような理想的道徳体系が妥当な道徳体系である、と考えており、実行コストの問題から AU や UG のみを単一の規則とするような体系は我々の能力の限界故に完全に合理的な人々によっては支持され得ない、と主張する。採用されるであろう道徳体系は、我々の道徳的直観の多くを反映し、AU や UG などのアド・ホックかつそれゆえに困難な功利計算を要求しないようなものになるはずであり、特にそのような体系の内でも、社会全体の厚生を最大化するような（つまり功利主義的な）体系が採用されるはずだ、とブラントは論じるのである。行為の正否は、功利原理に直接基づくのではなく、

[†40] とはいうものの、社会の道徳的コンヴェンションを重視するジョンソンの RU がブラント的でない RU として固有の魅力と重要な洞察を数多く含んでいることは確かであり、主流であるブラント的な規則帰結主義よりも説得的でありうることを認めるに吝かではない。ただし、ARU が IRU に比して新奇だということはまったくなく、ある行為が道徳的義務であるかを現在社会に成立している道徳的規則体系に従っているか否かで決定しつつ、その正当化や規則体系の改変に向けた行動の当否をそのルール体系の功利性に求める、というタイプの（極めて頑なな）ARU は初期 RU 陣営にスティーヴン・トゥールミン (Stephen Toulmin) など一定の支持者を得ていた [Toulmin 1950 pp.144-145]。基本的には実定道徳に従っておけばよいが、実定道徳の批判自体は功利主義的に為され、社会の実定的道徳体系内で規則の衝突が起こる場合には功利原理に訴えることが許容される、といった点に後のヘアの二層理論の原型を見て取れよう。ただし、現実に受容されている実定道徳体系については差が出ないとしても、ARU に於ける規則体系の評価に一般功利性と事実功利性のどちらが用いられているのかという疑問は生ずる。後者だとすればこれは RU ではなくなるだろう。

この道徳的規則体系に基づいて間接的に決定されることになる。注意すべきはこれがジョンソンの RU のような ARU ではないことである。ここでは現実に採用されている規則体系からの移行コストや実際に規則体系が社会で共有されて受容されているかどうかといった要素はあまり考慮されない。これは理想的道徳規則功利主義 (ideal moral code rule utilitarianism 以下 IRU) と呼ばれ、ブラントはこの立場に立つ。とすれば、ジョンソンの理論が免れていたような RU の問題にブラントは別の方法で答えなければならないだろう[†41]。

まずは道徳体系の功利性とは如何なるものかが問われねばならない。ブラントは、それを規則体系に従うように全員が動機づけられた場合の功利性であると考えているが、これは明らかに問題含みである。一般的に人々が規則体系を受容している、という想定が既にして恣意的なものにならざるを得ない点に於いて、この RU は UG と同じ欠点を有しているのである[†42]。他者の行動に関するこういった想定がもし許容できないものであるとすれば、最適な規則体系は、他者の行動パタンに依存して異なった行動を命じる複雑な規則を持たねばならなくなるが、それでもそのような複雑な規則体系に対する功利判断の問題は残る。他者が必ずしも受容していないことを前提に想定された規則体系を、その一般受容功利

[†41] ジョンソンが指摘するように実はブラントの RU には初期から後期まで幾つかの異版がある。初期の [Brandt 1963] で採られていた立場では現実に受容されている規則 (道徳的動機付け) が重視され、それらに由来する道徳的コミットメントと両立不能 (incompatible) でないような規則体系のみが功利考量の選択肢とされていた。これは ARU としてもかなり強い要求である。現行の規則体系があまりに邪悪な場合には ARU に於いても移行コストを遙かに上回る功利性をもたらすまともな規則体系が当然に採用されるのに対し、初期ブラントの RU では、邪悪な規則体系による強固なコミットメントと衝突するだけで、まともな規則体系が選択肢から排除されてしまうのだ。ブラントはこの欠点をジョンソンのようなタイプの ARU を採ることで回避できたはずであるが、[Brandt 1979] では IRU に移行する (ただし 1965 年の論文の改訂版でも IRU を採ることが明言されている [Brandt 1992 pp.115-119])。だが、移行コスト (ブラントの場合主として「教育コスト」として言及されているが) を組み込むことを許してもなお、各行為選択ごとに理想的規則体系を考慮することを許してしまう IRU は現実に人々の行為を協働へと調整する機能を営みがたいであろう。[Brandt 1988] になると、特に教育コストに焦点が当たるようになると同時に道徳体系の「規則」性が薄れ道徳的「動機」の集合が考量の対象となる (「その普及が教育コスト込みで価値を最大化するような学習可能な道徳的動機の集合」)。ジョンソンによるブラント的 RU と自身の RU の比較検討として [Johnson 1991 pp.198-208] を見よ。

[†42] 他者の規則体系受容をも仮定してよい、という可能主義的想定の論拠がたとえばメタ倫理的レベルで、道徳的義務の概念そのものの分析などから与えられるならば、こうした想定を擁護することも不可能ではないかもしれない。ただし、そうした対立は、契約説 (contractualism) やフェアネス論に先立つ、より根源的なものであるので、これを契約説やフェアネス論から擁護することは (ありがちだが) 論点先取となることに注意したい。

性に基づいて判断する、という議論にはやはり違和感を禁じ得ないところであろう[†43]。しかも、これを仮に受け入れたとして、他者の行為パタンに応じた複雑な指示を与える体系の一般的受容は複数の事態を包含する。例えば、「所得を誠実に申告せよ。但し、他の誰もが所得を過少申告するならば――税のフェアな分担のために――自分もまた過少申告をすることが許される。」という規則に対し、全員が誠実に申告をする場合も、全員が過少申告する場合もともに、この規則の一般的受容という条件が充足されるのである。我々はどちらの場合の功利性を用いてこの規則の功利性を判断すればよいのだろうか[†44]。RU にはここで前者の事態こそが一般的受容の状態である、と論じるべき内在的な論拠はない。ここで注目すべきは UG（ないし UC）との差である。UG はこのような状況で、この二つの事態の一般功利性の優劣に基づいて、全員が誠実に申告することをよしとする。RU の基本定式は UG の行為選択肢を規則体系の受容に限定して得られたが、この限定こそがこの差を引き起こしているのである。つまり、複数の事態の複数の一般功利性が RU に於いては単一の規則体系の一般受容功利性に吸収されてしまっているのである。こうして、功利考量の規則への限定と、UG から引き継いだ、他者の行為パタンに対する一般的遵守・一般的受容の可能主義的想定、という二つが RU を特徴づけることが再び確認されることになる。

　功利考量の規則に対する限定それ自体がルール崇拝を引き起こすわけではないことには注意が必要であろう。例えば、普遍化可能性にコミットした AU である

[†43] この点について [Brandt 1992 pp.127-128],[Brandt 1992 pp.154-157] を参照せよ。前者では、現実の道徳体系も他者の行動に対応した複雑な規則を持っているとブラントは反論するのだが、これは論点がずれているように思われる。それを道徳的規則体系と呼んで構わないかどうかではなく、それが正当化可能なのかが問題なのだから。後者ではブラントはこの問題を回避するために一般受容功利性に於ける「一般」を「全員」ではなく、個々の状況記述にとって本質的な仮説ゆえに規則体系の受容が行為選択肢から排除されている者以外の全員――ブラントの用語法に従えば『概ね全員 (roughly all)』――とすればよい、と主張するが、仮説によって排除されていない全員に対して、その一般受容を想定すること自体が問題なのである。初めから仮想的状況として考えられているので問題ない、というにせよ、なぜそのような仮想的な状況での功利性を基準にしなければならないのかが依然として問題なのである。フッカーは、規則体系を未だ内面化していない子供や、或いは精神的能力の問題から内面化できない成人がいる以上は、全員の内面化ではなく圧倒的多数 (overwhelming majority) の内面化で構わないし、道徳規則体系にはブラント的例外条項が必要であるとするが [Hooker 2000 pp.80-85]、これについても同様の疑問がある。

[†44] 一般的受容想定下でどちらの事態がどの程度の確率で生じるとみなさるべきかは、従って、その道徳規則体系が問題となっている社会ないし道徳的共同体に於ける偶然的事情に全面的に依存する。

UAUに於いてUAU決定者の功利判断は常に功利性に利いてくる諸点で等しい事態に関して普遍化されて一つの準則を生み出すので、UAU決定者の行為選択肢は「〜という規則に従う」という形に制限される。が、前節で確認したように、UAUは他者の行為パタンに対する一般化原理的仮定を持たない。それゆえ、UAUはAUと行為決定に於いて全く変わらないものとなるのだった。つまり、UAUはRUの一形態ではない。RUに対する「ルール崇拝」という批判が妥当するならば、それはUGとRUに共通するこの仮定に由来するのである。そして、この「義務論的夾雑物」とでもいうべき仮定は一貫した帰結主義を構想するならば、捨て去られなければならないものなのだ[†45]。ついでに、これらの類型を表 **2.1** のように整理しておこう。

表 **2.1** 功利主義類型

	個別功利	一般功利
個別行為	AU	UG
規則随従	UAU	RU

　まず、ブラントが主張するような RU に基づく RU 決定者と AU 決定者の行為の外延は等しくない。これは規則体系の複雑さが極度に達してもなおそうであり、それはむしろ UG と近しいものになるはずである。このことを確認した上で、RU の規則体系の功利性がどのようなものか、という問題をひとまず措き、先にも述べたように情報の不足や自己欺瞞といった功利計算上のコストを考慮して一般的規則を行為基準として採用することを認める AU とブラント的な RU がどのように異なるかを次節で検討しよう。

[†45] 繰り返しになるが、事態を確定的に知悉するヘアの「大天使」にとっては UG と AU の差は崩壊することに注意したい。それに伴って UAU と RU の差も崩壊しており、以下のマトリック中の 4 つの類型のどれも違いがないことになる。重要な点は、理想的でない我々が恰も「大天使」であるかのごとくに思考せねばならないとき、UG ないし RU 的にではなく、(U)AU 的に思考することが求められる、ということである。

2.3 最適規則体系の条件

ブラントは、最適な道徳的規則体系は、学習コストや適用コストの問題があるために、極度に複雑な（実質的に AU や UG に崩壊した）規則体系にはならない、と主張する。しかし、これらのコストの考慮は UAU 的な規則体系でもなされることである。また、ブラントによれば、最適な規則体系は実行可能な程度に単純であるのみならず、更に公開されていなければならない[†46]。確かに、他の実践的理由を措くとしても、規則体系を一般受容効用によって判断する以上は RU 決定者は社会の全成員が同一の最適な規則体系を受容すべきことにコミットしていることになるから、その規則体系が全員に受容の前提として知られ理解されるためにその規則の公開性が最適な規則体系に含まれていなければならないという主張ができるかもしれない（必然的なものではまったくないとはしても）。もしそうだとして、この公開性の要請は一般受容功利性の採用から生じるものであるから、UAU 的な規則体系には必ずしも含まれない。従って、このような単純性と公開性の要請によって UAU 的な規則体系と外延的に異なったものになることは否定できないように思われる[†47]。

更に、UAU 的な規則体系に基づいて行為の決定を行うヘアの二層功利主義理論を例にとって考えてみるならば、違いは明らかであるようにも思われる。まず、ブラントの主張する RU に於いても、ヘアの理論と同様に行為決定の手続きは二段階に分かれる。一般受容功利性の最も高い規則体系がどのようなものかを考慮したのちに眼前の状況にその規則体系中の適当な規則を適用して採るべき行為を決めるというブラントの作業は、如何なる道徳的直観を保持するのが望ましいかを功利原理によって決定しておき行為はその直観に従ってなす、というヘアの作業とそっくりである。ヘアの場合、直観同士が衝突するような複雑な状況では直観レベルから批判レベルに移行し、功利原理によって直観の衝突を解決することになる。これはブラントの場合だと規則同士が競合する場合に当たる。しかし、ブ

[†46] [Brandt 1992 p.136]
[†47] こうした道徳的規則の公開性要請が一般化原理とその根底にある共時的可能主義という、帰結主義的にはかなり問題のある前提から生じていることに注意すべきである。もちろん行為功利主義はこうした前提を容れないので、行為功利主義に対して公開性を要求して、「密教的道徳化」の可能性を批判することは的外れであるかせいぜい論点先取である。公開性については **1.3.2** でも取り扱う。

2.3 最適規則体系の条件　53

ラントは功利原理に訴えて規則の競合を解決することを好まない。ブラントとしてみれば、最適規則体系には、規則同士の競合を解決するための高次規則が含まれているはずなのであり、高次の規則として功利原理自身を採用してしまえばその規則体系の受容コストが高くなってしまうので「最適」とは言えないから、その高次規則は功利原理以外のものであるはずなのだ。従って、ブラントの手続きを踏む RU 決定者は決して功利原理に訴えて行動を決定することはありえない、ということになる。としてみれば、ブラントの RU とヘア流の UAU とは明らかに異なった原理である、ということができるであろう。

　UAU にとって、ある規則が周知されていなければならないのは、人々がその規則に従って行動することが他の人々に知られていることが規則の功利性の本質をなす場合、つまり前節で論じた、AU に於ける規則の位置づけの 2 番目の議論に該当する類のものに限ってである。他者との協調的インタラクションを必要としないような事項に関して功利考量コストを低減するために設けられた規則は個人的なものであって公開されなくとも規則の功利性になんら問題を生じさせるわけではない。従って、UAU 決定者が受容する規則体系の内には、彼がそれに従っていることが他者に公開されていることを要求する規則と、それを要求しない規則がある。個人がどんな規則に従っているかを他人に周知させること自体にもコストがかかるのだから、公開性によって功利性に影響を受けないような規則に対してはそれらを敢えて公開する必要はないし、その方が功利的に望ましいだろう。これは、ブラントのように、規則体系全体についてそれらが隅々まで全員に知られていなければならない、とするよりも柔軟である。協調行動の調達のために特に必要とされる類の重要な諸規則について全員が知識を共有していればよいのだし、このような規則についてのみ全員が知識を共有している状態が望ましくない、と考える理由はブラントにはないはずである。にもかかわらず、ブラントの RU にはそれが不可能である。従って、一番目の相違点に対しては、確かにこれらの理論は相違し、しかも UAU の方が望ましい性質を持っていると考えてよいのではないか。

　だが、二番目の相違点に関してはどうだろうか。ブラントの最適規則体系は高次規則に功利原理そのものを含むことはない、といえるのかは実際のところ疑わしいと思われる。というのも、諸規則の競合を解決するための高次規則同士もま

た競合しうるからである。その競合を解決するためには更に高次の規則が必要とされるだろう。恐らく最終的に得られる規則体系に於ける、ある程度以上より高次の階層の規則は非常に複雑なものにならざるを得ないし、それらを功利原理という単純な規則で置き換えることも不自然でない。規則の一般受容功利性を問題にするならば、その規則が必ずしも遵守可能なものでなくともよいことには注意が必要である。仮に全員が高次規則の競合の際に功利原理を採用し、しかも遵守し損ねたとしても、その受容による功利性が失われるわけではない。ヘアの理論に於いて想定されるように、高次規則が必要とされる批判レベルの場面に於いて、全知全能の大天使ならぬ我々には功利原理の完全遵守が不可能であるにもかかわらず、功利計算に最善を尽くすことで相当程度に良好な受容功利性が達成されると考えるならば、ブラント的な規則体系の最高次規則としても功利原理が採用されうるのである。また、もしどこにも行為の功利性を直接参照する——功利原理と同程度にコストのかかる——規則が規則体系内にないとすると、困ったことにならないだろうか。最高次の規則によって許可された行為はその規則体系内で決して禁じられないから、そのような行為を為す「絶対的権利」をこの規則体系は行為者に帰属させるものである。そして、この行為が規則体系内で功利性を直接参照せずに許可されている以上、あからさまにその実行が功利性と衝突する可能性があるだろう。RU が功利最大化を許すための AU 的逸脱を認めないとはいえ、そのような行為の存在自体が、規則体系が「最適」でないことを示してしまうのではないだろうか。ブラント自身、そのような絶対的権利を認めるつもりはおそらくないであろう[†48]。従って、私にはヘアとブラントの理論に関する二番目の相違点が本当に存在しうるのかどうかよくわからない、というしかない。そして、仮にブラント的規則体系に於いて最高次の規則として功利原理が採用されるならば、それより低次の諸規則はヘアの理論での直観レベルに対応し、最高次の規則は批

[†48] 例えば [Brandt 1992 pp.184-185] では権利を表現する規則への動機付けの強度が有限のものであって、決して他の動機に優越され得ないようなものではありえない、と論じており、[Brandt 1996 p.149] では個々の緊急的状態のもとで逸脱——例えばニューヨークに仕掛けられた原爆の情報を拷問によって引き出すこと——があり得ることを認めている。ブラントの最後期の見解は、RU というよりは「間接的良心功利主義 (indirect conscience-utilitarianism)」と呼ばれる動機ベースの間接功利主義である。そこでは、規則自体よりは道徳的直観を反映した動機の功利的に最適な集合に於いて適切とされるか否かが行為の判断基準となる [cf.Brandt 1996 pp.145-155]。規則の衝突の解消も、高次規則というよりはそれぞれの規則に割り当てられた動機付けの強度の優劣によってどちらに従うべきかが動機レベルで決定される。

判レベルに対応することになるだろう（そもそもの直観や規則体系の吟味選択に功利原理が用いられる点は最初から共通であるが）。結局のところ、この二つの理論には規則体系の相貌という点では殆ど違いがないだろうし、そうであるとすれば、この点に関しても UAU の方が好ましい性質を備えているように思われる。

2.4 統治功利主義に於ける規則の位置

これまで述べてきたように、我々は基本的に AU が妥当なものであると考えており、統治功利主義もまた AU の一形態であることになる。また、統治功利主義が法体系という規則体系とサンクションを通じて被治者の動機を制御することで、多くの功利性が生み出されうることを確認しておいた。更に、統治功利主義者の主たる名宛人である立法者はそのような法準則を制定する任にあるので、立法者としての資格に於いて、ヘアの理論に於ける批判レベルと同様の思考様式のもとで行動すべき、すなわち、功利原理を立法行為の決定指針とすべきことになる。もちろん個人としての彼らが功利原理によってではなく法に従って行為を決定することに問題はないし、自分がどちらに従事しているかは個人道徳的功利主義の場合と違い明確であるから、ウィリアムズなどによって二層理論に向けられてきた「自分がどちらのレベルにいるのか判断するすべがない」とか「自らの直観レベルでのコミットメントに対して批判的観点に立つならばコミットメントが掘り崩されてしまう」といった批判は妥当しないのである[†49]。

被治者（個人としての立法者も含まれる）がこれらの規則の遵守に動機づけられることで、安定した高水準の功利性が達成できることになる。注意すべきことは、このとき遵守の動機付けは、道徳的規則体系に於ける動機付けとしての道徳的サンクション——良心の痛みなどの信頼性の低いそれ——とは異なり、主として法的サンクションによって確保されると言うことである。つまり、法的規則の受容功利性は、何らかのサンクションによって遵守を動機づけられた時の功利性であって、必ずしもその法規則を内的観点から「法が法であるが故に」受容している時の功利性ではない。それは、外的観点からでも内的観点からでも構わない

[†49] そのような批判については [Williams 1988 pp.189-192] を参照せよ。特に後者の議論に関してはヘアの議論に対しても説得力を持つものではないと思われる。

のである。この点は先にジョンソンの RU を検討した際に、統治功利主義がそれを受け入れない理由であった。統治功利主義にとって重要なのは法遵守の動機であって、その理由（どちらの観点から遵守しているか）は副次的な要素にすぎないのである。もちろん、道徳的サンクション同様に不確かながら、遵法意識による遵守動機の調達も無視できないのであって、遵法意識の確保のために統治者が立法に於いて、法準則の内容的正当性や法体系自体の正統性の「外観」に一定程度にはこだわるべきことを統治功利主義は命じるのだが、そこでは法の内容的正当性云々という遵守理由は人々の一定の行動パタンを確保するための遵守動機の問題として還元的に論じられることになる。

このようにして、法体系は道徳的サンクションに優る柔軟性を確保すると同時にそれを可能にする制度的サンクションを維持するための相当に大きなコストをも有することになる。他に法遵守状況のモニタリング・コストなどを考え合わせれば、最適な法体系の法準則は相当程度に大まかなものにならざるを得ないであろう。従って、そのような法体系を有する社会に於いては、法の存在を所与に、法が覆わない（比較的大きな）範囲を共同体的規範や個人道徳が規律することになるだろう[†50]。例えば、契約制度に頼るには些細な約束は共同体的規範や個人道徳によって守られることだろうし、そういった諸規範が法に抵触しない限りに於いてそのことに問題はない。統治功利主義は統治コスト上の問題から法という目の粗い網をかける以上のことを基本的にはしないのである。

しかし、統治功利主義に於ける「権利」の位置づけが気になるかも知れない。前節に見るように、ブラントの理論にせよヘアの理論にせよ、何らかの道徳的規則体系に於いて絶対的に成立すべき「権利」を認める余地はおそらく存在しない。功利主義に於いて唯一認められうる絶対的な道徳的権利は、功利考量に於いて等しい考慮を払われること、つまり「一人として数えられること」のみである。とすれば、統治功利主義もまた、法に於ける基本的概念である「権利」の取り扱いに於いて何らかの難点を有していることになるのではないか。であるとすれば、そ

[†50] ブラントもこういった法準則などを institutional rule と呼び、RU に於ける理想的規則体系の構想範囲に関して、構想外の所与として取り扱うべきだと論じている [Brandt 1992 pp.148-149]。改革者としてそれらの制度的規則を如何に改変するかを考えることは可能だとされるが、これはブラントの RU が制度改変が選択肢に基本的には入ってこない個人道徳的功利主義として第一義的には構想されていることの証左である。もちろん、そのことが個人道徳的功利主義としての魅力を損なうものではないのだが。

れはあるべき法を指示する規範理論としては致命的な欠点なのではないだろうか。

この問いはしかし、混同に基づくものである。まず、功利主義が認めえない可能性があるのは道徳的権利であって、法的権利ではない。従って、統治功利主義もなんら道徳的権利といったものを認めない、というのはその通りであるが、だからといって法体系内で絶対的優位性を持つとされるような権利を定める法準則を有する法体系を制定することの功利性に疑わしいところがあるわけではない。法体系内での絶対的優位性は道徳的優位性とは基本的に別物である。特に、一般的に功利主義は一般遵法責務の存在を認めないので、法体系内優位性と道徳的優位性の必然的連関は、明確に切断されているのである。

我々はこの点を事例に則して考えることができよう。ある法体系の最上位に位置する憲法典中に拷問を禁じる条項があったとしよう。簡単のために、この条項による拷問の禁止は、公共の福祉に基づく人権の一般的制約などといった他の条項によって解除されることはない、としておく。さて、この法体系を有するある国家の第二の都市に原子爆弾が仕掛けられ、首都の警察機関に爆弾の情報を知っていると認めつつ、それを言おうとしない人物がいるとする。また、その情報を知っているという信憑性に特段の問題はないものとしておこう。この場合、警察を含めた行政機関の長（大統領・首相……）は何を為すべきであろうか。もちろん拷問すべきである、と殆どの功利主義者は躊躇うことなく述べるであろう。であるにもかかわらず、法体系内で絶対的に拷問が禁止されていることには大きな意義があるだろう。それは適法に拷問を為すことができない、ということであり、司法による統制・事後救済へと道を開くからである。行政機関が立憲主義に基づいて拷問を為さず、それゆえ適切な処置を講じることができずに多くの死者を出した場合でも、それは違法ではないから、法的サンクションがそこに課されることはない。これは、立憲主義のコストであり、我々はそのような事態が殆ど起こりえないと信じるからこそ立憲主義を採用するし、拷問を敢えて行わずに大量の死者を出した場合には実際のところ政治的サンクションが発動するであろう。そして法的サンクションと政治的サンクションの相克のもとで、行政機関の長は判断を下さざるを得ないだろう。

必ずしも功利主義的に、或いは不偏的に行動しない統治者の行動を束縛するための立憲主義が有する功利性が一般に大きいことは認めるべきである。そして、

上述のような場合に、統治功利主義が統治者に法を破るべきことを命じることにも何の不思議はない。ただ、そのような行為が権力の恣意のもとで日常的に行われないように立憲主義によって法的に規制することで、法的サンクションによって拷問というこの状況では望ましい行為に対する負の動機付けを与えてしまうことがやむをえない、というだけのことだ。そして、緊急事態に於いて最適な行為に負の動機付けを与えてしまうコストと、行政機関の恣意的運用のおそれがある強大な権限を付与する戒厳令などを許すコストのどちらが優越するかは状況依存的であり、憲法典の立法者の功利判断に委ねられているのである。そして立法者が前者を選ぶならば、その法体系内には「拷問を受けない絶対的権利」が法的権利として存在することになるのだ。この点は、仮にこのような法的権利を認めない法体系の方が功利性に於いて優越的であるとしても変わらない。我々の法的判断は現に存在する法体系によって為され、如何に理想的な「あるべき法」があろうともそれによって為されうるものではないから。

再び確認しておけば、しかし、このような法的権利の存在は拷問を受けない絶対的な優位性をもった道徳的権利の存在とは何の関係もない。もちろん、我々が権利を「切り札」として構想するような権利論を採用しないのならば、いずれにせよ権利が絶対的な優位性を有しているかどうかなどを論ずることにさしたる意味があるわけではない。

2.5 小括

本章では行為功利主義と規則功利主義に於ける原理的レベルでの差異とその実践的相違を論じ、行為功利主義も功利原理以外の規則に従うことを動機づけられる可能性を認めることで、規則功利主義が提起してきた問題を克服することができること、及び行為功利主義の方が功利主義として望ましい定式であることを確認した。従って我々の構想する統治功利主義は行為功利主義を採用することになるが、その統治功利主義のもとで規則としての法がどのように位置づけられるかを簡単に確認した。

第3章 直接功利主義と間接功利主義

3.1 客観的評価と主観的受容

　本節では、近時の功利主義理論に於いて基本的な枠組みとなっている直接功利主義 (direct utilitarianism 以下 DU) と間接功利主義 (indirect utilitarianism 以下 IU) という類型について論じる。前節でも論じたように、AU に於いても功利原理以外の規則などによって行為を決定することを許容すべきであった。このように間接的な意思決定手段を用いて功利を最大化する可能性を視野に入れるならば、功利原理を個々の行為の決定基準とする功利主義と、功利原理はあくまで事態の評価基準であって個々の行為決定に用いられる必要はない、とする功利主義を分けることができるだろう[†1]。これは功利主義に限らず帰結主義一般に対して適用できる議論であり、前者を直接帰結主義（direct consequentialism 以下 DC)、後者を間接帰結主義（indirect consequentialism 以下 IC) と分類する。更に、意思決定を主観的場面での受容、事態評価を客観的評価と考えることでこれらを主観的帰結主義・客観的帰結主義、と呼ぶ論者も多い[†2]。

　我々はここで行為・規則という軸と、直接・間接という軸が同じものではないことを確認しておいた方がよいだろう。これらは直交しており、DAU・DRU・IAU・IRU という 4 つの功利主義類型を作り出すことができるのである。例えばブラント的な RU に於いて人々が行為決定の際に最適規則体系がどのようなものかを考え、該当する規則に従って行動するべきだというのならば、これは個々の行為決

[†1] この区別の源流はやや曖昧ながらシジウィックまで遡ることができるが [Sidgwick 1981(1907) p.413]、最初に明確にこのような形で提示したのはベイルズ (R. E. Bales) であるとされる [cf. Bales 1971]。

[†2] そのような例として [Railton 1984],[Brink 1986] を参照せよ。だが、この区分はかなり問題が多いので以下ではなるべく「主観的・客観的」という名称を用いることを避ける。特に客観的帰結主義 (objective utilitarianism) と言われるとき、その「客観的」の意味は様々であって、論者によって価値論に於いて客観的リスト説を採ることを指していたり、事実主義 (factualism) と間接主義の複合を指していたりするのである。

定原理として RU を採用しているのだから DRU である。これに対して、行為の客観的正しさを全員が受容した場合に理想的な規則体系に従っているか否かで特徴づけながら、そうした理想的規則体系を認識するコストや一般的受容の不在などの問題から、意思決定方式としては理想的規則体系などに煩わされることなく単に「先人の賢慮の結晶たる伝統」に従っておけばよく、それが不完全な我々にとっての最善の行為決定だ、という RU もありうる。これは IRU である。ヘアの二層理論では、目の前の事例に対して道徳的直観が衝突を起こさない限り直観に従って行為することになり、功利性に優れた直観に従って行為しているならば、その行為は主観的に正しい（客観的に正しい行為は殆ど大天使にのみ可能である）。だからこれは IAU である（直観が衝突するときには DAU になるが）。DU と IU の違いを理解するためには有力な間接帰結主義論者であるピーター・レイルトン (Peter Railton) による次のような空想的事例を考えてみればよい[†3]。

> 世界の運命を支配している全知の悪魔がいるとする。彼は人々がカント主義的道徳を採用しない程度に応じて口にするのもはばかられるような恐ろしい罰を与える。

このような悪魔が本当にいるとすれば、IC は自分を含めて人々全員が帰結主義を忘れ去りカント主義者に転向することを是とするかも知れない。このとき、人々は帰結主義を忘れ去っており意思決定にそれを用いることはありえないのだが、にもかかわらず全員がカント主義者になった社会の方が世界の状態として優れているので、IC は全員がカント主義者である方が望ましいと考えることになる。その世界では誰も自分がカント主義者であることが帰結主義に基づいて正しいのだとは考えないのだが、それでも彼らがカント主義者であること自体は帰結主義に基づいて客観的に正しいことである。つまり、人々は道徳的に正しい行為を行うために、それを正しいとする基準 (right-defining criterion) を知っている必要はないのだ。レイルトンが主張するように、これは道徳的命題に於ける真理条件 (truth-condition) と受容条件 (acceptance-condition) の区別である[†4]。事態を評価する基準と意思

[†3] [Railton 1984 p.155]
[†4] もちろんこれを主張するためには我々は幾つかの比較的重大なメタ倫理的コミットメントを負うことになる。一番直截的な対応としては道徳実在論を採るというものがあろう（そのような

決定原理が異なったものであることそれ自体に問題はない。このことは、エゴイストが自己利益最大化という直接的な基準によって行為決定をしようとすると自己利益を損なってしまったり、快楽主義者が快楽を直接最大化しようとして快楽を損なってしまう（快楽主義者のパラドクス）、といった事例を考えれば理解できるはずである。これらの主張は相当程度に説得的であると考えられており、現在の帰結主義者の多くは IC 主義者である。

統治功利主義にとっても IU のテーゼ自体は概ね問題なく受け入れられるものである。統治者以外が直接に功利原理によって行為を決定する必要はない。人々の望ましい行為パタンの確保こそが統治の目的であり、統治功利主義は法的サンクションによって人々の動機を操作し、それによって望ましい行為パタンを実現しようとするであろう。従って、その点に於いて統治功利主義のベースがあくまで IU であることは注意しておくべきであるが、しかし、ここまでに何度か繰り返したように統治功利主義は統治者の意思決定基準として功利原理が採用されるべき場合がある、或いは少なくとも個々の行動について功利主義的基準による熟慮が為されるべき場合がある、と主張するのであるからその限りに於いて DU の要請を引き受ける。従って、統治功利主義の擁護のために我々は直接功利主義の一定の擁護を必要とする。この点はやはり第 6 章で論じられることになろう。

3.2 間接帰結主義に対する批判と応答

IC に対する批判の多くは帰結主義批判の形をとり、IC もまた帰結主義の難点を逃れていない、とするものである。しかし、帰結主義それ自体に対する批判は功利主義内在的な問題ではないから、そういった批判は後に第 II 部で取り扱うことにしよう。我々はここで、DC から IC へと焦点を移行することで生じる問題を取り扱うことにする。

例として例えば [cf. Brink 1986 p.428f])。この点についての詳細な議論はもちろん本書でなし得るところではないが、我々は統治功利主義の採用する道徳実在論的なメタ倫理理論としてレイルトンに代表される自然主義的な「還元主義 (reductionism)」を採用できる。その詳細については [Railton 1986a],[Railton 1986b] を見よ。ブラントによる還元主義の簡潔な説明として [cf. Brandt 1996 pp.190-198]。

3.2.1 帰結主義の密教的道徳化

上述のような評価基準と意思決定の基準の区別に対し、評価基準としての功利原理が必ずしも人々に知られている必要がない、というところを捉えて「密教的道徳 (esoteric morality)」である、という批判があるかも知れない。しかし、これは妥当な批判ではない。同じく IU を擁護するデイヴィド・ブリンク (David Brink) が正しく指摘するように、カント主義であれなんであれ道徳理論一般に、それが密教化した方がいいと当の道徳理論が認める状況があり得るからである。功利主義が密教的であることを好ましいとすべき極端な実例が上の悪魔の事例であるが、現実にはそのような事態は殆ど起こらないし、この点に於いて他の道徳理論と異なるものではない[†5]。なお、仮に功利主義が密教的道徳となるとして、それのどこが問題なのかも必ずしも明らかではない。帰結主義にとって、帰結に関わりなく道徳理論が公開されていなければならないという前提に基づく批判は単なる論点先取である[†6]。従って、道徳理論であるためにはそれが公開性の要請を満たしていなければならない、と言うことはできず、公開性はあくまで道徳性に関する概念的主張ではなく実質的な道徳的主張である。

そして、そのような実質的な主張として、統治功利主義は密教的道徳にはならない。というのも、統治功利主義は統治者が道徳的であることを前提にはせず（或いは統治功利主義が正しい統治の基準であることを理解しつつも統治者がその指示に従うよう動機づけられない可能性を認め）、統治者による統治功利主義の採用を確保するために被治者による監視とサンクションを必要とする、と考えるからである。そして、この目的のためには統治功利主義は密教的ではありえないだろう。

3.2.2 事実主義と蓋然主義

本節では IU に於ける「客観的評価」の問題と、それと混同されがちな 2.1.2 で触れた ACU の問題とがどう絡み合うかを簡単に検討しておくことにする。我々は ACU を退けるのだから、IU が ACU と何らかの関係を有しているとすれば、やや困ったことになるだろう。例えば、レイルトンやブリンクは IU を採ることに

[†5][Brink 1986 pp.427-430]
[†6][Railton 1984 p.167],[Brink 1986 p.428]

よって RU の本来的な目標が達成できると考え、RU を退け AU を採用する。その際に、RU は一般遵守の仮定に基づく仮想的な一般功利性によっており、AU はそのような想定を置かない実際の (actual) 功利性に拠っているという理由で RU を退けるのである。ここまで我々が検討してきたところに従えば、AU に於ける功利性が RU の一般功利性と異なるのは、他者の行動に恣意的仮定を置かず、事実的情報に基づいた合理的推定のもとで計算される功利性である、という点である。そこでは単純に合理的かどうか(即ち合理的主体によって採用されうる指標かどうか)が問題なのであって、その功利性が事実的 (actual) かどうかが問題なのではない。IU においても、行為の客観的評価の指標は事前の段階でそれが持つと期待される功利性であって、事後に確定する功利性ではないと考えられるべきである。確かに、IU に於ける「客観的評価」は行為の決定方式と切り離されているので、事後の功利性によって行為を評価することに概念的難点が直ちにあるわけではないが、そうしてしまうならば IU は行為の決定方式と繋がりを持たない行為指導性を欠いたものになってしまうだろう。我々の不完全さ故に、功利主義が直接に行為の決定方式としては機能しない、ということを IU が認めるとしても、事実的情報と合理性に於いて完全な理想的主体に於いては功利主義が行為の決定方式としてなお機能する、と主張することはできる。認識的理想的主体に於ける意思決定原理として客観的評価の問題を考えないとすると、間接帰結主義の意義は殆ど見失われてしまうだろう[†7]。間接帰結主義の普及に貢献したレイルトンの立場が事実主義的な間接帰結主義であったために、間接帰結主義には事実主義が読み込まれがちであるが、直接主義・間接主義の区別と事実主義・蓋然主義の区別は明確に分離しておかなければならない。

先にも触れたように事実主義の事後記述的な発想は帰結主義にとって根源的な問題を提起している。AU と RU の中心的争点であった調整問題状況を考えてみよう。事実主義の下では、調整問題状況に於ける最善の協働が達成された場合、

[†7] 同様の立場として例えば [Carlson 1995 p.101] を見よ。ただしエリク・カールソン (Erik Carlson) は事実主義を含め、本書の帰結主義とはかなり異なった立場を採っている。間接帰結主義のように客観的正しさが与えられたとして、それは直ちに事実的情報と道具的合理性に於いて完全な認識理想主体に行為理由を与えるものでなくともよいが(そのような主体がアモラリストである場合に鑑みればこれは不可避である)、その主体が道徳的に正しい行為を為すことへの欲求を偶さかに有している時には、その主体の行為を指導することができなければならない。

個々の行為者の行為は他の行為者の行為を所与として、個人的にも最善の行為であり、正しい行為と評価される。つまり、巻き込まれている全行為者の集合的観点から見て最善の協働が達成され、集合的に正しい行為がなされていれば、そこから直ちに、個人的に正しい行為がなされていることになる。蓋然主義の下ではそうではない。蓋然主義の場合でも集合的に正しい行為は最善の協働が達成されるような集合行為であるが、だからといって、集合的に正しい行為がなされたときにそこで直ちに個人的にも正しい行為がなされたとは言えない。従って、蓋然主義に於いては、集合的当為と個人的当為の間に事実主義に於いては見られない乖離 (discrepancy) がある[†8]。一見するとこのことが事実主義にとって有利な点に見えるかもしれないが、事はそう単純ではない。事実主義に於いて AU と UC の区別が崩壊したことを思い出そう。集合的正しさ（ないし集合的当為）から個人的正しさ（ないし個人的当為）が引き出されるという点に於いて ACU は他者の行為パタンを所与として固定するという支持しがたい想定を UC と共有しているのである[†9]。

加えて、ACU に関する最も大きな疑問は、実際の帰結 (actual consequence) なるものがどの時点で確定するのかがよくわからないことにある。サイコロを振るという行為の実際の帰結は既にサイコロを投げ上げた瞬間目が未だ決する前の世界の事態ではないのか[†10]。もしそうでないとすれば、なぜサイコロの目が出た時点でそれを「実際の帰結」などと呼ぶのか。そのサイコロの目によって別の何かが影響され……という因果の連鎖をたどるならば「実際の帰結」はいつまでたっ

[†8] この乖離が解消不能なものであり、集合的当為と個人的当為は明確に区別されお互いから導出することはできないとする見解について例えば [Jackson 1987],[Oddie 1996 pp.290-294] を見よ。この乖離が本質的なものであり、価値論を基礎に据える帰結主義的道徳の根幹がまさにここにあることについては後に取り扱う。

[†9] より正確に言えば、道徳的義務に関する（広義の）現実主義と可能主義という維持されるべき区別を事実主義が崩壊させてしまうことこそが問題なのであり、行為指導性の欠如も実にこの点に由来するのである。

[†10] こちらの道筋を採用する場合、行為の事実的帰結を、行為性質が例化された時点の宇宙の事態として捉え、その時点での宇宙の事態にそれ以降の宇宙の事態とそれが辿る歴史の全体が傾向性という実体として存在していると考えることができる。我々は客観的確率の存在を肯定し客観的蓋然主義を採るわけだが、客観的確率が世界の傾向性 (propensity, disposition) の問題として形而上学的に把握されるならば、こうした事実主義と蓋然主義の差はそれ自体としては小さなものとなるだろう。つまり、価値の担い手について歴史主義ではなく時点主義を採り、しかもその顕現 (manifestation) ではなくそうした傾向性自体が価値たりうるという立場を採れば、両者の差はあまり問題にならないかもしれない。

ても訪れそうにない。もちろんこれは解決不能な問題ではなく、有限時間内に宇宙が死を迎えその時には終りがくるので、終末まで宇宙の辿る歴史全体を帰結に組入れればよいのである。むしろ、事実主義を採るならば、考慮されるべき帰結は宇宙の歴史的全体であって、ある時点での宇宙の状態ではありえないだろう。というのも、宇宙が膨張し続けて熱死しようが再収縮して総てが一点に凝縮しようが、最終的には、価値の存在しない宇宙の状態が訪れるだろうからである。もちろん、間接主義に於いて我々は認識的に理想的な主体を想定しているから、こうした歴史主義がなにやら途方もない感じを与えることそれ自体は問題ではない。マザー・グースに詠われるように、鍛冶屋が十分な数の釘を打たなかったせいで蹄鉄がダメになり、そのせいで馬がダメになり、そのせいで騎士がダメになり、そのせいである国が戦争に負けてダメになり、そのせいで世界史が大きな影響を受け人類が苦痛の内に滅亡すれば、それらは全部鍛冶屋が釘を打ち損ねたという行為の帰結である[†11]。なにやら不穏な感じはするものの、これはそれ自体として一貫しない立場ではない。

　また、ヘアが認識的理想主体として描写する「大天使」が、行為のもたらす帰結を確率的にではなく決定的に知っているとされることに注意しておく必要があるだろう[†12]。我々は仁愛的な「大天使」の代わりにエゴイスティックな点のみが違う「大悪魔」をも考えることができる。これらの「大天使」と「大悪魔」が繰り広げる互いの行動の読み合いは彼らの行動をどのように決定するのだろうか。「大悪魔」の可能性を考えるならば、他者の行動を決定的に知っていると称する「大天使」は理想的主体としてすら一貫したものではありえないと思われる。これを防ぐために世界に「大天使」が1体だけであり他の如何なる個体もそのような未来予知能力を備えていないのだとすれば、このような「大天使」の要請は「神」の要請と区別がつかなくなるか、決定主義的に決まる宇宙の誕生から終末までの唯一の履歴という存在論的な実体を認識主体に仮託して語っているだけの余計なものであることになる。それゆえ、こうしたものと区別されてそれ自体の意義を持つものとして我々が次節以降で想定する理想的主体は、このような「大天使」ではなくて、あくまで現在時に於ける（客観的な）確率的情報を含めた事実的情報

[†11] この点についての古典的な問題提起として [Prior 1956] を見よ。
[†12] ヘアの「大天使」のこの特徴については [Hare 1981 p.177],[ヘア 1994 pp.264-265] をみよ。

と合理性に於いて完全な主体である。

　我々は客観的確率の存在を前提とし、客観的蓋然主義を間接帰結主義に於いて認識的理想主体が採る帰結主義的意思決定原理であると考える。事実主義と蓋然主義のどちらを採るかは明らかに帰結主義の根幹に関わる問題であるのだが、ここで事実主義を完全に反駁するような議論を提供できるわけではないし、逆もまた同様である[†13]。しかし、意思決定原理としての行為指導性をたとえ理想化された条件下でとはいえ保持しようとすれば、蓋然主義の方が説得的であることは確かであろう。

3.3　間接帰結主義のモデル

3.3.1　事態と行為

　ここで確認しておかなければならないが、殆どの DC は帰結評価基準と意思決定方式の双方に同一の基準を採用しようとするので、IC のテーゼを受け入れていることになる。より正確に言えば、「事態のみが内在的価値を有する」という帰結主義の基本テーゼと、行為は帰結主義的評価の対象である、という行為評価テーゼが IC の（そして殆どの DC の）コミットするところである。功利主義の重要な特徴のひとつは、それが基本的には行為の評価基準・決定方式である、ということである。例えば、明日雨が降った場合の世界の事態と明日晴れた場合の世界の事態の両方に帰結主義の基本テーゼに従って一定の内在的価値（厚生）が帰属させられるであろう。しかし、我々は明日の天候を左右できないので（沃化銀を用いた降雨装置の存在はとりあえず考えないものとしよう）、功利主義が我々に何かを命じるということはないのである。晴れた場合の世界の事態の方が厚生に於いて優れている、ということを功利主義が認めるからといって、そこから直ちに我々の行為にとって何か意味ある主張は引き出されない。従って、帰結主義の

[†13]主観的蓋然主義と客観的事実主義という 2 つのパラダイム的な帰結主義像に挟まれているためか、客観的蓋然主義は残念ながらそれほど人気のある立場ではないが、これを擁護するものとして [Oddie and Menzies 1992],[Oddie 1996] を見よ。単一事象に関する客観的確率の存在を認めることによってここでもまた何らかの存在論的コミットメントを引き受けることになるが、ここではそのようなものとして傾向説を採用しておくことにする。

基本テーゼは事態にのみ内在的価値がある、と述べているのであって、功利主義へとこれを結びつけるためには我々は事態と行為を結びつけるなんらかの手段を持っていなければならない。これは IU でも DU でも同じことである。

その上で、帰結主義の基本テーゼ、行為の客観的評価、行為の決定方式、という三つのレベルを我々は明瞭に区別することになる。帰結主義の基本テーゼに於いては、世界の事態がそこに含まれる厚生の総体によって評価された。そして、各々の事態間でその望ましさが比較される。我々は事態の望ましさを内在的価値評価語である「善い (good)」という言葉で表すことにしよう。そして、行為の客観的評価を「正しい (right)」という言葉で表現することにする。ある場面で正しい行為は一意に（或いは複数がタイ・ジャッジメントで）定まり、「善い」とは違って「正しい」には「より正しい」といった比較の観念がないか、希薄であることに注意しておこう。また、行為はある事態からある事態への変遷としてあるので、事態とは違い「善さ」を担うことができないことに注意しよう。更に、三番目の行為の決定方式について、総体的に最も望ましい行為の決定方式の受容のもとで為された行為を「咎がない (blameless)」という言葉で表す。また、事態の変遷の望ましさを表現するために「～という事態であるべきである (ought to be)」によって、ある事態から別の最善の事態への移行の望ましさを指すことにし、「～を為すべきである (ought to do)」を 3 番目の層に割り当てておくことにしよう。

こうしてみると、行為の決定方式の望ましさは行為の客観的正しさと全く切り離されている。それは帰結主義の基本テーゼさえあれば定義されうるものであるから。しかし、そうだとすると IU がなぜ行為の客観的正しさを問題にしたがるのか理解できないことになる。最初の発想に戻れば、我々という行為主体が世界の事態の厚生の情報に於いて深く無知であること、我々の合理性には限界があることゆえに、我々は直接に功利原理に訴えることができず、何らかの包括的決定方式を必要とするのであった。従って、「事実に関する情報に於いて完璧で完全な合理性を有する主体」にとって、功利原理そのものが最適な意思決定方式であると考えられるのである。だからヘアの大天使のような主体にとって（前述のように重要な点で我々が考える「理想的主体」とは違うが）、行為の客観的正しさと行為の決定方式は完全に一致することになる。この一致が成立するように第二のレベルと第三のレベルを構想しなければいけない、という内在的制約を我々は負っ

ているのだ。こういった事情をより正確に確認するために我々は分岐時間モデル（branching time model）を導入し、そのモデル上でこれらの定義がどのような扱いを受けるのかを見ておくことにしよう。

3.3.2 分岐時間モデル

3.3.2.1 非形式的説明

まずはやや非形式的な説明から始めることにする。時間（正確には「歴史」）が未来の不確定性故に枝分かれしていくさまをイメージする。そこで、ある木構造 (tree structure) を考えることにしよう。この木構造の各節点 (node) が世界のある時点 (moment) に於ける事態を表現するものとしよう。世界の様々な主体が選択を行ったりすることで、ある事態からは複数の可能な事態へと枝が伸びている。そうすると、この木構造上の根から葉 (leaf) までの経路 (path) がこの時間モデルにおける歴史 (history) に対応することになる。木構造上には他に、この道徳的論議領域 (moral universe) に於ける行為者 (agent) の集合がおり、これらの行為者の行為の帰結としての事態の変遷がこの分岐時間モデル上で表現される。通時的な行為の相互作用はこの木構造上で表現され、共時的な行為の相互作用は共時点を示す各節点内で表現されることになる。つまり、各節点にはこのモデル内にいる行為者同士の（もちろん行為者が単独の場合もあるが）共時的行為のマトリックスが割り当てられ、行為全体は各節点間を結ぶ枝 (branch) で表されることになる。図 3.1 では 4 つの可能な未来に分岐するある節点を拡大すると、そこには行為者 α と β の相互行為が 2×2 のマトリックスで表現されており、各々のセルが対応する未来へと接続されていることが解る。各セルには接続先の世界の事態が含む厚生の総計値が割り当てられる。ある事態に於いて正しい行為とは、その事態から直接に可能な未来の諸事態の内で最も高い厚生を有する事態への変遷をもたらす行為である。この定義によって、行為の正しさはそれがなされる事態と分離不可能であることになる。このことを次のような例を取り上げて説明しよう。

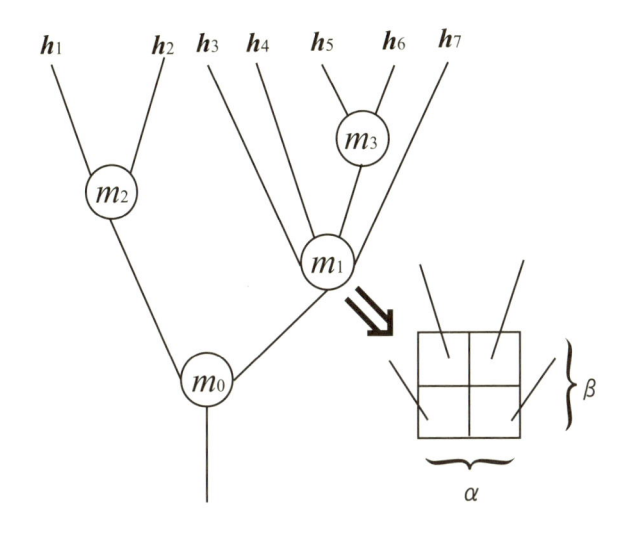

図 3.1 分岐する時間の樹

> 今日は外出しないことが正しい。しかし、もし外出してしまうならば図書館で論文を執筆することが正しい。外出しないことが正しいにもかかわらず、図書館で論文を執筆することが正しい。もちろん図書館で論文を執筆するためには外出しなければならないのだから、これは奇妙な結論である。

これは、上のような分岐時間モデルを考えれば奇妙でも何でもない。外出するかしないかが選択肢である最初の時点では、外出しないという選択肢が最良の功利性を持ち、外出しないことが正しいものとしよう。しかし、ひとたび外出してしまうならば、我々は分岐した次の時点に移行しているのであり、そこでは一番善い外出のしかた（図書館で論文を執筆）を選ぶことが正しいのである。正しさは選択がなされるその時点に於いて決定される。行為の正しさは常にそれがなされる時点での世界の事態を所与として可能な未来の諸事態間の比較によってのみ評価することができる。それゆえ、異時点での異なる事態に於ける行為を比較して

正しさを決定しようとすることは意味をなさない。

このモデルのもとで、「～であるべきである」は、現在の時点から直接に到達可能な最も全体厚生に優れた事態に対して成立する。α の行為は多くの場合他者の行為などによる不確定性を含み複数の未来の事態につながっているので、その期待厚生によって最も功利性の大なる行為が客観的に正しい行為である。もちろん、α がもっとも全体厚生に優れた事態の成立を保証できる場合には、その行為がこの定義を満たすことになり、客観的に正しい。この定義は、どの世界の事態に於いても正しい行為を決定するから、事実的情報と合理性に於いて完全である理想的主体 α_{ideal} にとって「客観的に正しい行為を為す」という基準は包括的な行為決定方式となる。「α は～をなすべきである」は、α が受容することで総体的に最も望ましい世界の事態をもたらす包括的な行為決定方式によってその行為が命じられているときに成立し、α が為すべき行為でない行為を為す場合、その行為は「咎のある」行為である。これらの定義によって、α_{ideal} にとっての「客観的に正しい行為を為す」という基準は「α_{ideal} は～を為すべきである」と一致する。即ち、IU にコミットすることは α_{ideal} にとっての DU にコミットすることに等しい。

3.3.2.2 行為の客観的正しさ

上述のモデルに従えば、ある時点で正しい行為とはその時点から直接に移行できる諸時点のうちで最も多量の厚生を有する時点へと我々を移行させる行為である。より正確には、他者の行為が確率的にしか把握されず私の単一の行為には複数の未来の事態が対応するので、それらの事態に確率による重み付けを与えて得られる最も高い期待功利性を有する行為が正しい行為とされることになる。とすると直ちに次の疑問を生じるであろう。直接の移行先に、それ自体の含む厚生量がやや低いものであるが、そこから次に移行できる事態の含む厚生が素晴らしい事態があるとしよう。また、直接の移行先の内にそれなりに良好だがさほどでもない事態があるとしよう。すると、この基準は後者に移行することを正しい行為とするだろう。しかし、なぜ未来の未来を見越して前者を選択することが正しい行為とされないのだろうか。それは帰結主義のモデルとして何か致命的に問題があるのではないか？　この問題に対する解決方法は二通りある。この批判を受け入れて、我々が正しい行為の判断にもちいるべきは、各時点の事態そのものの含

む厚生ではなく分岐時間モデルに於ける歴史の含む厚生、即ちある歴史に含まれる全時点の厚生の歴史経路に沿った総体である、とする「歴史主義」がひとつ。もうひとつは、「時点主義」を採用し、未来の未来の厚生など見越す必要はなく、我々は直近の未来の時点で世界が含む厚生に基づいて行動してよいのだ、と開き直る考え方である。一見したところでは前者の方が問題の少ない議論であることは認めなければならないだろう。どの歴史に於いても最終的に宇宙が熱死して以降は厚生に変動はないはずなので、歴史の全時点における世界の事態の含む厚生の総体が問題なく得られ歴史間で順序づけられる、とする考え方をとることはもちろんできる。しかし、私は後者の時点主義を採用したいと思う。これは、厚生の概念に於いても時点主義を採ることである程度反直観的なものではなくなるだろう。

　まず、先に **3.2.2** でも触れたように、世界の未来が現在の世界の事態に傾向性として実在しているという立場を採ることができる。その上で次の2つの道筋が考えられるだろう。まず第1の場合を考えよう。厚生として普通考えられている快などをその顕現に含むような傾向性こそを最大化しようと考えるのである。こうすると、未来に於いて快を実現するような、現在の世界の事態が持つ傾向性こそが功利性であって、現在の世界の事態に於いて実現している快もこの傾向性としての功利性の顕現であり、当然傾向性自体もそこに存在していることになるから取りこぼしはない。こうすれば時点主義は歴史主義と殆ど変わりないが、価値論の部分になにやらアド・ホックな修正を施した感が否めないだろう。そこで、歴史主義とは明確に異なった次のような時点主義を考えよう。厚生を、例えば、「ある世界の事態に於いて人々が自らの諸信念に対してとっているような肯定的態度の強度の総体」と考えるのである。

　厚生に極めて優れた明るい未来に到達するために今厚生に於いて劣る事態にいる、という状況を考えよう。このとき、人々はそのような事態と、そのような明るい未来に開かれていない以外の点では同じように厚生に於いて劣る世界の事態とでは前者をよしとするだろう。つまり、そのような厚生に優れた明るい未来に開かれている、という現在の事態の性質（これは現在の世界が持つ傾向性質である）に対し肯定的な態度や感情を抱くであろう。であるとすれば、未来の事態の含む厚生は、現在の事態への肯定的態度や感情として現在の世界の事態のもつ厚生に

織り込まれるのだ。従って、明るい未来に到達するために現在の劣後する事態にいると言う場合には、その現在の事態は実は厚生に於いて優れているはずなのだ。つまり、人々が未来に於ける自分の厚生を予期することで未来の厚生は現在時点の厚生へと畳み込まれるのである。もちろん、これは上述のような厚生概念を採用して初めて可能であるのだが、それでも時点主義はそれほど不可思議な選択肢ではないと考えてよい。更に、例えば今から10年間我々が苦しむと400年後の人類が厚生に満ちた素晴らしい世界に生きられることになるとしよう。400年後の人類は現在の私たちとは全く別の集団であろう。それゆえ、自分の遠い子孫がそのような世界に生きられるかもしれないことを喜べる人や抽象的に400年後の人類の幸福を喜べる倫理家の未来に対する予期と、そこへ到りうる現在の事態への肯定的態度が相当程度存在しない限り、400年後の未来の含む厚生は現在或いは直近の未来の時点に殆ど畳み込まれないことになるので、我々が10年間苦しむという選択はなされないことになる（つまりその選択は客観的に正しくない）。

　正しい行為の決定に於けるこうした時点主義には問題がある、と感じられるかも知れない。未来に対する人々の予期をもとに未来の厚生を現在に畳み込むならば、人々の予期は未来への客観的な確率によらず主観的な確率によっているのであるから、行為の「客観的正しさ」は「客観的」の名に値しないのではないか？しかし、これは誤りである。時点的厚生に、以降の全ての未来の歴史的厚生を世界に存在する感性主体の主観によって畳み込むとしても、畳み込みの結果として時点に存在する厚生それ自体は客観的なものだからである。

　だが、通時的不偏性を要求するタイプの帰結主義者はこの時点主義の結論を受け入れないだろう。そのような帰結主義者は歴史が担うものとして厚生の総体を考え、歴史経路上の全ての各時点の厚生を不偏的重み付けで総計することでそれを得ようとするはずである。我々はここでこの選択肢を排除しないでおこう。時点主義的な厚生概念を採ったときでもこの選択肢を採用することはできるからである。

3.3.2.3　複合行為と選択肢集合

　なぜ行為の正しさの定義にこのように極端に見える立場を持ち込むのか。それはこの問題が「複合行為 (combinated act)」が引き起こす以下のような問題と密

接に関連するからである。私が靴ひもを両方結ぶときと両方とも結ばないときの帰結を比べるとき、我々は如何にすべきだろうか。靴ひもを両方結ぶためには靴ひもを片方結ばねばならない。従って、両方結ぶという行為の帰結としての事態は靴ひもを片方結ぶという行為の帰結としての事態を経由してのみ到達しうる。あらゆる複合行為はその構成要素行為に分解されて、構成要素行為の帰結する事態を経由してしか帰結しない。それゆえ、その功利性は経由してきた事態の含む厚生をも算入しているのでなくてはならない。最終的に同じ時点的事態へ到達したとしても、そこまでの経路の途中で厚生に著しく劣る事態を経由した場合とそうでない場合では複合行為の評価は違ってこざるを得ないからである。

　このことから行き着く先は二通りである。まず、あらゆる行為はそれ以降の行為と相互作用を有しており常に後の行為と複合的行為を成す。帰結主義にとって、我々がある行為を複合的だと思うかどうかはイレレヴァントである。右の靴ひもを結ぶ行為と左の靴ひもを結ぶ行為は全く別の行為であるが、ひとたび靴ひもを両方結ぶ、という複合行為の存在を認めるならば、我々は靴ひもを結んで外に散歩に出かける、という複合行為も認めなければならず、最終的に我々の人生の全ての行為が「人生を生きる」という一つの複合行為を為してしまうであろう。我々がもはやそのようなものを複合行為とは呼ばない、ということは帰結主義にとっては関係がないのである。そして、靴ひもを結ぶ行為と何か別の行為の選択肢が認められるならば、「〜な人生を生きる」という行為と「…な人生を生きる」という行為も選択肢集合をなすだろう。我々は靴ひもを結ぶか結ばないか、という時点で帰結考量を始めることができない。それらは「〜な人生を生きる」という複合行為の一部に過ぎないからである。そうすると、帰結主義に従ってどちらの行為を選ぶべきか、と問うならば私に可能な人生の帰結を比べなければならない。こうして複合行為の大きさは極大化し、我々は結局のところ人生全体が帰結する可能な諸歴史の含む厚生によってこれを決定しなければならないだろう。これはまさに歴史主義的な行為評価基準である。であるとすれば、歴史主義が正しく時点主義が誤っているのだろうか？　そうではない。この結論が嫌なら、複合行為なるものを認めることに問題があるのだからそれを認めなければよいのである。だが、これはそれ自体は複合行為でないような各々の極小な個別行為による直近の

帰結のみを考慮することでしかなしえない[†14]。各時点での世界の事態を価値の担い手と見なすならば、未来の事態について現在時点での世界の傾向性を考えることでその価値を組み入れることができるとしても、同一の時点的事態に到るまでの過去の歴史的経路の差を価値論に組み入れることはできない。同一の時点的事態とそこまでの歴史的経路の差という問題が生じないように時点主義を成立させたければ、複合行為問題に対して極小化戦略を採らなければならない[†15]。

複合行為はまた、帰結主義に於ける行為選択肢集合問題というもうひとつの重要な問題を提起する。これはカスタニェダ (Hector-Neri Castañeda) に由来する概ね次のようなものである[†16]。

[†14]「極小な (minimal)」行為というものがなんであるかを巡って大きな問題が生ずるであろうことは明らかであるが、本書でその詳細に踏み込むことはできない。ここでは、ジョーダン・ソーベル (Jordan Howard Sobel) に従い、行為主体がいったんそれを開始したならばそれを途中で中止でき（ず途中で熟慮的選択を始められ）ないような行為として考えておく。詳しくは [Sobel 1970],[Sobel 1976] を見よ。

[†15] 中間的立場も存在し得ないわけではない。複合行為を認めつつ、「～な人生を生きる」という極大的複合行為が現在の私にとっての遂行可能な (performable) 行為選択肢ではないと考え、更にお馴染みの「当為は可能を含意する」原則によって、極大的複合行為を義務的行為から排除するのである。この原則の「可能」を個人的能力 (ability) によって解釈することの是非などをとりあえず措くとしても、こうした立場はその大きな直観的魅力にも関わらず行為選択肢を巡る様々な難問を避けることができない。行為選択肢間の非両立性という重大な要請を廃棄する形で（それに伴って行為の正しさに関する真理値ギャップの承認や最大化原理の修正などの犠牲を払いつつ）こうした中間的立場を擁護しようとするものとして例えば [Carlson 1995 pp.95-109] を見よ。

[†16] フレッド・フェルドマン (Fred Feldman) の再構成による [Feldman 1997 pp.20-35]。この問題に対するフェルドマン自身の「世界功利主義 (world utilitarianism)」という解決はやや曖昧ながら歴史主義的で事実主義的な分岐時間モデルを採っている。それによれば、個人が行為 a を時点 t でなすべきなのは、その時点で彼に開かれている可能な "life history" の内で最も厚生の総計に優れたものに於いて彼が a を t でなしている場合である。a を為す前の今の時点で開かれている最善の未来の成り行きが t に於ける $a+b$ を含んでいるならば、その未来はそれ以前の時点 t' に於いて a を為すことを含んでおり、それゆえ今の時点での私は a を t' でなすべきなのである。この解決が「極端な可能主義 (extreme possibilism)」の（ほぼ唯一の）実例でもあることに注意しよう。

> ある時点 t で行為 $a+b$ を為すべきことを功利主義が命じるとする。その時、行為 a が $t > t'$ であるような時点 t' で為されるべきである。しかしこれは a 自体の功利性については何も述べていないから、t' に於いて功利主義は a よりも功利性に優れる行為を（もしあれば）命じるであろう。つまり、t' に於いて a がなされるべきことを功利主義は保証せず、もし t 以前に a を命じることができないならば t に於いて $a+b$ は不可能であり、功利主義は一貫しない。

この問題に対処する方法は大きく分けて3通りある。まず、複合行為を正面から認め、極大行為の選択肢集合を考えてその中でどれが正しい行為を決定してその極大行為の構成行為を総て正しいものとする場合である。この場合、極大でない行為はそもそも功利主義的行為者の功利考量の対象となる行為選択肢集合をなさないので、この問題を回避することができる（功利主義は非極大行為 a について直接に功利判断を行わずその義務的評価を極大行為の評価から導出することになる）。複合行為を正面から拒否する場合には、$a+b$ のような複合行為が功利主義的行為者の選択肢集合に入ることを認めず、非複合的な極小行為のみについて功利判断を行うことになる。或いは第3に、同じ行為選択肢集合に a と $a+b$ の双方が帰属することを認めつつ功利主義が $a+b$ を命ずるが a を命じないとして、選択肢間の排他性を否定し、かつ、$a+b$ が義務的であることと a が義務的であることの原理的結合を否定することもできよう。この3つの中では最後の方策が一見したところ最も穏健に見えるが、これを本当に擁護しようと思えば実に様々な困難に逢着することになるので、ここでは論じないことにする[†17]。

3.3.2.4　現実主義と可能主義

さて、上のような複合行為にまつわる行為選択肢集合の一見些末な問題は、次のような現実主義と可能主義という極めて重要な問題に直接繋がってくるのであ

[†17]本書では行為選択肢集合の問題についてこれ以上の詳細には踏み込まない。ラーシュ・ベルイシュトレーム (Lars Bergström) による初期の問題提起 [Bergström 1966] を嚆矢とする以下の諸文献を参照されたい ([Bergström 1968],[Bergström 1971],[Bergström 1977],[Prawitz 1970],[Sobel 1970],[Sobel 1976],[Åqvist 1969])。この問題についてサーヴェイを含む近時の最も詳しい研究として特に [Carlson 1995 pp.90-118] を見よ。

る。先に、外出すべきでないが、もし外出してしまうならばせめて図書館で勉強すべきである、という例を挙げた。これは現在の行為選択に応じて、後の行為の道徳的評価が変動する事例であった。次にこの逆の場合、つまり、将来の行為選択に応じて現在の行為の道徳的評価が変動する（かもしれない）場合を考えてみよう[18]。

> あなたは学位論文指導をしてくれるよう指導学生から頼まれた。引き受けて実際に論文指導をすると論文の質が向上し学生は喜ぶので世界はかなり幸福になる。引き受けて実際には指導をしないと学生は論文の質が向上しないのでひどく落胆し失踪するので、世界は少しばかり不幸になる。引き受けないと学生は副指導教授に論文指導を求め、あなたの指導ほどではないが、それなりに論文の質が向上し世界はそこそこ幸福になる。

もしあなたがきちんと論文指導をするのだとすればもちろん指導を引き受けることが正しい。さて、あなたはその他の多くの執筆債務に追われてつい指導債務を忘れるか単に怠慢であるかで、仮に引き受けても実際には論文指導をしないだろうと自分でわかっているとしよう。あなたは学生の論文指導を引き受けるべきだろうか、そうではないだろうか。ここでは、将来のあなたが論文指導をするかしないかという将来の行為選択に応じて、現在引き受けるべきか否かが変動するように思われる。しかし、もしあなたが指導しないだろうとわかっていても引き受けるべきであり、なおかつ、実際に論文指導を行うべきである、と考える向きもあるだろう。前者を、あなたが将来の選択に於いて実際にするだろう (would) 行為を基準にする現実主義 (actualism)、後者を、あなたが実際はどうあれ、なしうるだろう (could) 行為を基準にする可能主義 (possibilism) と呼ぶ[19]。

いうまでもなく、ここには複合行為問題が顔を出しているが、これについては後に触れることにしよう。さて、指導を引き受けるという構成行為の道徳的評価は

---

[18] 以下の例は、ホリー・ゴールドマン（スミス）(Holly Goldman(Smith)) による例 [Goldman(Smith) 1978 pp.185-186] を修正して用いた。
[19] この用語はフランク・ジャクソン (Frank Jackson) とロバート・パーゲッター (Robert Pargetter) の論文 [Jackson and Pargetter 1986] による。他の分野の術語や事実主義／蓋然主義と入り混じりがちなのであまり良い用語ではないのだが、完全に定着しているので本書でもこれを用いる。

如何に行われるべきだろうか。この問題を巡る論争に於いて、多くの論者は可能主義に与する[20]。現実主義を擁護する立場ははっきり少数であるといってよい[21]。可能主義からの現実主義に対する批判は概ね、次のようなものに尽きる。現実主義は将来の自分の行為をあたかも他人の行為であるかのように取り扱っている。将来私が論文指導をしないだろう、などと他人事のように語るべきではない。指導を引き受けてかつ実際に論文指導をすることは現在のあなたの（個人的能力という意味に於いて）なしうるところであり、現在のあなたが責任を負うべき事柄であるというのである。グレアム・オディー (Graham Oddie) はこの点について次のように論じている[22]。あなたの将来の自己を、現在の時点的行為によってしかあなたが行動を制御できないような別々の人々の連鎖として扱うべきではない。強い「人格」の観念は、目下の時点的行為のみによってではなく時をまたぐ複合的な行為戦略 (strategy) によって将来の自分自身を制御できるような、永存的 (perduring) 行為者モデルによってのみ説明されうる、というのである。

可能主義に与するオディーの結論に賛成するかどうかとは別にして、可能主義と現実主義の背後に「人格」を巡る問題がある、というこの指摘は重要である。もちろん、人格について永存的モデルではないモデルをとるなり[23]、或いは少なく

---

[20] [Goldman(Smith) 1978],[Thomason 1981],[Feldman 1986 pp.52-57],[Zimmerman 1996 pp.189-206] など。わざわざ挙げないが、この問題を単独で話題にしないだけで可能主義に与する論者は多数である（というよりもガチガチの行為帰結主義者以外はほぼ暗黙にこの立場を採っているといってよいだろう）。

[21] [Goldman(Smith) 1976],[Sobel 1976],[Jackson and Pargetter 1986],[Goble 1993] しかもホリー・ゴールドマン（スミス）はすぐ後に可能主義に転向している。

[22] [Oddie 1996 p.296]

[23] たとえば延存的 (exduring) モデルなど（特に「人格」の場合について [cf. Sider 1996]）。人格の時間を渡る同一性関係を各時点切片間の対応者関係（ルイス的な様相の可能主義に於けるそれのアナロジー）として理解する延存的モデルはかなり魅力的である。ルイスの対応者理論に対するクリプキ的問いかけ「なぜ私ではない別人のことを思い煩わなければならないのか」については、別段思い煩う必要はないのだ、というルイス的応答が可能である。いま現在のこの私の時間相的性質は私がそれらを思い煩うか否かに関わりなく対応者たちの存在によって決まる。そして、確かに、現在の私が過去や未来の対応者を思い煩わねばならない理由など、私がそれらに愛着を持つということ以外にはありはしないのである。耐時的モデルでも延存的モデルでも、通常の性質を（それゆえ価値性質を）例化する諸対象が一時点に 3 次元的対象としてまるまる存在するという点で時点主義と親和性を有する。とはいえ、延存モデルに一般に伴う永遠主義に与して指標性に尽きない現在の存在論的優越性を放棄したくはない。現在主義と対応者理論の組み合わせとしては、チザム (Roderick Chisolm) 的な部分学的本質主義 (mereological essentialism) を挙げることができるが、我々は耐時的実体を退けたいし、それはシオドア・サイダー (Theodore Sider) の「切り札論法 (trumping argument)」の批判に曝される [Sider 2001 pp.184-186]。やや極端な立場だが、プリミティヴな de re 時間様相を諦め (res の端的な持続を諦め)、言語的構築物である (ersatz な) 現在時以外の時点断片との間の

とも、「人格」が帰結主義の根本的枠組の問題に先立つような道徳的重要性を持っていない、という立場を採るならば、オディーのように可能主義に与する理由はなくなるだろう[†24]。むしろ次のようにいってよいだろう。帰結主義が「人格」それ自体（ないしそれを維持または変容させるという行為選択肢）を考量対象に採りうるのだとすれば、帰結主義は自らの考量対象たる「人格」などという偶然的な要素を基礎に据えて理解されるべきではない。それゆえ、現実主義に与するべきである。「人格」に関するパーフィットの還元主義的な議論が異個人間と異時点間のアナロジーを大幅に説得的なものとしたことに鑑みれば、可能主義と現実主義の異個人間アナロジーを考えることは自然である[†25]。将来の諸時点の私が実際にはどうするとしても、ある行為パタンを採りうるとして、将来の諸時点の私が最善の行為パタンを採ることを所与に、現在の私にある行為を選択するよう要求している可能主義の異個人間アナロジーは、まさしく一般化原理の背後にあったものである。我々はこれを共時的可能主義と呼び、ここでの元来の可能主義を通時的可能主義と呼んでおこう（現実主義についても同様である）[†26]。逆に言えば、UG を検討する際に問題になったように、共時的可能主義の説得性のなさは、ア

対応者関係によって *de re* な時間様相を構築することができる（様相の現実主義的対応者理論のアナロジー）[ibid. p.208]。こうして、一級市民としての「それ自体としての実体 (*entia per se*)」である 3 次元的実体が変化せず持続しないとすれば、耐時的持続が不可能になるのと引き換えにサイダーの切り札論法を免れることができ、対応者関係によって「継続的実体 (*entia successiva*)」を日常的な意味での（つまり二級市民としての）持続する実体と見ることができる。もちろん本書で詳細を論じうるところではないが、過去時制や未来時制の命題の真理制作者 (truthmaker) として現在時に非存在対象を想定するという現在主義の形で延命的なモデルを理解することもできる（マイノング主義的な現在主義についてはたとえば [cf. Hinchliff 1988]）。

[†24] だが、我々の通常の「人格」の観念が存在論的にどのように説明されるかそれ自体は実は決定的要因ではないかもしれない。それがどれほど道徳理論にとって利いてくるのかが問題なのである。カント主義者には申し訳ないが人格の観念それ自体は道徳と必然的な関係など有してはいない。

[†25] 「人格」の問題を前にすることでまさにこのアナロジーが崩壊するのだ、とオディーはいうのだが、古典的功利主義以来、功利主義は「人格」を内在的に重要な問題だとは考えてこなかったし、功利主義に向かって「人格」を真剣に考慮していないという批判が単純に論点先取であることを考えれば、功利主義より一般的な帰結主義の枠組自体にこれを取り込むべきではないことは明らかであろう。

[†26] 異時点間の複合行為と共時的集合行為が同じ取り扱いに服すべきものであることは、可能主義者によっても認められている。例えばジョセフ・メンドーラ (Joseph Mendola) はカスタニェダの複合行為問題に対し、異時点間の複合行為を共時的集合行為と同視し、帰結主義的評価原理から複合行為を含む広義の集合当為を決定した上で、それを構成する行為を現在の個人の当為と同定するという可能主義的戦略を以って応えている。[Mendola 2006 pp.42-48] を見よ。

ナロジーを通じて、通時的可能主義に伝染するのである[27]。

　だが、現実主義と可能主義の対立をひとまず脇に於いて、これが複合行為問題でもあることに注意を向けよう。我々は先に複合行為問題について、極大化戦略と極小化戦略のどちらかを採用しなければならないと考えたのだった。極大化戦略をとると、ある行為者にとっての極大行為（〜な人生を生きる）の選択肢集合から帰結主義的に最善の行為が選ばれ（つまりその行為者にとって送りうる道徳的に最善の生が選ばれ）、その行為を構成する総ての個別行為が正しいものとされる。これが可能主義の極端な（だが一貫した）形態であることに注意したい。この形態の帰結主義に従う行為者は、その行為者が将来の諸時点でまったく行為を誤らなければ、という想定の下で現時点で最善の行為をなすべきことになる。繰り返しになるが、これが UG を支えていた一般化原理と同型の問題を提示していることにも注意しよう。そもそも可能主義と現実主義を巡る論争の最初期に既にソーベルはこの点を指摘していたのである[28]。更に、この極大化戦略が、歴史主義・事実主義とセットになることに注意しよう。つまり、規則帰結主義の背後にあった発想を徹底するならば、我々は共時的可能主義・通時的可能主義・歴史主義・事実主義をセットにした帰結主義を得るのである。これは、将来の「私」を含む他者が実際には理想的に振舞わないことを考えれば、殆ど理想主義の極致ともいうべきものであるだろう。

　では極小化戦略を採るならばどうだろうか。こちらは極端な現実主義になることに注意しよう。複合行為を認めない以上は、極小行為のもたらす直近の帰結のみが問題となり、これは（歴史主義を排除するものではないとはいえ）時点主義と親和性を持つ。直近の帰結としての世界の時点的事態は後続する諸行為が行われる客観的確率を自身の傾向性質として備えているであろう。これを蓋然説と組み合わせればいいのである。これは既に最初期にソーベルが提出していた形態の帰結主義である[29]。行為帰結主義の背後にあった発想を徹底するならば、我々は共

---

[27] 強い「人格」を前提にした通時的可能主義の説得性が、アナロジーを通じて共時的可能主義に伝染する、という逆向きの議論は成り立たない。強い「人格」を前提にするということはとりもなおさずアナロジーの破綻を主張するものだからである。

[28] [cf. Sobel 1976 p.201]

[29] 詳細は [Sobel 1976] を見よ。実際にはさらに極小行為が確保可能な (securable) 行為かどうかといった議論もあり、ここで簡単に述べたよりも詳細かつ慎重な検討がなされているがここではそうした詳細には踏み込まないこととする。

時的現実主義・通時的現実主義・時点主義・蓋然主義をセットにした帰結主義を得るのである。この現実主義的帰結主義に従う行為者が極小行為の連鎖からなる通常の行為を行いうるかどうかについてはさほど心配は要らないであろう。というのも、人格の類似性による記憶と動機の共有があれば、ある極小行為から直後の極小行為への接続は殆ど問題にならないだろうからである。恐らく単一の欲動 (want) による基礎的行為 (basic act) の程度までの複合行為ならば、異常な状況でない限り問題は生じないものと思われる。そこで、常に極小行為まで立ち戻って議論を進めるのはあまりに煩雑であるから、以下で現実主義的帰結主義のモデルを提示する際にもこうした基礎的行為を行為の単位として用いることにする。

この2つの帰結主義類型が、もしこの世界が認識的にも理想的で行為を過たない道徳的行為者だけからなっているという最大限に理想的な世界であれば、一致するだろうことに注意しつつ、我々は現実主義的帰結主義を採用することにしよう。次いで、これを前提に具体的な事例を分析してみよう。

3.3.2.5 我々の行為の分析例

このようにして行為の評価基準と意思決定基準を分離することができるとしても、行為者がそれと知り得ずとも行為の正しさの基準を与えうるという間接帰結主義の主張に対しては、反帰結主義陣営だけではなく帰結主義陣営からも疑問が寄せられることがある。そのような事例として我々はベルィシュトレームによる次のような事例を考えてみよう[30]。

> 私にはとても見たい映画があり、そのチケットを買うのに充分なだけの金銭がポケットに入っている。ところで、この金銭で宝くじを買い100万ドルを当てて、OXFAM に寄付するという選択肢がある。明らかに宝くじを当てて寄付する選択肢の方が優れた帰結をもたらす。議論のために他の選択肢はないものとしよう。

間接帰結主義によれば私は当たりくじを買って寄付すべきであるがこれは不合理である、とベルィシュトレームは論じる。議論を明確にするために彼に従ってこ

---
[30][Bergström 1996 p.84]

の事例に幾つかの状況記述を補おう。まず、くじには番号が振られており、買い手が番号を指定できるものとしよう、しかも、当たりくじの番号は既に決定されているとする（例えば 4771 番）。もちろん当選番号は私の知るところではないが、私に可能な行為の選択肢の中に当たりくじを買う行為は含まれているから、「当為は可能を含意する (ought implies can)」と言ってすませることはできない。私が当選くじの番号を知っているかどうかは事態の客観的評価にはイレレヴァントである。確かに、間接帰結主義は行為の客観的正しさに関する基準であるから、当たりくじを買う行為は正しく、外れくじを買ったり映画に行く行為は正しくないことになる。だが、ここには何か奇妙なものがないだろうか。「当たりくじを買う」という行為は本当に行為なのだろうか。

　まず注意すべきは、ベルィシュトレームの主張それ自体は間違っていることである。間接帰結主義は、ことによると当たりくじを買う行為を客観的に正しいとするかも知れないが、当たりくじを買うべきである、とは言わない。間接帰結主義に於いてある行為が正しい ("right") かどうかと、その行為を為すべきである ("ought") かどうかは別の問題である。我々は外れくじではなく当たりくじを買うことを可能にする、或いは少なくとも当選確率を引き上げるような意思決定基準を有してはいないから（そんなことが可能であればくじはシステムとして成り立つまい）、当たりくじを買うべきである、と間接帰結主義が命じるわけではない。

　しかし、一端話を元に戻し、当選番号がまだ決定されていない場合から考えてみよう。今の世界の事態を w とする。私が映画に行った場合の世界の事態を w_C とし、宝くじを購入した場合を w_L としよう。宝くじを購入したのち、当選番号に応じて世界の事態が存在することになるが外れくじの場合を一括して w_{L-Lose} とし、当たりくじの場合を w_{L-Win} としよう。更にくじが当たりそれを寄付した場合の世界の事態を $w_{L-Win-OXFAM}$ としよう。他に世界の事態に違いがなければ、$U(w_L)$ は $U(w_{L-Win})$ と $U(w_{L-Lose})$ の確率的混合による期待厚生である。もし、$U(w_C) > U(w_L)$ ならば、映画に行く行為は客観的に正しい。であるにもかかわらず、もし宝くじを買ってしまったならばどうなるか。$U(w_{L-Win}) > U(w_{L-Lose})$ ならば、IU によって w_{L-Win} は w_{L-Lose} より望ましい。しかし、私の行為選択肢には前者の事態の成立を保証するような行為が存在しない（当選番号を決定する人間の選択肢には「当選金を OXFAM に寄付するような人間が買ったくじの番号を当

選番号にする」という選択肢がひょっとするとあるかも知れないが）。従って IU は私の行為について評価の下しようがない。そこには私の行為が介在し得ないからである。この点は極めて重要である。我々の行為と世界の事態の間を適切に接続するために、我々は行為が事態を「保証する（see to it that）」という観念を用いなければならない[†31]。当たりくじを買う、という行為は我々に可能な行為ではない。くじが当たるという事態の成立をこの時点で保証することは我々にはできないからである。しかし、ここでベルィシュトレームの巧妙な設定が利いてくる。既に当選番号が決定されており我々が番号を指定してくじを買うことができるならば、明らかに当たりくじを買うことは 4771 番のくじを買うという具体的な行為として存在し、その行為は私がくじを当てるという事態の成立を保証するからである。従って 4771 番のくじを買うことは客観的に正しい行為である。そうしてみると、4771 番のくじを買うことと、他の番号のくじを買うことと映画のチケットを買うことの選択肢集合が存在し、4771 番のくじを買うことこそが客観的に正しい行為であることになるだろう。しかし、この場面で 4771 番のくじを買うことを当選番号を知らない私に指示するような有効な意思決定方法など存在しないので、我々が何を為すべきか、という問いについてこのことは利いてこない。当選番号が既に決まっている場合もそうでない場合も主観的に違いがないのだから、我々の包括的意思決定方式として何が最適であるか、という議論にはイレレヴァントなのである。もちろん、ここに古典的な指示の不透明性の問題があるのは明らかであろう。確かに 4771 番のくじと当選番号のくじは同じくじを指し示してはいる。「私が『私の持つくじの番号は 4771 番である』ことを保証する」ことと「私が『私の持つくじは当たりくじである』ことを保証する」ことは同じなのだろうか。実は我々は IC の第 2 のレベルに於いて「事実的情報と合理性に於ける理想的主体」をここで想定することで、指示の不透明性の問題を消去してしまっている。これらにまつわる諸々の問題は「咎がある (blameworthy)」かどうかという第 3 のレベルでしか問題にならないのだ。

　しかし、とりあえず話をもどすとして、もしひとたび私が運良く当選金を手にするならば、おそらく $U(w_{L-Win-OXFAM}) > U(w_{L-Win-notOXFAM})$ であろうから、私

[†31] この点について [Belnap et al. 2003 p.7]。Q が行為主体 α をもっている (agentive) といえるのは、α が事態 Q の成立を保証できるときに限られる。

の行為選択肢には前者の成立を保証する行為が存在し、OXFAM に寄付するという行為が客観的に正しいのである。そして、前者の成立は私が最初の時点で映画に行くという選択をした場合のその選択の正しさに何ら変更を加えるものではない。映画に行くという選択は $w_{L-Win-OXFAM}$ と $w_{L-Win-notOXFAM}$ という二つの事態のどちらが成立するかに関係がないからである。仮に $U(w_{L-Win-OXFAM}) > U(w_C)$ だとしても、映画に行く選択と OXFAM に寄付する選択のどちらが客観的に正しいか、という問いは意味をなさない。それらは共通の選択肢集合に属していないのである。我々はここで先のベルィシュトレームによる事例に感じた困惑の原因を悟ることになる。そこでは共通の選択肢集合に属しておらず客観的正しさを決定するためには比べることのできない行為が誤って共通の行為選択肢に属するかのように記述されていたのである。もちろん、この誤りを訂正し、ここで定義された行為の客観的正しさに依拠して、能力に限界のある我々が客観的に正しい行為を多くの場合にとることを可能にする最適な意思決定方法（道徳的直観・動機群・規則体系……）が定まり、それに基づいて我々が何を為すべきかが決定されることになる。

3.3.2.6 義務論理モデルとしての帰結主義的分岐時間モデル

我々の能力の限界から、我々が何を為すべきかは最適な意思決定方法によって決定されるが、もし我々が（仮設によって排除されない限りで）事実に関して完全な情報を備え完全な合理性を有しているとすれば、行為の客観的正しさと我々が何を為すべきかは一致することになる。従って、IU は行為の客観的正しさを与えているのだから、そのような理想的主体に於ける「～すべき（ought to do）」をも与えていなければならない。そしてこの「～すべき（ought to do）」の意味論的振る舞いは、我々の言語的用法のそれに少なからず一致していなければいけないだろう。もしそれらが余りに違えば、我々はそこで「～すべき（ought to do）」ではなく、むしろ何か別の性質をもった価値語を新たに定義してしまっていることになるだろうから。従って、IU が妥当であるとするために我々は IU が理想的主体に於ける適切な義務論理体系を表現するものであることを示さなければならない。

そこで以下では先に述べた分岐時間モデルに基づいて義務論理の体系を与える

ことにする。分岐時間モデルと義務論理の関係は近年、行為や行為主体性 (agency) の論理学的分析を与えようとする研究の進展によって明らかにされつつある。以下ではアーサー・プライアー (Arthur Prior) の時間論理に関する研究に由来しリッチモンド・トマソン (Richmond Thomason) によって展開された分岐時間モデルと、それらに基づいて行為の論理学的分析を与えたヌエル・ベルナップ (Nuel Belnap) らによる行為の保証理論モデル (stit theory model) にジョン・ホーティ (John Horty) が与えた功利主義的義務論理のモデルを用いることにする[†32]。

まず、分岐時間構造 $\mathfrak{G} = \langle Tree, < \rangle$ を以下のように定義しよう。空集合でない時点 (moment) の集合を Tree とし、Tree 上の推移的かつ非反射的な樹状半順序関係 < を導入する。< による極大チェイン (maximal chain) を歴史 (history) と呼ぶ。Tree 上の全ての歴史の集合を $H_\mathfrak{G}$ で表し、ある時点 m に対し m を含むような歴史の集合を $H_m = \{h : m \in h\}$ として表す。m と $h \in H_m$ であるような h のペアを m/h と表す。原子式を引数として採りそれに m/h の集合を割り当てる付値 $\mathfrak{I}$ を考える。このようにした上で、分岐時間モデル $\mathfrak{M} = \langle \mathfrak{G}, \mathfrak{I} \rangle$ を定義する。通常の様相論理とほぼ同様に以下を導入する。

- $\mathfrak{M}, m/h \vDash p$ iff $m/h \in \mathfrak{I}(p)$

- $\mathfrak{M}, m/h \vDash A \wedge B$ iff $\mathfrak{M}, m/h \vDash A$ and $\mathfrak{M}, m/h \vDash B$

- $\mathfrak{M}, m/h \vDash \neg A$ iff $\mathfrak{M}, m/h \nvDash A$

- $\mathfrak{M}, m/h \vDash \Box A$ iff $\mathfrak{M}, m/h' \vDash A$ for all $h' \in H_m$

その他のオペレータは通常通り導入すればよい。次に行為者とその選択を導入しよう。行為者の集合を Agent とし[†33]、各時点 m と各行為者 α に対し H_m の交わらない部分集合からなる分割 (partition) を与える関数 Choice を定義する。$Choice_m^\alpha$ は時点 m に於ける行為者 α の選択肢を表現する。例えば上図で $Choice_{m_1}^\alpha =$

[†32] プライアーの時制論理に始まる流れをつなぐものとして [Prior 1967],[Thomason 1984],[Thomason 2001],[Belnap et al. 2003],[Horty 2001] を参照せよ。以下で与えるモデルは、ホーティによるものに、これまで論じてきた時点主義や蓋然主義などを組み込む修正を施したものである。
[†33] ゲーム理論に於いて良くそうされるように、行為者の外部の要因による分岐を「自然 (Nature)」という特殊な行為者の選択行為による分岐として把握することができる。その場合、本来の行為者のみに注目したいときには適宜 Nature を除外して考えればよい。

3.3 間接帰結主義のモデル

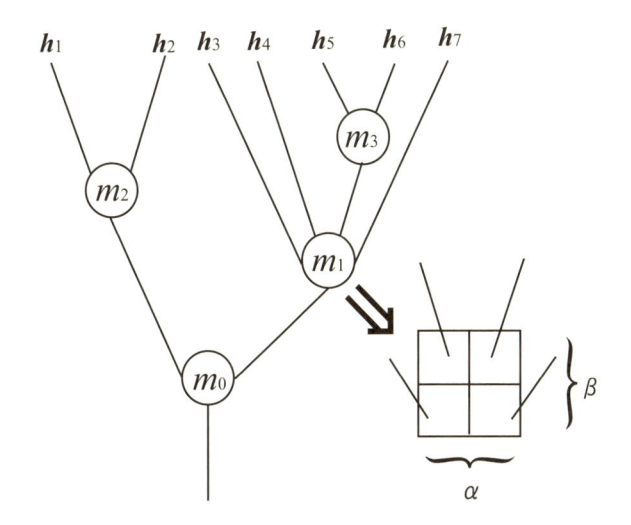

$\{\{h_3,h_4\},\{h_5,h_6,h_7\}\}$ で $Choice_{m_1}^{\beta} = \{\{h_4,h_5,h_6\},\{h_3,h_7\}\}$ である。また、$Choice_m^{\alpha}$ のうち、h を含むような分割の要素を $Choice_m^{\alpha}(h)$ とする。例えば $Choice_{m_1}^{\alpha}(h_3) = \{h_3,h_4\}$ である。更に、各時点 m と各行為者 α に $Choice_m^{\alpha}$ の要素を割り当てる全ての関数の集合 $Select_m$ を考える。$Select_m$ の要素 f について $\bigcap_{\alpha \in Agent} f(\alpha)$ は行為者全員が何らかの選択をしたときの歴史の集合を与える。まず $Choice$ の表記を拡張し、$Agent$ の部分集合 Γ に対し $Choice_m^{\Gamma} = \{\bigcap_{\alpha \in \Gamma} f(\alpha) : f \in Select_m\}$ としよう。その上で $Choice_m^{\{\alpha\}}$ と $Choice_m^{\alpha}$ を同一視することにしよう。更に $State_m^{\Gamma} = Choice_m^{Agent-\Gamma}$ としよう。$State_{m_1}^{\varnothing} = \{\{h_3\},\{h_4\},\{h_5,h_6\},\{h_7\}\}$ である。$State_m^{\Gamma}$ の要素で、$h \in H_m$ である h を要素とするものを $State_m^{\Gamma}(h)$ で表そう。例えば $State_{m_1}^{\varnothing}(h_5) = \{h_5,h_6\}$ である。

このとき、$\mathfrak{F} = \langle Tree, <, Agent, Choice \rangle$ を分岐時間行為者選択フレームと呼び、その付値 $\mathfrak{J}$ は先の分岐時間モデルのそれに加えて、行為者項（の集合）——以後ギリシャ文字で表現する——に $Agent$ の要素（の集合）を割り当てるものとしよう。このとき分岐時間行為選択モデルを $\mathfrak{M} = \langle \mathfrak{F}, \mathfrak{J} \rangle$ として定義する。更に以下のものを導入する。

- $\mathfrak{M}, m/h \vDash \alpha = \beta$ iff $\mathfrak{I}(\alpha) = \mathfrak{I}(\beta)$

- $\mathfrak{M}, m/h \vDash \Delta_\Gamma A$ iff $\mathfrak{M}, m/h' \vDash A$ for all $h' \in Choice_m^{\mathfrak{I}(\Gamma)}(h)$

Δ オペレータは、チェラスの保証オペレータ (Chellas stit operator) と呼ばれる。大まかに言えば、時点 m に於いて A が成立することを保証するような選択が行為者(の集合) Γ にあることを示す。これは行為者主体性を表現するためのものであり、例えば $\Diamond \Delta_{\{\alpha\}} A$ は単に可能性を表す $\Diamond A$ と違い、行為主体 α の能力 (ability) を表すものと解釈できる。誤解のおそれがない場合には行為者項 α について $\Delta_{\{\alpha\}} A$ を $\Delta_\alpha A$ と書くことにしよう。

更に功利主義を導入するために、各 m/h に実数値を割り当てる関数 $Value$ を導入する。$h, h' \in H_m$ について、$State_m^\varnothing(h) = State_m^\varnothing(h')$ であることを $h \simeq_m h'$ と書こう。明らかに $\simeq_m$ は H_m 上の同値関係である。$Value_m(h)$ と $Value_m(h')$ について、$h \simeq_m h'$ ならば、$Value_m(h) = Value_m(h')$ が成立するという制約を $Value$ に与え、この $Value$ を特に $Utility$ と書くことにする[†34]。更に、各時点 m と行為者の集合 Γ について H_m の各元に正の実数値を割り当てる関数 $Probability$ を定義する[†35]。但し、$Choice_m^\Gamma$ の各要素 s について $\sum_{h \in s} Probability_m^\Gamma(h) = 1$ である。$ExpUtility_m^\Gamma(h) = Probability_m^\Gamma(h) \cdot Utility_m(h)$ とし、$Choice_m^\Gamma$ の部分集合 $Optimal_m^\Gamma$ を、$Optimal_m^\Gamma = \{s : \sum_{h \in s'} ExpUtility_m^\Gamma(h) \leq \sum_{h \in s} ExpUtility_m^\Gamma(h)$ for all $s' \in Choice_m^\Gamma\}$ として定める[†36]。ここで $Choice_m^\Gamma$ の要素 s, s' について、$\sum_{h \in s'} ExpUtility_m^\Gamma(h) \leq \sum_{h \in s} ExpUtility_m^\Gamma(h)$ であることを $s' \leq_U s$ と書くことにする。即ち $\leq_U$ は $Choice_m^\Gamma$ 上の順序関係である。功利主義的分岐時間行為者選択フレーム $\mathfrak{U} = \langle Tree, <, Agent, Choice, Utility,$

[†34] これは先に触れた時点主義による要請である。ある時点から見て直近の未来が共通しているどの歴史についてもその時点から見たときには同じ厚生量を割当てることでこれを実現する。なお $Value$ に $Value_m(h) = Value_{m'}(h)$ という制約を与えれば歴史主義的な要請が満たされることになる。

[†35] 本来は $Utility$ も $Probability$ も、$h \in H_m$ ではなく $h_\simeq \in H_m/\simeq_m$ を取るものと考えられるべきである。しかし、表記が無益に複雑化するためこれを避けた。また、確率値が行為者集合に相対的に与えられていることに注意したい。これは主観的確率のモデルとしては適切であるが、客観的確率を想定する場合には、確率の値の行為者集合間及び時点間の整合性のための制約条件が幾つか必要である。しかし、以降の議論に直接は関係しないので触れないことにする。なお、行為者が自らの行為選択の客観的確率を知っていることは行為者の選択に当たっての熟慮 (deliberation) を妨げるものではない。

[†36] このように確率によって最適行動を与えることには認識的ないし情報的観点からは当然に異論があり得る [cf.Horty 2001 pp.59-60]。但し、ここでは「客観的正しさ＝理想的主体にとっての当為」の構造を明らかにしようとするのが目的だから、これで構わない。

Probability⟩ と、これまで同様の付値 $\mathfrak{J}$ により、功利主義的分岐時間行為者選択モデル $\mathfrak{M} = \langle \mathfrak{U}, \mathfrak{J} \rangle$ を定める。これに基づいて以下を導入しよう。

- $\mathfrak{M}, m/h \vDash \odot_\Gamma A$ iff $s \in Choice_m^{\mathfrak{J}(\Gamma)}$ 且つ $s \not\subseteq \{h' \in H_m : \mathfrak{M}, m/h' \vDash A\}$ なる総ての s につき、(i) $s <_U s'$、(ii) $s' \subseteq \{h' \in H_m : \mathfrak{M}, m/h' \vDash A\}$、(iii) $s' \leq_U s''$ である総ての $s'' \in Choice_m^{\mathfrak{J}(\Gamma)}$ につき $s'' \subseteq \{h' \in H_m : \mathfrak{M}, m/h' \vDash A\}$、の全条件を満たす s' がある。

- $\odot_\Gamma A \triangleq \otimes_\Gamma A$

この三つの条件による評価規則の意図について、ホーティによる議論を敷衍しておく[†37]。命題 A の成立が選択行為 s によって保証され、それを功利的に弱支配する他の総ての行為によっても保証されているとき、A は s によって「安全に保証されている」という。$\otimes_\Gamma A$ が m/h に於いて真であるのは A を保証しない m に於いて Γ に可能な総ての選択行為に対し、それらを功利的に強支配し且つ A を安全に保証する選択行為が Γ に可能な時である。

この評価規則と、先に定義した $Optimal_m^\Gamma$ の関係はどのようなものだろうか。これに関しては次のような命題が成り立つ[†38]。

- $\mathfrak{M}, m/h \vDash \otimes_\Gamma A$ iff $s \subseteq \{h' \in H_m : \mathfrak{M}, m/h' \vDash A\}$ for all $s \in Optimal_m^{\mathfrak{J}(\Gamma)}$

この義務オペレータは通常の義務論理で要請される以下のような原則を満たしている。

- $\otimes_\Gamma A \to \Diamond \Delta_\Gamma A$

- $\otimes_\Gamma (A \land B) \to \otimes_\Gamma A \land \otimes_\Gamma B$

- $\otimes_\Gamma A \land \otimes_\Gamma B \to \otimes_\Gamma (A \land B)$

このオペレータは「…が～すべきである」という行為に関する義務様相を表現しているのだが、「～であるべきである」という事態に関する義務様相はどうなるだろうか。そこで次のような別の義務オペレータを導入しよう。

[†37][Horty 2001 p.77]
[†38][Horty 2001 p.171]

- $\mathfrak{M}, m/h \models \odot A$ iff $\mathfrak{M}, m/h' \models A$ であり、$Value_m(h') \leq Value_m(h'')$ となる総ての $h'' \in H_m$ に関して $\mathfrak{M}, m/h'' \models A$ が成り立つような $h' \in H_m$ が存在しているとき。

- $\odot \Delta_\Gamma A \triangleq \circledast_\Gamma A$

これは要するに最善の歴史が選択されるための必要条件が満たされるべきである、という主張である。即ち、$Best_m = \{h \in H_m : Value_m(h') \leq Value_m(h) \text{ for all } h' \in H_m\}$ とするならば、

- $\mathfrak{M}, m/h \models \circledast_\Gamma A$ iff $\mathfrak{M}, m/h' \models \Delta_\Gamma A$ for all $h' \in Best_m$

が成立する。このオペレータに関しても同様に次の原則が満たされる。

- $\circledast_\Gamma A \to \Diamond \Delta_\Gamma A$

- $\circledast_\Gamma (A \land B) \to \circledast_\Gamma A \land \circledast_\Gamma B$

- $\circledast_\Gamma A \land \circledast_\Gamma B \to \circledast_\Gamma (A \land B)$

このどちらのオペレータも「当為は可能を含意する」の原則を満たしていることに注意しよう。⊛の定義からして明らかだが、これはもともと行為ではなく事態に焦点を合わせて構成されたオペレータである。その事態のところに、行為と事態を変換する Δ オペレータ文を代入することで行為に関する当為を導いたのである。つまり、"α ought to see to it that Q." を "It ought to be the case that α sees to it Q." として分析したものが⊛オペレータである。注意しておくべきは $\Gamma = Agent$ である場合であろう。この時、$s \in Optimal_m^\Gamma$ に対して $h \in s$ ならば任意の $h' \in H_m$ に対し $Utility_m(h') \leq Utility_m(h)$ が成立し、$Best_m = \bigcup_{s \in Optimal_m^\Gamma} s$ ゆえ、$\otimes_\Gamma A \leftrightarrow \circledast_\Gamma A$ が成立する。これらを踏まえて、⊗と⊛を両方とも導入する必要があるのか、が次の問題である。

3.3.2.7 事態当為と行為当為

行為と事態を何らかの形で接続することで事態当為 (ought-to-be) を通じて行為当為 (ought-to-do) の解明を与えよう、とする試みはこれまでに幾つか為され

てきた。これは一見すると適切な方向性の分析であるように思われる。しかし、すぐに目につく幾つかの問題があるのも確かである。例えば、「ギーチの問題」と呼ばれる次のような例を考えてみよう[†39]。

> フレッドがジンジャーと踊るべきであるとする。それゆえ「フレッドがジンジャーと踊る」という事態が成立するべきである。「フレッドがジンジャーと踊る」という事態と「ジンジャーがフレッドと踊る」という事態は等価である。それゆえ「ジンジャーがフレッドと踊る」という事態が成立すべきである。それゆえジンジャーはフレッドと踊るべきである。

これは明らかにやや不吉な状況である。フレッドにジンジャーと踊るべき義務や理由があったとして、それがなぜジンジャーがフレッドと踊るべき義務や理由を提供することになってしまうのか。だとすれば、この事例に於ける推論のどこに問題があったのだろうか。ギーチの診断によれば、それは「～すべき」と「～であるべき」を繋いだ最初と最後の二つのステップにあるのだ。だとすれば、我々は「～すべき」を「～であるべき」を通じて分析することをあきらめなければならない。こうした挑発に従って、行為と事態には深い裂け目があるのだ、という主張にコミットする論者も決して少なくない。例えば、かつてカスタニェダ (Castañeda) は明らかにこのような動機から義務論理の探求に於いて命題ベースのアプローチを捨てて行為ベースのアプローチに移行しようとした[†40]。或いは、帰結主義に対して好意的でない論者の多くもこのような形での二元論的見解に与することが多いのである。だが、我々はカスタニェダのアプローチが残念ながらそれほど成功を収めなかったことを知っているし、そもそも我々は帰結主義に好意的なのである。

それゆえ、行為と事態の関係性の解明を通じて義務観念にアプローチしようというのが我々の採るべき基本的な態度であろう。そこで再びギーチの問題に目を向けるならば、もちろん、解決策の一つは帰結主義そのものにあるように思われる。帰結主義は事態を評価するテーゼである。そして事態そのものには個体性や行為者性はまったく存在しない。それゆえ、事態が当為の根拠であるならば（事態それ自体には個体性や行為者性がないので）、当為がギーチの問題のような形

[†39] この事例はギーチ自身のものではなくより適切に再構成されたものである。[Horty 2001 pp.50-51]
[†40] たとえば [Castañeda 1975] を見よ。

で生じるのは当たり前なのである。当為にはフレッドやジンジャー自身という個体性に固有の根拠などないのだから。だが、これは論点先取であるかも知れない。もちろん、その二つの間に裂け目がある、という主張も決して論証されてはいないのだが、我々は帰結主義が（特に理想的主体の）「〜すべき」についてのある程度説得的な説明を与えることで、適切な規範理論である資格を備えている、と論じようとしているのだから、帰結主義の適切性を前提にした開き直りは困難を伴うことを認めざるを得ない。例えば我々には「当為は可能を含意する」といった、義務に関する古典的な定式に一切注意を払わないことはできないだろう。事態が〜でありうるからといって、我々がその事態を引き起こせるものではない以上（天候の事例を思い返してみるべきである）、やはり「帰結主義だから」といって済ませるわけにはいかない。それゆえ、帰結主義がある程度整備された行為の理論を備えていることが必要になるのである。

　これまでに何度か触れてきたように、我々はその手段として行為の「取計い・保証理論 (*stit* theory)」を用いることができるだろう。先のギーチの問題にこれを適用してみればその効用は明らかである。「フレッドがジンジャーと踊る」という行為を「フレッドは『フレッドがジンジャーと踊る』という事態の成立を保証する」と変換してみればよい。この文はフレッドとジンジャーを入れ替えると等価な文ではなくなってしまう。それゆえ、事態の等価性のところこそが問題だったのだ、と処理することができるように思われる。そして、この発想に基づいて構成されたのが前節の義務オペレータ㊦だった[41]。しかし、このオペレータの特質は、最善の行為パタンを指定して全員にその実現を命じる UC にとても良く似たものである。というのも、ある最善の歴史に到るために必要な条件を各人が満たすようにこのオペレータは要求するからである。$㊦_\Gamma A$ が成立したとしよう。それゆえ $\Delta_\Gamma A$ が成立する。仮に、$\Delta_\Gamma A$ の必要条件として $\Delta_\alpha A'$ があるとしよう。即ち、$\Box(\Delta_\Gamma A \to \Delta_\alpha A')$ が成立したとしよう。すると、当然に $㊦_\alpha A'$ が成立することになる。問題は、このようにして派生した Γ の各メンバーに対する義務を誰か一人でも充足し損ねると、最適な歴史が到達される可能性は彼方へと飛び去ってしま

---

[41] ホーティはこの方向性でのアプローチをマイノング・チザム分析 (Meinong/Chisolm analysis) と呼んでいる。なおホーティがこのアプローチを退ける論拠それ自体 [Horty 2001 p.53-58] は必ずしも説得的なものではないように思われる。集合当為と個人当為については [ibid. 122-141] を、現実主義／可能主義については [ibid. 160-164] を見よ。

うところにある。つまり、全メンバーが派生する義務に従うことが最適な歴史が到達されるための前提なのである。確かに我々は理想的主体に於ける義務の分析をしているので、これはそれほど障碍にはならないかも知れない。しかし、他者が必ずしも理想的主体でない状態で理想的主体がどう振る舞うか、という分析をこのような形で排除することが望ましいとは思われない[†42]。しかも、根本的な問題は、我々の理想的主体が事実的情報と合理性に於いて完璧であるとしても、功利主義的に振る舞うことに対する動機付けを持っているとは想定されない点にある。理想的主体に於ける義務を解明する、という目下の問題設定においても、全員の義務遵守が前提にされた義務の分析は正当化されはしない。これに対して、$\otimes_\Gamma A$ と $\Box(\Delta_\Gamma A \to \Delta_a A')$ から $\otimes_a A'$ を導くことはできず、他者が理想的主体であるかどうか、他者が義務を果たす動機付けを有しているか、に関する恣意的仮定を必要としない。つまり、集団に対する義務と個人に対する義務の関係性がこの二つの間では違い、それはここでもまた可能主義と現実主義の対立なのである。集団で全員が協力したときに達成できる事態の含む厚生から個別の行為者の義務を引き出すことはできない、というこれまでの教訓を思い出すべきである。我々は既に現実主義に軍配を上げたのだったが、ここでもまたこれらの二つの義務オペレータのうち、$\otimes$ こそが適切なものだと考えるのである。そうしてみると、事態当為と行為当為を繋ぐための分析は、事態から直接に行為についての当為を引き出すようなアプローチによっては困難である、という結論が導かれることになるだろう。現実主義を採る以上は、行為当為の適切な分析は $\otimes$ によるものでなければならない。可能主義的オペレータ ⊛ が事態当為を基礎にしたものであることを考えると、事実主義と蓋然主義を検討するさいにも問題となった、集合的当為と個人的当為の間の乖離の問題の所在が明らかになっただろう。可能主義的な事態当為のもとでは集合的当為と個人的当為の乖離は（不適切にも）生じない。従って、その乖離はまさに、事態当為と行為当為の間の乖離に由来していたのであり、しかもこの乖離は解消不能なものなのである[†43]。

[†42] $Nature \in \Gamma$ である場合を考えればなおさらである。
[†43] しかし、この乖離こそが帰結主義についての重要な事実である。というのも、事態当為は行為者性を欠いた当為であり、それだけでは我々に行為理由を与えないから、帰結主義に於いて事態当為を基礎付けている価値が、我々に行為理由を与える性質に尽きない、ということを意味するからである。これは、義務的なもの (the deontic) に対する価値論的なもの (the axiological) の先行性を示すものである。オディーが指摘するとおり帰結主義の根本的なドク

本節では IU が一貫したテーゼであるための諸条件について検討した。意思決定方式の問題を切り離すことで帰結主義の問題を克服しようとするとしても、IU は事実的情報と合理性に於いて完全な理想的主体に於いてはなお意思決定方式としての一貫性を持たねばならない。こうして蓋然主義・現実主義を満たす帰結主義が採用され、そのためには間接帰結主義といえども事態と行為を結びつける理論を内在的に有していなければならないことが確認された。

トリンは「義務的なものは価値論的なものに随伴する (supervene)」であるといえよう [Oddie 1996 p.288]。これに関連して、価値論的なものに対する義務的なものの先行性、及び、前者に対する、ともすると消去主義的 (eliminativistic) な態度を示すものとしてトマス・スキャンロン (Thomas Scanlon) のバック・パッシング論法 (buck-passing augument 以下 BPA) を見よ [Scanlon 1998 pp.95-100]。後にも触れるが、功利主義の特徴的価値論である快楽説・欲求充足説は、どちらも自らを価値であるとしつつ、行為者の目的とされる必要はないとするので (e.g. 快楽主義者のパラドクス)、価値を持つということを「価値を持つ対象について肯定的態度を取る理由を提供する（価値以外の）他の性質」を有することと同視する BPA と正面から衝突することになる。ラビノヴィチ (Wlodek Rabinowicz) らが指摘しているように、もちろん快楽説や欲求充足説を概念レベルで価値論から排除できるなどということは価値概念の説明としては論外であるから、BPA は疑わしい [Rabinowicz and Rønnow-Rusmussen 2004 p.403]。また、快楽説をとるならば、これは価値の自然主義的な一元論的還元主義である。とすると、随伴の基底である (subvenient) 自然性質こそが理由賦与的 (reason-giving) なのであって、随伴性質である価値が理由賦与的なのではない、という BPA はまったく無意義である（というのも還元主義の下でこの双方は同一性質であるから）。更に根本的な問題として、デイヴィド・ロス (David Ross) やジョナサン・ダンシー (Jonathan Dancy) が指摘するように、そもそも理由を含む義務的諸観念は行為者相関的であったり他の可能な事態に相関的であったりする関係 (relation) であって、こうした関係でない性質（か或いは少なくともより項数の低い関係）である善をこれに還元することができるなどとは考えがたい [Ross 1939 p.52],[Dancy 2000 pp.156-173]。但し、「正しさ (rightness)」からの BPA を支持するダンシーの立場自体はそれなりに説得的であるかもしれない。本書の帰結主義も客観的な「正しさ」を理想的主体の当為と接続することで正が義務的なもの (the deontic) であることを認めるし、それと区別されるような独立の価値的地位を正に認めるものではない。一部の極端な間接帰結主義のようにこうした接続を全く欠いてしまうならば、正が義務性 (deonticness) を持つことの説明が甚だしく困難になるだろう。

第4章　厚生と内在的価値

　次に検討するのは、功利主義の核心的価値である厚生が如何なる価値であるのかを巡って対立する功利主義の類型である。なぜ厚生が重要だと考えるかによって功利主義の理論的性格づけがここでくっきりと分岐する。それは功利主義が善の理論であるのか、正義の理論であるのか、という対立とも密接に関わってくるのである。まず大きく次のように2つの類型に功利主義の価値論を分けることにしよう。

- 善の功利説（価値の厚生主義）

- 功利の指標説（指標の厚生主義）

前者は、厚生こそが善である、と主張する。総ての価値（徳・正義・自由……）の望ましさは本来的にその功利性に由来し、それゆえにこそ価値あるものとされる、と考える功利主義はこちらに分類される。つまり、本来的に望ましい価値とは厚生に尽きる、という立場である。これに対して、後者は厚生以外の諸価値がその功利性に還元されるという強い主張をしない。ただ、それらの対立や競合を調整する際に最もよく機能する基準として功利性が唯一存在する、という立場である。これは大まかに言えば、厚生（のみ）が内在的価値（intrinsic value）かどうか、という論点を巡る問題である。この双方が排他的なものではないことに注意すべきであろう。前者は後者を含意する。もし総ての価値が究極的には厚生に由来するならば、価値の衝突は厚生を基準にすることよって解決されうるだろうから。しかし、厚生が総ての価値の衝突を解決する基準であることは厚生が内在的価値であることを帰結しないので、両者は一致しない。それゆえ、善の功利説はより野心的な理論である、といってよい。

　私自身は善の功利説を魅力あるものと考えているが、統治功利主義の擁護のためには功利の指標説が正当化できれば充分である。善の功利説は、統治理論より

は個人道徳理論、正義の理論よりは善の理論、としての功利主義と親和的な教説である。功利の指標説は、厚生ではない内在的価値が存在しうることを認めた上で、しかし対立する諸価値の調整のために唯一可能な基準として自らを提示するから、リベラリズム或いは正義の理論としての功利主義と親和的であろう。そこで、以下では主として善の功利説を検討しつつも、指標的功利説を統治功利主義の後退戦線 (fall-back) として論じたい。

4.1　善の功利説

　善の功利説は、内在的価値たる善は厚生に尽きる、と主張する。だが、この時の「善」にも幾つかの解釈があり得るところである。まず、およそそれ自体で望ましいものは厚生に尽きるという絶対的な善の功利説と、個人にとってそれ自体で望ましいものは厚生に尽きるという個人的な善の功利説に分けることができる。絶対的善の功利説からは殆ど直ちに功利主義が導出されることになる。厚生が誰に帰属しているかを問う余地なく、およそ厚生そのものに価値がある以上、厚生の増大こそが望ましいことになるからである。そこでは、ある個人にとっての厚生の増大が別の個人の厚生の減少をともなう、といった諸個人間の衝突それ自体にはなんら関心が払われることはない。それらは厚生それ自体の増大を妨げる限りに於いて問題にされるのである。個人的善の功利説はやや違う問いを相手にする。それは個人に於ける道具的合理性の追求の対象となる実践的価値とは何か、即ち個人にとって福利・厚生とは何か、という問いに対する答えとして提示されているのである。従って、道徳理論が福利・厚生をどのように位置づけるかにこのタイプの善の功利説は立ち入らない[†1]。ここから功利主義へと辿り着くためには厚生のみが唯一道徳理論に於いて利いてくる価値である、という厚生主義 (welfarism) と、それを踏まえてどういう様態でそれらが利いてくるのかに関して集計主義 (aggregationism) という別立てで論証さるべき補助的前提を補う必要

[†1] 用語上の問題について。本書では個人の賢慮 (prudence) の対象となる非道徳的な個人的価値の概念について福利 (well-being) という語を用いる。特に福利を構成する要素のうちで主観的な心的状態にかかわるものを厚生 (welfare) と呼ぶのが通常である。功利主義は福利は厚生に尽きると考えるので、この区別の実益は功利主義にとってはあまりないのだが、区別自体は可能である。但し、本書では (扱う内容が最初から最後まで功利主義論なので) この区別がかなりルースになることがあるので注意されたい。

がある。いうまでもなく、絶対的な善の功利説はこの上なく野心的なものであり、その正当化は望みがたいように思われる。それゆえ、我々は個人にとっての内在的価値は厚生に尽きる、という立場を擁護することになるだろう。

4.1.1 内在的価値の条件

4.1.1.1 内在的価値の存在

内在的価値 (intrinsic value) とはそもそも何か、ということが既に大問題となることはよく知られている。それ自体で望ましいもの、という標準的な理解に従って、それらを簡単に検討することにしよう。それ自体で望ましいのではなく、他の価値を実現する手段として望ましい価値を道具的価値 (instrumental value) と呼ぶ[†2]。ハイドンの絃楽四重奏を聴くことはそれ自体で望ましいわけではなく、それが私に何らかの厚生をもたらすからこそ私にとって望ましいものである（としておく）。それゆえ、ハイドンの絃楽四重奏を聴くことは内在的価値ではなく、あくまで道具的価値である。或いは、内在的価値ではないが道具的価値でもない価値を考えることもできる。不協和音の価値は――少なくとも古典的な感覚の持ち主にとっては――全体の和声の移ろいの中で初めて価値を持つのであって、単独で美的価値をもたらすものではないから、美的価値を実現する手段として完結したものではない。こういった価値は寄与的価値 (contributory value) と呼ばれる。しかし、内在的価値以外の価値がその価値を何らかの他の価値に依存しているの

[†2] これらの用語法は伝統的なものだが、あまり良いものではないかも知れない。例えば intrinsic value は extrinsic value と対になるべきものであり、final value が instrumental value と対になるべきものである、とクリスティン・コースガード (Christine Korsgaard) は主張する [Korsgaard 1983]（この区別を擁護するものとして他に [Rabinowicz and Rønnow-Rusmussen 1999]）。価値がその価値の担い手 (bearer) の内在的性質かどうかと、何かがそれ自体として非派生的に望ましいかとは区別できる。しかし、マイケル・ツィンマーマン (Michael Zimmerman) が指摘するように、内在的価値の担い手を個々の具体的個物ではなく、抽象的実体としての事態 (state of affairs) ないし成立した (obtaining) 事態である「事実 (fact)」と見る立場からはコースガードのこの区別は崩壊することになる [Zimmerman 2001 pp.33-46]（更に抽象的個物であるトロープに内在的価値を認める可能性を指摘するものとして [cf. Rabinowicz and Rønnow-Rusmussen 2003]）。ここでは事態を担い手と見ておくことにしよう。更に、我々は時点主義を採用し価値の担い手が現在の世界の事態であると主張する。これは時点間でムーア的な有機的統一 (organic unities) をなす内在的価値の存在を否定するものである。これによって、例えば過去の悪業とそれに対する現在の応報の組み合わせが有機的に内在的価値を形成する、といった立場が否定されることになる。

だとすれば、話は至極単純であるかにも思われる。如何なる価値についても、なぜそれに価値があるのかと問い、それがもたらす価値についてもさらに同じ問いを問うならば、最終的にそれ以上遡行できない価値に到達し、それこそが内在的価値である、というそれだけの話ではないのか。
　すぐに気がつくだろうが、これはうまくいかない。アリストテレス的な「不動の動者」による神の存在証明とこの議論は同型の議論である。価値の依存関係が階層的になっているという保証はどこにもないし、最終的にそれ以上遡行できないような価値がある、という想定そのものが単なる論点先取なのである。価値の連関は単に無限の連鎖を成すだけかもしれないし、価値 a が価値 b に依存し、b が c に依存し、という関係の連関がもしかしたらどこかで a に回帰してくる循環構造をしているだけかも知れない。しかし、価値の（循環的でない）無限遡行は説得的でないように思われる。そして、もし循環構造を受け入れるならば事態は次のようになるだろう。a が b をもたらすがゆえに望ましく b が c をもたらすがゆえに望ましいとすれば a は c をもたらすがゆえに望ましい、という推移律が価値の連関に対して成り立つならば、循環構造のもとで a は a をもたらすがゆえに望ましい、ということができる。これは内在的価値の定義を満たしているから、この循環構造に含まれる総ての価値は内在的価値であると同時に道具的価値であることになる。とすれば、事態は功利主義にとってやや有利である。そこでは厚生のみが唯一の内在的価値であるという重い主張を善の功利説が採る必然性がなくなり、一群の内在的価値のセットに厚生が含まれている、とさえ主張できればよいのである（内在的価値のセットそれ自体は単一的でなければならないが）。他のどの内在的価値を取ってもそれが道具的にもたらす厚生にその価値を還元することができるから、功利主義は内在的価値の多様性と両立できることになるだろう。更に、諸個人が異なった内在的価値のセットを持っていてもそのセットに必ず厚生が含まれていることさえ言えれば、構わないのである。我々はどの個人も同一の内在的価値のセットを持っていると主張する必要がなく、善の功利説はその多様性を許容することができる。我々は諸個人で相異する内在的価値セット間の衝突が諸個人がセット内に共通に持つ厚生を基準にすることによってのみ解決できる、と主張することになるだろう。いずれにせよ、価値が階層構造をなす可能性や、しかもその場合に互いに還元不可能な複数の内在的価値があるといった可能

性をここで排除するものではないし、内在的価値という観念そのものが全く非説得的だというわけではないことが確認されればここでは充分である[†3]。

4.1.1.2 内在的価値は個人的か

個人的善の厚生説が個人にとっての内在的価値を厚生に同定するとしても、非個人的な (impersonal) 内在的価値が存在するかしないかが大きな違いをもたらすことになるだろう。もしそのようなものがなければ、個人的な内在的価値に何らかの形で接続されないものは価値たり得ないことになる。これは直観に反している、という批判が直ちにあるだろう。というのも、例えば人々の福利 (well-being) が如何に分配されているかという分配的正義の問題に関心を寄せる論者は分配の様態に関する何らかの価値（例えば平等）の実現が必然的に人々の福利の増大に資するとは通常考えていないからである。従って、分配の様態それ自体が何らかの内在的価値を有すると主張する平等論者は非個人的な内在的価値の存在にコミットするのが普通であろう。

善の功利説に与する功利主義はこのような非個人的な内在的価値の存在を認めないことが多い。この種の功利主義において厚生主義は非個人的な内在的価値の不存在にコミットすることに等しい。分配の要請を、人々がそれに動機づけられることが全体厚生を増すという理由によって承認するが、それ自体を内在的価値とは見なさないのが普通の功利主義者の立場であろう。厚生の定義如何だが、他者が一定の分配を受けていることを自分の厚生の一部と見なし、分配の様態を内在的価値を持つものとする論者もいるが[†4]、これは説得性を欠くように思われる。個人的な内在的価値のポイントは、それが内在主義的な力を個人に対して持つ、というところにある。個人的な内在的価値は道具的合理性の対象であるなり、その実現へ個人を動機づける力との必然的繋がりを持っているなりでなければならず、快楽説や欲求充足説は自らがこの要請を最もよく反映したものであると考える。他者が一定の分配を受けていることそれ自体を私自身の内在的価値と見なし、そ

[†3] 内在的価値という概念そのものの当否についてそれを擁護するものとして例えば [Zimmerman 2001 pp.15-32] を参照せよ。価値概念それ自体の有用性に疑問を投げかけるものとしての BPA については既に前節で触れたとおりである。

[†4] 例えばブリンクの「客観的功利主義 (objective utilitarianism)」を挙げることができる。これについては **5.1.1.4** を見よ。

れが私を動機づける力を持っている、と論じるのは容易いことではないだろう。

完全に非個人的な内在的価値の存在は説得的でない。シジウィックが主張するように、感性的存在が消滅した宇宙に於いて何らかの価値が存在すると主張することは無意味であろう。それゆえ、感性的存在が価値の必要条件であろう。であるとすれば、何らかの感性的存在の感性に依存しない価値などというものは存在し得ないだろう[†5]。それゆえ、もし内在的価値なるものが存在するとすれば、それは感性と強い結びつきを有しているに違いない。個体から分離された感性など存在しないから、そのような価値は内在的価値として個体に帰属させられるほかなく、その価値は個人的な内在的価値であるだろう。主観的な厚生概念を採用する功利主義者にとって、厚生こそがまさしくそのような内在的価値なのである[†6]。

分配の様態それ自体に非個人的な内在的価値があるとは認めない功利主義が個人的な内在的価値の総計の最大化を主張するとき、その最大化は非個人的なものであり、最大化への要求自体が内在的価値に由来するとは言えないことになる、という反論があり得る。個人的な内在的価値があるとして、それが価値ゆえに自らの増大を主張するとしても、それは社会の諸個人の内在的価値の総体の増大を要請しているのではないからである。貴方の個人的な内在的価値が私に何らかの規範的な力をそもそも持つのだろうか。もし持つとすれば、それは個人的な内在的な価値ではなく、非個人的な内在的価値であるほかないだろう。それゆえ、功利主義はそのような内在的価値の存在にコミットしており、多くの分配的正義論者がコミットする非個人的な内在的価値の存在自体を否定し得ないはずであろう。だが、これは確かに微妙な論点ではあるが正しくない。功利主義に於ける個人的価値の総計の最大化は確かに不偏的なものである。しかし、個人的価値の総計それ自体

[†5][cf. Sidgwick 1907 p.113,113n.2] 但し、強力な例外として直ちにムーアを挙げることができるのだが。

[†6]シジウィックが指摘するような個人と価値のこの結びつきは行為者相対性として理解される必要はない。たとえば、ギルバート・ハーマン (Gilbert Harman) による以下の指摘 [Harman 2000 p.145-146] をそうした結びつきとして考えることも不可能ではないだろう。ハーマンによると、個人が存在することそれ自体に価値を認めないものの、厚生が既に存在する感性主体を所与として、それに対して貢献的価値 (contributory value) となるのだと考えることができる。世界に既に存在する個人についてその個人がより幸福であることは世界の事態として内在的により善い、という立場は、幸福な人を増し加えることが、世界の事態としてより善いとはいえない、という立場と両立する。つまり、厚生の集計に総和主義を採ったときの「人口をもっと増やせ」という含意も、平均主義を採ったときの「平均を下回る不幸な人間を殺せ」という含意も避け、いわゆる先行存在説を採ることが説明できるかもしれない。

が何らかの個人を動機づける力を持っていると考える必要はない。我々は道徳の動機づけに関する外在主義を採用することができ、道徳的価値を諸個人の内在的価値の不偏的集計として同定することができる。不偏性それ自体は、道徳的視点 (moral point of view) による形式的制約である。何らかのレベルで不偏的でない道徳というものはそもそも成り立ち得ないのであって、不偏性それ自体は道徳的価値ではない。更に、その不偏性 (impartiality) を非個人性 (impersonality) と同一視する理由もない。不偏性それ自体は個人が仁愛 (benevolence) によってその視点を拡大したときに獲得されるものであり、究極的には個人の視点に基づくものでありうる。しばしば批判される帰結主義の表象である不偏的観察者 (impartial spectator) もなお、ある理想化された個人的視点の一つにほかならず、我々は如何なる個人的視点とも関係がないような価値評価を功利主義の前提とする必要はない（もちろんしてもよいのだが）。それゆえ、現に存在しない対象に対する仁愛が無意味なものであるとすれば——もちろんこれはかなり強い主張であるが——我々は現に存在する感性的存在の個体的な内在的価値についてのみ考慮を払えばよい。仁愛による視点の拡大として功利主義にアプローチするならば、未だ存在せぬ感性的存在の厚生について仁愛の対象である現時点で存在する感性的存在の厚生と同等にそれらを扱う必然性は否定されることになる。

　また、仁愛それ自体は功利主義によっては論証されない。シジウィックやヘアといった、この問題を真剣に考慮した論者は功利主義の論証に於いてエゴイズムを排除することができないことを率直に認めている。理論的レベルでは、仁愛の採用は一種の決断である。もちろん、統治の場面で統治者がエゴイズムを採用することを推奨すればろくなことにならないのは明らかなので、統治理論を求める立場からは実践的にはエゴイズムが排除できるかも知れないが、それは功利主義の外部にある問題であるというしかない[7]。いずれにせよ、ここで重要なことは功利主義が、非個人的な内在的価値を認めずとも、個人的な内在的価値のみを認めれば足るという点である。道徳判断について動機づけに関する外在主義を採る以上、個人が功利主義の実践に動機づけられる必然性を我々は放棄する。しかし、これ

---

[7] もちろん、たとえばエゴイストはアナーキズムを主張し統治それ自体の必要性を否定することによって自らの統治理論上の不適格性に対する批判をかわすことができる。それが一定の魅力ある立場であることを我々は認めざるを得ないだろう。

は IU にとっては別段の負担ではないし、何らかの制度的条件の下で統治者が功利主義を採用する動機を外的に与えることができれば統治者に於ける DU にとってもさしたる問題ではない。

4.1.2 内在的価値の同定

4.1.2.1 2 階の欲求と内在的価値

　内在的価値がそもそも存在しうるかどうかについての争いをひとまず置くとして、内在的価値をどのように同定するかが次の問題になる。我々はここで個人にとっての内在的価値をその個人の内在的欲求によって説明しようとする価値の傾向説 (dispositional theory of value) を検討することにしよう。これは、望ましさ (desirability) についての事実は欲求 (desire) についての事実と同定できる（価値 (value) についての事実は我々の価値評価 (valuing) についての事実と同定できる）、という主張であり、多くの場合「ある個人が何かを内在的に価値あるものと評価することはその個人がそれに対する欲求に対する 2 階の欲求を有することである」といった議論をともなう (desired-desire theory)。もちろん、このままの形ではこれはあまり説得力のない議論であろう。例えばハーマンによる次のような例を考えてみよう[8]。

> ある人が人生の内でゆかざるを得ないモーツァルトの演奏会の数のことを考えてモーツァルトを聴きたいという欲求を身につけた方がそうでないよりも良いだろうと思いモーツァルトを聴きたいという欲求を欲求する。

この人がモーツァルトの音楽を聴くことに内在的価値をこの時点で何ら認めてはいないことは明らかであろう。では実際にモーツァルトを聴きたいという欲求を現時点で有していることを要求すれば説得的になるだろうか。恐らくそうはならない。次の例を考えてみればよい。

---

[8][Harman 2000 p.131]

> 麻薬を止めたいと思っている麻薬中毒患者が禁断症状によって麻薬を摂取したいと思う。彼は摂取したくないという欲求を抱いてはいないが、摂取したくないという欲求を抱きたいという2階の欲求を抱いている。

こうすると彼は麻薬を摂取しないことに内在的価値を認めているようにも思われるが、摂取しないという1階の欲求は持っていないので、上のような修正を施してしまうとこれは内在的価値を認めているとは見なされ得ないことになる。ではモーツァルトを聴きたいという欲求を持っていないとしても、それを持ちたいという2階の欲求それ自体が内在的欲求であることを要求すればどうだろうか。もとの設例ではどうせ演奏会に行って時間を取られるのならばモーツァルトを聴くことに欲求充足を見いだせるようになった方が時間の使い方としてマシである、という判断がなされており、2階の欲求があくまで道具的欲求であったところに問題があるのだ、と考えるのである。

　この修正はある程度上手くいくように思われる。しかし、問題はこれが「〜を内在的に価値あるものと考える」ことの説明ではあっても、内在的価値それ自体の説明にはなっていないところにある。仮にモーツァルトを聴く欲求に対する内在的な2階の欲求を持って、しかもモーツァルトを聴く欲求を身につけたとしよう。しかし、演奏会に行ってモーツァルトのオペラを実際に聴いてみたら——例えばハイドンの室内楽に比較してそれがあまりにも凡庸なので——落胆を覚えるとしよう。2階の欲求それ自体は内在的だとして、1階レベルでの欲求の充足であるモーツァルトを聴くことはこの人にとって本当に内在的価値を有しているのだろうか。問題の所在は、我々の欲求が容易に我々を裏切るところにある。

　この問題に対処して採りうる直截的な方策はおよそ次のようなものであろう。まず、我々が事後的に事前の欲求の実現を魅力のないものと見なす、という事態が生じないようにすればよい。つまり、我々が自分のことを良く知らないからこそ、そのような欲求を抱くのであり、もし事前に事実について完全な情報を有していれば事後にがっかりするような欲求を我々は欲求はしないであろう。そこで、理想的主体が理想的主体でない我々に欲求させたいと欲求するであろうような欲求の充足を内在的価値と同定すればよい。

事実的情報と合理性に於いて理想化された主体が現実の我々に持たせたいと思うだろう欲求の充足と内在的価値を同定する、というヴァージョンの傾向説を採る論者はメタ倫理学分野では少なくない。以下では、マイケル・スミス (Michael Smith) とレイルトンをその実例として取り扱おう。まず、先の定義の「ある個人」を「我々」で置き換えるとどうなるだろうか。運良く理想的主体が我々に持たせようと欲求する欲求が諸個人の間で同一のものに収束するならば、我々は個人的な内在的価値だけでなく、個人相対的でない内在的価値をも一挙に手にすることができる。その場合、道徳の動機づけに関する内在主義を保持することができるかも知れない。スミスはこのような収束が存在することを前提に価値の傾向説を採用する。スミスは価値の傾向説を道徳的価値の説明として提示しているのである。それゆえ、スミスの考える事実的情報と合理性に於いて完璧な理想的主体に於ける「合理性」は道具的合理性に尽きない実践理性の問題として構想される。動機づけに関する内在主義と道具的合理性が定言的理由として考えられた道徳性に於いて一般に齟齬を来すことは明らかなので、道具的理性の対象それ自体にここでの「合理性」が何らかの形で関わっていなくてはならない[†9]。

[†9] スミスが採る価値の傾向説については [Smith 1989] を見よ。現実の私の 1 階の欲求を所与とせず欲求全体の整合性を担保するものとして合理性が要請されることになる。理想化された人々の欲求が収束しないと（そして実際のところどんなにうまくいっても文脈を共有する共同体内くらいでしか収束しそうにないので）、よくても相対主義に陥るのではないかという批判に対するスミスの応答として [Smith 2002] を見よ。実のところ、もし他者の欲求を理想的な「私」が配慮するならば、収束の可能性がありうる。人々の間での欲求の収束それ自体は実はそれほど強い条件ではないかもしれない。オディーは次のような極めて興味深い指摘を行っている [Oddie 2005 pp.87-102]。自他の 1 階の欲求充足を 2 階の欲求レベルで配慮するとすると、他者の欲求充足に私の他者に対する配慮を掛け合わせたものが私の欲求充足の一部になる、という形で 1 階の欲求を 2 階の欲求に照らして改訂できる。この改訂を繰り返して 1 階の欲求が変化しない不動点に到達したとき、1 階の欲求と 2 階の欲求は完全に調和が取れて整合的であることになる。さて、α が自分やある他者 β の 1 階の欲求充足を配慮する 2 階の欲求を持っており、β が自分と γ の 1 階の欲求充足を配慮する 2 階の欲求を持っており、更に γ が自分と α の下階の欲求を配慮する高階の欲求を持っているといったような状況では、配慮の連鎖とフィードバックによって、諸個人の改訂の不動点が個人間で収束することが多い（この事態をマルコフ連鎖モデルとして分析することができる）。実は、諸個人の集団の任意の 2 者間に（α から γ に対してのように他者を介して間接的にでも）高階の欲求としての配慮が双方向に成立しているならば 1 階の欲求の収束が起こり、ある任意の事態の成立に対しての完全に改訂されて整合的な欲求が個人間で行為者中立的に共有されることになる [ibid. pp.100-102]。従って、スミスの要求するような収束が同様にして生ずるとしても、さほど不思議ではないかもしれない。ただし、配慮の諸個人の集団の中に完全なエゴイストが一人いるだけで、エゴイストは他の主体からの配慮を吸い込むが吐き出さない「ブラックホール」となり、全員がこのエゴイストの欲求充足のみを配慮するという仕儀になりかねない。これを避けたいならば、エゴイズムが（また同様の議論によって自己を一切顧みないような絶対的利他主義が）「合理性」に

これに対してレイルトンは価値の傾向説を非道徳的な個人的価値の説明として提示する。道徳的価値は、「道徳的視点」の制約によって社会的観点から見た合理性の対象として、何らかの形での社会的な利益に同定される[†10]。そこでは、我々個人の動機付けをそれが与えることは保証されておらず、道徳的価値に関する外在主義が採られる。価値の傾向説は価値が我々に対して（潜在的ではあるにせよ）動機づける力を持つことを説明するためのものだから、傾向説論者はこれを適用する価値の領域に関して内在主義にコミットすることになる。レイルトンの場合、傾向説で説明されるのはあくまで非道徳的な内在的価値なので、理想的主体が有しているべき「合理性」はあくまで道具的合理性で構わないのである。また、スミスのように理想的主体が現実の我々に抱かせたいと思う欲求に一致が見られる、という重い（というよりは恣意的な）想定を受け入れたくなければ、我々はレイルトンのように、個人の福利 (well-being) に関する傾向説を受け入れておけば充分であろう。しかしどちらにせよ、このタイプの傾向説の問題は理想的自己が現実の自己に如何なる様態で関わってくるのかにある。

4.1.2.2 理想的自己とは誰のことか

傾向説に於いて、現実の我々に欲求を持たせたいと欲求する「事実的情報と合理性に於いて完全な理想的自己」とはどのようなものなのだろうか。もちろん、我々はそのような理想的自己が現実に存在しうる、と考える必要はないだろう。理想的自己の成立可能性は恐らく物理的可能性ではなく論理的可能性のレベルで担保されていれば充分である。現実の蒙昧なる我々がある選択をしたときの帰結を理想的自己は自らが蒙昧に陥ることなく完全に認識できるのだ、と考えることに

よって排除されるのでなければならない（ただし、まさに「神」がそうした魅力的エゴイストにあたると考えるならば、価値の傾向説は価値の神的命令説をとらえていることになるかもしれない [ibid. pp.110-111]。価値の傾向説と有神論の「相性の良さ」については **4.1.2.2** をも見よ）。だが、他にも病理的状況を作り出す様々な配慮（ないし憎悪）パタンについて、それらを総て「合理性」の名の下に排除していかなくてはならないだろう。2 階の欲求のパタンだけでなく 1 階の欲求の中身が問題になる可能性も完全に排除できるわけではない。結局そうした雑多な要請を総て「合理性」にぶち込むためには（理想化されているとしてもなお）我々の欲求に先立って独立に存在する「価値」の実在が要請されてくるのではないか、と考えざるを得なくなる。スミスの要求するようなタイプの収束がもし成立するとすれば、その背後に独立した価値の実在を想定することなしにはその収束の説明が困難である、という批判は確かに強力なものであるだろう。

[†10]実際には社会の全成員の非道徳的価値の総和の平均として功利主義的にこれを同定している。

さしたる問題はないものとしよう[†11]。

　問題は、理想的自己がなにゆえ蒙昧なる私のことを思い煩うのか、が明らかではない点にある。両方とも同じ「私」だから、という単純な応答もあり得ようが、ことはそんなに簡単ではないように思われる。そもそも、完全合理性型の傾向説は「理想的自己が欲求すること」と内在的価値を同定しても良かったはずである。それを傾向説が明示的に退けるのは、理想的自己が何かを欲求するとして、それが現実の我々に如何なる関係があるのか全く明らかではないからである。理想的自己にはその欲求の実現が可能であるとして、蒙昧なる我々には全くそれが可能でないとしたら、そのような欲求が我々の内在的価値に利いてくるはずもない（内在主義が成立しなくなってしまうから）。そこで、我々は「我々の欠陥を前提に最善の結果をもたらすような欲求を、理想的自己が我々に助言する」という助言モデルを採るわけである。

　だが、理想的自己は何に基づいて助言するのか。もし理想的自己の合理性が道具的合理性に尽きるものではなければ、この問題は生じないかも知れない。欠陥の多い我々がそれによって完全なる実践理性が命じる目的の実現を最大限実現できるような何らかの欲求を持つように理想的自己は命じるだろう。とすると、理想的自己の持つ内在的欲求 (intrinsic desire) のセットと現実の自己の持つ内在的欲求のセットは食い違っているはずである。例えば、さしたる理由もなく人は昆虫を忌避することに対する内在的欲求を持っているかもしれないが、その人の理想的自己はこのような内在的欲求を持っていないだろう。また、理想的自己は完全な事実的情報を有しており、我々と信念に於いても相違するだろう。しかし、欲求においても信念に於いても根本的なレベルでそれを異にする二つの意識を「私」として同定する根拠はどこにあるのか。それは単に誰でもないような理想的主体を想定しそれに助言を求めるのとどこが違うのだろうか。その際に、助言者の判断基準が「彼の」実践理性が命じる目的に拠っているのだとすれば、彼の助言は現

[†11] 完全合理性型の傾向説に対するこのような認識的側面からの批判としてはデイヴィド・ソーベル (David Sobel) の批判がある [cf. Sobel 1994]。無神論的マルクス主義者として生きることがどういうことか知りつつ、しかも、修道僧として生きるということがどういうことかも十全に知悉するなどということが（たとえ理想化されているとはいえ）単一の主体にそもそも可能ではないのではないか、といった指摘は実に興味深い議論ではあるのだが、このような批判が傾向説論者にとってどれほど打撃かにはやや疑問の余地がある。

実の我々を動機づける力を失うだろう†12。

　そこで、理想的自己が備えている合理性が完全なる道具的合理性である場合にはどうなるかを考えれば、この時理想的自己と現実の私の内在的欲求は一致しているだろう。それゆえ、理想的自己の私に対する助言は明らかに私を動機づける力を持っている。しかし、言うまでもなく道具的欲求に関しては理想的自己と現実の私には遙かな隔たりがある。我々が、自分と内在的欲求や信念に於いて大幅に異なる未来や過去の「私」に何ら共感を抱かないように、この理想的自己もまた我々に何らの共感も抱かないかもしれず、なぜ彼が私の内在的欲求の充足のために私に助言をする動機を有するのかが必ずしも明らかでない。例えば、脳に重大な損傷を受けて身体の機能を大幅に喪失した場合むしろ死んだ方がよい、と考える人は不合理なわけではないだろう。彼は、実際にそのような状態に陥った自分を想像はしてもそれに全く共感を抱かないにすぎない。同様に理想的自己も不完全な私に対して何ら共感を抱かないかも知れない。しかし、理想的自己と現実の私が経験を共有しているとすれば、現実の私が理想的自己の助言に従って内在的欲求の充足を獲得することは理想的自己にとっても自分の内在的欲求の充足――完全に効率的ではないとはいえ現実の私を前提にした上で得られる最大のそれ――を得るのだから、理想的自己は私への助言に動機づけられることになる。だが、ここである疑問が生じることになるだろう。理想的自己にとっての個人的内在的価値と理想的自己が私と共通に有する内在的欲求の関係はどうなっているのだろうか。理想的自己が現実の私にある内在的欲求を持たせたいと欲するとしよう。運良く現実の私がその内在的欲求を獲得したとき、理想的自己もその内在的欲求の獲得を共有するのだろうか。現実の私のその内在的欲求は理想的自己によって理想的自己自身の内在的欲求の充足のために道具的に欲求されたものであるはずだが、その道具的欲求の充足によって理想的自己自身がその道具的欲求の対象であ

---

†12 助言者モデルについて、特にレイルトンの議論を対象としたものとしてコニー・ロサティ(Connie Rosati) の批判を参照せよ [cf. Rosati 1995]。我々の判断は通常我々自身にとって権威あるものだが、理想的自己が私からかけ離れればかけ離れるほど、この権威性が失われてゆく。しかし、理想的自己が私に近ければ近いほど、内在的価値を説明するのに充分な理想化が達成されないことになるだろう。例えばサディストな個人の理想的自己が仁愛的であることは考えにくいし、もし仁愛的であれば、助言はサディストを動機付けないだろう。しかし、もし理想的自己がサディスティックな性格 (trait) を共有しているとすると、傾向説が同定する内在的価値は、このサディストの性格を変容させるようなインパクトを持ったものではありえないことになる。これは（たとえ非道徳的な価値についての説であるとしても）狭隘に過ぎるだろう。

る欲求を内在的欲求として獲得してしまうことになる。それは理想とは程遠い現実の私の条件を前提にしているから、理想的自己にとっては現時点での内在的欲求を前提にすれば必ずしも道具的に望ましい欲求ではない。それゆえ理想的自己はそのような欲求を欲求する 2 階の欲求を持ち合わせない[†13]。とすると、理想的自己にとっての内在的価値は理想的自己が理想的自己の理想的自己（つまり自分自身）に持たせたいと欲求する欲求によって同定されるはずだから、件の欲求の充足は現実の私にとって現時点で内在的価値であるにもかかわらず理想的自己にとっては現時点で内在的価値ではない。従って現実の私にとっての内在的価値と理想的自己にとっての内在的価値は一致しないことになる。だが、理想的自己にとって内在的価値でないものが現実の私にとって内在的価値である、というのは聊か奇妙ではないだろうか。更に、理想的自己が自分自身の内在的価値を知っており、それに対する内在的欲求を有している、という一見当たり前な想定も困難である。もしそうだとすると現実の私がそのような内在的欲求を有していないことは明らかであり、現実の私と内在的価値と内在的欲求のセットが食い違う理想的自己が私に対して為す助言は私を動機づける力を失ってしまうかもしれない。理想的自己と現実の私の乖離は説明対象の価値の動機づける力を掘り崩してしまうかもしれない。

　こういった議論に対しては、理想的自己を現実の私と独立した完結した主体として実体的に考える必要はなく、理想的自己の想定は我々が自分にとっての内在的価値が何かを考えるに当たって用いる発見法的な道具に過ぎないから問題にならない、という反論が傾向説からは可能であるかもしれない。しかし、そうだとすると価値の傾向説は我々が自分にとっての内在的価値は何だと考えるのかの説明にはなるが内在的価値それ自体の説明にはならず、所期の目的を達成していないことになってしまうのではないか。とはいうものの、上に挙げたような難点が完全合理性型の価値の傾向説を諦めるべきほどのものだとは思わない[†14]。だが、

[†13] 少なくとも道具的には。たまたま現時点で既にそのような 2 階の欲求を内在的欲求として持ち合わせている可能性はあるがここでの議論に影響はない。

[†14] こうした難点にもめげず、2 階の欲求説型の価値の傾向説を極端な（しかし極めて魅力的にその長所を総て持ち合わせる）形態へと推し進めることができる。事実的情報と合理性に於いて理想的で、現実の我々を完全に配慮し、その助言が権威的である主体として「神」にご登場願えばいいのである。神の（我々を配慮した）不可謬の選好を合理性として同定し合理的な選好充足を価値と見るならば、これはまさに神が我々を配慮して我々に持たせたいと思う選好の充

ここではその問題を未決にしてもう一つ別の方策を検討することにしよう。

4.1.2.3 価値の実在論についての若干のコメント

我々は価値の傾向説のうちでは、事実的情報と道具的合理性において理想的な自己を想定して非道徳的な個人的な内在的価値を説明しようとする議論が適切だと考えた。しかし、そもそも価値が実在する、と考えることそれ自体が大きな議論の余地のあるところである。しかも、事実的情報と道具的合理性はあくまで物理的事実の問題だから、このような傾向説は個人的な内在的価値が物理的事実に還元できる、と主張する自然主義的な価値の実在論であることになる。しかも、この個人的な非道徳的価値の集計を道徳的価値に同定しようとするのだから、我々は自然主義的道徳実在論をとることになる。統治功利主義のメタ倫理的立場を未決にしておく方が統治功利主義自体の擁護には有利なのかもしれないが、これは功利主義を支持するための最も有望なメタ倫理学説の一つであると思われるので、以下でもこの立場を基本にして議論を進めたい。但し、ここでメタ倫理学について深入りすることは適切ではないから、若干のコメントに留めておく[†15]。

我々が採用する自然主義的な道徳実在論は、代表的にはレイルトンによって展開されているタイプの、自然主義的事実に道徳についての事実を還元して同定しようという「還元主義 (reductionism)」である。メタ倫理学に於けるムーアの良く知られた自然主義批判にもかかわらず自然主義的で認知主義的な道徳実在論を採ることに対する、無用な誤解をここで解いておくことが恐らく有益であろう。まず、事実から価値を演繹的に導出することはできない、というヒュームの法則については全く問題がない。もし価値が自然主義的事実に同定できれば道徳的推論は純然たる自然主義的事実についての推論であってヒュームの法則を犯すものではなく、ヒュームの法則自体は価値の自然主義的還元それ自体を拒むものではない。ヒュームの法則によって自然主義が否定できると考えるのは単純な論点先取であ

足を価値とする、有神論的な価値の傾向説である。有神論が正しく、かつその神が全能であり不可謬で仁愛的で権威的であるという前提の下で（！）、という留保を付しつつ、トマス・カーソン (Thomas Carson) はこのような立場を——自らの立場を価値の実在論とは認めていないが——正面から主張している [Carson 2000 pp.219-267]。価値の傾向説の行き着くだろう先を良くも悪くも暗示するような話ではある。

[†15] メタ倫理学に関するこの節の記述は基本的に [Miller 2003] に依拠したものである。レイルトンの還元主義については [Railton 1986a],[Railton 1986b] を見よ。

る。ムーアが自然主義批判——正確には「善」を他の性質に分析可能だとする総ての倫理学説に対する批判——に用いた未決問題論法 (open question argument) も全く決定的なものではない。それは大要次のようなものである。

> 1. 「善い」という述語が自然主義的述語 N と分析的に等価だとする。
>
> 2. 従って「x は N である」は「x は善い」と分析的に等価である。
>
> 3. もしそうならば「N である x は本当に善いのだろうか」と真剣に問うことは概念的混乱に過ぎない。
>
> 4. しかし如何なる自然主義的性質 N についても、「N である x は本当に善いのだろうか」という問いは無意義でない（即ちこの問いは常に「未決 (open)」である）。
>
> 5. それゆえ、「善い」と N は分析的に等価ではありえない。

この議論は明らかに幾つか脆弱なところがある。一番目につくのは第 4 ステップだろう。それが常に未決問題である、という主張は何によって正当化されているのか。何らかの直観ならば、その直観は正当化されていない、という批判が直ちに可能である。実際に人々がそう考えている、という経験的事実に訴えたところで人々の信念が正当化されるわけではない[†16]。更に、第 1 ステップがそもそも否定されるかもしれない。自然主義は必ずしも「善い」と N を分析的に等価だと主張しているわけではない。つまり、「善い」と N は意味 (sense) を異にしつつその指示 (reference) を同じくするのだ、と自然主義は主張しているかもしれない。「宵の明星 (Hesperus)」と「明けの明星 (Phosphorus)」が意味を異にしつつ同じものを指示しており、「明けの明星＝宵の明星」が経験的な真理である、という古典的例と同様に、「『善い』＝ N」もまた経験的な真理である、と自然主義は論じることができる[†17]。

[†16] 人々が実際に「これは未決の問いだ」という信念を持っている場合に問題なく適用できるように拡張された未決問題論法も存在するが、それは道徳的動機付けに関する外在主義を採ることによって回避される [cf.Darwall et al. 1992 p.117-118]。

[†17] この応答によって我々がいわゆる直接指示論に与しているということになるように思われるかもしれない。未決問題論法を避けつつ自然主義（ないし物理主義）を維持するために必ずし

では、その自然主義的還元がどのようにして正当化されるのか。レイルトンの立場に（即ち我々が支持したいと思う立場に）限って論じるならば、それは概ね以下の戦略による。まず我々の道徳的実践に対して「改訂主義 (revisionism)」を採用する。非認知主義が道徳命題の認知的主義的な語法にもかかわらず道徳命題は真理値を有していない、と主張したことを考えればよい。彼らは道徳命題の本当の意味論が表面的に採用されている真理条件的な意味論とは異なって理解されるべきだ、と論じる。道徳的語法に関する我々の日常的な意味論を改訂せよという、意味論に関する改訂主義が非認知主義の基本的姿勢である。これに対してレイルトンの立場は、真理条件的な道徳的語法は改訂する必要がないがむしろ道徳的語法の中身の方を自然主義的性質 N に一致するように改訂せよ、というタイプの改訂主義である。提案された改訂が妥当かどうかはその改訂が我々の経験をよりよく説明してくれるようなものかどうかに依存する。価値に関する我々の経験を自然主義的性質 N によって説明し、価値を N に同定する、というのがここでの基本的戦略である。

レイルトンはまず非道徳的な個人的価値を前節で見たような価値の傾向説によって自然主義的に同定する。これは動機づけに関する内在的主義を保持し、我々の経験を良く説明するものと期待されている。例えば、現実の貴方が全く欲求していない飲料をたまたま貴方が口にして、それがもたらした結果（味覚 etc.）に満足し、その飲料に対する欲求を新たに形成したとする（よくあることだが）。貴方が事実的無知によってその飲料について知らないとしても貴方の理想的自己はそれが現実の貴方にもたらす効果について知っておりその飲料に対する欲求を貴方が持つことを欲求しただろう。それゆえ、理想的自己が欲求する欲求の充足が貴方の欲求を変容させるだろう、と我々は予測し、そして実際に変容が起こる。貴方がその飲料について無知でありそれに対する如何なる欲求をも抱いていなかったとしても現実の貴方の信念や欲求とは独立に、その飲料を摂取することの望ましさ (desirability) という事実（貴方の理想的自己が貴方に持たせたいと欲求する

も K-P 意味論に与する必要はない。2 次元主義的意味論 (two-dimensional semantics) に与しても未決問題論法を避けることはできる。その実例としてたとえばフランク・ジャクソンの分析的記述主義 (analytical descriptivism)[Jackson 1998], デイヴィド・チャーマーズ (David Chalmers) の 2 次元主義 [cf. Chalmers 1996] に依拠するメンドーラの価値実在論 [Mendola 2006 pp.139-163] を見よ。なお、メンドーラは価値論として内在的快楽説を採っている (**5.2.2.2**)。

欲求の充足という自然主義的事実）は存在し、もし偶然にも貴方がそれを摂取したときの貴方の欲求の変容の理由を説明してくれる。

　このようにして非道徳的な個人的価値を自然主義的に還元した後に、レイルトンは道徳的価値をこういった非道徳的な価値の総和に還元する。ここでもその還元の支持根拠は社会的な道徳的体系の変化をそれが説明してくれることに求められる。非個人的に定義された道徳的価値は個々人を動機づけるとは限らないので、非道徳的な個人的価値が個人にもたらすほど明白なフィードバックがあるわけではない。しかし、道徳体系の変容が非道徳的な個人的価値の総和によって説明できる、と考えることはそれなりに説得的であろう。平たく言えば問題は、社会規範、法制度、道徳的体系の変容を進化主義的に考え、そういったものの「適応度」をそれらがもたらす「道徳的価値＝非道徳的価値の総和」によって良く説明できる、と考えられるかどうかにある[†18]。

　これは実は功利主義に於ける総和主義的集計を支持する有力な根拠になりうるかも知れない。例えば、もし社会の全個人の非道徳的価値にロールズ的な集計を施して（つまりそれらの最小値に）道徳的価値を同定するならば、恐らくこれは我々の社会の変容を説明してはくれないだろう。ある制度によって最も悪い状態にいる個人の厚生がどれだけ悪化したところで他の全員の厚生に影響がなければ諸個人のその制度を支持する動機づけは不安定なものにならず、そういった制度は直ちに不安定化しないだろう。だから、そのように同定された道徳的価値は社会の変容を適切に説明してくれない。制度の変容はそれによって厚生に影響を受ける個人の規模とその影響の強度の双方に依存する。この二つをきちんと取り込んでいる点に於いて総和主義的集計はマクシミン的集計よりも明らかに説明能力に於いて優れている。道徳的価値に関する不偏性の要求（これも重要な被説明項である）を満たす幾つかの集計方法間での優劣が決定されうるという点は重要であろう[†19]。

[†18] もしこのレイルトン的なストーリーが成立するならば、社会的道徳が進化的に成熟していくとして最終的にそこ（"mature folk morality"）で "rightness" なり "goodness" の役割を果たしている性質をそれぞれの道徳性質に同定するというジャクソンの分析的記述主義の下でも、ほぼ同様の結果が得られるだろう。だから我々はここで還元主義的な自然主義について必ずしもどのヴァージョンに立つかを決めておくことはしないでよいだろう。

[†19] こうした議論が、歴史主義と時点主義の問題に繋がってくることに注意したい。全体厚生を歴史主義的総体に於いて捉えるならば、社会の変容の説明能力には疑いが生じざるを得ない。と

こうして非道徳的価値から道徳的価値へと自然主義的還元を終え、これらによってIUが導入され、それに基づいて諸々の道徳的直観などが正当化されていくことになる。統治功利主義もこの路線に沿って考えることができるだろう。しかし、こうしてみるとレイルトンの議論の不満とすべき点がやはり価値の傾向説にあるのではないか、と思われてくる。貴方がある飲料によって被った欲求の変容を、価値の傾向説よりももっと直截に説明できる議論があるのではないか。自分が現時点で欲求していなくとも実際に経験してみたときにそれに喜びを覚える、或いは現時点で欲求していようとも実際に経験してみたときに苦痛を覚えることで欲求が変容するのだとすれば、それを最も明確に説明するのは理想的自己の欲求よりはむしろ欲求の基底にある快苦ではないのか。

4.1.2.4 欲求と快楽

欲求に代えて快楽を持ち出すことをレイルトンやその他の傾向説論者が躊躇う理由は理解できないわけではない。快楽説は実際のところ相当に不人気な教説の一つだからである。しかし、少なくともここでの議論に限定すれば快楽に訴える方が直截的ではないか、と思われることは否定できないであろう[†20]。快楽説自体の当否の検討は後に譲らなければならないが (**5.2.2**を見よ)、快楽説が内在的価値をどう説明するかはここで軽く触れておいてもよいだろう。

先に内在的価値の説明に於いて単純な欲求説ではなく理想的自己などを持ち出さなければならなかった理由は明白である。我々が実際に欲求を充足した結果が明らかに我々にとって望ましくないものでありうることが単純な欲求充足説では説明できなかったのだ。喉が渇いているときにオレンジジュースを欲求し、飲んだ結果渇きが倍増して著しく厚生が下がる、という状況を考えてみればよい。我々は自分が何に快楽を感じるかを実はよく判っていないことが多い。我々の欲求は常に

いうのも、はるか未来に於いて実現する厚生がどうしてそれと因果的関係を有しようがない現在の社会の変容を説明できるというのだろうか。400年後に初めて至福の社会が訪れそれ以降長く存続するという帰結を持つ行為選択肢が、歴史主義的には優れたものとなるだろうが、この帰結が含む莫大な厚生には少なくとも400年後になるまで我々の社会の変容が説明できないだろう。それゆえ、こうした形で価値の実在論を擁護したければ、時点主義的な帰結主義を擁護しなければならないと思われる。

[†20] 例えばブラントはレイルトンの還元主義を論評する際に、快楽によって説明する方がレイルトン自身の分析より単純で明確だと考えている [Brandt 1996 pp.192-194]。なおレイルトン自身も快楽説の可能性を認めている [Railton 1989 p.154]。

不正確である。その不正確さを理想的自己に訴えて解消しようとするのが価値の傾向説であったが、快楽は常に正確なのである。自分が快楽を感じているか否かを間違うなどということは殆ど考えられない。我々はいろいろな欲求を持つ。その欲求は何らかの複雑な理由に基づいたものであるかも知れない。確かに、我々が快楽を直截に欲求しているという心理的快楽説は説得的ではないかもしれない[†21]。しかし、いざ欲求が充足された時にその充足が本当に望ましいかどうかは快苦によって知られうる。

　欲求は常に未来を指向し現在については語らない[†22]。例えば、私がある特異体質で日の出・日の入りとともにある刺激Sに対する反応が変わるとしよう。日中はSに対して私は強い不快を覚え、夜間は強い快楽を覚えるとしよう。更に、逆にSがないと私は日中には不快を感じ夜間には快楽を感じるとしよう。日の出の暫く前からSが私に加えられているとする。私はそれに快楽を感じており、日が出るその瞬間にもそうである。しかし、その瞬間に私はSの持続を望まない。一瞬でもそれが持続すればそのSは私に不快をもたらすだろうから。その瞬間に私は快楽を感じているがそのSを欲求しない。同様の状況で、もうすぐ日の出だという時に私が時計のない密室に閉じこめられたとする。私は日の出がいつかが判らないのでSを欲求すればいいのかSの不在を欲求すればいいのか判らない。ただ、刻々とSがもたらす快楽は感じるがSに対する欲求を抱くことには失敗するだろう。快楽と信念の相互作用によって我々は欲求の動学を説明することができる。もちろん快楽説が仮にも説得的であるためには感覚的快楽に限定されないあ

[†21] 良くある誤りだが、心理的快楽説が反証不可能であるという理由でこれを退けることはできない。単独で実証可能な仮説など実証科学を含めてどこにも存在しないからである。殆どアナロジカルに、心理的快楽説を含んだ理論全体——道徳体系や社会規範の社会的変容についての説明理論——に対してのみ反証は行われる。このことは、もちろん心理的快楽説がその理論全体の中で反証による改訂を被りやすい命題であることを否定するものではない。

[†22] サムナー (L. Wayne Sumner) の指摘による [Sumner 1996 p.129]。しかし、過去についての欲求は存在しないだろうか（これについてたとえばフェルドマンのサムナー批判を見よ [Feldman 2004 pp.61-63]）。私がなにやらあてもなくギリシャの大地を掘り返しつつ「トロイ人達がここに都を作っていたのであればいいのだがなぁ」と思うとき、それは欲求ではないだろうか。過去の事実は変化しないので、この欲求の充足は、未来のある出来事、つまり、過去の事実について欲求どおりであることを示すような証拠なりの発見によって生ずると見るべきであ（り、それゆえこれは未来を志向する欲求が偽装されたものであ）る。そう考えないと、この欲求についてそれが充足されているか否かは既に決まってしまっており、欲求者の厚生には変動が生じ得ないことになるが、これは過去についての欲求の存在を指摘する論者の本旨に反するであろう（しかし、快楽説論者ならばこれを根拠に欲求充足説を批判できると考えるかもしれない）。

る程度広義の快楽説でなければならないが、そうだとしても快楽説は我々の内在的価値がもつ動機づけと欲求の変容を良く説明する。現実の私の欲求の変容を理想的自己の欲求に訴えて説明するとしても、理想的自己の欲求それ自体が説明できる方が望ましいだろう。従って、快楽説が上手くいかなかったときの後退戦線 (fall-back) として価値の傾向説を維持しつつ、できるだけ快楽説によって議論を展開しようというのが善の功利説にコミットする場合の統治功利主義の基本的立場である。快楽説自体の当否は後に譲らなければならないが、快楽説が「善の功利説」に於ける充分に可能な選択肢であることだけは強調しておかなければならない。

4.1.2.5 「理由」としての厚生？

最後に、善の功利説に対するよくある批判に触れておかねばならない。善の功利説に対して、既に古典的功利主義の時代から次のような批判が寄せられるのが常であった。曰く、我々は快楽のみを目的として行動しているのではなく、快楽以外のものを価値あるものと考え、それを理由に行動しているではないか。或いは、欲求充足説に対してはこのような批判が為される。欲求は、その対象が価値あるものだからこそ欲求されるのであって、欲求の充足それ自体が価値なのではない。欲求の充足それ自体が価値であるとすれば、欲求の充足を目的としてそれ自体が価値あるものだと考えて行動することになるが、これは事実に反している、などといった批判である。

しかし、これらの批判が全く的を外したものであることは直ちに了解されるはずである。善の功利説は、個人的な非道徳的価値と厚生（快楽・欲求充足）が概念的に等価であるなどといっているのではない。もしそうだとすれば先に触れたムーアの未決問題論法の格好の餌食であろう。善の功利説が主張するのは、個人的な非道徳的価値と厚生が特質に於いて等しい、ということである。例えば、「熱」という概念と「分子の運動エネルギー」という概念は概念自体としては同じものではないがその特質は等しい。「私は『熱』が欲しいのであって、『分子の運動エネルギー』などどうでもよいのだ」という御仁に「分子の運動エネルギー」を欠いた「熱」を提供することはできない相談である。ほぼアナロジカルに、「私は『価値』が欲しいのであって、『厚生』などどうでもよいのだ」という御仁に厚生

を欠いた個人的な非道徳的価値なるものを差し出すこともできない。だが、「熱」を求めて「熱」を手に入れるのに、「熱」が「分子の運動エネルギー」であることを知っている必要がないように、我々が価値実践を行う際に「個人的非道徳的価値」が「欲求充足」や「快楽」であることを知っている必要もまたないのである。「フロギストンの放出」を求める御仁には残念ながら「フロギストン」は手に入らない——そんなものは実在しないので——だろうが「熱」は手にはいるだろうし、必然的に「分子の運動エネルギー」がついてくるのである。「フロギストン」の存在を信じる人間が「熱」を手に入れられずに凍え死ぬということはない。そして彼は手にした「熱」をしげしげと見て「フロギストン」の御利益に感じいるわけである。同様になにやら崇高にして高邁な「X（べつになんでもいいのだが）」をお求めの向きにも「個人的非道徳的価値」は手にはいるし、必ずや「厚生」がついてくることだろう。「X」なるものが実在しようがしまいが——もちろん実在しないのだが——価値実践が不可能になることなどありはしないし、その「個人的非道徳的価値」をしげしげと眺めて「X」の崇高さに感じ入ることを妨げるものもない。

4.2 指標的功利説

　ここまで比較的好意的に論じてきた善の功利説に対して、我々は指標的功利説を採用することもできる。指標的功利説のポイントは厚生を必ずしも価値と見なす必然性がないというところにある。価値多元主義者は厚生を単に社会的調整のために用いうる有益な指標として捉えることができ、厚生一元論に与する必要がない。健康に内在的価値があるとして、貴方が医者に行き検診を受けたとしよう。医者が「貴方は健康です」と告げるならば、貴方はその医者の宣告を内在的価値の実現に関する信頼できる指標として用いることができる。もちろん、私が貴方が健康かどうかを知りたいときも医者に聞けばよいわけである。医者がそのように告げること自体に価値があるという見解を採る必要がないように、価値の実現の指標として厚生を用いるならば厚生自体に価値があると考える必要すらない[†23]。指標的功利説は、ロールズ以降の現代リベラリズムの一般的な定式「正義の善に

[†23]医者の事例について [Harman 2000 pp.143-144] を見よ。

対する優位」と齟齬のない立場であろう。ロールズ自身の功利主義批判は一部には功利主義が善と正義の区別をしない、というものだったが、指標的功利説のもとでこの批判は的はずれである。個々人のそれ自体は価値でない厚生は善の構想ではなく、その集計による善の構想の調整は個々人の善の構想を規制する不偏的な一つの正義構想をなすのだから。

そうすると、厚生は多元的な価値に於ける一種の通約 (commensuration) として用いることができる。例えば福利 (well-being) 論で著名なジェイムズ・グリフィン (James Griffin) を取り上げてみよう。個人的価値を念頭に置きつつ、グリフィンは福利それ自体は価値ではないが、個人内での多元的な価値の間での選択に於いて終局的に用いられるスケールであり、諸個人間の利害衝突の調整のために用いうる共通スケールであると考える。多元的な価値の上にそれらを通約するスケールがあると考えることは価値の一元論 (monism) にコミットすることではない。むしろ、多元主義者が通約不可能性 (incommensurability) を根拠に「自由は他の価値と通約不可能に高位にある (incommensurably higher)」といった主張をする方が一元論の傲慢さの危険は大きいのである[†24]。多元的な価値が総て重要であるならば、それらはどれも他に通約不可能に優越するということはありえない。それらの衝突は何らかのトレード・オフによって調整されざるを得ないのであって、価値がトレード・オフ不可能な通約不可能な多元性を持つという主張によってリベラリズムを擁護することはできない。自由ですら他の、個人にとっての価値と通約不能に重要であると考えてはならないのだ[†25]。価値の多元性という主張それ自体にはさほど共感を抱かない私にもグリフィンのこの議論が基本的に健全であるように思われる。少なくとも通約スケールを認めずに錯綜した議論を展開するジョゼフ・ラズ (Joseph Raz) などの価値多元主義[†26]よりもリベラリズムの採るべき態度としてずっと説得的であろう。

[†24][Griffin 1986 pp.90-91]
[†25]なお、厚生を構成する諸要素間に「高次／低次」のような価値的序列を設ける場合、つまり、ある要素 a がある要素 b に通約不能に優位である場合 (a が b にレクシカルに優越する場合) でも加法集計を自然に拡張できる。通約不能な価値群に於ける加法集計の自然な拡張の問題についてはたとえば [Carlson 2006] を見よ。そうした群の全体が「厚生」と見なされるならば、当該の理論を「功利主義」と見て差し支えないだろう。
[†26][cf. Raz 1999]

4.2.1 卓越主義の陥穽

にもかかわらず、グリフィンが具体的に通約スケールとして展開する厚生概念の構想は受け入れがたいものである。グリフィンは卓越主義的に人生の目的なるものをリストアップしてしまう[†27]。リスト中の項目が説得的でないというわけではないが、通約さるべき価値を事前にリスト化しておいてそれらの価値の間での調整を個人に委ねたところで、価値に関する個人の自律が擁護されたことにはならないはずである。価値の「客観的リスト」を渡されてそれらの間での順序づけのスケールを厚生に同定する、というのはやや理解しがたいように思われる。もちろんグリフィンはこういったありきたりな批判を想定しており反論を用意している。卓越主義の提示する客観的リストに「自律」が入っている以上、卓越主義がパターナリスティックになると考える理由はないというのだ。パターナリスティックな介入をすれば卓越主義自身が自らの称揚する価値を損なうことになる、というこの理屈は巧妙ではあるがやはり釈然とはしない。例えば、「自律」を積極的に反価値 (disvalue) と見なす個人に対して卓越主義はどう振る舞うのか。パターナリスティックな介入をすれば彼／彼女はそれを歓迎するだろうから、卓越主義的に容認しがたい価値構想を介入によって卓越主義は却って推進してしまう。介入しなければ積極的に自律を放棄して卓越主義的に極度に容認しがたい――それゆえ介入をも正当化するべき――状態に自らを陥らせるだろう。卓越主義を含む客観的リスト説一般はある種の個人に対して自己論駁的であるか、或いはその個人を異常者扱いして自らの対象とすることを拒むかの二つの道しか採ることができない。これはリベラリズムの基礎理論としてはある種の魅力を欠くことになる。別にそれで構わないというリベラリストも多くいようが、我々はそういった陥穽を避けるためにこそリベラリズムを採用したいのである。「異常」という言葉が規範理論中に出てきたときには我々は常に警戒すべきなのだ。これは別段ユートピア的妄想ではない。その厚生をどうしても犠牲にせざるを得ないような個人が存在しうることを我々は否定しない。そういった個人を門前払いするのではなく丁寧にお引き取り願うこと、常に等しい顧慮を如何なる個人に対しても向けること、を肯定したいだけである。

[†27] [Griffin 1986 pp.67-68]

4.2.2 主観主義的厚生概念と通約

そこで我々は主観主義的厚生概念を通じた通約を試みることになる。これは厚生の価値、或いは指標としてのステータス自体が主観主義的・相対主義的であることを意味しない。厚生のステータスはそれ自体客観的なものであるがその内容が価値の帰属先である個人の主観的要素に本質的に依存すると我々は主張する。ここでも傾向説に基づく通約と快楽説に基づく通約の二つを考えることができるだろう。

理想的自己によって価値の通約（より正確には通約不能性のもとでの比較）が行われ価値の混合を含む中での最善の選択肢を理想的自己が提示する、或いは、現実の自己が実現可能な価値の混合の諸パタンの内で最も快楽を最大にするような選択肢を選ぶ、といった通約を考えることに概念的に困難な点はないだろう。但し、ここでの通約には二通りあると思われる。所与の多元的価値群に対して個人内で不変のスケールを提供する（即ち価値群内での重み付けそれ自体は現実の自己が直面している状況に関わらず不変である）ような通約と、現実の自己が直面している具体的な状況の下で所与の価値群のアド・ホックなスケールを提供する通約とである。絶対的なものではないにせよ、理想的自己に訴える通約は前者と相性がいいだろうし、快楽説的通約は後者と相性がいいだろう。傾向説では、理想的自己は不変スケールを提供しそれを現実の自己の状況に適用して通約判断を提示することになるのに対し、快楽説では具体的事情のもとで直接通約が行われることになる。価値の客観性にコミットする論者は前者を好むかも知れず、価値判断に於ける主観的な柔軟性を認める論者は後者を好む、といった差はあり得るだろう。

もちろん、個人の非道徳的価値判断をこういった通約が提供する必然性はない。他者の個人的な非道徳的価値の追求に関して、個人間集計とそれに基づく社会的調整のためにのみ使われる指標として厚生を考えることも妨げられない。そのような場合の異個人間での厚生の比較は、異個人間での多元的価値群に関する比較を含意しない。個人がそれらの多元的価値の間で如何に煩悶しようと、彼が為した選択の功利性のみが他者との調整の場に於いては利いてくるのである。

4.3 それは「誰」の厚生か？

次に検討しておかなければならないのは厚生の帰属点の問題である。功利主義はしばしば「人間を快苦の容器」として扱っている、と「批判」されてきた。なぜこれが「批判」になるのかはよくわからないのだが[†28]、とりあえずこの描像が正しいものと考えよう。もちろん、いまこの瞬間の世界の事態が含む厚生の総体を考えるならば厚生の帰属点がこの瞬間に存在する意識主体に限られることは言うまでもない。問題は次のようである。功利主義が何らかの評価・決定を行う際に考慮すべき意識主体はどのようなものか。

4.3.1 再び時点主義と歴史主義を巡って

第3章で触れた問題をもう一度考えよう。そこでは、非決定論的な時間モデルの下である時点 m から可能な総ての歴史経路について、その全体の含む厚生、もしくは歴史経路の時間的断面としての各時点の世界の事態が含む厚生（その時点での世界に存在する意識主体に帰属さるべきものである）の歴史経過に沿った総体、を割り当てて選択肢間の優劣を考える歴史主義的立場と、選択肢が移行させる先の時点での世界の事態のみが問題だとする時点主義の二つが支持可能な立場であると論じた。時点主義はどの時点での世界の事態をとってもその世界に含まれる意識主体の主観的割引によってその時点から見た将来の諸事態の厚生は必要にして充分なだけ畳み込まれていると考え、行為がなされた時点の世界の事態が厚生に於いて最大であるよう行為を選択せよ、と主張する。

人間を厚生の帰属点としか見ない功利主義にとって、それはあくまで各時点での厚生の帰属点たる感覚経験の主体の時点切片を時間軸にそってまとめ上げた総体に過ぎない。仮にそれらの時点切片の4次元的総体が人間と見なされるべきだとしても、その切片間にそれらを「人格」として捏ね上げるような必然的関係があるわけでもない。功利主義は単純に「人格」を永存的実体としては認めないし、それ自体にさしたる関心を抱いていないというだけの話でもある。それゆえ問題は次のようになる。今この瞬間に全き存在を有している私達が功利主義的に評価・

[†28]「人間はそんなに情けないものではないはずだ」というお馴染みの恨み節が聞こえてきそうなのだが、これと近代初期の「神がいなければ人間の生は無意味になってしまう」という惰弱な不安とどこが違うのかが私には皆目わからない。

決定を行うとすれば、歴史主義と時点主義のどちらがより適切な立場であろうか。これは総和主義の正当化とも絡んでくるのだが、私としては後者が妥当であると考えておきたい。特に、現在が、そして現在のみが存在するという現在主義的立場に立つならば——それをここで論証するなど到底できない相談ではあるが——時点主義を採るほかないように思われる。そもそも、いまこの瞬間の私達が気にかけるのでない限り、400年後の意識主体など私達に何の関係があるだろうか。そして、それは実は時間の懸隔が400年ではなくたった10分でもそうなのである。我々はまさに今この瞬間の我々である。この点を考慮に入れるならば、次の第5章で論じられる諸説の中で快楽説が最も有力になることは言うまでもないことだろう。快楽は常にそれが抱かれた瞬間の私の快楽であるから。これとは対照的に、欲求が抱かれる瞬間とそれが充足される瞬間は異なっているので、欲求充足説は「私」の間時間的同一性なり時点間での有機的統一による内在的価値なりといった不必要な存在論的難問を抱え込むことになるだろう。

4.3.2 総量説・平均説・先行存在説

これに関連していわゆる人口に関して問題となる集計範囲の問題を考えよう。一般に功利主義内部では総量説と平均説が対立する。これらはそれぞれ、厚生の総和を最大化しようとする立場と加法的平均を最大化しようとする立場であるが、特に人口問題について大きく立場を異にすることになる。総和主義は、快適な生——快苦のバランスが快に傾いている生——を送れる見込みのある子供をせっせと作り出せ、と命じることになるだろう。総量説が再生産を義務的に命じることへの違和感から、平均説が提唱される。平均説は再生産それ自体には確かに無関心であるから、再生産がそれ自体として義務的に命じられることはないだろう。しかし、厚生の平均を向上させる最も良い手段は平均を下回る生を終わらせることである。それゆえ平均説は、現在の平均以上のレベルへと厚生の改善が見込めない生を終わらせることを我々に命じるかも知れない。これはそもそも総量説を退けた論拠にもまして奇妙な結論であると思われるかも知れない。しかも、価値である個々の厚生ではなくなぜ平均が指標となるのかの説明も困難である（ハーサニ型の無知のヴェイル状況がほぼ唯一ありうる説明だろう）。現在の選択によって将来の時点での集計対象を変動させることができることに対し、総量説も平均

説も集計対象の変動に（異なった仕方でだが）無関心なのである。

それゆえ更に可能な立場として、集計対象に関して先行存在説 (prior existence view) を考えよう。これは評価・決定の時点で既に先行して存在している意識主体の厚生のみに注目せよ、と主張する立場である。総量説の場合には世界の含む価値を現在から増大させるのに、新たに厚生レベルの高い感性主体を作出する場合と既に存在している感性主体の厚生を改善する場合の区別をつけない。先行存在説は、世界の含む価値を増大させる手段として後者のみを関連あるものとみなし、再生産によるなどして新たに生み出される意識主体の厚生に対しては中立的な立場を取る。だから、それ以外の条件が等しいなら、産もうが産むまいがどっちでも構わない、といってよい。だが、ピーター・シンガー (Peter Singer) によれば、先行存在説には次のような難点がある。即ち、快適な生を送る意識主体を再生産する必要はないという一方で、苦痛に満ちた生を送る意識主体を再生産することも妨げられず、それを不正だとは言えない、というのである。確かに通常の直観からすればここには非対称性がある。しかし、このことはそれ自体は問題ではないかもしれない（シンガーが指摘するように、ひとたび存在するようになってしまえば、その苦痛を理由に堕胎なり嬰児殺なりによって解消することを功利主義は命ずるがその際の堕胎や嬰児殺の心理的負担の苦痛を考えれば最初から産まないことが正当化されるからである[†29]）。いずれにせよ間接功利主義を採る以上は、集計方法が結論にまっすぐ反映されるとは考えがたく、集計方法の如何で、際限ない再生産や、最も幸福な人間以外を虐殺したりすることが直ちに命じられるものではないだろうことには注意が必要である。

むしろ、ここでの我々にとっての問題関心は価値論的観点及び客観的観点から総量説や先行存在説が説明できるかどうかにある。昏睡状況にあるなどして快苦を経験しない人がいる時、この人に治療を施して目覚めさせることについてはこうした問題は生じないように思われる。すると、厚生的に無に等しいはずのこの昏睡者と非存在者の間に功利主義的に差があることになる。その違いは現在この時点で存在しているか否かに求めるしかないだろう。可能な道筋としては（仮に4次元主義を採るならば）、未来の時点の快が（そして快が存在する以上そこには必然的に快の経験主体がいるから未来の時点での感性主体の時間的部分が）それ

[†29] ただし、「さほど良い議論ではない」との留保つきではある [Singer 1993 p.104]。

4.3 それは「誰」の厚生か？

だけでは価値ではなく、現在に存在する感性主体（の時間的部分）と有機的統一 (organic unities) を成す、と考えることができるかもしれない。だが、これはかなりアド・ホックな対処であるように思われる。異個人間と異時点間のアナロジーを重視する観点からは将来の自分も他者と同じであり、将来の自分が今の自分の時間的対応者であるからといって特別視すべき理由はない。現在の他者とその他者の時間的対応者の差もない。私から見ても、今は存在しないが将来の時点で存在する主体の快と、その同じ将来の時点で存在する私の対応者の快は価値論的観点からは区別できない。従って、総量説を採らざるを得ないように思われる。

そこで、価値論のレベルではなく総量説の問題を避けるための可能な道筋を、価値と行為の接続のところに求めることができないだろうか。既に見たように、我々は間接帰結主義の行為選択モデルに於いて時点主義と極小化主義を選んだのであった。問題になっている新たな感性主体が存在するようになる前の時点の世界の事態を考えよう。それらのどの時点での事態も新たな感性主体を未だ含んでおらず、それらの事態が含む厚生に新たな感性主体の厚生は含まれていない（誰か既に存在する他の主体の予期と配慮によって畳み込まれていない限り）。従って、自らの極小行為によって感性主体が存在するか否かが決するようになるその最後の瞬間になるまで、認識的理想主体の行為決定に新たな感性主体の厚生は利いてこない。だが、その最後の瞬間のような状況に追い込まれるような行為経路を認識的理想主体が辿るだろうと考えるべき功利主義的理由は特にないので（それは完全に偶然的な問題であるだろう）、いわゆる「いとわしき結論 (repugnant conclusion)」に向かってこの行為者が突き進むべきだと考える理由は客観的正しさのレベルでも存在しない[30]。もちろん、あるボタンを押すと直ちに妨害不可能

---

[30] 必ずしも理想的でない現実の行為者たる我々にとってもほぼ同様である。総量説の下でも、時点主義を採るならば、我々は結局のところ殆どの場合に先行存在説を採っているかのごとく行為して構わないということになるだろう。総量説と歴史主義的集計の組み合わせによる「代替可能性 (replaceability)」の問題がここでは生じないことに注意しよう（代替可能性については [cf. Singer 1993 pp.121-134,185-191]）。血友病の嬰児を殺すことで、その嬰児を上回る厚生レベルを達成する子供が代替的に誕生するならば、確かに歴史主義的集計の下では宇宙の含む厚生の総量が増大する。時点主義ならば、代替行為以前の血友病児を殺す行為が評価の対象となり、代替的に誕生する嬰児はそこでの集計対象に入ってこない。なお「いとわしき結論 (repugnant conclusion)」問題を含む、人口と未来世代を巡る功利主義の様々な問題を巡る [Parfit 1984 pp.351-441] の長大な議論以来の展開は本書では扱わない。人口の問題と功利主義的な帰結主義の枠組みの問題についてはチャールズ・ブラッコルビー (Charles Blackorby)、ウォルター・ボザート (Walter Bossert)、デイヴィッド・ドナルドソン (David Donaldson) ら

な形で昏睡（正確には厚生の中立レベル）よりは少しだけ幸福な感性主体が400万ほど生ずるなどといった怪しげな状況にこの選択者が追い込まれるならば、この認識的理想主体は時点主義と極小化主義の下でもボタンを押すよう命じられることだろう（だが客観的レベルに於いてすらそれが問題だとは思われない）。しかし、そうすると次のような先ほどとのパラレルが生ずる。本人を含め誰もその未来を配慮していないような快苦を経験しない昏睡者は功利考量の対象から外れ、この昏睡者に対し仮に治療を施すことで意識を回復させ多大な快を享受せしめうるとしても、それを功利主義は必ずしも命じないことになってしまうだろう。それどころか、昏睡主体と主体の不存在に区別がつかないとすると、功利主義はこの昏睡主体を苦痛なく死に至らしめることを許容するようにも思われる。この結論は受け容れられるものだろうか。これが道徳的直観に反する、という人々も多いだろう。だが、ここでは功利主義と生死を巡る問題の詳細には踏み込まないことにしよう†31。

による経済学的（だが重要な哲学的洞察も含む）検討として [cf. Blackorby et al. 2005] がある。また、ジョン・ブルーム (John Broome) は異なった道筋で（より哲学的な論証を経て）彼らとほぼ同様の結論に達している [cf. Broome 2004]。
†31 功利主義と生死の問題については **8.3.2.4** を見よ。

第5章　主観的功利説と客観的功利説

　最後に我々は功利主義の類型を決定する最も重大な対立点の一つを検討しなければならない。即ち、ここまで実に曖昧に使われてきた「厚生」とは果たして何であるか、という問いである。前節までで検討したところに従って、我々はこれを個人的な非道徳的価値であるか、多元的なそれらを個人内で通約する指標のどちらかであると考える。個々人に帰属させられた厚生それ自体は決して道徳的価値ではなく、あくまでその総和こそが道徳的価値となるのである。いずれにせよ、それらは本質的に個人の厚生と密接な（ことによるとほぼ同義の）ものとして考えられる。従って、我々の個人的な価値に関与してこないような非個人的な絶対的価値（例えば感性主体の存在しない宇宙における「美」のようなムーア的な価値）は厚生からは除かれることになる。我々はここで主観的功利説と客観的功利説を分けることができるだろう。我々の態度や関心に依存せず、我々を動機づける力を持つ個人的な非道徳的価値が存在するという客観説と、それを受け入れない主観説である。

　後に詳細に検討することになるが、客観説は厚生を個人の態度や関心と切り離された世界の事態に同定する。主観説は少なくとも厚生の本質的部分を我々の態度や関心に依存するものとして考える。注意すべきことは、主観説が必ずしも心的状態のみに厚生を依存させているわけではないことである。例えば、欲求充足説の多くは欲求という我々の主観的要素の充足をもたらすような世界の事態の成立を厚生に同定する。欲求が充足されていることそれ自体を欲求主体が認識せずとも、その世界の事態の成立が欲求主体の厚生を成す。客観説はこのような形で厚生を我々の主観に依存させることはできない。しかし、以下ではとりあえず諸個人の福利 (well-being) の集計を道徳的価値とは考えない論者も含めて、福利についての幾つかの説を順次検討することにしよう[†1]。

[†1] 客観説の多くは（まさに「客観的」なので）非道徳的個人的価値としての福利を論じ、主観主義的な厚生概念を論じているわけではない。とはいうもののブリンクのように客観主義的な

5.1 客観説

　客観説の典型はデレク・パーフィット (Derek Parfit) によって「客観的リスト説 (objective list theory)」と呼ばれたようなものである[†2]。我々がそのリストに載せられた「基本善」に対してどのような態度や関心を持っているかにかかわらず、それらの基本善の実現こそが我々の福利にほかならない、と主張するのである。いずれにせよ客観説には常に困難がつきまとうといわざるを得ない。我々の個人的賢慮の対象となる非道徳的な個人的価値をそのように我々の態度や関心から切り離して提示することが本当に可能なのかが疑わしいからである。なぜ、我々の態度や関心から独立した何かが我々をその実現に向かって動機づけることができるのか。

5.1.1 客観的リスト説

5.1.1.1 ジョン・フィニスの場合

　例えば新自然法論の旗手として高名なジョン・フィニス (John Finnis) に福利とは何かを訊ねるならば、通約不可能な七つの基本善[†3]を達成した人生、という答えが返ってくることになる。これらが我々の福利を構成することは自明であり、疑う余地がない、とされる[†4]。だが、この基本善リストに「宗教」が入っている時点で既に相当の自明性が損なわれることになりはしないだろうか。なぜこれらの七つであって、八つや九つではないのかについても何ら満足行く説明は提供されない。このような客観的リスト説はなぜそのリスト上の項目だけが我々の福利を構成するのか、という問いに満足な答えを与えない。これらに共通する何らかの性質があるのかと訊ねるとすれば、まさに人間の生を善きものたらしめるという性質が共通である、という答えが返ってくるだけである。これらの基本善に我々を必然的に動機づける力があるわけでもない。サムナーが指摘するように、客観

[†1] 「厚生」概念を論じる論者もおり、この区分はかなり緩いものであることに注意したい。ここでは数多ある客観説を網羅的に取り扱うことはしない。それらについては、たとえば [Sumner 1996 pp.26-80] などを見よ。
[†2] [Parfit 1984 p.4]
[†3] 即ち、健康、知識、遊び、美的経験、友情、実践的理性、宗教（神聖性）、である。
[†4] [cf. Finnis 1980 pp.64-69]

的リストの提示それ自体は福利の理論ではない[†5]。必要なのはなぜその項目がリストに入るのかの統一的説明である。

5.1.1.2　マーサ・ヌスバウムの場合

だが、こうした客観的リストを少なくとも「指標」として提示しようとする傾向はフィニスなどの（いかにもな）自然法論者に限られるわけではない。例えば優れたフェミニズムの理論家であるマーサ・ヌスバウム (Martha Nussbaum) も、センの主張する「潜在能力アプローチ (capabilities approach)」に依拠しつつ[†6]、その客観的リストを公共政策の達成目標として掲げ、「潜在能力」の客観的リストの項目の一つでも欠いた人生は、他の項目がどれだけ充実していようとも善き人生の基準に達するものではないと主張する[†7]。しかし、例えば再生産に何の関心もない不妊症の女性にとって、身体の健康・統一性には妊娠能力も含まれる、といわれたところで余計なお世話というものであろう。自分が妊娠能力などどうでも良いと思っていようとも、ヌスバウムの理論を公共政策に採用した政府はこの女性に不妊治療を提供しようと試みることにならないだろうか。これらのリストの項目のどれ一つを欠いてもそれは善き生の条件を満たし損ねる、というのだから。却ってこのような公共政策はこの女性のインテグリティを侵害するだろう。彼女はお節介にも「あなたは人間の善き生の基本条件を満たしていない」などと言われるのだから。

ヌスバウムのリストはフィニスのリストとは違って、アリストテレス的な「人間の機能」についての考察から編まれているので、その点では進歩といえようが、それが受け入れられる論拠かどうかは別問題である[†8]。他の生物と違うところに

[†5][Sumner 1996 p.45]

[†6]ここではセンのいわゆる潜在能力 (capabilities) や機能 (functionings) については取り扱わない。平等指標などとしてはともかく、内在的価値の説明としては機能しないからである。機能によって達成される対象の価値を取り除いてもなお機能に価値があると言い張るためにはヌスバウムのように卓越主義に移行しなければならないだろう。「なんでもできるなにもしない人」は素晴らしい機能や潜在能力を備えているかもしれないが、果たしてそのことで些かでも非道徳的な個人的価値を享受しているのかどうか怪しいものである。

[†7]具体的には、生命、身体の健康、身体の統一性 (bodily integrity)、感覚・想像力・思考、感情、実践的理性、承認、他の生物種との共生、遊び、自らの政治的・物質的環境の統御、である [Nussbaum 1999 pp.41-42]。

[†8]但し [Nussbaum 2000 p.5] では重畳的合意に訴えてリストを正当化しているようでもあり、センの折衷的優柔不断を批判するわりに、ヌスバウム自身も大概良くわからないところがある。

こそ人間の発展させるべき機能があるというアリストテレス的な考えは正しくはないとしても、少なくとも愉快ではある。宇宙のどこかにいるかも知れない、「理性」を備えているばかりか人間のような愚かさを持ち合わせない高等生物にもし我々が出会ってしまったならば、我々は愚かさを人間の特質として発展させることに努めなければなるまい[†9]。とはいうものの、ヌスバウムがこのようなリストを提示する理由はわからないわけではない。例えば、妊娠・出産が過大な負担となる社会で女性が再生産に殆ど価値を見いださなくなっているところでは、再生産を全く選好しない女性のその選好をそのまま採用すれば所与の社会状況の問題性を却って隠蔽するものだ、といった認識が恐らく背後にはあるのだろう。しかし、だからといって、妊娠能力を「女性の機能」として公共政策の目標にすることのパターナリスティックな問題性が解消されるわけではない。ヌスバウムの問題意識は重要だと思われるが、それを福利の概念自体に織り込むべきではないだろう[†10]。

5.1.1.3　ジェイムズ・グリフィンの場合

先にも触れたグリフィンはこの点ではもっと柔軟なアプローチを採る。ヌスバウム同様に卓越主義的な客観的リストを提示しつつも、グリフィンはそれらの価値を知悉的欲求 (informed desire) の対象として考えており、そのリスト中の項目のどの一つも欠けてはならない、とはいわない。どの項目も絶対的なものではあり得ず、個人の状況によってその内のどれかを殆ど考慮しないことも不合理ではないことがあり得るからだ。脇目もふらず研究に邁進する学者にとっての個人

ヌスバウムが機能の客観的リスト説化に執着する動機を考えれば、重畳的合意に頼ることはアリストテレス主義にも増して筋悪のはずなのだが。

[†9] 人間を遙かに凌ぐ高等な知性を備えた宇宙人に会ったら人間という種に特有の愚かさを発展させることにこれ努める前にさっさと彼らに喰われるのが「理性的」存在たる人間としては賢明なところであろう。幸いにして人間とそっくり同じように愚かである宇宙人しかないということになれば良いわけだが、この宇宙人に比して人間に特有の特徴が見出されなかったその時には、人間に機能は存在しない、というこれまた（傍から見て）愉快な結論が出ることになるだろう。アリストテレス及びその衣鉢を継ぐ卓越主義的議論に対する興味深い批判として [Carson 2000 pp.133-150] を見よ。

[†10] もちろんヌスバウムにはグリフィン同様に、国家が保障すべき潜在能力に自律や選択の自由が入っているのでパターナリスティックな介入は卓越主義自身によって掣肘されるはずだ、という卓越主義者ご愛用の論法が使えるわけである。だがこの論法にはやはりなにか釈然としないものがある（cf. **4.2.1**）。

的価値は主として「達成 (accomplishment)」であって、感覚的快楽——リストに当然入っているわけだが——は殆ど重視されないかも知れないが、それが不合理であるわけではない。そこでは厚生が個人的価値の客観的リストという箱庭の中で主観性を持つことが許されている。グリフィン自身は自分の厚生概念を知悉的欲求の充足に求めるのだが、普通知悉的欲求という場合には完全合理性などの条件によってそれを同定するところを、客観的な個人的価値のリストを提示しそれらへの欲求を知悉的欲求とみる、というところが独特なのである[†11]。例えば芝生の葉の数を数えようとする行為はグリフィンの意味では知悉的ではないということになる。つまり道具的理性に尽きない、追求されるべき非道徳的な個人的価値それ自体に対する知識がそこでいう「知悉 (information)」には含まれることになる。リスト外の何かを個人的な内在的価値として追求することは不合理なのだ。だが、芝生の葉の数を数えることに内在的欲求を抱く他者がいるとして、芝生の葉の数を数える彼女ではないこの私にその欲求が理解可能 (intelligible) かどうかは、その欲求が彼にとって内在的なものであるかどうかとは関係がないし、本人にとって葉の数を数えることそれ自体が十全な行為理由とならぬかどうかは私には知りようもないことである。なぜそれが彼女の福利を構成しないのだろうか。もちろん、芝生の葉の数を数えるという行為が私にとって理解可能でないことを以て「異常者」という扱いをすることはここでも極めてたやすい。だが、一定の留保を付しつつ、例えば自閉スペクトラムのような人々に見出すことが不可能ではないような「特異な」世界把握と個人的な非道徳的内在的価値に関してこの手の議論がいうべき何を持っているのかはもう少し自覚的に疑われても良いだろう。我々の厚生概念はそのような人々の個人的な非道徳的価値をも包摂できるものでなくてはならない。

[†11] この点については [Griffin 1986 pp.31-34,323n29,40-55] を見よ。このために、グリフィンの議論を選好充足説よりは客観的リスト説に分類しておく方が適切である。知悉によって様々な状況にある人々でもみなこうしたリストに収束するのだという立場であると考えることもできるのだが、収束の根拠がなお不明であるだろう。グリフィンの議論の背景には現実的欲求の充足が他者に対する道徳的インパクトを持たないというところから厚生に道徳的価値を直接見いだすために——このような特殊な形での——知悉的欲求をベースにしようという理論的動機がある。もちろん、我々はこのような道筋を採らない。道徳的価値はあくまで厚生の総和が持っているのであって、個人の厚生が他者にそれ自体の資格として直接道徳的インパクトを持つと考えるべき理由はない。ただし、全体厚生のどの構成部分も常に誰かの厚生であり、誰の個人厚生も常に全体厚生の構成部分であるのでこの区別は実際上問題にはならないだろう。

5.1.1.4　デイヴィド・ブリンクの場合

　ブリンクの「客観的功利主義 (objective utilitarianism)」も善の功利説を採用しつつ、厚生を客観主義的に同定しようとする理論の一つである[†12]。ブリンクもまた厚生を個人的な内在的価値として同定する。しかし、道徳的価値の動機づけに関する外在主義をメタ倫理上採用し、必ずしもその個人的価値に我々が動機づけられるとまで主張はしないのである[†13]。特に注目すべきは、功利主義批判によく持ち出される分配的要請を個人的価値として内在的価値の理論に取り込もうとすることである[†14]。つまり、公正な分配の様態は個人の受けた分配が個人に対して与える個人的価値の総体に尽きない非個人的価値であるという分配的正義論の標準的な議論に対して、適切な分配が実行されている共同体に所属しているということが我々の個人的な内在的価値として理解されるならば、分配的要請は功利主義のフレームワークに適切に取り込める、というのである。友情や家族関係などの人間関係の価値も、快楽や欲求充足に還元することなく、個人的価値としてそのまま取り込まれる。相互の敬意を伴った人間関係の価値も取り込まれ、それゆえサディスティックな選好などは「可能な限り相手の福利・厚生に配慮すべし」

[†12] 客観的功利主義については [Brink 1986],[Brink 1989 pp.211-321] を見よ。

[†13] レイルトンも外在主義を採用するが、個人的価値のレベルでは――非道徳的価値に関心を集中することで――内在主義を保つことに注意せよ。ブリンクが分配の要請をこのように個人的価値として取り込むことによって、個人的価値に関する内在主義を維持できなくなることには注意すべきである。

[†14] [Brink 1989 pp.201-273] 注意すべきは、こうして個人的価値としての厚生に分配に関する考慮を組み込む理論がほぼ最大化的帰結主義にとってのみ可能であることである。というのも、たとえば、もし厚生平等主義が厚生概念に分配の平等性に関する要素を組み込むならば、分配様態の考慮が組み込まれた厚生自体が分配様態の考慮にかけられることになるからである。これはいわゆる平等の二重算入問題を生じさせるであろう。最大化的帰結主義が、価値論と義務的観念の接続の際に価値の分配に全く考慮を払わないからこそ、ブリンクの提案は意味を持つのである。加法集計（或いはその背後にある分離可能性）が経済学的に魅力ある簡素さを備えているためか、経済哲学の論者はフェアネスや平等をブリンクと同様に個人的価値に組み入れようとすることも多い（形式的詳細を含めて [cf. Broome 1991 pp.174-201]）。しかもその場合でも、分配的価値を快苦と同列に厚生に含める場合と、快苦の価値を乗法的に強化する貢献的価値として扱う場合（いわゆる優先性説）に分かれるので、その価値論は単純ではない。なお、最大化的帰結主義の価値論に分配的考慮を組み込む際に、それを個々人の厚生に組み入れる必要があるわけではない。世界に於ける個々人の厚生（一階の価値）の分布パタンそれ自体に非個人的だが内在的な価値（二階の価値）を認めるように価値論を修正することもできるし、それでも総和主義と最大化主義を維持することができる（もちろん異質な価値の加法集計は問題を惹き起こしがちなのだが）。しかし、価値論へのこうした修正が、個々人に帰属する厚生の中身を弄るよりも更にアド・ホックな感じを与えることは否めないであろう。功利主義の魅力の一端は価値論の簡潔さにもあるのである。

という相互の敬意の要請によって排除される、といった具合である。だが、やはりここでもサムナーの先の指摘が妥当する。なぜどのようにして、これらが人間の福利・厚生にとって本質的に重要である、という判断がなされるのかが明らかでないのだ。ブリンクが明示的に客観的リストによる説明にコミットしているわけではないのだが、ここでもブリンクは結局のところ客観的リストの項目を羅列しているに過ぎない、という批判がなされうるところである[†15]。また、これらの異質な価値——例えば快苦も重要な内在的価値の担い手として含まれる——を福利・厚生に放り込んでいくからには集計の際に何らかの形で通約が行われていなければならないと思われるが、主観的でない客観的な通約がどのように行われるのかは明らかではない。

5.1.2 制限功利説

例えばグリフィンが客観的リスト内部で主観的選択の余地を残すのに対し、欲求充足などの主観主義的基準をベースにしながらも、その充足を厚生として同定すべき欲求などを客観的基準によって制限しよう、というのが制限功利説である。つまり、サディスティックな欲求などに対し、それらをある客観的基準によって排除した上で残った欲求の充足を厚生と同定するのである。ベースは極めて主観主義的なのだが、制限自体は客観主義的なのでここで取り上げておくことにしよう。

5.1.2.1 反社会的選好の排除

このような立場が最も鮮明に現れているのは高名な経済学者である規則功利主義者ジョン・ハーサニ (John Harsanyi) のものであろう。ハーサニは「反社会的」選好の充足は厚生として考慮されるべきでない、と主張する[†16]。そこで念頭に置かれているのはサディスティックな選好、或いは悪意の喜び (schadenfreude) である。この立場は功利主義の「反直観的」結論を避けようとするために用いられるが、本当に成功するのだろうか。悪意の喜びがそれ自体では喜びを感じる主体の個人的な内在的価値を成すことは「道徳的直観」に反する、という主張に説得力が全くないわけではないだろう。しかし、例えば IU にとってそのようなサディス

[†15][Sumner 1996 p.45n.2]
[†16][Harsanyi 1982 p.56]

ティックな動機は最適動機群に含まれておらず咎のあるものだ、ということが困難なわけではなく、従って、そのような悪意の喜びの道徳的ステータスが低いものである、ということをいうのに支障はない。問題は、悪意の喜びの個人的な非道徳的価値としてのステータスを否定する理由があるのか、という点である。これは欲求充足説と快楽説では微妙に事情が違ってくる。欲求充足説は、欲求主体が認識できるかどうかとは別に、実際にその充足が世界の事態として生じなければならない。従って、サディスティックな欲求の充足は絶対に他者の厚生を損なわずには生じえない。これに対して、快楽説的な悪意の喜びの方は、実際に誰かが苦痛を蒙らずともそのような喜びが達成されることがないとは言えない。だが、どちらにせよ私の非道徳的な個人的価値に他者の厚生が入ってくると考えるべき理由はないので、個人的な非道徳的価値がそれだけの資格に於いて他者に道徳的インパクトを持つ、と主張するつもりがなければ、このことを反直観的だと考えるべき理由はない。

そこで、スマート (J. J. C. Smart) による次のような仮想的事例を見てみることにしよう[†17]。

> 宇宙にある1体の感性的存在しかおらず、この存在が「私以外の他のすべての感性的存在は絶え間ない苦痛に苦しんでいる」という誤った信念を抱いているとしよう。この存在がこれに喜びを覚えた場合と、悲しみを覚えた場合との二つの宇宙の状態のどちらがより望ましい状態だろうか。

スマートは前者の方が望ましいと主張し、私もまたそれに賛成する。感性的存在が宇宙に1体しかないのであれば道徳は問題にならないから、もしここで価値の実在を云々しうるとすれば、それはこの感性的存在にとっての個体的な非道徳的価値のみであろう。そして、この喜びがその価値を成さない、と考えるべき理由はない。この存在の目の前にスイッチがあるとしよう。それを入れると宇宙の他のすべての感性的存在が苦しむと彼が考え、しかも彼がサディスティックならば迷わずこのスイッチを押すに違いない。欲求ベースの価値の傾向説に立ち戻って考えるとしても、もし完全情報と完全合理性を備えた彼の理想的自己がいると

[†17][Smart and Williams 1973 p.25]

して、このスイッチが何も引き起こさないと知っている理想的自己は現実の彼が目の前のスイッチを「拷問スイッチ」だと勘違いしている以上はそのスイッチを押してサディスティックな快楽を得ることの方がよいと考えるだろう[†18]。

結局のところ、「反社会的」という括りでハーサニが何を表したかったのかはさして明らかでない[†19]。それが何らかの禁止リストの項目の羅列に過ぎないのであれば、その項目選択の恣意性が問題にならざるを得ないだろう。もし、他者の苦痛を伴わずにはおかない欲求が厚生の総体の増大にとって効率の悪い欲求であるということであるのならば、それは厚生の概念のレベルではなくて、望ましい動機群の同定などの間接功利主義的レベルで考慮に入れられるべき事柄であるように思われる。

5.1.2.2 外的選好の排除

ロナルド・ドゥウォーキン (Ronald Dworkin) はその『権利論 Taking Rights Seriously』のなかでやや混乱した次のような主張をした[†20]。即ち、自分の権利や財に関する個人的選好と他人の権利や財に関する外的選好を区別するべきであり、外的選好の充足を功利主義は算入してはならない、というのだ。その論拠は、第一には外的選好を許容することが人種差別や同性愛者差別のような事例に関して——リベラル派にとって——反直観的な結論をもたらすからであり、第二には外的選好の算入は個人の選好を二重に数え「一人を一人として数え決してそれ以上に数えない」という功利主義の根本的な格率に反する、というものである。ハーサニが選好の内容に立ち入って排除しようとしたのに対し、ここでは選好の構造が問題にされていることになる。

前者に関しては、私もそれが「反直観的」であることを一定程度まで承認する。

[†18] 「拷問スイッチ」によって苦しむ感性的存在がいない以上は現実の彼のサディスティックな欲求が充足される——世界の事態が現実に望んだとおりになる——ことはないのだが、殆どの感性的存在は感覚的快楽への内在的欲求をも抱いているから、その内在的欲求の充足は達成される。だから、スイッチを押したいという欲求を現実の彼に持たせたいと理想的自己は欲求する。

[†19] [Harsanyi 1982] で示唆されているように正当な利害関心 (legitimate interest) かどうかで算入すべきか否かを決定する、という発想だとすれば利害関心それ自体に正当かどうかの属性がある、ということになる。これに対して、個人的価値のレベルではすべての選好充足を認めつつ、集計の際にフィルタリングをかけるのだ、という発想もあり得る。だがいずれにせよ、我々はそういった方策を採用しない。

[†20] [Dworkin 1977 pp.234-5, 275-276]

だが、同時に次のように言わねばならない。やはりその修正は厚生の概念のレベルで取り込まれるべきものではない、と[†21]。多くのリベラリズムは、他者危害原理類似のものに基づくかどうかはともかく、一定の立憲主義的な制約がおそらくは採用されるべきだと考えるだろうし、この点については統治功利主義も異論のないところである。外的選好を論じることでドゥウォーキンが問題にしたいようなことは、立憲主義的境界線をどのように設定するかによって論じられるべきことであろう。そして功利主義がそのような境界線を設けること自体を否定すると考える理由はないのである。ラッセル・ハーディン (Russel Hardin) が言うようにハイエク (Friedrich Hayek) を知識問題を重視する行為功利主義者であると解釈する余地があるならば[†22]、それより穏健な、社会工学の可能性を認める統治功利主義に於いても広範囲の立憲主義的制約が正当化されうることに別段の不思議はない。この点については後に触れることになる。

　後者に関しては、外的選好は単に対象が自分以外の人間の事柄である、ということだけのことでそれが算入されたからと言ってなにが「二重」なのかはよくわからず、ドゥウォーキンが混乱している、というハート (H. L. A. Hart) の批判が存在する。この批判は正しく、それが「外的」であるというだけで算入対象から排除すべき理由は功利原理からは出てきようがない。外的選好を一律に排除すれば、他者の厚生に配慮することすらままならないはずである。そこで外的選好ではなくメタ選好を排除してはどうか、という考えもあり得るところであろう。即ち、自他の選好構造それ自体に対する選好である。ゲイ・レズビアンが同性との性行為に対する選好を持っているとして、その選好を持たないように宗教右派が選好する、といった具合である。他人の生き方に口を出すような選好は認められない、といったところだろうか。しかし、メタ選好を1階のレベルの選好に充足レベル

[†21] これに関連する形で言えば、センの「パレーティアン・リベラルの不可能性」による議論がどこまで「反直観的」かも疑わしい。功利主義に於いて自由は他者の個人的な非道徳的価値が何かについての我々の根源的な無知ゆえに要請されるものである。それはあくまで外在的に価値あるものなのだ。功利主義に於いて個人の選好は必ずしも所与でない。功利主義は与えられた選好を最も充足する解を探し求める静的な議論ではなく個人の選好の改変をも視野に入れた動態的な議論である。そもそも、相手の欲求充足に口を出したいという欲求の保持自体がどこまで功利主義的に正当か——リベラル・パラドクスの想定するようにもし我々が無知でなければ——問題にされざるを得ないし、もし我々が無知ならばリベラル・パラドクスのような（というよりも社会選択理論一般のような）直接的社会決定は適切に行われ得ないであろう。
[†22] [Hardin 1988 pp.14-15,91]

で概ね等価視することはできる。そのメタ選好の対象となっている選好が充足されるような世界の事態の成立それ自体に対する選好として書き直せばよい。先の例ならば、同性との性行為に対する選好が充足される、即ち、同性との性行為が行われる、という世界の事態に対し1階のレベルでそれを拒絶する選好として記述し直せばよい。これは外的選好ではない。誰が行っているかはともかく、とにかくそのような事態が生じている世界には住みたくない、という選好だとすれば「そのような世界に住んでいる」という自分自身の性質に関する否定的選好だからである[†23]。多くのメタ選好は実際にはこのような形での1階のレベルの選好と融合したものであり、截然と分離されていることは滅多にない。もちろん、モラリスティックな宗教指導者が（ありがちだが）「再生産のためには異性間の避妊しない性交が必要だが性交への選好を持つことは望ましくない」などと言い出せば1階のレベルで異性間性交を退けてはいないが2階のレベルで退ける、といった選好はあり得る。我々はこういった選好を多くの場合に「欺瞞的」だと思うのだが、それでも一律に排除すべきものなのかどうかはよくわからないし、いずれにせよ、メタ選好を退けるという方策でもドゥウォーキンが望むような事態はもたらされないだろう。他人の選好自体に容喙することを退けるとしても、その他人の選好が充足されないことへの選好は残存する。なにより、他者の選好へのメタ選好が他律の典型例であるように思われるのと表裏一体で、自己の選好についてのメタ選好は（フランクファート的には）自律の重要なメルクマールである。しかし、後者を保持するなら、前者を排除することに理由があるようには思えない。ドゥウォーキンの側からしてみれば「だからなおさら功利主義は駄目なのだ」という話になるはずだが、我々としてみれば、何らかのリベラルな公私区分の確保が問題になっているのだとすれば、それは厚生の概念のレベルで取り込まれるべきものではなく、制度構想レベルで行われるべきであるという応答をここでも繰り返さねばならない。

[†23]実際、この選好の充足は自殺によっても達成されるであろう。

5.2 主観説

前節までで我々は客観説が含む難点を見てきたのだが、以下では主観説を検討することにしよう。多くの功利主義者は快楽説と欲求充足説の何らかのヴァージョンを厚生の概念に採用することが多い。古典的功利主義者は快楽説的厚生概念を採用していたといってよいだろうが、現代功利主義の多くは欲求充足説を採用することが多い。現代功利主義にも快楽説論者がいないわけではないのだが、はっきり劣勢であるといってよかろう。しかし、我々はあるヴァージョンの快楽説を統治功利主義の厚生概念として擁護したいと思う。以下では歴史的順序とは逆にまずは欲求充足説から検討することにしよう。

5.2.1 欲求充足説

欲求充足説は、欲求の充足こそが厚生である、というシンプルな立場である。しかし、この「欲求の充足」は純粋に心理的状態に尽きるものではない。欲求充足説は、欲求主体の心理状態とは切り離された、世界のある事態の成立に厚生の所在を求める立場である。贔屓のサッカーチームに優勝して欲しい、という欲求を私が抱いているとしよう。別のチームが優勝したにもかかわらず、誤った情報を伝えられるなどして「贔屓のサッカーチームが優勝した」という誤った信念を抱いた場合、私は嬉しいかもしれないが「贔屓のチームに優勝して欲しい」という欲求は充足されておらず、私の厚生は増大していないのである。

ポイントは、厚生の実現が個人の心理状態の外部である世界の客観的事態の成立に求められている、という点である。にもかかわらず、欲求充足説が根本的には主観説であるのは、そのようなある世界の客観的事態の成立を主体にとって価値あらしめるものは主体の欲求という主観的要素にほかならないからである。欲求という主観的要素なくして厚生は存在し得ないが、厚生の担い手は主体の外部にある世界の客観的事態の成立なのだ。

5.2.1.1 欲求について

欲求充足説を検討する前にまず欲求とは何かという問題に簡単に言及しなければならない。我々は欲求をやや広い意味で用いることにしよう。即ち、未だ達成

されざる対象に向けての未来志向的な肯定的態度 (pro attitude) だと考えるのである[†24]。私が「私には A する責任がある」と考えて行為 A をするときに、我々は私が A する欲求を持っていると考えてよいだろう。責任あるような行為をしたい、という道徳性への欲求なくしては、私がそれに動機づけられるということはないだろうから[†25]。

欲求の対象は基本的にはある種の命題やその相当物であると考えてよいだろう。一般に命題に対する志向的態度は命題的態度と呼ばれるが、これには主体から客体へと向けられる場合と客体から主体へと向けられる場合の二つがある。例えば、信念は命題的態度の一種であるが、我々はそれを抱く際に対象が真であり世界の客観的事態に一致することにコミットしている。信念は世界の側に心が適合すべきであるという適合方向 (direction of fit) を持つ命題的態度である。これに対して欲求は、心に世界の側が適合するべきである、という逆向きの適合方向を持つ命題的態度である。

しかし、更に幾つかのことに注意しておかなければならない。欲求はそれ自体では必然的に動機付けを伴うものではない。「火星の色が緑であればよいのに」とか「気温が摂氏 25 度であればよいのに」といった、我々に左右しようのない対象をもった欲求は我々を動機づける力を持たない。だから、欲求を動機づけや傾向性で説明しようとする理論にはいくらか難点があるかもしれない。その代わりに、我々は **4.1.2.4** で簡単に言及したように欲求を快苦によって説明することができるかも知れない。但し、その場合快苦は一般的な感覚的快苦を越えて幅広く解釈さ

[†24] "desire" の二つの用法として "pro attitude" と "desire proper" を区別し、前者を行為の説明理由に関する概念、後者を行為の正当化理由に関する概念、と見る立場に関して我々はとりあえず前者を基礎にすることにしよう。その区別に関して例えば [Schueler 1995 pp.29-38] を見よ。

[†25] 動機付けに関する反ヒューム主義の存在を考えれば、これは必ずしも自明ではない。しかし既に明らかにしたように統治功利主義のメタ倫理的コミットメントは動機づけに関する外在主義とヒューム主義にあるので、我々はこれを問題にするつもりはない。だが、マイケル・スミスが指摘するように、我々がある道徳的行為へ動機付けられるときそれが「道徳的行為をしたい」という欲求の充足のいわば道具的・派生的欲求として動機付けられる場合と (desire *de dicto*)、個々の道徳的行為に内在的に動機付けられる場合 (desire *de re*) を区別することができるかもしれない [Smith 1994 pp.71-76]。前者は「道徳フェティシズム」であって、真に道徳的な主体の動機構造の適切な記述ではないとスミスは主張する。この点についても本書で詳細に踏み込むことはできないが、私自身は道徳に関する反合理主義者として、そこでスミスに批判されているような強い外在主義が正しいと考えている。また、道徳性というものがそもそも我々のフェティシズム以外のなにかでありうるか否かは、決して自明ではない、真剣な考慮に値する問題である。

れることになる。これについては快楽説を検討する際に触れることにしよう。

5.2.1.2 *de dicto, de re, de se*

　欲求の対象とは何かをやや詳しく見ることが次の問題になる。この問題は *de dicto, de re* という伝統的な区分に関わってくる問題である。まず、次のような事例を考えてみよう。

> A は「後ろ姿美人コンテスト」に参加している。コンテストの参加者は全員狭い個室に入れられており、後ろ姿をカメラで写されている。全参加者の後ろ姿の映像が各個室の前面スクリーンに映し出されている。

この状況で A が抱く可能性のある次のような欲求について考えてみよう。

- 「背中が一番大きい人──実は A──が優勝するといいなぁ」
  (*de dicto*：ある命題についての欲求)

- 「あの後ろ姿の持ち主──実は A──が優勝するといいなぁ」
  (*de re*：ある個体についての欲求)

- 「私──もちろん発話者である A──が優勝するといいなぁ」
  (*de se*：特に自分についての欲求)

どの欲求も A が優勝した場合に充足されるが、その内容は著しく異なるものである。だが、この些末な区別が何の役に立つのか。それには次の事例を考えてみるべきであろう。

> 自分を世界で最も優れた哲学者だと考えている哲学者が次のように欲求する。
>
> - 「世界で最も優れた哲学者が素晴らしい哲学的著作を完成させることができるといいなぁ」(*de dicto*)
>
> - 「私が素晴らしい哲学的著作を完成させることができるといいなぁ」
>   (*de se*)

彼女が前者のタイプの欲求を抱いているのか後者のタイプの欲求を抱いているの

かは致命的に重要である。前者の場合、彼女ではない、世界で最も優れた哲学者が実際に素晴らしい哲学的著作を完成させることができたならば、彼女の欲求は充足されたことになる。後者の場合はそうではない。彼女は恐らくこの二つの欲求を同時に区別することなく抱いているだろう。どちらの欲求も彼女にとっては「世界で最も優れた哲学者が素晴らしい哲学的著作を完成させること」に対する欲求である。ところで、前者の充足は彼女の厚生を増すのだろうか。これは些か疑わしいと思われる。これに対して、後者の充足はたとえ彼女が自分のアイデンティティに対して法外なほどの迷妄に陥っているとしても、彼女自身の厚生に同定することができるだろう。だが、欲求充足説は如何にして前者を退けることができるだろうか。我々の欲求の多くは *de dicto* だから、これを一律に退けるわけにはいかないのである。

だが、これらの区別は後に検討する快楽説の検討の際に再びふれるとして、ここでは深入りしないことにしよう。ともあれ、一定の場合に、*de dicto* な欲求の充足が明らかに欲求主体の厚生に同定できない、という点について欲求充足説はどのような応答をするのだろうか。更に、命題が欲求の対象となる——欲求が命題的態度の一種である——ことから、欲求における指示の不透明性 (referential opacity) の問題が生ずる。例えば、オイディプスはイオカステと結婚したいという欲求を抱いていた。「イオカステ」と「オイディプスの母」の指示は一致するが、オイディプスは自分の母と結婚したいとは欲求していなかっただろう。欲求の充足を外部の世界の事態に求める、ということはとりもなおさず厚生から指示の不透明性を抹消することにほかならない。しかし、この指示の不透明性はおよそ欲求にとって本質的であったはずなのだ[†26]。

5.2.1.3 知悉欲求説

これらの問題に対して多くの欲求充足説は欲求の理想化を図ることで対処しようとする。それらは概ね知悉欲求説 (informed desire theory) の形を取る。我々

[†26] この不透明性が欲求の志向性 (intentionality) から生じていることに注意したい。サムナーが指摘するように、志向的対象は非存在対象でも構わないというお馴染みの問題が欲求充足説に様々な困難を引き起こしているのである [Sumner 1996 pp.124-125,132]。本書の以下の議論はサムナーのそこでの議論に多くを負っている。欲求充足説のこうした問題の詳細に興味があるならば [Sumner 1996 pp.122-137] を見よ。

が合理性に於いて理想的ならば持つだろう欲求の充足に厚生を同定しようとするわけである。これならば、上述の問題は回避されることになるだろう。完全情報と完全合理性を備えた主体は、誤った信念を抱いていないし、完全情報である以上は彼の欲求は指示的に透明であるはずだからである。しかし、それらを越えた部分に関してどのような意味で「知悉 (informed)」を用いるかは論者によって相当分かれると言わねばならない。道具的合理性に尽きない、と考える場合でもグリフィンのように客観的リスト説に接近する場合もあれば、ブラントのように「事実と論理に徹底的にさらして生き残る欲求」といった具合に、その合理性の内実がややわかりにくいものも含まれるであろう。当然、価値の傾向説を検討する際に見たような、2階の欲求説 (desired desire theory) もこういった知悉欲求説の一種として考えられることになる。既に確認したように、2階の欲求説はそれなりに説得的な理論である。以下にも見るように我々はそれに（より正確には欲求充足説一般に）幾つかの難点を見いだすが、それが完全に棄却されるべきものだとは考えないでよいだろう。欲求は過去の経験をベースにして、未だ達成されざるものを対象として抱かれる未来志向的な態度である。しかし、完全情報・完全合理性を要請する理由がこれらの問題であるとすれば、それらを知悉欲求説の形で解消する必然性があるわけではない。指示の不透明性を抹消せずに引き受け、かつ欲求の充足と我々が実際にそれを経験した際にする反応の間に見られるような齟齬をもたない厚生の理論が可能であればよい。我々は次節で快楽説がこの要請を満たすことを見るだろう。

5.2.1.4　欲求の充足と時間の問題

　欲求の充足が厚生に同定できると考えるとしても、なお時間にまつわる厄介な問題がある。欲求充足説のポイントは、それが基本的には対象とする世界の事態が成立するところにある。つまり、私が主観的レベルでどう思うかよりは、世界の事態という客観的なレベルで厚生が同定されることが本質的なのである。そこでは、快楽説における「誤った喜び (false pleasure)」は生じないだろう。例えば、生き別れになった弟の幸福を私が欲求する場合、どこにいるかは知らないがその弟が実際に幸福であれば私の欲求は客観的に充足されているのである。しかし、このような率直な欲求充足説は厚生の説明としては難点を抱えているといわなけ

ればならない。死者がある欲求を抱いて死に、死後にその対象が実現した場合、この死者の厚生は増したといえるのだろうか。我々は死者にとっての厚生を認めたいとは思わないであろう。では生者である限りに於いて、という制約を附せばよいのだろうか。ある人がある欲求を抱き、脳死状態に陥ったとしよう。そののち当の欲求の対象が実現したとして、これはこの脳死者の厚生を成すのだろうか。多くの欲求充足説は、経験要件 (experience requirement) を付け加える[27]。つまり、その事態の成立を欲求主体が経験するという条件が効用の成立のために必要である、と[28]。

だが、いずれにせよこれらの説には難点があるように思われる。このことを次のような仮想的事例を用いて考えてみたい。

> $α, β, γ$ の3人が宇宙空間に正三角形を成して位置している。彼らの中央には、各人から1光年離れて、ある物体 O がある。この物体 O は3人がそれぞれ持つ信号装置からの信号を同時にすべて受信したときそのときに限り、色を緑から赤に変える。この3人は「ある時刻 t にこの物体 O の色が緑でなく赤である」ことを欲求する。

話を簡単にするために、時刻 t にこの物体の色が緑であることを3人が嫌がる (averse) ものとしよう。つまり、緑であると彼らに負の欲求充足、負の厚生が生じるものとしよう。この3人が $t-(1年)$ の時点で信号を発射しようと約束したとする。彼らが実際にこれを実行すると、t の時点で色が変わる。ところで、この色の変化が彼らに経験されるのは $t+(1年)$ の時点である。率直な欲求充足説では厚生が発生するのは時点 t に於いてであり、経験要件を伴う欲求充足説では $t+(1年)$ である。ところで、各人とも他の2人が約束通り信号を発したかどうかは時点 $t+(\sqrt{3}-1年)$ 後にわかる。もし発していれば、3人とも、O が時刻 t に赤であることを知り、かつ実際にその時点では既に時刻 t に O が赤いという事態は成立している。

---

[27] [Griffin 1986 p.13]
[28] しかし、「経験」がどのようなことを指すのかを巡って再び問題が持ち上がることは必定である。オイディプスは「イオカステ」との結婚を「経験」したが、「自分の母」との結婚を「経験」したのだろうか。欲求の充足についての信念が厚生の要件だとすると、相変わらず指示の不透明性の問題が生じることになる。

さて、これらの3つのうちのどの時点で厚生が発生するのだろうか。もし、$t+(\sqrt{3}-1\text{年})$の時点で他の2人の信号が観測できない場合には$t+(1\text{年})$後になおも物体Oの色がtに於いて緑のままであることを経験する前に、Oの色がtに於いて赤ではなく緑であることが3人にはわかるだろう。だが、物体Oの色の変化は、$t+(\sqrt{3}-1\text{年})$の時点では3人に因果的に関わり得ないことに属する。他の2人の信号を観測した時点ではtに於けるOの色（の変化）が決して経験され得ず、3人に因果的に関わり得ないにもかかわらず、3人は自分たちの欲求が充足されず嫌悪が充足されることを認識する。経験を要件とすると、それでもなお厚生の変動が彼らには$t+(1\text{年})$に到るまで生じないのだろうか。だとすれば、もし、αがその中間の時点で死亡した場合にはαの厚生は（仮に2人の信号を観測できた場合に比べても）全く影響を受けなかった、ということになる。これは厚生の説明としては魅力を欠くものといわざるを得ないだろう。更に、もし、2人の信号が観測できないことに失望してその結果として（たとえばこの色変化を巡る個人的プロジェクトを打ち捨てるなどといったことで）当初の欲求と嫌悪そのものが消滅すると、そもそも$t+(1\text{年})$の時点では欲求も嫌悪も抱いていないのだから$t+(1\text{年})$に物体Oの色が緑であることを経験したとしてもそれによる厚生の低下はないはずである。更に、もし彼らの信号観測が誤っていたか、或いは未知の文明の介入によって、物体Oが予想に反してtに赤くなり、$t+(1\text{年})$に彼らに経験されるとすればどうだろうか。彼らに帰属すべき厚生がどこかで発生しただろうか。率直な欲求充足説ならば厚生がtで発生しているのに彼らは失望して欲求を消滅させてしまう。経験要件説ならば、欲求がその前に消滅してしまっているので$t+(1\text{年})$に赤色光を観測することは彼らになんらの心理的影響も与えない。

こうしてみると、欲求充足説は無力であるように思われる。だが、彼らに欲求を放棄させた「失望」はいったい何だったのか。厚生が我々の欲求を再編し強化・弱体化するような内在的な力を持つのだとすれば、他の2人の信号を観測した時点で厚生が発生していると考えるべきであり、「失望」と欲求の変化はまさにこの時点での不快 (displeasure) によって説明される——それゆえ欲求充足説ではなく快楽説が妥当である——ことになるはずである。

とはいうものの、時点tに於けるOの変化というこの時点で3人の誰にも因果的影響を有しない事象を厚生として3人に帰属させることの不可解さを措くとし

ても、二つの内で一貫しているのは率直な欲求充足説の方であろう。しかし、死者の欲求の充足が考えられるという議論にはやはり奇妙な点がある。死者の欲求を考えてもよいと言うことは、私が時点 t_1 である欲求を抱いて、後に時点 t_2 でその欲求を消滅させたとしても（死者の場合には死によってそれが起こるわけだが）、t_1 での欲求は存続し、欲求の充足が起こりうると言うことだ。この欲求充足の厚生は t_1 での「私」に帰属し、t_2 での「私」には帰属しないことになる。今や存在しない「私」の厚生はしかし、如何なる力を有するというのだろうか。仮に t_1 の「私」の厚生が上昇するのだとして、t_2 の「私」がそれを気にかけるべき理由がどこかにあるだろうか。欲求充足説を貫くならば、我々は『論語』を燃やすことで孔子の厚生に影響を与えることができるだろう。ここには明らかに何かおかしな点がある。もちろん、過去の孔子その人は私が『論語』を燃やすことで如何なる内在的変化も蒙りようがない。欲求とその充足に時間的懸隔があることが問題を引き起こしていることは明らかである。しかし、経験要件を課すこともまた困難であるとすれば我々はどうすればよいのか[29]。欲求充足説に関するこういったパズルは恐らくは解けないものではないと我々は考えるが[30]、快楽説が欲

---

[29] 価値の担い手を宇宙の 4 次元的全体と見なすタイプの歴史主義を採るならば、率直な欲求充足説は容易に理解可能であるかもしれない。ある時点の意識主体の欲求とその後の時点での充足事態の成立という欲求充足の 2 つの本質的要素が時間内で有機的統一を形成するのだと考えればよい。この場合欲求充足という価値はいわば無時点的に存在し、価値がどの時点に存在するかを問うことは無意味であることになる。また、未来だけでなく過去の自分の厚生をもこれから達成することができるのだから、「自愛の原理」は過去の「私」の厚生を配慮せよと現在の私に命じるであろう。率直な欲求充足説は、我々が **3.3.2.4** で退けたような理想主義的な功利主義モデルの下でならば、一貫したものだと考えられうる（魅力的かどうかはともかく）。

[30] 欲求充足説には更に内在的欲求と道具的欲求を巡る問題がある。欲求充足説が次に検討しなければならないのは、内在的欲求の充足が厚生に同定できるのだとして、道具的欲求の充足をどう扱うかである。道具的欲求が内在的欲求の充足のためにその充足が価値あるものとなるのだとすれば、道具的欲求の充足は厚生の実現の手段（必要条件 etc.）であって、それ自体は必ずしも厚生でなくともよい。しかし、それが厚生であることを妨げるものもないのである。そのためには次のような事例を考えてみればよい。

> ある画家が大作絵画を描きたいと内在的に欲求する。その絵画を制作するためには様々な画材が必要である。もちろんこの画家は画材になんらフェティッシュな欲求を抱いてはいないものとしよう。
> - 画材を買わなければ、と思いつつ就寝したところ就寝中に安らかに死亡した場合
> - 素晴らしい画材を手に入れ、道具的欲求のこの上ない充足を得た晩の就寝中に安らかに死亡した場合

どちらの方がこの画家の人生の含む厚生は大きかっただろうか。私には後者の方が明らかにより幸福な人生であったように思われる。道具的欲求の充足に厚生を割り当てない限りは、この

求充足説に代わってこれらの困難を回避する有力な選択であることは認めるべきであろう。そこで次節では快楽説の検討に入ることにしよう。

5.2.2 快楽説

欲求充足説に対して快楽説は更に徹底して主観主義的である。快楽説は厚生の担い手があくまで主体の心的状態に尽きる、と考える。個人の心的状態から切り離された世界の事態がどうであるかは、厚生には直接の影響を持たないと考えるのである。

5.2.2.1 記述的快楽説と規範的快楽説

まず、快楽説が何を主張しているテーゼなのか、につきものの誤解を指摘しておかなければならない。快楽説は記述的快楽説（or 心理的快楽説）と規範的快楽説 (or 倫理的快楽説) に分けることができる。心理的快楽説は人間は自己の快楽の

二つの事態の間の差異を厚生概念は適切に反映できないことになるだろう。道具的欲求の充足に、それが対象とする内在的欲求の充足とは独立の厚生を認めるべきなのだろうか。どちらの例でもこの画家は死亡しており、内在的欲求の充足は起こりえないのである。それゆえ、そこから決して厚生が生じない以上、道具的欲求の充足それ自体に独立の厚生を認めなければならないだろう。しかし、だとすれば道具的欲求は本当に道具的なのか？ 道具的欲求それ自体の充足が厚生を担うならば、それは内在的欲求ではないのか。これに対しては、次のように考えられるかもしれない。内在的欲求と道具的欲求は、欲求の「理由」に関する関係であり、その充足の厚生に関する関係では必ずしもない。この画家はそもそも大作絵画を描こうと思わなければ画材への欲求を抱かなかっただろう。画材への欲求の「理由」が他の欲求の充足にあるならばそれは道具的欲求であるが、その充足は対象とする欲求の充足とは独立した厚生を担うと考えるべきなのだ、と。しかし、内在的欲求の充足の必要条件の実現に対する道具的欲求の充足に独立の厚生を認めにくいということも事実であろう。これを認めると次のような問題が生ずる（道具的欲求と経路依存の問題の指摘はブラントによる [Brandt 1992 p.160n6]）。ある内在的欲求 D の充足が、道具的欲求 d_x, d_y の充足によっても、別の道具的欲求 d_z のみの充足によっても達成されうるとしよう。すると、D の充足がもたらす厚生が経路依存的に違ってきてしまうことになる（もし $U(x) + U(y) \neq U(z)$ だとすれば）。これを避けたいならば、厚生を内在的欲求の充足に限定しつつ、これらの道具的欲求とされている諸欲求が実は少なくともその一部は内在的に欲求されているのだ、と考えることになるだろう。「画材が欲しい」という欲求は純然たる道具的欲求なのではなくて、画材自体に対する内在的欲求と絵画制作の欲求に対する道具的欲求の混合物なのだと考えることになるだろう。これは、手段の目的化というお馴染みの現象であるかも知れない。しかしそうだとすると、完全に合理的な主体にあっては、手段たる道具的欲求が目的として内在的欲求化することはないだろう。であれば、D が充足されるという世界の事態が生じるに到るまでに欲求主体が獲得する厚生はむしろ合理的主体の方が低い、ということになってしまうのではないか。この緊張関係は、やはり、欲求充足説が主観的感情ではなくて客観的な世界の事態の成立を求めるところから生ずる。これもまた快楽説の欲求充足説に対する相対的魅力を示す問題であるといえよう。快楽説と欲求充足説のこうした対比についてはまた [Brandt 1992 p.158-175] をも見よ。

増大を目的に行動している、と主張する人間行動に関する記述的テーゼである。心理的快楽説は、たとえ利他的行動を取る人間がいたとしてもそれもまた良く注意してみれば利己的行動にほかならない、といった主張をする。心理的快楽説はその構造上、反証できないことに注意しよう。というのは、一見明白に心理的快楽説に反するような事例が出てきた場合にも心理的快楽説は「隠れた利己的快楽の存在を見逃しているのだ」と主張できるからである。もちろん、反証不能性は心理的快楽説を退ける論拠とはならない。実証科学を含めた多くの理論に於いて単独で反証可能な命題など殆ど存在しないからである。例えば、合理人仮説を元にして人間行動のモデルを作ることは無意味ではない。説明できない事例が出てきたときに、合理人仮説をいじることなく別の部分でモデルを複雑化させるか、合理人仮説を放棄してより複雑な基本仮説を採用するべきかは事前には決定できない。問題はどちらが扱いやすく有用なモデルであるかに尽きる。

だが、我々がここで論じようとしているのは記述的快楽説ではなく規範的快楽説である。即ち、善の快楽説を採用するならば内在的価値とは快楽に尽き、功利の指標説を採用するならば社会的調整の指標は快楽に尽きる、と主張するのであって、我々が現に快楽のみを追求して行動していると主張しているのではない。もちろん、価値の実在論を採用する場合にはその際に、価値が我々の行動の説明に消去できない形で関わってくることが実在性の条件として利いてくるから、記述的快楽説と規範的快楽説がきれいに切り離されるとは限らないのだが、以下で検討される快楽説は主として規範的快楽説として考えられるべきものである。

5.2.2.2 内在的快楽説と外在的快楽説

我々は快楽説を概ね二種類に分類することができる。一方は、快楽として経験される様々な心的経験に共通して内在する要素こそがそれらの経験を快楽たらしめるという内在的快楽説であり、他方は、様々な心的経験それ自体ではなく外在的な要素が関与して初めてそれらの諸経験が快楽となる、という外在的快楽説である。いずれにせよ、これらは狭義の肉体的な感覚の快楽こそが厚生である、という感覚的快楽説とは一応区別されなければならない。もちろん、そのような感

覚的快楽説は説得的ではないとはっきり言って良かろう[†31]。それには次のような反例を考えてみればよい[†32]。

> あなたは交通事故で四肢を損傷した。意識を取り戻したところ、それらの四肢の神経が死んでいないかどうかを調べるために医師が四肢に探り針を当てていくところである。痛みがあれば神経は死んでいないことになる。あなたは探り針によって痛みを感じそれに喜びを覚える。

この事例の場合、狭義の感覚的快苦は探り針による痛みしか存在していない。それゆえ、感覚的快楽説はあなたが感じた喜びを説明するのに失敗していることになる。もちろん、厚生の説明のためにも、こういった喜びを包摂する広義の快楽説を考えなければならないことは明らかである。その上で、こういった心的経験をそれ自体で望ましいものとするような内在的特質が快楽一般にあるのかどうかが問題になるのである。既にこの時点で快楽説が「快楽 (pleasure)」という語をかなり広い意味で用いていることが明らかであろう。肉体的快楽と広義の快楽を区別するために別の語を用いた方が紛れがないかもしれないが[†33]、以下では歴史的経緯の産物であることに留意しつつ「快楽説」という名称を用いることにする。

　快楽説に批判的な論者の多くは快楽に共通の内在的特質は存在しないと主張する。しかも、大抵の場合には、自分の経験を反省してみればそのことが明らかで

[†31] だが、ジョゼフ・メンドーラはこの立場を強力に支持している [Mendola 2006 pp.139-183]。感覚的快苦の感覚質 (qualia) こそが、この具体物からなる自然主義的世界に於ける、非構成的な (unconstitutive) 自然的かつ規範的（理由賦与的）な唯一のものである、というのである。たとえ感覚的快楽説がどんなに気に入らないとしても、世界にマッキーのいわゆる「奇妙な (queer)」性質はこれしかない。現象性質 (phenomenal property) としての感覚質が「奇妙」だが実在を疑い得ないのと同じで、こうした既に充分奇妙な現象性質が自然的にして規範的という「奇妙な」性質を備えていても不思議はなく、現象性質の内で規範性を備えている候補は感覚的快苦のそれしかなさそうである、というわけである。感覚質の実在性には疑問の余地があるし、仮に感覚質を認めるとしても、物理主義を簡単に捨てる気はないので本書ではこの道筋を採らない（物理主義を否定して快苦の感覚質が物理主義の枠をはみ出る自然性質という奇妙な代物であることを認めない限りそれがマッキー的な「奇妙な」性質であることを正面から主張することはできない）。しかし、この議論が注目すべき立場であることは疑いない。

[†32] 以下の例は [Feldman 1997 p.99-100] による例を修正して用いた。

[†33] しかし、そもそも古代から古典的功利主義に到るまで、狭義の肉体的快楽のみを善とした「快楽説」は殆ど存在しないはずである。エピクロス (Epicurus) はいうまでもなく、ベンタムを含む古典的功利主義者たちもそのような狭隘な快楽説を採用したことはない。それゆえ「快楽説」という名称は最初からこのような意味で用いられてきたのである。こうした広義の快苦に「歓楽 (enjoyment) ／艱苦 (suffering)」という名称が与えられて区別されることもあるが、本書では「歓楽／艱苦」は広義の快苦の中でも更に特殊なものを指す為に充てることにする。

5.2 主観説

ある、というだけのことが殆どである†34。これに対して、それらに共通する特質 (hedonic tone と称される) は自明である、という正反対の直観を持ち出す論者も少数ながら強固に存在する†35。ここでは明らかに「直観」が共有されておらず、それらに訴えることに殆ど意味はないというほかないだろう。もちろん、快楽説かつ功利の指標説を採用する場合でも、価値の多元性を認めることと、快楽経験の非同質性を認めることとは基本的には別の問題である。だが、我々はここで敢えて内在説を擁護する必要があるわけではない。以下では外在的快楽説に基づいて快楽説を論じることにする。おそらく古典的功利主義の多くは内在的快楽説だと見なしてよいので、ここで統治功利主義は古典的功利主義と差異を見せることになるだろう。実のところ、現在では多くの快楽説は外在的快楽説を採用しているのである†36。

外在的快楽説の基本的態度は、ある感覚経験に対しそれ自体を快楽とするような特質が内在するのではなく、それらは我々がそれらにどのような態度を取るのかという感覚経験に外在的な要因で決定される、というものである。我々がそれに肯定的態度を取れば「快楽」であり、否定的態度を取れば「苦痛」である。外在的快楽説を採る場合、そういった態度の対象は狭義の感覚経験だけに限定されるわけではない。その対象は欲求の場合と同様に、命題或いは命題相当物である。それゆえ、外在的快楽説は命題的態度の一種として「快苦」を考えることになる†37。このような快楽説に於いて「欲求」が快楽の定義に出てこないことに注意しよう。これは微妙な論点なので、ブラントによる厚生の「幸福説 (enjoyment or happiness)」

---

†34 これはギルバート・ライル (Gilbert Ryle) 以来の通説のようなものだが [cf. Ryle 1949 pp.107-109]、その実例として例えば [Parfit 1984 p.493] を見よ。

†35 例えば [Tänssjö 1996 pp.63-79],[Mendola 2006 pp.105-109] 私もかなりの程度までこうした内在的快楽説に共感を覚えるし、内在的快楽説に於いて快苦に同定されるものは通常ほぼそのまま外在的快楽説に於いても快苦に同定されうる。本書の以下の議論で、外在的快楽説でなければならない、という箇所は実のところ殆どないので、内在的快楽説を採用した上で外在的快楽説を後退戦線としても良かったのであるが、それを妨げたのは、私が快楽経験とみなす諸経験に内在的に共通する性質があるのかどうかが私にもやはりよくわからない（その逆もよくわからないのだが）、ということであった。外在的快楽説でも、採られうる様々な肯定的態度の中で共通の特質を持つもののみに、態度的快楽を形成する能力を認めるならば、内在説に接近することになるだろう。内在説の中でも、快の快たる所以を感覚の内在的性質に求めつつ、それが多元的なものであることを認めるものとして [cf. Crisp 2006 pp.103-111]。

†36 その実例として例えばフェルドマンのほかに [Gosling 1969 pp.28-53] などをも参照せよ。

†37 命題的態度の一種として快苦を考える立場は、快楽説自体を支持しない論者にあっても一般的なものになりつつある。その実例として例えば [Lemos 1994 pp.67-73] を見よ。

を参照して、それが外在的快楽説と異なるものであることを確認しておこう。ブラントによれば「幸福」は次のようなものである（「快楽」という語の印象に引きずられることを避けるために「幸福」が用いられているが、理論上の目的はここでの我々のそれと異なるものではない）[38]。

> ある経験 E がある人 P にとって幸福であるとは、E が P にそれ自体のゆえに（即ち内在的に）E が持続する（或いは繰り返す）ことを欲求させるとき、かつそのときに限る。

これはあまり賢明な定義ではない。感覚経験それ自体に内在する特質がその経験を快楽（幸福）たらしめるのではないという外在主義を受け入れるならば、ある瞬間 t に於いて望ましいとされた感覚経験 E が次の瞬間 t' に於いて望ましからざるものとされることに全く矛盾はない。それゆえ、そのような場合に t に於いて E の持続は欲求されないが、それが快楽（幸福）であることを妨げるものはないのである[39]。欲求は未だ成立していないと信じる事態を対象にするから t に於ける E を共時的に欲求することはできない。だから欲求充足説の類型として快楽説（幸福説）を定義することはできない。我々の外在的快楽説に於ける「肯定的態度・否定的態度」は欲求とは異なった原始的概念である、としておく方がよいだろう。

5.2.2.3 態度的快楽説

そこで、我々はこのような外在主義的快楽説をフェルドマンに従って態度的快楽説 (attitudinal pleasure theory) と呼ぶことにしよう[40]。フェルドマンによれば態度的快楽は次のような要件を満たす[41]。

---

[38] [Brandt 1992 p.164]

[39] ゴスリング (J. C. B. Gosling) は香水の例を挙げている。香水を一吹きしてその匂いに快を感ずるとしても、その嗅覚の感覚が持続すれば不快であるだろう [Gosling 1969 p.65]。

[40] 快楽説についての詳細で興味深い研究としてフェルドマンの『快楽と良き生 Pleasure and the Good Life』[Feldman 2004] を参照。以下でもフェルドマンの枠組みに基づいて外在的快楽説を検討する。フェルドマンは態度的快楽説の異型を多数提出しているが、我々が支持し、関心を持つのはその最も単純な形態である。なお単純でないタイプの真理調節的・功績調節的な態度的快楽説についてのサムナーの批判をも併せて参照せよ [cf. Sumner 2006]。

[41] [Feldman 2004 pp.55-63] 他にも幾つか要件が挙げられているが、ここでは採用しない。なお、態度的快楽説をパーフィットのいう「選好快楽説 (preference-hedonism)」と混同すべきでない [Parfit 1984 pp.493-494]。これらはパーフィットの説明からすると一見等しいように見えるが、そこで挙げられている事例の説明と噛み合っていない。ここでは事例の説明の方が正しく

- 態度的快楽は、信念がそうであるように、明示的に意識されていなくとも抱かれうる

- ある命題 p に態度的快楽を抱くならば、p が真であるという信念を抱いていなければならない

- 実際に態度的快楽を抱いているとき、態度の対象を間違えて同定することがある (快楽の不透明性)

これらのなかで、最初の要件は微妙な問題を提供する。そもそも「快楽」が意識されずに抱かれうるなどということがあり得るのか。だが、信念の他にも、四六時中子供の幸福のことを思い浮かべていなくとも父が子の幸福を欲求していると考えることを妨げられないのと同様に、態度的快楽もまたそれを妨げられないものと考えるべきであろう。反実仮想的に「あなたは今〜に態度的快楽を抱いていますか」と問うたときに肯定的返答があればよい、と考えればよい。こう考えたところで、心的状態と厚生を同定するという快楽説のメルクマールは失われない。

第 2 の要件はほぼ問題なく認められるであろう。ある世界の事態 S が成立していないと信じつつ S を対象にした態度的快楽を抱くことはできないと思われる。信念との関係性は重要である。これによって態度的快楽は指示の不透明性を信念のそれから継承することに注意しよう。オイディプスは自分がイオカステと結婚しているという命題を対象とした態度的快楽を抱くことができるが、自分が自分の母と結婚しているという信念は有していないから、そのことに態度的苦痛を抱くことはできない。

パーフィットの立場を表すものと考えておく。死ぬ間際のフロイトは鎮痛薬による肉体的苦痛の除去とそれによる思索の鈍麻という選択肢と苦痛の最中での明晰な思索という選択肢では後者を選択した (この事例は [Griffin 1986 p.8] による)。選好快楽説によれば、後者が選好されたからには後者の方が彼の人生はよりうまくいったのだというわけである。態度的快楽説はそうはいわない。フロイトは苦痛の中での明晰な思索に態度的快楽を抱いたであろう。しかし、肉体的苦痛の除去の方は経験しなかったし、それがフロイトにもたらしただろう態度的快楽の大きさを事前にフロイトがどういう選好を有していたかから云々することは困難である (というのも苦痛の除去と思考の鈍麻によって事前とはかなり異なった快楽プロファイルを得ただろうから)。グリフィンの意図に反して、この事例は感覚的快楽説をすら反駁するものではない。感覚的快楽説からしてみれば、フロイトは単に自身の個人的非道徳的価値について誤った見解を抱いていただけのことだろう。

第3の要件は更に微妙な問題を提起する。フェルドマンによれば、上等のワインを飲んでいるときに、自分ではその味に快楽を抱いているのだと考えつつ、実際にはよく考えてみればそのように上等のワインを飲んでいるところを人に見られていることに快楽を感じているということがあり得る、というのである。私にはこの主張は説得的でないように思われる。この主張の背景には、味に関する快楽と見られていることに関する快楽が混同される、つまり快楽に内在的に共通する特質がある、という内在的快楽説の残滓があるのではないか。しかし、もしこれらが混同されるのだとすれば、実際にはその態度的快楽の対象は「私がこのワインを飲んでいる」という命題なのであって、「衆人環視の中で（飲んでいる）」とか「この（美味い）ワインを」といった、より特定的な命題を対象にしているのではないのだろう。但し、次のような形で態度的快楽が不透明になることはあり得る。欲求充足説を検討する際に挙げた「自分を世界で最も優れた哲学者だと信じる哲学者」の例を思い出してみよう。彼女が「世界で最も優れた哲学者が素晴らしい著作を書き上げた」という信念を抱くとしよう。彼女が態度的快楽を抱く様態は *de dicto* なそれと *de se* なそれの二種類ある。「世界で最も優れた哲学者が素晴らしい著作を書き上げた」という命題を対象とするものと、「『私』が素晴らしい著作を書き上げた」という命題を対象とするものである。この時、彼女が態度的快楽を感じているとして、その態度的快楽が双方の内のどちらであるかは本人には不透明であるかもしれない。

5.2.2.4　偽りの快楽

次のような事例を考えてみよう[42]。

> ある女性は自分が家族に愛されていると思い、自らを幸福であると感じている。しかし、彼女の夫は彼女を愛しておらず、子供達は内心では彼女を深く軽蔑している。

自分がどう思われているか知ることなく彼女が生涯を終えるならば、彼女の人生

---

[42] こうした批判の例としてトマス・ネーゲル (Thomas Nagel) のもの [Nagel 1979 p.4] とシェリー・ケイガン (Shelly Kagan) のもの [Kagan 1994] を見よ。これに対する以下とほぼ同様の趣旨の反論としてフェルドマンの議論を見よ [Feldman 2004 pp.41-43,109-114]。

は幸福だったと言えるだろうか。もちろん、家族に愛されたいという欲求は充足されていないので、欲求充足説は彼女の厚生を低いものと考えるだろう。しかし、快楽説は世界の事態が客観的にどうかにかかわらず主体の心的状態のみを考えるので、この事例では彼女の厚生は高いものと考えることになるだろう。多くの論者はこの快楽説の結論を反直観的だと考え、快楽説ではなく欲求充足説の方が厚生の定義としては妥当である、と考えるに到ったのである。誤った信念によって生じた心的状態としての快楽は、世界の事態と信念との齟齬によって生じる。これを厚生と考えるべきなのか、考えるべきでないならば快楽説にどのような修正が必要なのかが問題になるだろう。これは態度的快楽説の枠組みでいえば態度の対象となる命題が偽 (false) である場合をどう扱うか、という問題だと考えることになる。

　恐らく多くの快楽説論者はこの女性の福利 (well-being) が損なわれているとは考えない。というのも、この女性の立場に正しく自分を置いてみれば、我々は自分の福利に疑問の余地がないだろうから。この事例のような状況を知っていれば、我々は彼女の立場に——それらの事情を知っている自分の立場から見て——立ちたいとは思わないかも知れないが、そのとき我々は真に彼女の立場に立ってはいないだけのことだ。彼女の立場に立っているならば、何らかの手段で他者の愛を試そうとしたところで無駄である。仮設によって、そのような手段によって他者の愛に対する信念が完全に正当化されていると思っているにも関わらず、本当は欺かれていることになるのだから。彼女の状況がそんなに悪いものだとすれば、我々は実は彼女と同じ状況に陥っているのではないか、と恐れる必要があるのではないだろうか。にもかかわらず、我々が普段からそのような恐れを抱くのだとすれば、そのこと自体が我々の福利を掘り崩してしまうだろう。もちろん、我々が後になって真相を知れば、我々はひどい苦痛を経験するだろう。それまで経験してきた快楽が大きければ大きいほど、その苦痛は大きなものとなるに違いない。けれども、もし真相を知ることがないのならば、それまで経験してきた快楽がそれ自体で空しいものとはならない。仮設によって事前に我々はその快楽を空しいものと認識することはできないし、それらの快楽が福利に同定できないと考えることから来る恐れが我々の福利を堀崩してしまうのだとしたら、そうならない合理的な範囲内で態度的快楽に伴う信念が正当化されていればよい、と考えること

だろう。それでなお残る「偽りの快楽」が福利に同定されることに不合理なところはあるまい。

もちろん、この結論を避けたいと思う論者がいてもおかしくない。その場合、態度的快楽の対象が実際に成立していることを要求したくなることだろう。あくまで厚生の担い手を心的状態に同定しつつ、必要条件として一定の世界の事態の成立を要求することは不可能ではない。これを経験要件を課す欲求充足説と混同すべきではない。というのも、いま私が「いま事態 S が成立する」ことに態度的快楽を抱いた場合、それが必要としているのはこの瞬間 S が成立していることであって、その経験を待つ必要はないのである。私がそのような態度的快楽を抱いているならば、私は「いま S が成立している」という信念を有しており、それが真であることにコミットしている。それゆえ、私はそれを欲求することはできない。我々は真であると考える命題の成立を欲求することはできない（欲求の適合方向は世界から心に向かってであるから）。更に、オイディプスはイオカステと結婚しているという信念を有し、実際にそれが成立しているが、自分の母と結婚しているという信念は持っていないから、信念の指示の不透明性はここでも継承される。この違いをきちんと踏まえた上で、このような要件を満たした態度的快楽を「歓楽 (enjoyment)」と呼ぶことにしよう[†43]。我々は、態度的快楽説がこの事例によって説得的でなくなるとはちっとも思わない。しかし、これに不満な読者が歓楽的快楽説を採ることを妨げるものがあるわけではない。この段階ではどちらを採るべきかは未決にしておくのが良いだろう。

[†43] 「歓楽 (enjoyment) ／艱苦 (suffering)」という語の導入自体はサムナーによる（サムナーの場合には快楽と苦痛を感覚的快苦に限定して広義のそれを区別するために用いられている）。態度対象の真理性を歓楽と艱苦に導入するタイプの快楽説（サムナーは態度的対象が——どうやら対象は命題よりはむしろ具体的個物であると考えられているようである——非存在的対象でないことを要求する特殊な態度的快楽説を考えている）についてはサムナーも相当程度の理論的魅力があると考えているようである [cf. Sumner 1996 pp.103-104]。フェルドマンはこれと似ているが微妙に異なる「真理調節的態度的快楽説 (truth-adjusted intrinsic attitudinal hedonism)」を選択肢として提示している [Feldman 2004 p.112]。これによると、態度の対象である命題が真であれば、偽である時よりも多くの快楽があると認めるのであるが、後者の場合でも快楽の量は無にはならない（快の価値ではなく快の量そのものに調節が加えられている点に注意すべきである）。また、以下で経験機械の例に見るように苦痛の反価値が態度の対象命題の真偽によって揺らがないように思われるところから、苦痛についてはこうした調節を認めていない。我々も同様に（もし歓楽説を採用するとしての話だが）艱苦について成立要件を要求しないでよいかもしれない。

5.2.2.5 再び *de dicto, de re, de se*

　ここで再び態度的快楽の対象に応じて *de dicto, de re, de se* の三種類の分類を考えることができるだろう。ここで主として検討の対象になるのは pleasure *de se* である[†44]。*de se* な対象のポイントはそれが『私』という指標詞 (indexical) を含むところにある。「『僕』は『ここ』にいるよ」という言明が発話主体や発話状況に関わりなく真である、ということを考えてみればその特殊性がはっきりするであろう。同じように「『私』が『この感覚』を感じている」ことを対象にする態度的快楽を考えてみよう。これもまた発話主体や発話状況に関わりなく真な言明であり、どんな主体もこれを信念として持つだろう。だから、これを対象とする態度的快楽——つまるところ感覚的快楽——は「偽りの快楽」ではありえず、常に歓楽でもある。我々は態度的快楽説の枠組みの中で、感覚的快楽の特徴づけをこのようにして得ることができる。だから、感覚的快楽が福利に対して持つ明確なインパクトを取りこぼすことなく態度的快楽説や歓楽的快楽説を採用することができる。また、歓楽的快楽説の場合には、感覚的快楽は常に歓楽だから、厚生の増大を目指す際に感覚的快楽に対して、歓楽になり損ねうる他の態度的快楽よりもウェイトを置いた戦略を採るべきことになるかもしれない[†45]。

　探り針の痛みに喜びを覚える怪我人の事例をもう一度考えてみよう。探り針がもし痛み以外の感覚を与えて、神経が死んでいないことを怪我人に教えるならばその方が良かったに違いない。それゆえ、感覚的苦痛としての探り針の痛みは負福利 (ill-being) であることをやめているのではない。あくまでその痛みが神経が死んでいないことを示していることによる別の態度的快楽が、その痛みによる負福利 (ill-being) を上回るだけの福利 (well-being) をもたらしているのである。それだから、感覚的快苦はいわばデフォルトとして作用し、特に別の態度的快苦が

[†44] *de se* pleasure については [cf. Feldman 1997 pp.102-103]。ディヴィド・ルイスの枠組み [Lewis 1979] に従えば、この時の肯定的態度の対象は命題ではなくこの私の「性質 a property ＝ 世界分割と必ずしも一致しないような全可能世界の全個体の部分集合」であるだろう。これは一定の文脈でそれなりの違いをもたらすが、議論が無駄に煩雑になるので以下でも肯定的態度の対象を命題であると考えることにしておく。

[†45] とはいうものの、フェルドマンが指摘するように、大きな感覚経験に対して、それに対応する強い態度を抱く必然的な理由はないので、感覚的快苦の強度と、それに対応する態度的快苦の強度は必ずしも一致しないだろう。しかし、このことはそれ自体としては許容できないものではないと思われる。

見込まれるのでない限り、感覚的快苦を実践的に重視することには理由があることになるだろう。この点は後に危害原理との絡みで再び触れることにしよう。

5.2.2.6 経験機械

「偽りの快楽」を検討したので、次に我々はロバート・ノージック (Robert Nozick) の空想になる「経験機械 (experience machine)」に触れることにしよう[46]。狭義の快楽説に対しては「快楽機械 (pleasure machine)」を、広義の快楽説に対しては経験機械を割り当てるのが通常であるが、態度的快楽説に於いては経験機械が議論のために必要であるから、以下では経験機械のみを検討することにしよう。「偽りの快楽」とは別に経験機械を扱うのは、経験機械によって作り出される「経験」がもたらす快楽がそもそも「偽り」であるのかどうかが大問題だからである。現実世界でのある経験と、その経験と現象学的に等価な心的状態をもたらす機械に繋がれることの間には差がある、とノージックは主張する。しかし、心的状態のみが内在的価値の担い手であると考えている快楽説はこの二つの差を正しく捉えられていない、というわけである。幻想の世界で如何なる快楽を得ようと、それが現実のものでない限り空しく、現にそのような機械に据え付けられることを我々は嫌悪するであろう、と。ここで、歓楽的快楽説は既に世界の客観的な自体の成立を要件としているので経験機械によって反駁を受けない、ということに注意しておこう。そのうえで、態度的快楽説を擁護する議論を考えることにする。

まず、経験機械に取り付けられた人間は自分が経験機械に取り付けられていることを知らない。もし知っていれば、取り付けられていないときと同じ経験をしているということはありえないから恐らく記憶を一端消去されているのだろう。更に、その人が経験機械内の世界で「経験機械」の議論を思いつき「自分は経験機械に取り付けられているのではないだろうか」と考えても無駄である。それは、現実の世界の我々が「もしかしたら私は今既に経験機械に取り付けられているのではないだろうか」という類の懐疑論を馬鹿げたものとして退けることにためらいを覚えないのと同様に、彼にとってもそのような考えは馬鹿げたものであるはずだから。再びこのような人の状況に自分の身を置いてみよう。あなたがもし、そ

---

[46][cf. Nozick 1974 pp.42-45]

の状況に問題があると考えるのだとしたら、今この世界にいるあなたは自分自身の状況が「経験機械」によるものだと疑うことになるはずである。そして、この現実世界が実は空しいものであるかも知れない、という疑いをあなたが抱くのだとすれば（これはカルト集団によくある心理状態だといってよいかもしれない）、話は福利の問題ではなくなる。この世界ではない「真の」世界に於ける幸福はこの現世の福利概念の中に取り込まれるべきものではない。福利論は宗教的信念の砂場ではないのである。

　問題はほぼ明らかである。経験機械に取り付けられた人の心的状態に於いて、そのイメージ世界で彼が態度的快楽＝厚生を得るだろう事は間違いがない。しかし、そのイメージ世界での「厚生」は我々の世界での「厚生」を指示しないであろう。ヒラリー・パトナムはかつて「水槽の脳（我々は邪悪な科学者によって幻想を見させられている水槽の中の脳であるという懐疑論）」に対して「犠牲者が『水槽』といったとき、その『水槽』は決して彼の脳が入れられている水槽を指示することができない」と反論した。「我々は水槽の中の脳である」という言明は必然的に偽となる。その「水槽」は我々のこの世界の外部の何も指示することはできないから。そのような犠牲者が『樹木』といったとき、その『樹木』は決して現実の樹木を指示せず、犠牲者の持つ樹木のイメージか、それを引き起こす電気刺激を指示するに過ぎない。同様に、経験機械の被験者の『個人的な非道徳的価値』は現実の我々の個人的な非道徳的価値を指示しない。ある現実の経験 E と態度的快楽という心的状態は、E と現象学的に等価な E' なる心的状態とは異なったものとなる。それゆえ外在主義（心的状態は外部との関係と独立には同定し得ない）を採る哲学者の多くは、「経験機械」を原理的に一貫し得ないものとして退けることになるだろう[†47]。

　だが、次のような批判が可能であろう。E と E' が決して心的状態として同じものではありえない、というとしても被験者が彼の世界の「厚生」を得つつ、我々の言うところの「厚生」をも得ていると考えることを妨げるものは何もないではないか、と。よろしい、その可能性を認めよう。そうだとして、被験者が我々が指

[†47] ノージックの議論に対するこのような外在主義的応答はウェンディ・ドナー (Wendy Donner) による [Donner 1991 p.78]。だが、経験機械論法に対応するために我々は必ずしもこうした外在主義に与さなければならないわけではない。

示するところの態度的快楽を得ているとどうやって知ることができるのだろうか。経験機械が真に経験機械である（それゆえ快楽機械でもある）と誠実に主張することがどのようにして可能なのかが私にはわからない。それを知る方法がない限り、経験機械の製作者はこれを態度的快楽説の反駁に用いることができないであろう。「もし被験者にその時の態度的快楽について尋ねたらどう答えるか」という反事実的条件法に訴えても無駄であろう。反事実的に尋ねたときに被験者がどう返答するかを有意味に考えるためには、その瞬間に被験者は経験機械に繋がれていてはならない。快楽機械から外した後に、それまでの時点での態度的快楽の有無を尋ねればよいだろうか。これも無理である。彼にとってその時点での『態度的快楽』は経験機械内のそれしか指示しておらず我々が『態度的快楽』によって指示していたものと違うものだから、有意味にこれを問うことはできない。経験機械から外した後に、経験機械による「経験」についての現在の態度的快楽を問うことはできるが、それに肯定的な問いが帰ってくるのだとすれば快楽説は全く論駁されてはいないだろう。それはSF映画に出てくるような仮想現実機で娯楽を提供したのと何も変わらない。また、例えば「快楽機械」ならぬ「苦痛機械」に据え付けられるときに、快楽説への反対者は「それらは現実の経験と結びついておらず我々の厚生に影響を与えない」と主張するだろうか。或いは、「快楽機械」と「苦痛機械」のどちらに繋がれたいかと尋ねれば、どちらでも変わるところがないというものも殆どいないだろう。つまり、たとえ外部の世界の事態——経験機械に接続されている——が等しかろうとも、その心的経験の内在的価値・反価値の差は言えることになる。であるとすれば、被験者の信念と対応する世界の客観的事態の成立そのものがなくとも内在的価値は存在しうるのであって、世界の客観的事態の成立はせいぜい内在的価値を強化するに留まり、その基盤となるものではないことになるはずである。更に付言しておけば、卓越主義者ですらこのことに異論を挟む必要はないのである。経験機械内の経験によって陶冶された人格はまさしく陶冶された人格であって、それは外界との接続の有無によって断たれるようなものではない。

　しかし、これらの反対者が訴えている「直観」を説明する、という作業が快楽説には残されている。その直観の成立根拠を説明した上で、その根拠が疑わしいと論じることができれば、態度的快楽説は更に良く維持されるだろう。それを次

に論じよう。

5.2.2.7　それは「誰」の快楽なのか

　これまでの議論が仮に成功しておらず、経験機械なる空想が有意味に語られうるものだとしよう。その上で、経験機械で『マトリックス』ばりの経験をしている最中に経験機械の副作用で死亡するのと、経験を楽しんだ後に経験機械を外されるのとどちらがよいかを考えるとしよう。恐らく快楽説に反対する多くの論者は後者をよしとするだろう。後者ならば経験機械は一種の娯楽として直観的に位置づけられ、前者は忌避されるのだとすればその違いは何か。「自律」の問題でないことは確かである。というのも、経験機械によって経験する内容が自律的でないことは双方に共通しているのだから。ここで我々はこの問題を「私」の問題として考えることができるだろう。

　つまり、経験機械に繋がれている間の意識主体が「私」ではないのだとすれば、その間の快楽は「私」の個人的非道徳的価値には算入され得ない。機械から離れた後でその「私」が回顧的にその間の経験機械の経験に対して、経験機械を離れた後の時点で態度的快楽を抱くならば、それは「私」の個人的非道徳的価値に算入されるだろう。それゆえ、経験機械に繋がれることを一種の娯楽として判断できるだろう。つまり、件の直観の持ち主は経験機械に繋がれた「私」を自分だとは思わないというだけのことではないのか。経験機械につながれその後ずっと解放されないならば、それは今のこの私の「死」であることになるかもしれない（もっとも、それが問題ならば定期的に経験機械から解放し、継続を望むかどうか聞いてみればよいだけであるとも思われる）。快楽説は私が、経験機械に繋がれている意識主体を「私」でないと考えることを妨げるものではない。「私」の厚生は現在の態度的快楽に尽きるのである。その中には安全な経験機械を短期間経験して復帰するという娯楽に対する事前の態度的快楽も含まれていることだろう。快楽説は、経験機械に繋がれている意識主体の快楽が私の福利 (well-being) であるなどとは主張しない。態度的快楽もその他の快楽も常に現在形で生じる。私が将来のある一時点で「私」であると考える何らかの意識主体の快楽を現在に割り引くのだとしても、割り引かれた快楽それ自体は常に現在の私の快楽なのである[48]。

---

[48]ここには私にとっての個人的価値とは何かという厄介な問題が現れている。例えば、現在あな

であるとすれば、快楽説それ自体が経験機械によって打撃を受けることはそもそもありえなかった、ということになるだろう。快楽機械の事例が反直観的に思えるとすれば、それは功利主義に対してであって、快楽主義に対してではない[†49]。

5.2.3 再び欲求と快楽について

快楽説の敷衍は以上で概ね述べ終わったものと考えてよいだろう。そこで再び **4.1.2.4** で触れた欲求と快楽の問題について触れておくことにしよう。我々の行動なり欲求の変容なりを価値の実在が最もよく説明するならば価値が実在すると考えられる、というタイプの価値の実在論を採用するならば、快楽説に於いても、快楽が我々の行動の説明に消去不可能な形で関わっていなければならない。問題の所在は明らかであろう。我々の行動を説明するためには信念と欲求があれば足りるのであり、快楽はそこに関わってこなくともよいのだ。であるとすれば、快

たが大学の運動部員だとしよう。このまま卒業してキャリアを継続すれば優れた運動選手として人生を送り、未来のあなたは大きな厚生を享受するだろう。運動部員としてあなたは大学などというところに引きこもってどうでもいいような細かい議論をネチネチとひがな一日考え続けるような生を極めて不健全で厭わしいものだと思っている。しかし、運動家としてのキャリアを諦めてしぶしぶでも大学に残るならば、自分自身の学問的才能によって極めて優れた研究者となり、しかも適応によってそうした陰気な生活をこそ素晴らしいものと感じるようになり、結果として運動選手のキャリアを続けるよりもはるかに大きな厚生を享受するとわかったとしよう。ここでの経験機械の事例と違い、あなたはどちらの人生の将来の「あなた」も自分自身のことだと考えて配慮するとしよう。どちらの選択がもたらす帰結があなたにとって価値あるものだろうか（この問いが、現在のあなたにとってどちらの人生を送ろうとすることが合理的であるかについてのものでは必ずしもないことに注意しよう。あなたが学究生活を厭わしく思っている以上は主観的合理性に関する限りキャリアを継続することが現在に於いて合理的であるかもしれない）。この問題の異個人間アナロジーをとってみよう。あなたが愛する人がおり、運動選手でそこそこの快楽を享受している場合と、学者で素晴らしい快楽を享受している場合とを考えよう。あなたは学究生活を嫌悪しているので、相手が学究生活に快楽を感じる人であることに一定の苦痛を覚え、相手が学究生活を送っていること自体についても一定の苦痛を覚える。すると、あなたが、愛する人が運動選手であったり研究者であったりすることで享受している価値は、相手が享受している厚生にあなたの愛情の強度（すなわち相手の厚生をどれだけわがこととして考えられるか）を掛け合わせたものに、最後の二つの苦痛を足し合わせたものとなるだろう。但し、相手がどちらの人生を送っているかによって愛情の強度も影響を受けるかもしれないことに注意しよう。さて、アナロジーをもとに戻そう。あなたにとってのそれぞれの選択がもたらす価値は、あなたが将来のあなたに抱く愛着の強度と将来のあなたが享受する厚生を掛け合わせて現在に畳み込んだものに、現在のあなたが持つ苦痛で修正を施したものとなるだろう。自己（と選好・快楽のプロファイル）の変化を巡るこうした問題については [Bykvist 2006] を見よ（但しそこでは選好主義が採られている）。ここで提示した見解はクリスタ・ビュクヴィストの枠組みだと概ね「現在主義 (presentism)」に相当する。

[†49] この「反直観性」は、私の合理性が将来の私の厚生をも等しく配慮しなければならないと命ずるという「自愛の原理」に由来する。本節では快楽説の擁護が目的であったからここでは詳細に踏み込まないが、我々は後に「自愛の原理」を拒絶する。この点については **8.3.2** を見よ。

楽——もちろん態度的快楽だが——を個人的な非道徳的価値に同定するという戦略がそもそも疑わしくなってくるかも知れない。

　この疑問に対しては次のように返答することができる。ある単独の行動を説明するためには欲求と信念だけがあればよい。ある欲求 D を持っており行動 A がその D の充足の蓋然性を増すという信念 B を持っていれば、行動 A が説明できることになるだろう。しかし、欲求の変容はどう説明するのか。ある信念と欲求によって引き起こされた行動の結果が、その主体の欲求システムを組み替えていくときに、それを組み替えさせる力——要はマウスの学習実験に於ける報酬と懲罰に相当するもの——が快楽である。もちろん、我々の欲求システム全体が生物の最も基礎的な欲求（例えば「4つのF」ともいわれる feeding,fleeing,fighting,fxxking）から始めて、その充足・不充足のみを元に複雑化していった結果だと考えることは不可能ではないが、このモデルは現在の科学の段階ではあまり現実の我々の欲求再編に対する説明能力を持っていないと思われる。ある程度以上複雑化した欲求システムを備えた感性主体にとっては、快楽こそがそれを提供するだろう。欲求と快楽の関係については、次のような事実も指摘しておかねばならない。欲求を抱いていることそれ自体が苦痛をもたらすような欲求と、そうではない欲求がある。来年の春私がある国に旅行したいという欲求は恐らく私に苦痛をもたらさない。これに反して空腹などの欲求はそれ自体苦痛をもたらすだろう。この種の欲求は別種の欲求から信念を媒介に生じたものではなく、直接にやってくる欲求である[†50]。前者はより基底的な別の欲求と信念からその発生を説明できるのに対し、後者はそうではない。そして、多くの欲求充足説はこれらの欲求の種類の差異を汲み取ることに成功していないのではないかと思われる。これに対して、価値の傾向説が達成しようとしたような我々の欲求の変容の説明を、快楽説は提供しているのである。

[†50] 紛らわしい語法だが、ネーゲルは前者を "motivated desire"、後者を "unmotivated desire" と呼んでいる [cf. Nagel 1970 p.29]。

第Ⅰ部　小括

　この第Ⅰ部の長く煩雑な議論を経て、我々が採用する功利主義の具体像が提示されたことになる。再びその特徴付けをここで繰り返しておこう。

- 個人道徳よりはむしろ統治の理論としての統治功利主義

- 行為を功利考量の単位とする行為功利主義

- 功利主義が第一義的には包括的意思決定方式よりはむしろ事態の評価基準であるとする間接功利主義
（但し統治者が直接功利原理を意思決定方式として採用することを妨げない）

- 善の功利説と功利の指標説に関してはどちらも採りうる

- 厚生は快楽に同定されるとする快楽主義的功利主義

ということになる。これらの特徴付けの多くが古典的功利主義のそれに似通ったものであることは注意されて良いだろう。我々は間接功利主義や快楽説を論じる際に古典的功利主義者の代表的教説からはしばしば逸脱した議論を展開してきたが、現代的功利主義の類型としてみた場合に我々の功利主義は例外的に古典的功利主義に親近性を有するものだと考えてよい。次の第Ⅱ部では本章で示された具体的な功利主義像を念頭に、これを外在的批判に対して擁護することを考えよう。

第 II 部

功利主義に対する外在的批判とその検討

第Ⅱ部では、功利主義の特徴を「帰結主義」「厚生主義」「総和主義」に分割した上で、それぞれに対する代表的批判に反論することを目指す。また、第Ⅱ部では第Ⅰ部で展開された我々の功利主義を擁護することを目指すのであって、他の種類の理論を擁護することを目的としない。そもそも功利主義の具体像を先に提示したのは、それに当てはまらない特殊な類型の理論を持ち出して「帰結主義」や「厚生主義」それ自体を擁護しても無益だからである。従って、以下で言う「帰結主義」・「厚生主義」・「総和主義」は、我々の功利主義理論に妥当する範囲でのそれであって、より包括的な概念を指しているとは限らない。また、それゆえ、本節の議論は必ずしも包括的なものとはならず、比較的簡素なものとなるはずである。

第6章　帰結主義批判と応答

　最初に取り扱われるべきは帰結主義批判である。帰結主義は、道徳的に意味ある価値の担い手は世界の事態でありまたそれのみに限られるのであって、行為や他の何かではないと主張する。更に、行為や規則といったものの道徳的評価はそれがもたらす世界の事態（の担う価値）によって決定され、世界の事態と独立に定まることはない、というのである。これは極く単純な主張である。実際、ある行為を悪いものとするようなものが世界の事態以外に存在するだろうか。世界の事態にとって何ら悪影響を持たないにもかかわらず悪い、とされる行為は率直に言って想像しがたい。この想像しがたさは、世界に悪影響を及ぼすにもかかわらず正しいとされる行為、という対応物を考えてみればわかるだろう。「天墜つるとも正義為さるべし」という標語を馬鹿正直に受け取るタイプの人間でなければ行為の帰結が行為の道徳的評価に影響を与えることを否定することはできないだろう。問題は行為など（あらゆる道徳的評価の対象）の評価が世界の事態に対して与える影響に尽きるのかどうか、である。

6.1　帰結主義について

　本書が採る功利主義がどのような構造を持った帰結主義であるかは既に第3章で明らかになったはずである。従って、この範囲を超えて「帰結主義」それ自体の検討をすることは必要不可欠とはいえないが、帰結主義一般から我々の功利主義にたどり着くのにどのような条件が満たされなければならないかを知ることは、われわれ自身の立場を明らかにするのに役立つだろう。とはいうものの、帰結主義について少しでも思いをめぐらせた事があれば、帰結主義一般を正確に定式化することは思いのほか困難であることがわかるだろう。ある道徳理論について、それが帰結主義的であるかどうかをさしたる迷いもなく告げることができる一方で、それらに何が共通しているのかを見出すことは困難である。ほぼどのような

定式化も、明らかに帰結主義的な理論を取りこぼすか、明らかに非帰結主義的な理論をも含みこんでしまうかの少なくともどちらか一方の誤りを犯すことになる。従って、以下でも我々が与える帰結主義の定式化が全く適切なものだと主張するつもりはない。ここでも、それは我々の立場の具体的詳細を描き出すためにこそ行われるのである。

6.1.1 予備的考察

帰結主義とはなにかを論ずる前に、帰結主義がなにでないか、即ち、それが如何なる点で義務論と差異を見せるのかについて簡単に触れておくことが有益であるだろう。そこで以下では主要なものと目されている幾つかの差異のうちから、特に根源的に見える差異を 2 つだけ取り上げて検討しておこう。

6.1.1.1 義務論の否定としての帰結主義

帰結主義をある程度包括的に定式化したければ、まず念頭に浮かぶのは、これを否定的に定義することだろう。つまり、「～な行為クラス中のどの行為も、その帰結が如何なるものであるかに関わらず正しい」といった一見明確に義務論的な立場の全部否定としてこれを考えるのである。だが、ある状況でそれが調整問題状況であるなどして、厚生を最大化する行為が複数あるとしよう。もちろんそれぞれの行為がもたらす帰結はまったく異なったものである。にも拘らず、これらの行為クラス中のどの行為も正しい。従って、功利主義は帰結主義ではない[†1]。それゆえ、先の定式化は誤りであった。簡単に思いつく対応は、当の道徳理論によって行為の正しさに利いてくると認められる事実を総て含みこんだような行為のクラスを排除する、というものだろう[†2]。つまり、厚生という点に関する総ての事実を手に入れなければ指定できないような行為クラス（つまり厚生を最大化するといった性質を共通に持つような行為クラス）以外の行為クラスについて、その帰結に関わりなく正しいとするような立場を排除するものと考えるのである[†3]。

[†1] この指摘については [Persson 2006 p.136] を見よ。
[†2] イングマール・ペアション (Ingmar Persson) はこうした行為を、その内的帰結が利いてくる総ての事実を含んでいることから「規範的に包含的な行為 (normatively inclusive action)」と呼んでいる [ibid. p.138]。
[†3] こうした対処はかなりアド・ホックだし、どうみても問題含みだがここでは措く。

しかし、更に問題が生ずる。快楽に質的差異を認めそこに辞書式順序を持ち込むような価値論を採用する場合（どんな多量の低級な快楽もどんな微量の高級な快楽に優ることはない）、価値に関する総ての事実を手に入れずとも、辞書的に最も優越する価値についてこれを最大化する行為が（もしその状況で複数の行為がタイになるのでなければ）、劣後する価値について如何なる帰結をもたらそうと正しい。これは功利主義の価値論に修正を施しただけなので明らかに帰結主義的であるが、この可能性を排除するためには、行為の利いてくる特徴のどれかについての総ての事実を含みこむような行為クラスを排除しなければならない。さて、ペアションによれば、この修正を施すと次のような結果が生ずる[†4]。厳格な義務論に分類される立場のうちでも、作為と不作為に区別を認める立場（殺すことと死ぬに任せることの間に差を認める立場）及び二重結果論を採用する義務論は、まさにその道徳理論に於いて行為の評価に利いてくる行為の特徴（作為か不作為か、予見したが意図しなかったかどうか、など）のどれかについての総ての事実を含みこむ行為クラスについて、帰結に関わらず行為の評価を決定していることになるが、上の帰結主義の定式化はこの立場を排除しないのである。従って、たとえば殺人を絶対的に禁じ、不幸にも行為選択肢集合に殺人以外の選択肢がないような状況に追い込まれた人に対して採るべき正しい行為選択肢を指示できない、行為指導性を欠いた馬鹿げた絶対的義務論以外の義務論は、帰結主義でありうることになってしまう。それゆえ、先の帰結主義の定式化が誤りであった。帰結と独立に義務ステータスが定まる行為クラス、という発想を用いて帰結主義を義務論の拒絶として否定的に定式化しようとする試みはどうもうまくいきそうにないようである。

6.1.1.2 帰結主義と価値論

義務論と帰結主義の切り分けがうまくいかない理由を、行為の義務ステータスからこれを試みたところに求めることができるかもしれない。というのも、義務ステータスの分布に関して同一だが、その基礎にある価値論ないし正当化根拠に違いを有する道徳理論が存在するからである。フェルドマンによる次のような事例

[†4][ibid. p.139-141]

を考えてみよう[†5]。

> 神の命令に従うことが正しい (divine command theory)。ただし、神は功利主義者であって、ただひとつの命令「厚生の総和を最大化する行為を為せ」のみを発する。

この神的命令説が正しいかどうかはともかく（神学的功利主義を考えれば馬鹿げているとまではいえないのだが）、この立場が神的命令説として義務論的であることは間違いないだろう[†6]。「神」の非自然主義的な趣が気に入らない向きは神のところに「私」でもなんでも好みの命令主体を代入しておけばよい。いずれにせよ、露骨な帰結主義である功利主義とこの義務論による行為の義務ステータスの割当は完全に一致するはずである。だが、それらは一方では帰結主義的に世界の事態の担う価値によって、他方では神の意志によって決まっていることになる。神が他の命令を発しうるにも関わらず現実にこの単一の命令を発しているという場合にはこの2つの差は明確だが、神が必然的にこの命令を発するのだとすると（その根拠となる神学的詳細にここで立ち入るつもりは毛頭ないけれども）、差は更に不明確になる。神に意欲される、という性質と社会全体の厚生を最大化するという性質が必然的に等外延的であったりすれば、この2つが同一の性質でないということはまた更に難しくなるだろう。だが、その問題を措くとして、義務ステータス割当が同じだが、それらの義務ステータスの根拠となる事実の違いを価値論的に説明することができる。要点は、功利主義が義務的ステータスの基盤たる厚生を価値だと見なしているのに対し、功利主義的神的命令説はそう考えていないということである。命令それ自体は明らかに価値ではないし、命令の充足が価値であるということもできない。この点は次の（相変わらず神話的な）事例によって明らかであろう。

[†5] フェルドマンの未発表原稿からのペアションの引用による [Persson 2006 p.146]。
[†6] とは言い切れないところが厄介である。というのも、主知主義的な立場を採って、「厚生の総和を最大化する行為」が正しいからこそ、神がそれを命じるのだと考えるならば、その行為を正しくしているのは全体厚生の最大化と言う性質であって神の意志ではないから、こうした神的命令説は帰結主義と見分けがつかなくなる。神の命令はあくまで正しい行為を知るための——役立たずな——証拠 (evidence) にとどまるだろう。

> 「善悪の知識の実」を食べると楽園から追放され厚生がおそろしく低下するので、これを食べることは神の命令に反している。しかし、それによって得た知識によって、それ以降厚生を最大化するような行為を確実に行えるようになるので、神の命令に反することはただ最初の一度だけで済む。

神的命令の充足が価値であるならば、その充足は明らかに「善悪の知識の実」を食べることによって最大化される。価値は増大・最大化への指向性を持っているから、もし神的命令の充足が価値であるならば、「善悪の知識の実」を食べることが望ましくなってしまうだろう[†7]。そうすると、神的命令説が指示する義務ステータス割当と違背してしまうことになるから、神的命令の充足は神的命令説に於いて価値ではない。

もちろん、この議論の前提には価値が増大・最大化への指向性を持っているという価値の最大化説 (maximizing conception of value) が必要である[†8]。だが、この点を認めるならば、同じ義務ステータス割当を指示する道徳理論に於いてその割当根拠が価値論的であるかどうかを同様にして判定することができるだろう。これが先ほどの義務ステータスを基礎にして否定的に帰結主義を定義しようとした試みより真に満足なものであるかはここでは追求しないことにするが[†9]、帰結主義と義務論の差異の重要な一端が諸行為の義務ステータスの根拠となる価値論の

[†7] この立場は義務論的ではないが、有神論的倫理として決してありえない立場ではない。**4.1.2** で触れたように、価値の傾向説は実際にこうした神的命令充足説に行き着くかもしれない。

[†8] 最大化説と対置されるいわゆる満足化説 (satisficing conception) も価値の増大への指向性を承認しているのでここでは問題にしなくてもよいであろう。

[†9] 厄介なことに、任意の義務論的道徳理論 M に対してそれと同じ（正確には同型の）義務ステータスを割り当てるような帰結主義的道徳理論 M' を構成することができるという議論が存在する。任意の道徳理論を帰結主義的に表現できるという「表現定理 (representation theorem)」を唱えるものとして [Oddie and Milne 1991] を見よ。しかし、仮にこうした議論が正しいものだとしても、それはここでの議論に影響を及ぼさない。というのも、表現定理にありがちなことだが、ある道徳理論の存在論的コミットメントは表現定理によって水増しすることはできないからである。M に対応する M' に於いて各時点での世界の事態に実数値を割り当てる価値関数が見出されたところで、その数値がいったい何を意味しているのかについて表現定理は語らない。それは単に空虚な数値表現以上のものではないかもしれない。そして、仮にその数値が対応する価値論的実体を明確に示すことができたところで、M と M' はせいぜい功利主義的神的命令説と功利主義のような関係に立つに過ぎないからである。もちろん「表現定理」自体はそれが本当に成り立つならばそれ自体として極めて有用である。M の持つ含意について、義務論に比して遥かに整備された帰結主義的枠組によって M' を検討することを通じて、より明晰に把握することができるからである。

有無にあることさえ把握できればとりあえずは間に合うだろう。帰結主義に於いて、価値論は行為の義務ステータスに還元できず消去不能なものとして先行するのである。

6.1.2 事態について

帰結主義の妥当性は世界の「事態」とは何かをある程度明らかにしておかなければまともに論じることはできないだろう。帰結主義は「過去」と「行為」を排除するとして批判されることがある。現在の事態に「過去」は含まれるだろうか。これは一見馬鹿げた問いである。過去は現在ではないからだ。しかし、事はそう単純ではない。たとえば、「記憶」は現在の一部であって過去は常に我々の「記憶」などの現在に於ける痕跡からそのつど逆成されるものだ、という立場を取るならば「過去」は現在の事態の内に含まれることになるだろう。そこまで極端な立場を採らずとも、世界の「事態」がある時点に於ける世界の3次元的スナップショットであると考えるべきだとは限らない。ある時点 m である性質 P が物体 O によって例化されることを O による指標化された性質 P_m の例化と見るなり時間的部分 O_m による P の例化と見るなりして（つまり永遠主義を採ることで）、ある時点に於いて真なるどんな命題も無時制的に真であると考えるならば、世界の事態は世界の4次元的総体を当然含むことができる。あなたの行為の帰結が諸事態の間時間的な有機的統一をもたらす可能性を認めるならば特にそうである。仮に（ありそうもないことだが）応報刑論が正しいとしよう。あなたが犯罪者を罰することは善いことである。あなたの処罰に先立って存在する、その犯罪者が犯罪を犯したという過去の事実と処罰という未来の事実は有機的統一として内在的価値を形成することになる。内在的価値の担い手が世界の歴史的総体としての事態であるならば内在的価値は非時点的に存在しうる。「行為」についても同様である。行為それ自体を事態の記述に含めることは不可能ではない。また、「事態」とは命題的態度の対象となるような「命題」である、と主張するタイプの帰結主義者は実に広範な対象を「事態」として考えることになるだろう。

そのうえで、我々はとりあえず「事態」をある程度狭く捉えよう。我々の功利主義にとって必要なのは意識主体の快楽——と態度的快楽の前提としての信念——だから、ノージックが「現時点切片原理 (current time-slice principle)」と呼ぶも

ので充分だと思われるかも知れない[†10]。即ち、現時点に於いて各意識主体が如何なる快楽を如何なる信念のもとで得ているか、さえわかればよいのではないか、と。だが、ここで最も注意すべきことは次の点である。功利主義がおよそ何らかの評価・決定に用いられるためには、ある選択肢の集合が与えられなければならない。その選択肢ごとに割り当てられた功利性が最も大なる選択肢が「正しい」選択肢となるだろう。つまり、ある一時点だけを取りだしてそこでの世界の事態を厚生に関して記述し尽くしたところで、功利主義にとっては何の役にも立たない。功利主義は選択肢が帰結する世界の事態それぞれに関しても厚生情報を必要とするからである。これはある種類の平等論が採るかもしれない帰結主義とは大きく異なることに注意しよう。例えばある瞬間に於ける人々の持つ財の分配パタンを見て「基本財の平等分配」という正義にかなったパタンが達成されているのでこの時の世界の事態は「正しい」、と素朴な平等論者は主張するかも知れない。しかし、功利主義にとってはこれは言い得ないことである。ある世界の事態はそれが含んでいる厚生に応じて「善い」が、それ自体では正でも不正でもない[†11]。「正」を担うのは基本的には行為であって、行為は出来事であり変化をともなうから、上に述べたような時点主義的な世界の事態には入ってこないことに注意しよう[†12]。その世界の事態を如何に変遷させるかについてのみ「正しさ」は語りうるのである。これは、ある時点で功利主義によって不正と見なされた選択肢が選ば

[†10] [Nozick 1974 pp.153-4]

[†11] ただし、功績 (desert) を価値論に取り込むタイプの功利主義も存在する [cf. Feldman 1997 pp.151-214]。これは一見すると事態が「正／不正」を担う可能性を認めているように思われるかもしれない。だが、功績が義務的概念ではなく価値論的概念だとしてこれがギリシャ以来の古典的な「正義」の問題に関わることを認めるとしても、そのことと行為の担う「正／不正」の問題とは区別しておく必要がある。そのうえ、値する (deserve) という概念には（ブレンターノ以来の内在的価値論で濫用されるにも関わらず）よくわからないところがある。原始的概念として用いるには不明確に過ぎるが、明瞭な説明を与える理論も殆どないという有様なので、本書では立ち入らないことにする。

[†12] 本書でこうした詳細に立ち入ることはできない。だがたとえば何かが運動しているということは世界の事態ではないのだろうか。それが世界の事態に含まれないのはいかにも不自然だし、なにかが間違っていることの兆候であるように思われるかもしれない。3次元的時点切片に於ける飛ぶ矢と飛ばない矢の違いを考えてみよう。一見すると（少なくとも外見からは）この2つに差がないように思われる。しかし、前者には後者にはない力・傾向性が内在している。顕現や因果基盤から独立して傾向性が実在しうるという傾向性の実在説を採るならば（こうした立場について [cf. Molnar 2003]）、問題はなくなるだろう。ここではこうした問題を未決にしておこう。時点主義的な事態観がそれ自体として直ちに馬鹿げているというわけではなければ充分である。

れることによって世界の事態が変遷したとしても、変遷した先の世界の事態それ自体は「不正」ではない、ということも指す。これは、功利主義が現在の時点での厚生情報それ自体には重きを置かないということでもある。現在の世界の事態は既に実現 (obtain) してしまっており、功利主義の評価・決定の直接の対象ではない。必要なのは未だ実現していない将来の事態についての複数の厚生情報なのである。従って、功利主義は「時点切片」に於ける厚生情報を必要とするが、それは「現時点切片」のそれではない。これらを踏まえた上で、ある事態に於いてその事態を積極的に変容させる手だてを取らない、という選択肢が功利主義的に「不正」な選択肢であるならば一種の省略語法としてその事態を「不正」な事態であると呼ぶことはできるだろう。

　これは功利主義の注目すべき特質である。ある犯罪行為が為されたとしよう。その行為は行為の時点で行為者の選択肢集合を考えたとき、功利主義的に不正なものだったとしよう。しかし、その犯罪行為の帰結としての世界の事態それ自体は不正ではない（たとえ犯罪行為以外の行為が為されたときにありうべき世界の事態と比べてより少ない厚生しか含んでいないとしても）。もちろん功利主義者は犯罪者の処罰を是とするかも知れない。しかし、それはその処罰が功利主義的に見て正当化されるかどうかに尽きる。犯罪によって生じた世界の事態が不正であるがゆえにそれを応報によって正義へと復旧させねばならぬ、といった（不可思議な）刑法思想を功利主義は採用しない。功利主義にとっては、犯罪行為が為された以上は現時点でその行為の帰結である世界の事態は所与である。従って、刑罰は将来の犯罪行為の抑止などに向けてのみ行われるのであって、それが行われるべきか否かは為者が行為時点で不正とみなされた行為を行ったかどうかとは直接には関係がない[†13]。功利主義的に望ましくない類の行為を差し控える動機群を被治者一般に形成するために刑罰が用いられるのだとすれば——実際のところはそうである他はないだろうが——それは外面的には応報的に科されることになるだろう。直ちに予測されるように、功利主義や抑止刑論に反対する論者によって

[†13] もちろん過去に行った行為によって、過去に何をしたかという時間様相的性質とは別して、犯罪者が刑罰に値するという性質を備えるようになるのだと考えれば、過去の犯罪と将来の刑罰の有機的統一を考えずとも、刑罰が科される時点で、犯罪者が刑罰に値するという性質を備えていることで充分なので、時点主義は応報刑論を排除しない。が、もちろんこれは（少なくとも純正な）功利主義ではなしえないことである。

犯罪を犯したことと刑罰が緊密に結びついていないので無辜者の処罰を正当化してしまう、という批判がなされるのだが、これは実際には見かけよりはるかに微妙な論点である†14。功利主義が評価・決定の時点での世界の事態を基本的に所与と見なし、過去に対して規範的判断のための情報を求めないことがここでは留意されるべきである。功利主義は過去を振り返らないのだ。このことは帰結主義にとって必然的ではない。上に述べたように、時点間の有機的統一などを認め、価値の担い手を世界の歴史的総体だと考える帰結主義は当然に存在するので、帰結主義は未来指向 (future-oriented) だという広くいきわたった観念は実際のところ誤りである。だが、快楽説のように価値の担い手が世界の3次元的な時点切片であることを認め時点間の有機的統一を不要とする価値論に立てば、功利主義が未来指向であるということは事実であるし、決して些末なことではない。

6.1.3 不偏性・没人格性と内在的価値

次いで、帰結主義と結び付けて考えられることの多い「不偏性 (impartiality)」の問題について考えよう。不偏性については、とりあえず、個々の行為主体の視点に偏らないこと、程度の把握で充分である。さて、帰結主義は世界の事態を価値の担い手として道徳理論の根底に据える。世界の事態はそれ自体として我々の視点とは独立に存在しているから、帰結主義は（ある意味で）不偏的である。なるほど、極めて簡潔明瞭であるように思われるかもしれない。だが、ことはそう単純ではないのである。私が個人的な非道徳的価値として厚生を享受するとしよう。このことは世界の事態であるから不偏的視点から見ても変わらない。しかし、他でもないこの私の厚生を最大化するよう命じるエゴイスティックな帰結主義を有意味に不偏的と呼べるだろうか？　なるほど、こうした帰結主義はもはや道徳理論とは呼べないかもしれないが、それでも帰結主義であることに変わりはないだろう。だから、帰結主義それ自体から不偏性が生ずると考えることはできない。しかし、一端我々が道徳理論として帰結主義的枠組みを採用するならば、確かに

---

†14 誤判・冤罪の恐れがある以上（そして真の誤判・冤罪はそれが判明しないことにこそ本質があるのだとすれば）、刑事制度は応報論的に不正であることを有効に免れ得ない。率直に言って、刑事制度の正当化は義務論ではなしえず、帰結主義によるほかはないと思われる。冤罪の問題を以って帰結主義が反直観的だと主張する応報刑論も、国家を解散する前に確実に刑罰を執行するよう主張するに到れば充分反直観的である。帰結主義から見れば、応報感情と冤罪への恐怖は進化主義的にでも説明しておけばよい。

エゴイスティックな帰結主義を排除するような不偏性の要請が（道徳理論であることによって）生ずる。

　我々はここまで、ある世界の事態 S に於いてそこに含まれている非道徳的個人的価値として厚生を考えてきた。つまり、ある同一の S に対して各個人が異なった非道徳的価値判断を行うことを前提としてきた。ある S に於いて個人 α が非道徳的個人的価値に於いて優れていると見るからといって、別の個人 β が S を個人的価値に於いて優れていると見なす必然性は全くない。帰結主義それ自体は同一の事態に対して各個人が異なった非道徳的個人的価値の判断を行うことを排除しない。だが、各個人の個人的価値の観点から S がどのように価値的に優れているかと言うこと自体は客観的であるということに問題はない。しかし、道徳的価値判断は不偏的 (impartial) なものでなくてはならないから、個人の立場に依存するこれらの非道徳的価値から如何にしてそれを生成するかという話になる。もちろん、それには生成手続きが不偏的なものであればよく、功利主義は等しい重みづけで総和を採ることでこれを達成することになる。総和を取った後には誰が厚生を持っていたか、といった行為主体に関する情報は排除されているので功利主義は不偏的である、と言われる。

6.1.3.1　功利主義と行為主体相関性

　しかし、そもそも道徳が不偏的である必要があるのか、というところが争われるだろう。単純な例を挙げるならば、自分の家族に対しては家族でない他者に対してよりもそれが家族であるというだけで重い責任を負っていると考える人は少なくないが、相手が自分の家族であるというだけで他者に対して自らが負うべき責任が変動してしまうのでは不偏的とは言えないだろう。あなたの家族を α とすると、あなたは「私の家族（実は α）に責任を負う」という道徳判断をするかもしれないが、赤の他人が同様に「α に責任を負う」という道徳判断をすることにコミットはしていない。不偏的道徳の下ではどの個人も同じ道徳判断を行わなければならないのにここではそうなっていないから、この道徳判断は不偏的ではない。「自分」に言及しない限り自分の家族を自分以外の他者から括りだしてくることはできないから、これは「自分」を起点にした道徳判断である。一般にこういった性質を持つ判断を「行為主体相関的 (agent-relative)」と呼ぶ。注意すべき

は、これが「普遍化可能性 (universalisability)」には反していないだろうことである。「誰でも自分の家族に責任を負う ∀i (i は i の家族に責任を負う)」には個体定項は出現しないからである。先の赤の他人の家族を β とすれば、あなたは赤の他人が「私の家族（実は β）に責任を負う」という道徳判断を行うことにコミットしているかもしれない。「私の家族」という部分は発話者・判断者によって変動するので、これは異なった発話者間で同じ内容を持った道徳判断ではないのだけれども、普遍化可能性という点では問題ない。普遍化可能性と不偏性は良く混同されるが、不偏性は価値判断に個体定項が出現しないということには尽くされない、より強い（それゆえ問題含みだと見られうる）ものなので、両者を区別しておく必要があるだろう†15。普遍化可能性を満たさない道徳判断を認める理論家はごく少数だが、不偏性が道徳判断にとって欠くべからざる性質である、と主張する理論家は圧倒的多数というわけではないし、むしろそれに敵対的な理論家も多いのである。曰く、我々の日常的価値判断は殆どが行為主体相関的なものであって、不偏性を中心に構想された道徳理論は我々の日常的コミットメントを破壊し、我々を疎外する (alienate) ものとなってしまう、というのだ。

　功利主義が不偏性を重要な特徴としている以上は、我々は功利主義に従うならば「自分の家族に他者よりも重大な責任を負う」といった道徳判断ができなくなるのだろうか。答えはもちろん「否」である。間接功利主義から言えば、功利主義は我々に行為主体相関的な道徳判断を許す。間接行為功利主義にとって、最適規則体系や最適動機群に行為者相関的な道徳判断が入らないと考えるべき理由は

---

†15 とはいうものの、これはかなり厄介な問題である。普遍化可能性と区別された不偏性の領域が本当に存在するかどうか自体も議論の対象となりうるし、一般にこれらを巡る議論は縺れて混乱している。不偏性の満足な定式化を寡聞にして知らないので、ここでは、普遍化可能性がある道徳判断を判断者がコミットする最大限まで一般化したときに個体定項を含まないものになることを指すのとパラレルに（これも数ある普遍化可能性の定式化のひとつに過ぎない）、同様の手続きを取った際に個体定項だけでなく「私」のような指標詞を含まない道徳判断になることを指すものとしておこう。功利主義はもちろん客観的正しさのレベルではこの意味で不偏的である。この定式化が日常的な意味での不偏性を適切に表現しているというつもりもないし、道徳的意味での不偏性がこれに尽きるというつもりもない。これはあくまで本書のこの部分で必要とされる限りのためのものである。「非個人的視点から」とか「誰のものでもない視点から」といった道徳的不偏性の捉え方が特に間違っているとは思わないけれども（ネーゲルには申し訳ないが）、我々の視点と独立に存在する実在としての道徳的事実について、という以上のことがそれによって有意味に言われうるかは疑わしいとも思う。道徳的不偏性は異質な要請が多数放り込まれたガラクタ箱のような様相を呈しているが、客観的正しさに関する功利主義が、それらのどの点から見ても不偏的であることは疑いないだろう。

ない。功利主義からすれば、既に非道徳的レベルで家族にコミットメントを持っている行為者が多くいるならばそのコミットメントを利用して家族に対する責任を持たせリソースを集中的に注がせる方が、縁もゆかりもない他者に対して薄く広くリソースを提供させるよりも厚生が全体として容易に確保できる、というだけのことであるだろう。例えば2家族がいるとして、自分の子供と他人の子供の面倒を2時間ずつ見るよりは各人が自分の子供の面倒を4時間見る方がリソース投入の熱意も違ってこようし、効率的である（ことが多いだろう）。従って、主観的意思決定のレベルでは功利主義は行為主体相関的な道徳判断を必要と見れば積極的に進める。一般に、道徳の不偏性要求を支持する理論は行為主体相関的な道徳判断が行為主体中立的な不偏的価値を増進しそれに還元される限りで、そのような道徳判断を許容するし、推進もするのである。但し、功利主義が行為主体相関的な判断を許容しない可能性は当然に残されている。

6.1.3.2 不偏性と没人格性

功利主義は不偏性 (impartiality) にコミットする帰結主義である。しかし、それは功利主義が没人格性 (impersonality) にコミットしていることを意味しない。不偏性と没人格性は往々にして同じことを指す概念として用いられる。しかし我々はこれを区別しよう[†16]。例えば、いわゆる理想的観察者理論 (ideal observer theory) は我々の誰とも異なったある理想的観察者を想定し、その視点から見た時に正しいとされる道徳判断が道徳的に正しいと主張するタイプの理論であるが[†17]、この理想的観察者は公平無私だと想定される。この観察者の判断は誰の視点からでもないので不偏的であることは確かだが、同時に誰の利益にも無関心であるかもしれない。こういった観察者は定義によって何らかの個人でないし、観察者自身の利益というものを持っていないので、没人格的だと言ってよい[†18]。これに対して、

[†16] この区別も論者によって様々で共通していないが（それどころか反対的に用いられることすらあるのだが）、本書では以下の通りのものとして扱う。
[†17] その代表的理論としてロドリック・ファース (Roderick Firth) の不偏的観察者理論を見よ [Firth 1952]。ファースの観察者は、利害関心 (interests) を持たず、情念 (passion) を持たず、感情 (emotion) を持っていない。だが、2階の欲求型の価値の傾向説を巡る議論で明らかになったように、この観察者がなにか我々にとって意味ある判断をするかどうかが既に極めて怪しいのである。
[†18] 先に触れたように、「没人格的」という語を「異個人間の相違を無視する」という意味に取る論者が多い（特に [Rawls 1971 p.190] の影響によって）。が、本書ではそのような使い方をし

6.1 帰結主義について 173

功利主義はこういった理想的観察者を必要としない。その代わりに我々が必要とするのは（そもそもその必要があるならばという留保の下でだが）、個人性を前提にその個人が他者に共感を抱き他者の厚生を我がことのように感じられるようパースペクティヴを拡大していった結果最終的に得られるような主体の判断である。そのような極大共感者はもちろん極度の理想化が施されてはいるのだけれども、理想的観察者とは違って自己利益を有しており、たまさかに彼の持つ並はずれた共感能力によって自己利益の判断が全体の利益の判断と一致する、というだけである[†19]。

ない。不偏性からはロールズの意味での没人格性（要は個人間分配パタンへの無関心）がただちには出てこないという指摘は正しい。しかし、パーフィット的な人格に関する見解や、価値論的見解を不偏性の要請に前提として付け加えるならば、不偏性から個人間分配パタンへの無関心が出てくるということは大いにありうる。そうした前提が正しいか否かは実質的に論争されるべき事柄であって、分配パタンへの無関心が導かれる以上はそうした諸前提が誤っているに違いないという論法は（功利主義批判の定型句のごとく実によく目にさせられるのだが）単純に誤っている。

[†19] この没人格的観察者と極大共感的観察者と類似した区別はパーフィットによって「超然的観察者 (detached observer)」「同一化観察者 (identifying observer)」として分類されている [Parfit 1984 pp.330-332]。ロールズは、功利主義が後者にコミットしており、その結果「人格の個別性」を無視するに到るのだ、と批判しているというのがパーフィットの指摘である。これに対し、前者にコミットする功利主義者は人格の個別性を認識しており、分配パタンを無視する理由は殆どない、とされる。しかし、パーフィットは、前者の場合でも、観察者は自分が最低福利者 (the worst-off) に立つことを想定しないから、（平等主義的な）分配パタンに考慮を払わない傾向にあるだろう、と見ている。ここには幾つかの混同が見られる。パーフィットは最低福利者（或いは誰かの）福利が改善されるかされないかに無関心であることと、分配パタンを考慮しないことを混同しているように思われる。そこでは、分配パタンとして平等主義的な（しかも最低福利者を底上げするような）パタンしか想定されていない。或いは、分配パタンの価値が非個人的なものとして取られる場合と個人的に（福利の構成要素として）取られる場合の双方がありうることが考慮されていない。ではロールズ的な見立てが正しいのだろうか？ まずロールズの「人格の個別性」という曖昧極まる観念は脇にどけておこう。残念ながら、これが個人間集計に対する反individualism以外のなにか実質的なものを表現できているとは思えない。分配パタンに非個人的な内在的価値を見出す通常の平等論でも、その価値は非個人的なのだから、人格の個別性を重視することと必然的なつながりはまったくない。仮にロールズのこの観念に意味があるとしても、それは分配パタンの問題とは基本的に別個の問題なのである。さて、必ずしも共感的でない超然的観察者は、自分が観察対象のどれかに入るとはまったく思っていないので、彼らの福利に無関心であるかもしれない。極端な分配パタンを選び、全員の福利を悪化させることをこの観察者が選ばないと考えるべき理由はどこにもないのである。個人的視点から自由な超然的観察者は、観察対象の個人の視点からの（諸個人間で異なる）世界評価（諸個人の福利）を観察し損ねるかもしれない。反対に、同一化観察者は諸個人の内の誰かが採っている世界評価に非個人的でないもの（分配パタンの価値）は観察し損ねるかもしれない。両方の観察者が観察する価値を総て認識する観察者はいないのだろうか？ 価値の実在論が正しいならば、いるかもしれない。分配パタンが個人的価値であるならば、同一化観察者はそれを認識する。個人的価値が実在するならばその実在性は視点非依存であり超然的観察者はこれを認識する。もちろん価値の実在論が正しいならば端的に世界の事態について語ればよいのであり、観察者の想定は余計である。しかし、我々が功利主義の表現としてどのような観察者を想定するかと、我々

これは次のような違いを生み出す。どの個人の利益も共感によってこの極大共感者の利益であるからどの個人の非道徳的利益もこの共感者の判断に正の反応性を有していなければならない。つまり、いずれかの個人の利益が増大するならば、この極大共感者はその増大を従前の事態に比してより良いものと考えなければならず、ここから殆ど直ちにパレート原理が導出できるだろう。これに対して没人格的な理想的観察者がパレート原理を採用すべき理由などない。個人の利益に無関心な理想的観察者が全員をパレート劣位に置く貧しき平等を正しいものと判断することを妨げるものはない。ポイントは、個人的利益から乖離した判断を極大共感者がなしえないところにある。つまり、極大共感者が内在的価値の増大を認識するならば、それは誰かの内在的価値でなくてはならず、誰にも帰属させられない虚空からわき出てくるものではありえない。ある平等指標に関してその「平等」に非個人的内在的価値がある、と平等論者が主張する場合でも、極大共感者はそれを気にもとめないだろう。彼が気にするのは狭義の自己利益を含む全体利益という広義の自己利益であって、非個人的内在的価値は誰の自己利益でもないがゆえに、極大共感者の思い煩うところではない。総和主義的帰結主義に分配や応報の要請を組み込むべく価値論に功績を導入する立場もまた排除されることになる[20]。先にも触れたブリンクはこの点について明晰であって、ある集団内での平等分配が達成されているとき、そのような平等な集団に帰属していること自体を個人的価値と見なす、という方策に訴えて広義の功利主義的フレームワークに分配的考慮を持ち込もうとしたのである。逆に言えば、そのようなトリック——残念ながら説得的だとは思えないが——を用いないかぎり、不偏的だが没人格的でない道徳理論に分配的考慮を持ち込むことはできない。

　我々は少なからず他人の厚生に共感を抱く能力を備えているのであって、極大共感者の想定が現実的であるとは言えないにしても、我々の能力以上の何らかの形而上学的重荷を理論に背負わせるものではない。つまるところ、功利主義を考

が採る価値論の間に密接な関係があるので、不偏観察者という表象は有用である。これに対して、価値の実在論を回避して不偏観察者による構成主義的 (constructivistic) な方法（それが不偏観察者理論の元来の目的だったわけだが）を採りたいならば、そのような都合の良い観察者の存在は疑わしい。価値の実在性を根拠とせずに、現実の諸個人の視点からの世界評価と超然的視点からの世界評価を乖離なく統合できるとは考えがたい。

[20] つまり、不偏性の極大共感者説を採ることは、内在的価値が個々人に帰属する基礎的内在的価値 (basic intrinsic value) に尽きる、ということを意味する。

えるために我々の内の誰でもないような「正義の女神」は必要ではない（もちろん功利主義が没人格性にコミットできないわけではない）。また、それを排除することから、誰かの個人的内在的価値に還元されることのない内在的価値の存在——ムーア的な価値絶対主義 (value absolutism)——も否定されることになる。功利主義は不偏的ではあるが、没人格的である必要はない。没人格性の排除は没人格的内在的価値の否定であり、厚生主義の背景をなすものでもある。これは功利主義を理解する上でそれなりに重要な点であるといって良いだろう。厚生の総和は道徳的内在的価値を与え、如何なる道徳的内在的価値も常に誰かの非道徳的価値でなければならない。偶さかに何かが集団の成員全員にとって個人的な非道徳的内在的価値を有していると言うことがあり得るとしても、それは決して没人格的な内在的価値になりはしないのである。レイルトンの比喩を借りれば、何かが個人にとって栄養となるかが根本的に個人の状況・特質に依存しており絶対的な栄養分など存在しないのと同様に価値もまたそうである。何かが個人に栄養となる時のその栄養性は個人関係的 (relational) だが、相対的なものではない。誰の目から見ても何かがその人にとって栄養であることそれ自体は客観的な視点非依存の事実である。ある物質が偶さかに多くの個人にとって栄養となることからそれを絶対的な栄養分だと思いこみ、挙げ句の果てにそれを栄養分としない個人を「もはやそのようなものは＜人間＞ではない」として排除することで「絶対的な栄養分」なるものを擁護しようとする理論はろくでもない栄養理論である。しかし、多くの価値理論はまさにこのような様相を呈しており、功利主義を支える価値理論はこういった危険な誘惑を退けるものなのである。

6.2 帰結主義と個人

6.2.1 帰結主義と消極的責任

このようにして、功利主義の不偏性が必ずしも行為者相関性を否定するものではないことを論じてきたが、それでもなお帰結主義がある事態がもたらされる際の過程に重きを置かないことは、ある種の倫理学者を憤激させるに足る重大事で

あるらしい。功利主義は作為と不作為の区別をしないので（多くの帰結主義にとっては同じ事態が生じるならば区別のしようがない）、餓死しつつある人々を見殺しにするのも殺人も変わるところがないということになる。これを批判する倫理学者は、我々には殺人を作為的に行わない義務はあるが他人を餓死から救う義務はない、と言うかもしれない（たとえばノージック）。この批判は帰結主義の「事態」の把握の仕方に対するものであると同時に、ある個人の視点から見た場合にある事態を引き起こすのが自分か他人かといった行為主体についての情報を不偏性が排除していることそれ自体に対する批判だとされる。例えば、ウィリアムズもまた、消極的責任なる概念を可能にしてしまうとして、功利主義を激しく非難する論者の一人である。彼が挙げる例を見てみよう[21]。

> 化学博士であるジョージは就職が難しいとわかった。知人の化学者はジョージに職を斡旋することができるが、それは化学生物兵器を研究している研究所である。ジョージは化学生物兵器に反対しており、自分はその研究所に就職できない、と考える。しかし、もしジョージが就職しなければ別の同僚がその職に就き、ジョージのように良心の呵責なく熱心に研究を遂行するであろう。ジョージはどうすべきか。

化学生物兵器開発が功利主義的に容認できないものだとし、更に別の同僚が就職した場合には研究の進展が速まり、悪い帰結がもたらされるとしよう。化学生物兵器はひとたび使われれば甚大な悪をもたらすので、ジョージ一人が化学生物兵器の開発に忍従し、開発を遅らせる方が全体の厚生が優るものだとしよう。功利主義はジョージに研究所への就職を命じることになる。しかし、ジョージは生物化学兵器の開発に携わることは自分の重大なコミットメントを侵害するものであり、功利主義はジョージのインテグリティを破壊する、と言うのである。もちろん功利主義者は、ジョージの就職は彼の生活の大部分を彼にとって魅力のないものにしてしまうがそのことによる厚生の低下はきちんと算入されているので問題ない、と突っぱねることができる。ジョージにとって他人のインテグリティが比較的どうでもよいのと同様に、ジョージにとってジョージのインテグリティは比較

---

[21] [Smart and Williams 1973 pp.97-98] による。長大なので修正の上で大幅に圧縮した。

的どうでもよいものである、という判断が不偏性の要求するところである。我々は没人格性を要求したわけではなかったから、極大共感者はジョージの苦悩をそのまま引き受けるかも知れない。しかし、その場合でも化学生物兵器によって死ぬだろう人々の苦悩などをもそのまま引き受けるがゆえに、ジョージの苦悩をフルに汲み取ったとしてもなお極大共感者はジョージに研究への忍従を要求することになる。しかし、もし流石にこれが強弁だと感じられるとすれば、我々はどうすべきだろうか。ウィリアムズに従って功利主義（或いは帰結主義一般）を諦めるべきなのだろうか。

6.2.1.1 それは本当に問題か

　帰結主義者の反応は二通りに分かれる。ウィリアムズの批判を突っぱねて帰結主義を維持する論者と、「インテグリティ」を重視するために帰結主義に修正を施そうという論者である。我々はもちろん前者に分類されるのであるが、後者もまた有力な立場ではある。例えばその代表的論者であるサミュエル・シェフラー (Samuel Scheffler) は帰結主義に義務論的な制約を課して、個人的視点からの価値評価と帰結主義的道徳の要求を折り合わせようとする。シェフラーは行為主体中心的特権 (agent-centered prerogative) と行為主体中心的制約 (agent-centered restriction) という二つの概念を持ち出す。前者は帰結主義が最善を求めて個人のインテグリティを犠牲にせよという道徳的要求を突きつけてきたときにそれを拒否する特権を指す。これは特権であるから必ずしも行使する必要はなく、インテグリティを自ら犠牲にすることは妨げられない。これに対して後者は、最善を求める帰結主義の要請を排除し個人のインテグリティを犠牲にすることを禁ずるものである。行為主体中心的制約は帰結を省みることを禁じるという、帰結主義者にとっては耐え難い代物である。そこでシェフラーは消極的責任を拒否するためには後者は不要であり前者だけで足る、と主張する。また、前者だけならば達成可能な最善の事態は帰結主義と同じままである。シェフラーはこれを義務論と帰結主義の間をゆくハイブリッドな理論だとして提示するのである[†22]。だが、この

[†22] 本書ではこうした立場を採らないので以降詳しく触れることはないが、こうした理論が本書の標準的な帰結主義よりも直截で説得的だと考える読者もいるだろう。詳細については、この着想を巡るシェフラーの著作『帰結主義の拒絶（改訂版）*The Rejection of Consequentialism*』を見よ [Scheffler 1994]。ティム・マルガンはこの着想を更に込み入ったものに発展させている。

理論の実践的含意が説得力を欠くとはいわないとしても、積極的に採用する理由を見いだしがたいのも事実である。最適規則体系を持ち出す規則功利主義や最適動機群を考える間接功利主義にとっても、その最適意思決定方式が個人のインテグリティの犠牲をむやみに求めるものではない以上（もしそうでなければ規則服従コストや動機獲得のための教育コストが高くなりすぎるだろうから）、理論的利得がない。むしろ、なぜインテグリティに代表される個人的な価値が他の内在的価値（例えば厚生）を排除して特別扱いをされる特殊な内在的価値なのかについての説明がない以上は採用しがたい。間接功利主義など、一定以上に手が込んだ帰結主義にとって消極的責任論はそれ自体で問題だというよりは、内在的価値を巡る対立なのである。

　そこで我々は帰結主義を守る立場からこれに応答しよう。この際、議論のために間接帰結主義などの下でもシステマティックに個人のインテグリティに犠牲を求めるような道徳的要請を帰結主義が個人に対してする可能性があるものと考えておこう。まず、インテグリティなるものがそれほど大事なものなのか、という疑念を挙げることができる。ジョージには化学生物兵器の開発を執拗に避けるべき理由があるのだろうか。もし、化学生物兵器の道徳的いとわしさがジョージの化学生物兵器を忌避するコミットメントの理由であるとすれば、そのいとわしさが現実化するのを防ぐためにむしろ研究を遅滞させる見込みを以て積極的にジョージは就職できるはずではないのか。逆に言えば、そういった理由もなく化学生物兵器の忌避に対するコミットメントをジョージが持っているとすれば、それは不合理な好き嫌い——私が昆虫一般を忌避するようなそれ——とどこが違うのか[†23]。

[†] マルガンは道徳を「互酬性 (reciprocity) の領域」と「必要性 (necessity) の領域」という2つの異なった要請の領域から成り立つと見る。互酬性の領域については、規則帰結主義の背後にある集合的視点を互酬性 (reciprocity) の要請から正当化してある種の規則帰結主義を採り、必要性の領域については通常の個人主義的な帰結主義を採る。そしてこの2つの領域を調停するものとしてシェフラー的な個人的視点を行為主体中心的特権の形で組み入れる [Mulgan 2001 pp.169-294],[Mulgan 2006 pp.340-362]。マルガンはこうした帰結主義を未来世代の再生産などの問題に応用して見せることでその説得性を論証しようとしている。私自身は価値と義務との接続部分をこのように複雑に弄ることには、価値論を弄り回す一部の帰結主義者の悪癖に対するのと同じようにあまり良い印象を持っていないが、シェフラーの発想に魅力を感ずる読者にとっては一考の価値があるだろう。ただし、行為主体中心性の導入と、価値よりは義務の問題を基礎にしてこうした複雑化が行われていることとを考え合わせると、これが帰結主義の本旨からはかなり遠ざかっている理論であることは注意しておいてもよいだろう。

[†23] もちろん、昆虫に対する嫌悪が非派生的な内在的なものであるとすれば、道具的合理性はこうした嫌悪を排除しないので、合理性は道具的合理性に尽きるというウィリアムズに対する批判

もしさしたる理由もないのだとすれば、そのコミットメントが侵害されるということが無条件に問題視される理由はない、というのが功利主義者の返答であろう。自分にとってだけ価値がある自分のインテグリティをどうしても死守するというのならば、可能な道徳理論は殆どエゴイズムか、或いは他人はどうあれ自分が偶さかにもつ「道徳的」信念に忠実でありさえすればよいという相対主義くらいしか残されていないだろう。恐らく殆どの道徳理論は一定の状況下でインテグリティを犠牲にすべき状況があることを認めるのであって、ウィリアムズの挑発にまともにつきあうならば我々に残された可能な道徳理論は帰結主義がどうこう以上に極端な立場であるに違いない。ついでに言えば、「人格」のインテグリティにどれほど価値があるかは疑われても良いことである。功利主義は「人格」を最初からさほど重視していないので、「人格を尊重し損ねている」と言われたところでさしたる痛痒を感じないかも知れない。「人格」なるものを重視していないことを以て功利主義が反駁できると考えるのは単なる論点先取である。

6.2.1.2　外在主義による反論

だが、これほど露骨な反論に気が引けるとすれば、もう少し穏健な返答が可能である。もしジョージが研究所への就職を個人的な非道徳的観点からそんなに避けたいと思っているのだとすれば、道徳が何を命じようと無視すればいいだけの話である。数年後に当の研究所の化学生物兵器が使われて多数の死者が出たというニュースを目にしたとしても、どうということはあるまい。別にジョージがそのような行動を採ったところで、誰かがジョージに強制するという話ではないのだから。要するに、「ジョージは研究所に就職すべきである」というジョージの道徳的信念が研究所に就職するようジョージを動機づけたり、行為理由を与える力があるとは限らない、というだけのことである。もしそういった力をこの道徳的信念が持っていなかったとしたら、初めからなんらの桎梏もありはしない。我々は道徳的信念を持つことが概念上直ちに我々に行為理由や行為への動機を与える、という主張を否定するメタ倫理学上の「外在主義」を採用することを既に明らかに

にはならないかもしれない。道具的合理性に尽きない合理性を認める読者には支障がないだろうが、その場合には合理性が道具的合理性に尽きるというウィリアムズ的な立場に対する根本的な批判が必要になるだろう。

していた†24。外在主義を採るならば、仮に帰結主義が個人に対して過重と思われる要求をするのだとしても、そのこと自体になんらの不思議があるわけではない。道徳がそのような要求を行っているという個人の道徳判断は（たとえ真摯に為されたものであっても）それだけではその個人に犠牲を強いるのに充分な力を持っていないかもしれない、というに留まるのである。この点に関してブリンクは、インテグリティやコミットメントといった個人的視点と不偏性を備えた道徳の衝突は道徳の内容に関する問いではなく、道徳と個人的視点の関係についての道徳それ自体についての問いであると指摘している。不偏性に還元されないような個人的視点の持つ重要性を認めることは不偏的道徳理論にその重要性を盛り込まなくとも可能であり、帰結主義と個人的視点を接合しようとするシェフラーなどの試みは不必要なものである、という†25。不偏的価値に還元できないような個人的視点を道徳に取り込むのではなく、それは道徳外の問題であるとして道徳とそういった視点の衝突こそを考えるべきなのである。我々もブリンクのこの指摘が正しいものだと考える。それゆえ、シェフラーのような形での修正や、センが細かく展開しているような不偏性を満たさないタイプの帰結主義の腑分けは我々にとってみれば些末なものに留まる†26。

　ベンタム以来、人々が自己利益を過度に犠牲にしてまで道徳的に振る舞うなどと功利主義は決して想定したことはない。一般に人々が功利主義にしたがって行動するだろうなどという前提は古典的功利主義には見いだしがたい。他者に対する共感があるにしてもそれをあまり当てにできない程度に利己的な諸個人の欲求を如何に巧妙に方向付けて調和をもたらすかを関心の中心に置いている社会アーキテクチャ設計者の観点からすれば（功利主義は本来そのような設計者に助言を与えることを目指しているのだが）、功利主義が必然的にそれをもたらすのではないにもかかわらず功利主義によって常に自分の他の行為理由を沈黙させてしまったり直ちに行為への動機付けを与えられてしまうような風変わりな行為者のために設計思想そのものを変更する理由はないのである†27。

†24 正確には、動機づけに関する外在主義、行為理由に関する外在主義、強い外在主義、弱い外在主義、行為者外在主義、評価者外在主義などを適宜区別する必要があるが、ここでは深入りせず外在主義一般だと考えておけば充分である。
†25 [Brink 1986 pp.432-433]
†26 彼らの具体的な分析については [Scheffler 1994],[Sen 1982] を見よ。
†27 そのような行為者がどれほどいるかはかなり疑わしい。道徳理論の役割はもし道徳的でありた

6.2.1.3 統治功利主義からの反論

　統治功利主義にとって事態はどうだろうか。ベースである間接功利主義としてはこれまでのところの反論で充分であろう。しかし、統治者はジョージの就職を法によって強制するのではないだろうか？　そうだとすれば、統治功利主義は法的サンクションを用いることで人々のインテグリティを個人道徳としての功利主義よりも一層効率的かつシステマティックに破壊する悪しき統治哲学なのではないだろうか？　しかし、このような懸念は殆どありえないといってよかろう。そのような法を立法しようという功利主義的政府はそもそも、化学生物兵器が悪しきものならば最初から開発などしないであろうし、民間の企業が開発しているならばやる気のない研究員を送り込んで研究を遅延させるなどと言うばかばかしいことを考えついたりはせず端的に実力行使に出るであろうし、工作員としてはいやがるジョージよりも適任者が幾らでもいるだろう。それゆえ統治功利主義の下でも法的サンクションが附加されるということはなく、ジョージが研究所に就職しなかった時のサンクションは殆ど存在しないし、もちろん統治功利主義下で被治者が功利主義を意思決定原理として用いる必然性などどこにもないのだからジョージがそもそもの悩みを抱えるということも殆どありえない。統治功利主義もまた、個人のインテグリティや生命を犠牲にしなければ達成できない莫大な厚生がある場合にはそのような犠牲を命じるであろう。しかし、多くの場合それらの犠牲をある特定の仕方で特定の人々に割り振ることを是とするであろう。その特定の人々こそが三権を行使する統治者であり、統治功利主義は払わねばならぬ犠牲を統治者に集中させるのである。次にこのことを検討しよう。

6.2.2　統治功利主義と不偏性

　統治功利主義は基本的に間接功利主義の一類型であって被治者に功利原理を意思決定原理として採用するよう要求するものではない。しかし、統治者（三権を行使する凡そ総ての公務員）が功利原理を意思決定に直接用いることが排除されるわけではない。そこで、ここでは特に功利原理が統治者によって採用される際

ければ何を為すべきかを教えることであって、無道徳主義者 (amoralist) に道徳を採用せよと迫ることではないし、もちろん、道徳的に行為すること自体は道徳哲学に従事することの一部ではない。

に、その一要素である不偏性がどのような含意を統治者に対して持つかを検討しておくことが良いであろう。

6.2.2.1 統治者の義務

　まず、統治者に対して統治遂行に当たって不偏性を要求することが説得的であろう。公務員は全体の奉仕者であって一部の奉仕者であってはならない、というお馴染みの格率は不偏性の要請から直ちに出てくるものである。但し、あくまで「統治遂行に当たって」という但し書きが必要であろう。如何に統治者でもその被治者としての側面に於いてまで不偏性を要求する理由は必ずしも存在しないからである。ある局面に於いて統治者が統治者として振る舞っているのか否かは基本的に明瞭な事柄である。それゆえ、仮にウィリアムズ流の消極的責任論が妥当だとしても、それは被治者として振る舞う統治者には妥当しない。統治者個人がどちらの立場にいるかは統治者本人にとっても他者にとっても明瞭である。更に、統治者は自ら望んでなるものであるからその地位は自発的なものであるし、統治者に課される不偏性要請が如何なる要求を統治者に課すかは事前に明らかである。それゆえ、統治者は統治功利主義によって統治者に求められる犠牲が自分のインテグリティなどといった個人的価値と衝突する、と主張することを許されない。そこで統治者に許されるのは適法な辞職のみである。これは裁判官がたとえ自らのコミットメントと食い違うとしても明白に法文の命じるところと違う判決を下し得ないことを考えてみればよい。辞職によってインテグリティが保たれる可能性が構造的に担保されているのであるから、不偏性が統治者である個人に過大な負担を課すとして批判することは不可能である。例えば、消防隊員が消火活動に当たるとき、明らかにより多くの人命救助が可能な状況でそれをうち捨てて自分の家族の救命に向かうことは統治功利主義によって（もしくは不偏性要請自体によって）禁じられる。たとえ家族の焼死がその消防隊員の人生を破滅させるとしても、である。

　統治者が仮に統治者の観点から自分が何を為すべきかを知っているとしても、個人的視点からして当然自分の人生を破滅させたくはない消防隊員が家族の救命に向かうならばそれを止めることは統治功利主義自体によってはできないことである（繰り返しになるが統治道徳と個人の価値判断の衝突は道徳外在的な問題であ

る)。仮に統治者が統治功利主義が適切な統治理論であると考えているとしても、統治功利主義は統治功利主義による道徳判断（統治判断と呼ぼう）が統治者を確実に動機づけるなどとは全く想定していない。それゆえ刑罰を含む諸々のサンクションによって統治者の不偏性を保つ制度を統治功利主義は要求することになる。統治者が特に立法府議員であるならば政治的サンクションを発動する制度——恐らくは民主主義的なそれ——をも併せ持ちいることになるだろう。もちろんサンクションが過度であると、統治者を不偏的に振る舞わせることによって生じる厚生の確保分をサンクションによって附加される害悪が上回ってしまうかも知れないので、自然とサンクションの程度は抑制される。また、人々がそれらのサンクションゆえに統治者（例えば消防隊員）になることを忌避するようになれば、それによって生じる人員不足の害悪が増すのだから（消火力不足は都市にとって致命的である）、サンクションはより穏やかなものにならざるを得まい。なお、言うまでもないことだが、現実の統治者が統治功利主義が正しいと考えるかどうかも（極めて）疑わしいことである。それゆえ、統治功利主義は統治者に統治功利主義を統治評価原理及び統治行為原理として採用させるための政治的アーキテクチュアを必要とするだろう。このアーキテクチュアは概ね先に述べたように法的サンクション・政治的サンクションの発動を担保する制度によって形成される。厚生の集計最大化こそが統治の目的であるにもかかわらず統治は統治者個人の利益を目的として行われがちである、という点に対してベンタムが採った方策は、統治者が自己利益を、全体利益を追求することなしには追求し得ないようなアーキテクチュアを憲法典（及び他の総ての法律を含むパンノミオン）という形で提供することであった。

最も注意すべき点は、統治功利主義は統治者が直接功利主義を採用する余地を擁護しようとしているのだから、統治功利主義は統治者の遵法責務を認めない、ということである[†28]。必要とあらば、統治者は功利主義的観点から法を逸脱するべきなのである。但し、逸脱に対する刑罰を含む法的サンクションは（そのサンクションを執行する統治者にその職務を遂行すべからざることを法に反して統治

[†28] 直接功利主義が遵法責務を認め得ないことは恐らくほぼ争いの余地がないであろう。間接功利主義の場合も恐らく遵法責務の正当化は困難である。個別の法体系に依存して偶さかにそれらが言える可能性はないわけではないが、その場合でも法が法であるがゆえにそのような責務が発生する、というのではない外在的なものに留まるだろう。

功利主義が命じない限りに於いて）そのまま科され、統治功利主義は統治者自身に科されるサンクションを引き受けてでも逸脱せよと統治者に命じるのではあるが、個人的利益からして統治功利主義が命じるような逸脱に多くの統治者は現実として従事しないことであろう。そうであるとすれば、逸脱によって確保されうべき厚生が損なわれることになるのだから、最初から統治功利主義はそのような行為を逸脱として扱わないように法を緩和しておくべきことを命じるかも知れないし、そもそも逸脱を命じる可能性が高くないならばそのままでよい、と命じるかも知れない。権力の放縦を抑制するための立憲主義的アーキテクチュアの存在が功利主義的に望ましいことはほぼ明白であるが、そのアーキテクチュア内で統治者が統治功利主義に従って直接功利主義的に行動しようとしたときに、当のアーキテクチュアによってそれを掣肘されてしまう可能性が存在することになる。しかし、それを含めての功利計算に基づいて最初からアーキテクチュア設計は為されているべきなのである。ある場合にはアーキテクチュアが、統治者が統治功利主義にしたがって為すべき行為を妨げてしまうかもしれない。統治者が法を逸脱しなかったことに対して被治者による非法的な政治的サンクションが科されることすらあるかもしれない。この点は第 **2.4** 節でも触れたとおりである。

6.2.2.2 　統治者を制作する被治者

　こうした統治者の不偏性は実際には被治者によって要請され、不偏性を満たさない統治者に対するサンクションを科す制度が被治者の支持を得るであろう。被治者は統治功利主義から直截に不偏性の要請を受けるわけではないので、自分自身の個人的価値判断との衝突を恐れることなく、統治者への不偏性要請を是認するだろう。統治功利主義が統治者に不偏性を要求する際の政治制度のレベルでは事態は次のようなものである。統治者の不偏性と統治功利主義の遵守を確保するアーキテクチュアの功利性それ自体が被治者に対し当のアーキテクチュア維持への動機付けを与え、維持されたアーキテクチュアが再び統治者の不偏性と統治功利主義の遵守を確保するのである。ここでは統治者が本来的に仁愛にあふれ不偏性を身につけた選良である、という想定は為されていない（もちろん統治者がそのような資質を備えていることはそれ自体として極めて望ましいことなのだが）。「総督府功利主義」というお馴染みの批判に反して、統治功利主義に於いて統治

者の不偏性・仁愛性を確保するのは、巧妙に設計された政治制度アーキテクチュア（ベンタムはこれこそが理論家の仕事であると考えた）と被治者による政治的サンクションにほかならない。被治者こそが統治者を無理矢理にでも「選良」に仕立て上げる政治的実力を——残念ながら滅多に発揮されないのだが——有しており、実際にその実力を行使すべきことを統治功利主義は要求しているのである。

　実際、政治社会に統治者の不偏性を確保するためのリソースが他にあるだろうか。ベンタムの構想する政治的アーキテクチュアのキーワードは「監視」である。被治者の視線に曝され逃れられない統治者は自己規律的に不偏性を獲得するに到る。被治者は統治機構が不透明であることを望むだろうか？　もちろん「否」である。被治者の自己利益による動機付けが統治機構の透明性を要求するであろう。統治者が利益集団を成すことを是とする被治者がいるだろうか。もちろんいはしない。統治者が利益集団となることを妨げるものは何か。いうまでもなく「監視」である。それは被治者から統治者に向けられるものに限られず統治者相互の監視も含むであろう。パノプティコンは「監視」のテクノロジーであり統治の技法であった。そして、統治者を統治するのは被治者なのである。我々は後に統治者から被治者へと向けられる「視線」と自己規律の問題を扱うが、何よりもまず統治功利主義的政治社会に於いてその最も大きな枠組みを被治者による統治者の監視が成していることをここで確認しておかなければならない。

　このことは次の示唆も生み出すであろう。統治者の不偏性を確保するリソースがアーキテクチュアと被治者にしかないのだとすれば、そして統治者の不偏性が功利性の確保に於いて重要な意味を持つとすれば、功利主義は被治者を効果的にアーキテクチュアの維持と統治者の制作へと動機づけなければならない。厚生の総和が等しい世界の事態は功利主義に於いて理論上無差別である。にもかかわらず、厚生の分布は被治者を動機づける上で重要な意味を持つ。被治者の政治的実力を統治功利主義アーキテクチュアの維持へと動員するためには統治功利主義は被治者の動機付けを効率よく調達せねばならず、そのためには被治者の個々の自己利益と全体利益の傾向性の乖離を少なくすることが求められるだろう。既に繰り返し述べたように、統治功利主義上の道徳判断（この場合その主体は被治者だが）と動機づけは必然的繋がりを有しておらず、これらの間に存在するのは偶さかな一致のみであるが、個々の被治者の自己利益と全体利益の傾向的一致はまさに統

治功利主義上の道徳判断と動機付けの偶さかなる一致を指すのである。統治功利主義自体は道徳理論にすぎず、自分自身の存続を望むようなものではない（たとえ誰もがそれを忘れ去ったとしても妥当であり続ける、というのが間接功利主義の主張であった）。しかし、政治制度に埋め込まれた統治功利主義は制度として自らの存続を求め、それゆえ最大多数の被治者の動機を調達することを希求するであろう。できるだけ多くの個人の幸福を損なうことなく最大の幸福を達成せよ、という一見矛盾した要求とも見なされかねない「最大多数の最大幸福」なるスローガンにもし意味があるとすれば、それはここにあることになる。

第7章　厚生主義批判と応答

次に、功利主義の第二の特徴である「厚生主義 (welfarism)」への批判に対する反論と擁護が本章の目的となる。厚生主義は、道徳理論に於いて唯一レレヴァンスを有するものは諸個人の福利・厚生 (well-being, welfare) に他ならない、という。これは一見極く当たり前のことのように思われる。しかし、功利主義が「権利」や「自由」なるものに一切の内在的価値を認めていないところに、ロールズ以降の功利主義批判は集中してきたのであった。我々もまた権利や自由には外在的価値しか認めないであろう。だが、この問題は第 III 部で扱うこととしよう。ここでは批判者によって厚生主義そのものに内在するとされる問題点を巡って、それが本当に問題なのかを検討することにしよう。

厚生主義批判は、功利主義を構成する他の要素とは異なって、現実の事例を元に組み立てられることが多い。実践的な含意が「反直観的」であることから厚生主義が説得的でないという議論が中心的であるので、本章では厚生主義を擁護するに際して、批判の際に提出されるような典型的な事例に基づいて議論を進めることにする。もちろん抽象的な形で議論を進めることも不可能ではないのだが、本章では敢えて技術的な議論を避けることにしよう。本書が提出する反論・擁護が技術的にはどういうものなのかを抽出することは読者に任せたいと思う。

7.1　適応的選好形成

厚生主義に対して最近では最も多く向けられる批判が「適応的選好形成 (adaptive preference)」の問題である[†1]。イソップの「酸っぱい葡萄 (sour grape)」の寓話

[†1] 類似の現象との区別を含む古典的な解説として [Elster 1982],[Elster 1983 pp.109-140] を見よ。センやヌスバウムが厚生主義を批判するのも、飢饉や虐げられた妻 (battered wife) の問題といった適応的選好形成批判によっている。本書では殆ど触れないので、セン自身のこの問題に関する対応策について少しだけここで触れておくことにする。以下の指摘はサムナーによる [Sumner 1996 pp.60-66]。センが機能 (functionings) のリストを列挙する時、それはあくまで

を思いだそう。元々は「負け惜しみ」の代名詞として使われる寓話だが、それを次のように読み替えるのである。曰く、狐は手の届かないところにある甘そうな葡萄を諦めその葡萄が酸っぱいのだと真摯に考えて当の葡萄への欲求を失う。つまり、利用可能な選択肢に応じて我々の欲求は変化するので、「幸福な奴隷」のように初めから主体の選択肢を限定しておくことで選択肢に適応した欲求を持たせ、その欲求を満足することによって当の主体にとっての厚生が得られたと判断することができる。識字能力を持たない人々が識字教育が選択肢に入っていないことを以て識字能力に対する欲求を失い、それゆえ識字教育を受けられなくとも満足である、という事態が当然にあり得る。厚生主義は厚生にだけ着目し、教育を受ける権利や、識字能力を獲得することによって得られる人生の選択の幅などを考慮することに失敗しているのだ、というわけだ。欲求がどのような過程を経て生じたのかに気を配らないせいで、自律的欲求と他律的欲求の区別ができず、自律の内在的価値をも汲み取ることができないとされる。この批判は厚生主義への強力な批判だとされている。なるほど一見したところではこの批判が「道徳的直観」に訴えるところがあるかも知れない、と認めよう。しかし、良く考えてみるならば、特に我々の統治功利主義にとってこの批判がどれほど意味を持つものかは極めて疑わしいと言えよう。そのためにまず問題を幾つかに分割しよう。

7.1.1 適応の様々なレベル

実際のところ「適応的選好形成」という語によって何が言われているのかはさほど明らかであるわけではない[†2]。一口に「適応」といってもそこには様々なレベ

機能に関する社会的指標として扱われており、機能に関する客観的リスト説を採っているわけではない(この点がヌスバウムとの主要な違いであった)。センはロールズに代表される客観主義的な基本財アプローチをフェティシズムだとして嫌うので、機能の客観的リスト説をもまたフェティシズムだとして採らないことになる(センのこの批判的態度は実に正しいと思われる)。しかし、様々で異質な諸機能指標間の重要度を客観化したくなければ、主観主義的要素を導入せざるを得ず、結局その個人が最も評価する (valuing) 機能によって産出される最終的な結果に厚生・福利を見出すことになる。だが、この個人的評価の要素は(ヌスバウムが指摘しているように [Nussbaum 1988 pp.175-176])社会的慣習などの外的な要素に強く影響を受けるので、結局適応的選好形成批判同様に、価値評価の適応的形成の問題が生ずるのである。客観主義と主観主義の両端の中間に身をおこうとするセンの試みは自らの主観主義批判によって論駁されてしまうのである(もちろん客観主義化しようとすると自らの正しい客観主義批判によって論駁されてしまう)。折衷主義は大抵うまくいかないということの教訓的な事例ではある。

[†2] 本書ではこの語をかなり緩く用いる。認知的不協和の事例を始めとして、信念でも欲求でも何

ルがある。そこで「酸っぱい葡萄」の例を用いて例えば大まかに次のように「適応」のレベルを分類することにしよう[†3]。狐がある葡萄（実際に甘いものであり我々がそのことを知っているとしよう）の木の下へやってくる。葡萄がそもそも狐の視界に入っていない場合（「寝た子を起こすな」）もあるが、とりあえず視界に葡萄が入り、「あの葡萄は熟しており甘い」という信念と「あの葡萄が食べたい」という欲求を抱くものだとしよう。ところが狐は葡萄に手が届かない。葡萄を食べるという行為が不可能であることを知った狐はその葡萄を手に入れようとすることを諦め、狐は「あの葡萄は欲しくない」という。件の葡萄を取り下ろして狐の目の前に差し出してやると……

- 狐がその葡萄を喜んで食べる→単なる負け惜しみ
- 葡萄を食べようとしない
    - 「あの葡萄は酸っぱい」という誤った信念のせいで欲求しない。「甘い葡萄を食べたい」という内在的欲求は保持されているが、内在的欲求と道具的欲求を媒介する信念が適応したせいで「あの葡萄を食べたい」という道具的欲求が失われている。その葡萄が甘いことを説得的に示してやれば欲求が復活する→媒介的信念の適応
    - 件の葡萄が甘いという信念を復活させた後でもそれを欲求しない
        * 「葡萄は体に悪い」といった誤った信念が形成され、それを媒介にして、元々の内在的欲求「甘い葡萄を食べたい」から派生した欲求「あの葡萄を食べたい」を覆すような欲求「あの葡萄を食べたくない」が生じている。「甘い葡萄を食べたい」という内在的欲求と媒介信念「あの葡萄は甘い」及びそこから派生した欲求「あの葡萄を食べたい」自体は失われておらず、それを覆す欲求を媒介している信念を訂正すれば「あの葡萄が食べたい」という当初の欲求が復活する→基盤的信念の適応
        * 「葡萄を食べたい」という内在的欲求自体が消失してしまっている（基盤的欲求の適応）
            ・心理的レベルでの変容によって内在的欲求が消失している場合→心理的適応
            ・肉体的レベルでの変化によって事実として葡萄が不要・有害なものとなってしまっている→肉体的適応

かが行為選択肢集合を含む所与の環境に適応してそれまでと異なった欲求群が生み出されるならばなんでもそれを「適応的選好形成」と呼ぶ。選好形成の「自律性」が損なわれていないと見なしうるか、などといった外的基準でそれを適応的かどうかを分類する立場には与しない。功利主義に於いて自律は内在的重要性を持っていないから、功利主義から見て等しい現象をそのように分類する理由が我々にはないからである。

[†3] この分類が「適応的選好形成」と見なされる総ての事例を包括的に分類していると言いたいわけではない。

これらの内で、最後のタイプは他と大きく異なる特徴を有する。他のタイプの適応は狐が認知的不協和に対して何らかの誤った信念を形成することで適応する事例であるのに対し、最後のタイプの適応を起こした行為主体は失った欲求に関してそれを失うことに何らの認知的瑕疵を有していない。狐の体質が葡萄を食べると死んでしまうようなものに変容してしまったならば、狐が「あの葡萄を食べたい」・「甘い葡萄を食べたい」といった欲求を喪失することは合理的である。一般に適応的選好形成と呼ばれている事例に於いてこれらの異なったタイプが存在することは重要である。識字能力に対する適応的選好形成というお馴染みの事例でも、各行為主体によってどのタイプの適応が生じているのかは相違するかもしれない。識字能力というものの存在自体を知らなければ最も単純な「寝た子を起こすな」の適応的選好形成が起こるかも知れず、存在は知っていても識字能力がもたらす利益を低く見積もっている——例えば習得コストが利得を大きく上回るという信念——がゆえならば信念の適応の問題であるだろう。「幸福な奴隷」の例ならば、「ご主人様にお仕えする『私』」というアイデンティティが形成され、奴隷でいることに対する内在的欲求が生じているのかもしれない。この場合、この奴隷は道具的合理性に何らの問題を抱えているわけではないだろう。仮に奴隷でいることにアイデンティティを抱くということが道具的合理性よりも濃い何らかの合理性概念に背馳するということがもしあるとしても。或いは、慢性的な飢餓状態で肉体の代謝構造自体が変容し炭水化物の必要量が減ることで一定以上の食料への欲求が消失する、という別の有名な事例を取り上げるならば、これは最後のタイプの適応に分類されることになるだろう。以下では「適応的選好形成」として包括的に語られている事態を認知的な信念の適応と非認知的な欲求の適応の二つに大まかに分類しておけば便利であろう。

7.1.2 選好と欲求と快楽と

　適応的選好形成を巡る厚生主義批判がどの程度まで妥当なものであるかを考えるためにまずは選好と欲求や快楽の関係がどうなっているかを検討しなければならない。いくら選好が適応しようと、快楽や欲求充足は選好という概念を用いて定義されているわけではないから、この批判がどれほど欲求充足説や快楽説に利いてくるかはこのままでは不明である。もし選好と快楽の間に批判者が期待して

いるような繋がりがないとすれば、この批判は端的に的はずれであるかもしれない。実際、前節で見たように「適応的選好形成」は異なる現象をやや粗雑に包括する概念であって、選好にだけ注目することではその内実が明らかにならない。だとすれば、選好によって厚生を同定することに問題があるとして、それは厚生主義の問題ではなく「選好」という概念の問題である可能性があるだろう。そこでまずポール・サミュエルソン (Paul Samuelson) 以降、経済学者の間で（だけ）愛好されている「顕示選好 (revealed preference)」を簡単に見てみることにしよう。

7.1.2.1　顕示選好

　顕示選好説は、行為主体が持つ選択肢集合の中で実際に選択された選択肢が最も行為主体によって選好された選択肢であると考えるところからスタートする。選好は選択行為をベースにして規定され、ある選択肢集合内での序列を伴ってのみ観念されうる。つまり、行為主体は選択肢中の何かを他の何かに対して選好するのであって、選択肢集合から切り離して漠然とある選択を行為主体が「選好」するかを問うことは無意味である。顕示選好説はこのようにして定義された選好（の充足）を厚生と等置する。歴史的には、厚生経済学を開拓したピグーの段階ではなお基本的には快楽説ドクトリンが継承され厚生＝効用は心的状態であると考えられていた。しかし、効用理論を経済学に応用する際に明確な観察手段のない心的状態を基本概念として持ち込むことが嫌われるのはある意味では当然のことだった。市場に於ける行為者の選択、という実証可能なデータに基づき、そこから選好とその充足とみなされる効用を構成する、という顕示選好説は経済学理論を構築する上では魅力を持つものであり得るし、実際にそれゆえに多くの経済学理論の採用するところとなったのである。しかし、ここでは概念の先後関係の逆転が起きている。我々の選択行動の原因として選択に先立つものとしての欲求・快楽から厚生を与えようとする功利主義の基本的態度とは逆に、顕示選好説では我々の選択行動によって厚生が構成されているのだ。選択行動が厚生に概念的に先行する顕示選好説のもとでは、行為主体がどのような心理的プロセスを経てその選択をしたかは問題にならない。要するに選択行動さえ取れるならば行為主体が感性的主体である必要はない。例えば行為主体は法人でもよく、それが選択行動を取る以上はその法人に帰属する厚生を観念することができてしまう。このこ

とを考えるならば、顕示選好説によって提示される厚生概念が如何に経済学理論上有用であろうと、それは我々がこれまで考えてきた、心的状態を必然的に伴わねばならない厚生概念の適切な説明ではありえない。見逃されがちだが、これは重要な点である。経済学的な「効用 (utility)」は我々の論じてきた「厚生」とはあくまで概念的には無関連である（いうまでもなく本来の意味での「功利性 (utility)」とも無関連である）。もちろんある一定の条件下で前者が後者のそれなりに良い近似を与える、ということはあり得るのだが、それ以上のものでも以下のものでもない[†4]。

なるほど、顕示選好説は適応的選好形成批判に対して免疫を持たない。実行不可能な選択肢は経済的主体の選択肢集合中に最初から入ってこない。選択できないから選択されず、それゆえ選択を基礎に厚生を考えようとするならば、そこにこうした情報は組み込まれないだろう。選択肢集合を所与としてその上の選好関係から厚生を考える以上は、行為主体の選択肢集合が当の選択肢集合であるということそれ自体の功利性はそこでは問われない。しかし、顕示選好説と我々の基本的立場は明確に異なったものである。欲求充足説や快楽説に対しても適応的選好形成批判は力を持つのだろうか。

7.1.2.2 快楽説の応答

端的に言えば、快楽説にとって適応的選好形成批判は的はずれである。というのも、快楽説にとってその快楽がどのような事態の変遷によってもたらされたのかはどうでもよいからである[†5]。行為主体の選択によるものであろうと無かろうと生じた快楽は快楽である。このことを識字の問題に対して態度的快楽説はどのように応答するかを検討することで見てみよう。

識字に対する適応的選好形成が起きている行為主体を考えよう。仮設によってこの主体は識字能力を獲得したいという欲求を抱いていないものとしよう。まず、

[†4] こと厚生論に関する限り顕示選好説は殆ど検討の対象に入らないほど魅力のないものだが、厚生論上の更なる詳細に興味があれば [Sumner 1996 pp.113-122] を見よ。
[†5] 快楽説が快苦の実現の経緯に注意を払わないからこそ適応的選好形成批判が成立する、というのが標準的な批判なので、話が正反対であるように思われるかもしれないが、事態はより複雑である。事前にある欲求を持っていようがいまいが、それが個人の厚生を高めるならば、快楽説はそれを善しとする。自律的決定を含めて現在の欲求に内在的重要性を認めないことが、むしろ適応した欲求を無視してその個人の厚生を配慮することを許すのである。

この主体に識字能力を何らかの手段で付与したとき、そしてまさにそのときに、この（識字能力を有している）主体が「私が識字能力を有している」という命題に対して肯定的態度を取るかどうかが快楽説にとっては問題である。これを、「将来に於いて私が識字能力を有しているという未来にこの現在が開かれている」ということに対して現在の（識字能力のない）行為主体が抱く態度的快楽と混同してはならない[†6]。もちろん、適応的選好形成が本当に生じているのならば、恐らくこの主体は自分が識字能力を獲得しているような未来の事態への可能性が開かれていることに対してなんら肯定的態度も否定的態度も示さないであろう。だが、ここで我々が問題にしているのは、この主体が識字能力への欲求を持っている（或いはこれから獲得する）かどうかではない。仮設自体によってそれは否定されているし、適応的選好形成を提示する厚生主義批判論者もまた、この行為主体が欲求を抱いていようがいまいが行われるべきものとして識字教育を考えているであろう。もしそうでなければ現実に識字能力に対してなんら欲求を持っていない人々に対して識字教育の必要性を訴えても無駄である。「あなた方には識字能力を受ける権利があるのです」といったところでそれを行使する欲求を持ち合わせないのだから、適応的選好形成を起こした行為主体の置かれた状況を「不正である」と断じその是正を要求する論者は彼らの欲求の有無にかかわらず強制的に「識字教育を受ける権利」なるものの実現を図るのでなければならない。だから、ここで我々（と彼ら）が問題にしているのはこれらの行為主体ではなくて、統治者——識字教育の実施がその行為選択肢集合に入ってくるような行為者——の意思決定なのである。

そこで再び、識字能力を付与された主体が自身の識字能力に肯定的態度を取るかどうか、という快楽説の関心に話を戻すと、厚生主義批判者も恐らくこれを認めるであろう。識字能力者たる我々が自身の識字能力に対して揺るぎない肯定的態度を有しているからこそ、批判者は識字能力を有することが「権利」であると唱えるに到るのである。もし一般に識字能力者にとって自身の識字能力がどうでも良いものであるならば、そんな代物を「権利」として押しつけがましく広めて回るには及ばないはずであろう。それゆえ、快楽説が関心を持っている「識字能力

[†6] 欲求や快楽のプロファイルが変わる状況での個人にとっての価値がどういうものとなるかについては **5.2.2** を参照。

者の識字能力に対する態度的快楽が大きなものである」かどうかという問いに対して厚生主義批判者もまた肯定的な問いを返すことになる[†7]。識字教育を実施しないことの帰結である「識字無能力者の識字無能力に対する態度的快楽」が中立（すなわちゼロ）であるかプラスだとしても低いものであるとすれば、統治功利主義の下で統治者は識字教育の大きな功利性を認識し、識字教育を実施するために必要な資源を識字教育以外に振り向ける方が大なる功利性を有するのでない限り、識字教育を実施するように求められることになるだろう[†8]。だとすれば、「識字教育を受けずとも彼らは満足しているではないか」という統治者の「口実」に厚生主義が使われる、といったよくある厚生主義批判は成立しない。そもそも、本当

[†7] 実際、快楽説は自律や積極的自由に特段の関心を有していないけれども、識字能力の獲得によって開かれた選択肢の拡大に識字能力者が「自律」や「自由」の獲得という意義を認めて多大な態度的快楽をそのことに抱くのであれば、快楽説はそれをも算入する。そして、自律や自由を擁護する批判者たちは、こうした態度的快楽が大きいことを否定しないであろう（もちろん自律や自由それ自体に内在的価値を認める立場からはそれに主体がどのような態度を抱くかは内在的な重要性を持たないだろうが）。それゆえ、批判者の立場を強化するような諸条件こそが、彼らが支持する結論を同時に快楽説に支持させるものともなるのである。

[†8] 実はここでは時点主義から微妙な問題が生じる。統治行為実行後の世界の事態を考えると、識字教育を実施するという行為後の世界の事態は、識字能力者が識字能力に対して抱く態度的快楽を含んでいるので、それが充分大きければ識字教育の実施が功利主義的に正当化される。これが快楽説の基本的な含意である。しかし、時点主義の下では、統治者の行為選択肢が識字教育の実施という大きな幅を持った選択肢を含みうるかどうかが問題になる。理想的主体に於いては行為選択肢の極小化主義を取ることができたのに対し、非理想的な統治主体が直接功利主義的な意思決定を行う際に極小化主義を現実には採れないのは確かであるが、しかし、識字教育の実施の前にそれを構成する、より小さな統治行為の可否が功利主義的に問われる必要があるだろう。そうすると、それらの構成行為の選択時点では、その構成行為実行後の世界の事態は識字無能力者の態度的快楽を含むのであって、識字能力者の態度的快楽を含んでいないから、あくまで識字無能力者達の適応を所与としなければならないのではないか。これは総和主義の問題点を回避しようとした時に我々が「濫用」した時点主義の特徴であったので、一貫性の要請に従う限り我々には逃げ場がなさそうではある。しかし、重要な違いとして、識字無能力者たちが未来の自分たちに愛着を抱いているという点が挙げられる。識字能力を獲得した後の未来の彼らの大きな態度的快楽について識字無能力者たちに教えることができるならば、彼らはその大なる快楽を愛着を通じて現在に畳み込むであろう。では、そのような情報を彼らに与えるという統治選択を功利主義は命じるだろうか。一端この情報を与えると、彼らは識字能力の獲得という未来に開かれた事態に態度的快楽を抱くようになるので、もしこの情報を与えた後に統治者が実際に識字能力教育へと乗り出す見込みが高ければ、情報を与えることが正当化される（なにやら不思議な感じがするかもしれないが時点主義・現実主義とはまさにこういうことであった。実際、もしその統治者が近々のうちに政権交代などでその座を降り後任に識字教育に乗り出しそうもない反功利主義者がつくろうという陰鬱極まりない状況におかれたりしているならば、この情報を与えないことが功利主義的に正当化される場合がありうる）。そして功利主義のこの指示に従い統治者が実際に情報を与えたならば、功利主義は次いで識字教育の実施を命ずるであろう。統治者が功利主義的に統治決定を行うという条件の下でだが、このようにして時点主義の下でも快楽説は識字教育を命ずる。この議論の含意を一般化すれば、統治者の意思決定の際に功利主義を用いるとして、構成行為や時点主義を巡ってあまり複雑なことを考えずとも常識的な把握で大抵の場合は済むだろうということである。

にそれが「口実」であるとすれば、それは厚生主義の咎ではなく、統治者の怠慢こそが責められるべきであろう。

　快楽説の強みは次のようなものである。我々は快楽を我々の欲求や信念を変容させる内在的インパクトを持ったものとして考えた。例えば媒介信念の適応を考えてみよう。件の葡萄が酸っぱいものだと思っている狐は、もし何らかの偶然によってその葡萄を口にするならばその甘みがもたらす快楽のインパクトによってその葡萄の味についての信念を改訂し、今後の同様の状況で適切な道具的欲求を形成するようになるであろう。「葡萄は体に悪い」という不合理な信念を形成してしまった場合も、実際に口にした場合に健康が悪化しないのならばその信念の改訂の契機として口にした葡萄がもたらす快楽が作用するだろう。快楽は多くの場合に認知的適応を改変する力を持つ。心理的レベルでの内在的欲求の非認知的適応の場合でも快楽はその変容に力を持つ。このことは、ピューリタン的道徳観の持ち主が快楽（大抵は性的快楽）の経験によって変容していく、などといった陳腐な三文文学的プロットを思い浮かべなくとも明白であろう。肉体的基盤を持たない適応選好は適応せざる肉体的基盤を持つ快楽によって変容させられる可能性を決して排除することができない。快楽説にとって深刻な問題になりうるのは、適応的選好形成のうちでも最も重大な部類である、肉体的特質の適応の例に限られるといってもよい。従前に保持されていた選好の充足がもはや快楽をもたらさないのみならず、いまや肉体的レベルで苦痛を与えるようになってしまうならば、快苦はその行為主体の適応選好を改変することはなく、むしろ強化する方向にさえ働くかも知れない。厚生主義を快楽説的に擁護したいのならば我々はこの問題を避けて通ることができないだろう。しかし、この懸念に応える前に我々は欲求充足説による厚生主義批判への応答を確認しておくことにしよう。

7.1.2.3　欲求充足説の応答

　快楽説が以上のように応答するのだとして欲求充足説はどうだろうか。例えば知悉欲求説 (informed desire thory) にとって適応的選好形成は有意味な批判になるのだろうか？　これは知悉欲求説に於ける「知悉 (informed)」の内実にある程度まで依存する問題である。再び識字能力の問題を例に取れば、もし知悉主体 (informed agent) が識字能力を欲求するのだとすればそのような主体の欲求充

を厚生に同定する立場に対して適応的選好形成批判はさしたる意味をもたないだろう。一般に知悉欲求説は適応的選好形成のうちでも、認知的適応に関しては強い耐性を持つ[49]。知悉主体はそもそも認知的欠陥を有していない主体にほかならないのだから。だが、そのなかでも欲求充足説にとっては事態はやや厄介かも知れない。欲求充足説の場合には理想化された知悉主体が現実の我々の条件を考慮に入れることを要求されるからである。適応的選好形成が問題になる場合、その「現実の我々」が適応を起こしてしまっているのだ。

だが、これはよく考えればさしたる問題ではないかもしれない。もし現実の我々の適応した信念や欲求を改訂・是正することに理想的主体から見て合理性があるならば、理想的主体は我々がそれらを改訂・是正するのに必要な何らかの欲求を持たせることを欲求する。現実の我々の動機群からはアクセス困難だが改訂に必要な何らかのインパクト（快楽説に言わせればまさにそれこそが快苦なのだが）を我々に経験させるような欲求を我々が保持することを理想的主体は欲求するだろう。快楽説にとって躓きとなりうる肉体的特質の適応の問題は欲求充足説にとっては深刻ではない。その肉体的特質の適応が望ましくないものならば、それを変容させるような状況を現実の主体が経験することを理想的自己が望むであろうから。少ない食料で生存できるように適応した体質が望ましくないものならば、それを改変するような状況の経験——即ち代謝率の上昇のために必要充分なカロリーと栄養素の摂取——を現実の主体に可能とするような欲求の保持を理想的自己は望むだろう。食料がそもそも払底しており入手可能性がないような状況では理想的自己はむしろ適応した体質の保持をよしとするであろう。現実の自己にとって食料の入手可能性がある状況ならば理想的自己は体質の改変をよしとし、現実の自己に改変に必要な資源の獲得を欲求させたいと欲求し、その1階の欲求の充足（つまり代謝率上昇に必要充分な食料と栄養素という資源）こそがその行為主体の厚生を成すであろう。だが、厚生主義批判論者は次のように論じるかも知れない。行為主体にとっての食料の入手可能性が行為主体の自由になるものではないこと

---

[49] 知悉欲求説は功利主義者が適応的選好形成に基づく厚生主義批判に対して応答する標準的な戦略ではあるのだが、我々はこれを採らない。特に「知悉」の中身を弄ることで対応する方策は実質的に厚生主義の敗北を招くだろう。というのも、典型的にはグリフィンに見るように、欲求の理想化は下手をすると客観的リスト説と区別がつかなくなり、殆ど厚生主義ではなくなるからである。従って以下でもこうした事態を招かない2階の欲求型の理論を検討する。

こそが問題なのだ。現実に入手可能性がないから適応した体質をよしとするという議論が通れば、農業に割り当てるべき国家資源を軍備増強に当てるなどといった不正な食糧政策によって被治者の体質の適応を引き起こした上で、その適応した体質を根拠に当の食糧政策が正当化されることになるではないか、と。だがこれのどこが厚生主義にとって問題なのだろうか。もしこれが問題だとすれば、それは厚生主義批判ではなくて（ある特定のタイプの）帰結主義批判に他ならない。この批判は、適応した体質が存在する現状を前提にして何が正しい統治選択かという問題と、そもそもの現状を引き起こした統治選択がその選択がなされた時点の状況に於いて正しいものだったかという問題を批判者が区別していないことに起因する。過去の選択の帰結として生じた適応を所与として、現在の選択がなされることそれ自体は帰結主義の時点切片原理に由来するのであって厚生主義に由来するものではないし（もちろんそれが問題だとも思えないが）、適応を引き起こした過去の選択の不正や、行為主体にある一定の（例えば狭隘な）行為選択肢集合を保持させることそれ自体の功利的優劣を言うことが妨げられているわけでは全くない。また、既に適応してしまった主体に対して新たに一定のおそらくより広汎な行為選択肢集合を保持させることで適応から「回復」させるべきかどうかも功利考量の対象となるのである。統治者の行為選択の問題は厚生主義それ自体の問題ではないのだが、これについてもすぐ後に扱うことにしよう。

　むしろ、理想的主体が備えている合理性が如何なるものであるかを巡る欲求充足説の違いの方が重要であろう。仮に体質の適応の問題を欲求充足説がうまくやり過ごすのだとしても、もし理想的主体が道具的合理性しか備えていないならば（先に我々はこのヴァージョンに支持を与えていたのだが）、非認知的な基盤的欲求の適応の問題はそのまま残ることになる。「幸福な奴隷」の理想的自己は「ご主人様にお仕えする『私』」というアイデンティティとコミットメントを現実の主体と共有しているのであって、それ自体を放棄する契機がそこにはない。だが、もし道具的合理性より濃い何らかの実践的合理性が存在するのならば、その場合には理想的主体は現実の行為主体のアイデンティティを変容させることを欲求するかも知れない。しかし、後者のタイプの欲求充足説を我々は支持しなかったから、前者のタイプに伴う問題を我々は引き受けなければならないだろう。こうして快楽説にとって不利な適応の事例と欲求充足説にとって不利な適応の事例は異なる

わけだが、我々は次にこの問題を取り扱う。

7.1.3　行為選択肢

　既に触れたように、適応的選好形成批判に於いてその名宛人は統治者である。被治者の自発的選択が既に適応的選好形成によって「歪められた」ものとなっているとすれば、被治者の外部にいる何者かの介入が正当化される、という議論をこれらの論者は提供することになる。基本的事項を確認しておくが、そもそも我々の事実的選択が我々に開かれた行為選択肢に依存している、ということそれ自体はごく当たり前のことである。我々が「空を自由に飛びたい」という幼児期の欲求を成長の過程でいつしか失うに到ることを考えてみればよい。ここでは明らかに適応が生じているのだが、適応的選好形成批判論者がこの事例を彼らの批判に関係あるものと見なすとは思われない。ここには、適応的選好形成批判が常に一定の「望ましい選好セット」を前提にすることが現れている（多くの場合に客観的リスト説による）。しかも、それは「適応していない私たち」の観点から構想されるものである。というのも、既に適応している主体からは自分の適応そのものに対する批判的スタンスは生じないから、適応的選好の批判は適応していない「外部」から論じられるほかない。従って、適応的選好形成論批判は問題の適応的選好を持ち合わせない「外部」を名宛人とする他はないのである。

　であるとすれば、適応的選好形成によって批判されているはずの「統治者」もまた適応している場合には誰が名宛人なのだろうか？　もちろん、それは当の政治共同体の外部にいる、適応的選好形成批判論者を含む、人々である。まさに批判そのものが適応の「外部」にいることによってのみ成り立っているのである。こうしてみると、統治功利主義が件の政治的領域における「統治者」に適応的選好に介入するよう命じないとしてもそれ自体はなんら不思議ではない。むしろ、統治功利主義が当の領域の外部の政治的実力に対して何を命じるかが問題となるであろう。統治者も被治者も適応した国家の外部の統治主体（それは他の国家であったり国際的組織であったりするだろう）に対して統治功利主義が、他国への介入を命じる可能性が問題となるのである。統治功利主義は考量対象を原理的には国家・政治的領域内部に限定するものではないから、この介入が統治功利主義によって命じられる可能性はもちろん残されているのである。

7.1.3.1 統治者の行為選択

再び識字教育の例を取り上げて統治功利主義の下で統治者が何をすべきかを論じてみよう。まず、その国家の統治者がそもそも識字能力を保持しておらず、識字能力への欲求を保持していない場合はどうか。統治者の行為選択肢――それは多くの場合国家予算という現実によって制限されるのだが――に識字教育の実施が含まれており、それが高い功利性を持つならば統治功利主義は識字教育の実施を功利主義的に「正しい」ものと主張する。たとえ統治者の欲求群に識字教育が含まれていないとしても、識字教育を実施するという選択の道徳的客観的ステータスに変わりはないからである。しかし、現実の統治者個々人の適応状況を考慮するならば、統治者の最適動機群には識字教育の実施という動機が含まれていないということが多々あるだろう。この統治者の統治は従って識字教育の実施を事実として含まないかも知れない。だとすれば、この時の統治者の統治行為の道徳的ステータスは「咎のない過ち (blameless wrongdoing)」に他ならない[†10]。そして、この状況を正したいと考える外部者――当然に厚生主義批判論者がそこに含まれる――のみが「正しい行為 (rightdoing)」をなしうるだろう。

では、統治者が適応していない場合にはどうするのか。仮にその国家の資源が枯渇しているならば、統治者は「識字能力を獲得したい」という欲求を被治者に持たせるべきではないことが当然にある。もし被治者の生存のための食料調達のみで既に利用可能な資源が使い尽くされてしまうほどに資源が欠乏しているならば、統治者は識字教育に資源を投入することができない。であるとすれば、「識字能力を獲得したい」という欲求は充足されず、決して快楽をもたらすことはない。もし既に「識字能力への欲求」が適応しているのだとすれば、所与の状況によってその欲求が組み替えられるような苦痛が生じたし生じるであろうと言うことだ。それゆえ「識字能力への欲求」を被治者に持たせることは再び被治者に苦痛を与えることになる。従って統治者は無駄な期待を被治者に抱かせるべきではないということになる。ここには何らの問題もないはずである。この状況では統治者が

[†10] 我々は統治者が功原理をある程度直接に用いるべきだと考えているが、それは間接功利主義に於ける最適動機群・最適決定方式に一定の範囲での功利原理の直接的適用が入る(ヘアの二層理論のように)、と考えているからである。従って、統治者が真摯に直接功利主義的な意思決定を行うとしても、決して「大天使」ではないので、識字教育という決定にたどり着かない場合が多々あるだろう、という想定がここでは為されているわけである。

識字教育の実施をしようとするべきではない、ということは明らかだし、むしろ積極的に「適応的選好形成」を引き起こすことが正当化されるであろう。我々の選好は総て必然的に適応の産物である。それゆえ、「適応」それ自体は規範的に中立的な事態であるに過ぎない。統治功利主義に於いては行為主体にある選好のセットを保持させることそれ自体の功利性が問題になる。我々は保持さるべき選好の客観的リストなるものを認めないから、そのようなものを根拠にした厚生主義批判も有意味なものとは考えない。これらのことを確認した上で、統治功利主義が適応の「外部」にいる我々に何を要求するかを考えてみればよい。統治功利主義は功利考量の客体を内在的に特定の政治的共同体に限定するものではないから、例えば先進国（や国際機関）の統治者や被治者が自国の資源をこうした国家に投下することは正当化されるのである。そしてこうした外部の主体が（自ら乗り込んで識字教育を実施するのでなければだが）資源を投下したならば、当該の国家の統治者の統治選択肢に識字教育が入り、統治功利主義は識字教育を命ずるであろう。これは適応的選好形成批判者にとってなにか問題があることだろうか？もちろん現実には外部から投入された資源が統治者によって不正に横領・着服される事例が後を絶たないとはいえ、それは功利主義や厚生主義がどうこうという問題ではまったくない。

　誰がどういう行為選択肢を有しているか、という点を度外視するところに典型的な適応的選好形成批判の欠陥がある。厚生主義はあくまで帰結主義の基本テーゼ、即ち事態の「善さ」に関する価値論的テーゼなのである。従って、統治功利主義が命じる行為に対し「反直観的である」という帰謬論法が万が一成立するとしても――もちろん成立しないのだが――それは厚生主義の反駁につながるのではなくて、「善さ」を「正しさ」と結ぶ行為選択の理論の反駁につながるべきものかもしれない。適応的選好形成が生じているある事態を前にして「これは不正だ」という道徳的判断を下すことは、事態はそれ自体としては「正／不正」を担わないということを見落とすか、或いは、具体的な行為者の行為当為としてではなく事態当為としてその判断を下しているか、のどちらかである。彼らの誤りはまさに帰結主義に於ける「善さ」と「正しさ」の架橋の問題、即ち、行為の道徳的評価が、その行為がどの行為者のどのような選択肢集合に属しているか、という行為外的な要素に本質的な影響を受けるのだということを見落としているところに

あるのである。そしてこの点に正しく注意を向けさえするならば、適応的選好形成に基づく功利主義批判が妥当でないことが明らかになるであろう。

7.1.3.2 統治主体の同一性

仮にある国家である統治者が被治者に適応的選好形成を引き起こす選択をなし、その選択が統治功利主義に基づいて咎のある不正 (blameworthy wrongdoing) であるとされる場合を考えよう。後に統治者がこの不正な選択によって生じた適応を前提に、正しく統治選択を行ったとしよう。この「正しい」選択は、従前の不正な選択の帰結を所与としているから瑕疵のあるものだ、といえるだろうか？この問いに勇ましく「然り」と応える選択肢もある。時点切片原理を採る帰結主義を放棄し、現在の選択に到るまでのプロセスに瑕疵があるならばそれは「正しい」ものではありえない、という手続論者はそう応えるはずである。しかし、これを受け入れるならば、不正でない統治選択が行われた原初の状況が存在しない限りはおよそ如何なる統治選択も不正である。帰結主義のこのような形での放棄がノージック流の極端な議論へと到ることは見やすき道理であろう。

だが、我々はなぜ統治理論として（そして統治主体の意思決定原理として）未来志向的な帰結主義を採用すべきなのだろうか。簡潔に言えば、それは統治者は過去の選択の「不正」を償うべきである、といった主張に見られるような、過去の行為経路に内在的な規範的意義があると考える義務論的思考が統治理論に馴染まないからである。一般的に統治行為の主体は流動的でありうるのであって——君主制に於ける君主の交代・民主政に於ける選挙——過去の選択時の統治者と現在の統治者は同一性など有していない。ある時点に於ける多数の統治者の総体をひとつの「統治主体」と見なすことができるだろうか。ほぼ確実に異時点間に於いて「統治主体」を成す具体的な諸個人の集団的同一性はなく、そもそも諸個人自身の人格としての間時間的同一性も疑わしい。だが、人間の細胞が交代することはその人間の同一性問題に影響を及ぼさないではないか、という反論があるかも知れない。個々人の統治者という統治細胞の交代は「統治主体」の同一性に影響を及ぼさないはずである、と。

しかし、ここで国家の擬人化という最も危険な一歩が踏み出されたことは明らかであろう。「統治主体」（これを「体制」と呼びたがる人々も少なくない）は「国

家」と同じく純然たる擬制である。そして、ある時点の統治選択が常に別の時点の統治選択と原理的には切断されていることの認識がそういった擬制が一人歩きしないためには必要である。もちろん、こうした擬制が有用なものであるとして功利主義が是認する限りに於いて、その維持のために過去の選択と現在の選択の連関を実践的レベルで認めることが排除されるわけではない（国家を法的主体として構成する——そして不法行為をはじめとする法的責任主体とする——法体系の功利性は明らかである）。また、統治者集団としての国家を集合的当為の主体として見ることはできる（但しその集合的当為から国家を構成する各統治者の個人的当為を直ちに導出することができるものではないことには注意が必要である）。しかし、義務論——ここでは過去の歴史的経緯が価値論に回収されえないような道徳的重要性を持つと考える立場だと考えておこう——が成立するために必要な主体性など「統治主体」には存在せず、統治理論として義務論を採用することは困難である。仮に統治者個々人を名宛人として義務論的要請を行うのだとすれば、まさに過去の統治者個人の選択は現在の統治者個人の選択を道徳的に拘束しようがない。しかも、同じ個人が統治者であり続けるとしても、別の統治役割を担っているのだとすれば更に拘束性は疑わしくなる。総理大臣や事務次官として行った不正な選択の帰結を、辞職後にその個人が是正するべき義務が個人道徳ではなく統治道徳として成り立つかは相当程度に疑わしかろう。

　国家ないし統治主体を（特に法的な）擬制としての主体とみるならば、この主体に義務論的な責務を課すことができる、と思われるかもしれない。しかし、擬制が既に存在することを所与として初めて統治道徳が成立するのだとすれば、国家という擬制を保持し続けるべきか、保持し続けるとしてどのような形でそれを行うか、といったような、まさに統治道徳の根幹に関わる問いが統治理論から排除されることになるだろう。我々は国家を根本的には利那的に生滅する主体としてみなければならない。そして、こうした主体にとって最も適切な帰結主義の形態を我々は採用してきたのである。自分たちが後に下す統治決定・後続する統治者たちが下す統治決定を事実的に予測し、現在の行動を選択することを求める現実主義は、たとえインテグリティを備えた個人の意思決定原理として不適切であるとしても（もちろん我々はそう思わないのだが）、その故に国家の意思決定原理

として適切である[†11]。国家をひとつの主体としてみた時に国家に「人格」や「インテグリティ」なるものは基本的に存在しない。法的安定性など、予測可能性という重要な統治上の要請を反映するために一定の（むろん法的な）一貫性が必要とされるとしても、それは義務論が望むような道徳的主体性の基盤になれるようなものではないのである。

7.1.3.3　統治者と統治主体

ここで、これまで曖昧にしてきた統治功利主義の名宛人についてより正確に述べておくことにしよう。上に述べたように、国家ないし政府という統治主体と統治者個々人との間には一定の乖離がある。我々は漠然と統治功利主義の名宛人が「三権に関わる凡そ総ての公務員」であるとしてきたのだが、統治主体は必ずしもこれらの名宛人の個々人ではない。統治主体の当為は、統治者たる諸個人の集団に対する集合的当為である。従って直接主義的統治功利主義は基本的には統治者個々人に個人的な行為当為を割り当て、更に集団に対して集合的当為を割り当てるだろう。そして、この2つの当為は一般的には一致せず乖離するのであった。だが、この乖離はいかにも好ましくない結果を生みそうではないだろうか。

可能な解決は次のようなものであろう。各統治者個人の意思決定原理として直接に功利原理を用いるのではなく、統治主体の当為を達成するような行為を行え、という可能主義的な（功利原理自体ではない）意思決定原理を採用させることが間接功利主義的に望ましいかもしれない。もちろん、可能主義的な意思決定原理

[†11] パーフィットが人格を還元主義的に取り扱う際に持ち出してくる国家とのアナロジーがここで想起されるべきである [Parfit 1984 pp.340-341]。このアナロジーが成立するならば、もし我々が国家に対して我々の功利主義が適切であると思えば（それゆえ統治理論として適切性を備えていると思えば）、それは個人にとっても適切であるだろう。我々が現実主義・時点主義といった（個人道徳の理論としては）些か風変わりな立場を採って来たことは、人格の還元主義の下で明快に説明がつくことに注意したい。要するに、本書は（国家を含めて）刹那生滅する瞬間ごとの主体に如何にして功利主義が可能か、ということを延々とここまで論じてきているのだといってもよい。ベンタムの統治理論に特徴的な、国家を完全に個人の集団とその間の偶然的相互作用と見ようとする方法論的個人主義は、「国家」という擬制的実体 (fictitious entities) の内実を暴露・解体する (debunk) ことにその中心的な意義があったことを思いだそう（もちろん解体後に国家の必要性からそれを功利性に優れた形へと構成しなおすことがベンタムの統治理論の目的である）。我々は同様に「人格」という擬制的実体を、それを構成する個々の刹那の意識主体へと還元し、それを暴露・解体（し、またこれを功利主義的に優れた形へと再構成）することを目指すのである。これが古典的功利主義の「濫用」ではないことに注意しよう。というのも、人格を瞬間的な快苦経験の主体の集合と見なす見解はベンタム本人によって採られていたからである。

はその集団内の各行為者の規範遵守が相当程度に確保されなければ意味を持たない。事実として統治者たちにそうした遵守を行わせるために、もちろん法が用いられうるだろう。官僚制度を考えてみればよいが、どの階級の官僚も不偏性を要請される。しかし、不偏性に加えて、どの階級の官僚もが同様の意思決定方式をとる必要があるわけではない。法によって定められた上からの命令に（その遂行に当たって自分の個人的視点を介入させずに）従うことこそが求められ、その遂行に当たって必ずしも全体厚生の最大化を個々に目指さないほうが良い、ということが大いにありうるだろう。個々の官僚たちの相互作用に必要なコストを考えれば、かなり大き目の官僚集団に対し、その集合的意思決定方式として功利原理を採用させ、その集団内部ではサンクションを伴った法で裏打ちするかたちで、全体の集合当為を達成する構成行為を個々人に行わしめる、ということになるだろう†12。集合当為と個人当為に関しては次のことにも注意したい。個人当為の点に関して正しい行為を行うことが集合当為の達成に必要な構成行為と乖離する場合、その個人当為に関して正しい行為 (rightdoing) が咎のある (blameworthy) ものであることがありうる。それは個人的当為として正しい行為ではあるのだが（個人的当為の観点から）有責で、サンクションの対象となるべきものであるかもしれない†13。

---

†12 次のことに注意したい。功利主義を国家という統治主体の主観的意思決定原理として採用すべき場合を認めるならば、本書では必ずしも取り扱っていない、決して理想的でない主体に於ける意思決定原理に関する問題が出てくる。例えば、国家は複合行為問題に対して極小化戦略も極大化戦略も採れないだろう (cf. 3.3.2)。エリク・カールソンのように「遂行可能性」を基礎とする中間的立場は非理想的主体の主観的意思決定としてはそれなりの説得性を持ちうるかも知れない。しかし、本文で述べたように個々の構成的統治者の行為を集合当為の実現へ向けて（法などによって）調整することができない限り、国家にとって遂行可能な行為の集合は実に狭小なものとならざるを得ない。国家と個人のアナロジーに戻ってみよう。現在の自分の意思決定如何に関わらず将来の自分がどう動くかまったく保証出来ない、現実主義的功利主義者がどう振舞うべきかを考えてみる。彼には一定以上長い連鎖となる複合行為は殆ど遂行可能でない。これを可能ならしめるためには将来の自己の選択肢集合をどうにかして制限しなければならない。ここには、ある行為選択肢集合を行為者に持たせること自体の功利性という厄介な問題が生じてくる。また、極小化戦略を採れないとすればお馴染みの「いとわしき結論」にどう抵抗するかも問題になるだろう。複合行為を行為選択肢に入れた場合の直接功利主義的意思決定についてはなお検討が不充分であることを我々は認めざるを得ない。とりあえず本書では「常識的直観」に頼って行為選択肢の問題をいわば脇にどける形で議論を進める。

†13 「道徳的主体としての国家」という論文でグディンは人々が集合的責任を負う場合、個人的責任がないからといって、それが集合的責任に対する免除理由にはならない、という主張をしている。集合的責任が誰の個人的責任でもないならば、それが自分の個人的責任でないことは言い訳にならない、というわけである [Goodin 1996 pp.28-44]。私はグディンがかなりあっさりと国家を道徳的主体として認定してしまうのには必ずしも直ちには賛成できない。個人当為と

我々は統治者に功利原理を意思決定原理として用いることを求める直接功利主義に立つけれども、必ずしも個人単位でこれを採用する必要があるとまで主張はしない。この点はそれなりに強調に値する。統治功利主義の名宛「人」は、個々人ではなく統治者の一定の集合でもありうるし、むしろそれが通常であるだろう。集合が大きくなればなるほど、その意思決定が功利原理によって導かれる必要が大きくなる。だが、最終的にどの大きさに到るだろうか？　これはかなりの程度まで偶然的な問題である。もし、立憲主義的な政治アーキテクチュアとして権力分立体制が望ましいということが功利主義的にいえ、実際にそのような体制が採られているならば、三権のそれぞれが極大意思決定主体であるだろう。しかし、たとえば司法府の意思決定が功利原理によって直接導かれてよいかどうかは議論の余地があるだろう。実際、司法府の意思決定が功利原理に従わず、形式主義的でリーガリスティックであることが権力分立体制と立憲主義にとって重要な要素であるとすれば、むしろ意思決定に於いて功利原理を用いてはならないだろう。しかし、個々の裁判官を見た時、裁判官が一定のハードケースに於いて、避けられない裁量を行使して実質的に立法行為を行うならば、その行為の意思決定原理は功利原理であるべきである。従って、統治者の集合の大小関係と、意思決定原理としての功利原理の必要性は必ずしも一致しない。しかし、少なくとも政策立案主体 (policymaker) に功利原理を採用すべき、他の統治者・統治主体に比して強い理由があるし、また統治理論が立法を含む政策決定に中心的関心を持つことは異論のないところであろう。

　個人道徳の理論としての、ヘアの二層理論の統治論的アナロジーを考えてみよう。個々人の意思決定方式としての直観レベルに対応するのは、法体系である。これに対して、如何なる法体系が望ましいか（即ち如何なる立法政策が望ましいか）を評価し意思決定する政策立案主体が批判レベルに対応するであろう。対立する直観や直観のギャップに於いて用いられる直接功利主義的な批判的思考は、もちろん通常の政策立案主体にも用いられるけれども、ハードケースに直面した裁判官の採るべき思考に対応することになるだろう（その際の批判的功利判断がそれ自体ひとつの法準則となるところに注意したい）。とはいうものの、こうしたこと

集合当為の乖離は本質的で解消不可能なものであり、その乖離を集合的当為の側に簡単に倒して解消してしまうことは可能主義的な誤りに繋がりうるものである。

に関わる更なる詳細を、どのような政治的アーキテクチュアが功利主義的に望ましいかの確定を待たずに論じることは困難である。そして、それを確定することは、統治功利主義の理論的基礎を提示しようとする本書の範囲を遥かに超えることである。権力分立が真に望ましいかすら実際のところ明らかではないので†14、ここではこれ以上の詳細には踏み込まないことにしよう。

7.1.4 適応費用

　これらのことを確認した上で、再び適応的選好形成のうち快楽説について問題となった肉体的適応の問題を考えよう。長期の飢餓状態の下で代謝が変容し、より少ない食糧しか必要としなくなることで行為主体が資源に対するよりささやかな欲求しかもたなくなる、という事態の何が問題だったのだろうか。実際に適応が生じた後でその適応を所与として統治者が統治選択を行うことそれ自体は帰結主義から従うものであり、それ自体は厚生主義批判としては成立しないところであるし、帰結主義批判としても魅力のないものである。しかし、その前段階で適応を生じさせた統治選択がそもそも功利主義的に不正であるかどうかは検討されていなかった。それが功利主義的に全く問題ない、ということになれば確かに功利主義の説得性は損なわれることになるかも知れない。

　我々はこの問題を「適応費用」の問題として考えることができる。快苦は我々の欲求を再編するインパクトをもつから、快楽説にとって「適応費用」とは、当の選好セットを人が保持するに到るまでに経験した快苦の総体である。長期の飢餓状態によって身体の代謝機能が適応して少ない食糧しか欲求しなくなった行為主体の場合、そうした適応を引き起こすに到るまでに経験されなければならなかった長期の飢餓が与えた苦痛は明らかである。もしそれらの苦痛が経験されている時点で統治者の行為選択肢にこれらの苦痛を軽減する選択肢があったのならば、恐らく実際の統治者の行為選択は不正なものであっただろう。逆に言えば、身体の代謝機能の変化が苦痛を蒙ることなく達成されるならば、そのような「適応」

---

†14 というのも、行政国家化が未だ視野に入っていなかった 19 世紀前半的な国家像の下でとはいえ、ベンタムは権力分立を権力の無責任化と非効率を招くものとして退けたからである。統治者に失政の責任を取らせることを保障する政治システムこそが必要だと考える論者は、権力分立に消極的になる傾向にある。実際、権力分立は構造的に、各権力主体に自らの失政の帰責を免れることを可能にしてしまうからである。

をひきおこす統治選択は不正ではないだろう。もし、ある薬物を投与することによって如何なる苦痛もなく投与された主体の代謝機能の変化を引き起こし、食糧へのより慎ましやかな欲求を保持させることができるならば、多くの飢餓に苦しむ国家の統治者にとってこの薬物の被治者への強制的投与が、取るべき統治選択であり得る。従って、ある選好や欲求が「適応」しているということそれ自体が問題なのではなく、その「適応」が達成される際に必要とされる苦痛コストこそが「適応」の前段階に於いて問題となるのだ。

これに対して当然予想される批判は大要次のようなものであろう。仮にそのような薬物が存在したとしてもその強制的投与は個人の自律を犯すものである。問題は非自律的要因によって個人の選好が形成された、という選好のプロセス的瑕疵を厚生主義(帰結主義)が捉えられないことなのだ、と。もしこのような批判が成り立つとすれば、これはなかなか興味深いものである。まず、この薬物を投与されるかされないかを個人の自律的選択に委ねることを考えてみよう。そうすると、投与されないことを自律的に選んだ個人は代謝機能が変化せず、投与を自律的に選んだ個人よりも多くの食糧を欲求するであろう(これによって獲得されるぎりぎりの生存は厚生は諸個人間で等しい厚生価値を持つものと考えておこう)。ここで、ある一定の極めて乏しい食糧資源をこの国家の中で分配する際に、我々はどのように分配すべきだろうか。後者10人が生存できる食糧で前者8人が生存できる、となれば統治者が後者に優先的に配分していくべきことは功利主義的に明らかである。「自律」を称揚する論者もこの結論を批判することは容易くないだろう。前者の生存効率性の悪さは彼らの「自律的選択」によるものであり「自己の責任を負うべきところ」であるから。我々はこの問題を次節で「高価な嗜好」の問題として扱うことにしよう。ここではそれが「適応的選好形成」と密接な関係を有していることが確認できれば充分である。

この問題を別にするとしても、統治者が被治者に一定の「適応」を引き起こすことを既に我々が広く認容している点が重要である。典型的には教育を考えればよいだろう。たとえ国家が教育の内容に干渉せずとも、児童に対する教育はそれ自体児童の「自律」とは対立するものである。教育はそれ自体社会での生存のために必要な資源であり、我々はそれを児童に一定の苦痛コストを与えてでも供給しようとしているのである。この問題に対して「児童は未だ成年ではなく、自律的

意思決定の能力を欠いているので、教育が児童の自律を制約することを成人に対するそれと同一視できない」という反論があるかも知れない。だが、これは誤っている。我々が効率的に資源としての教育を被治者に与えるためにはそれが児童期から開始されなければならず、また教育それ自体が「自律」と抵触するがゆえに我々は児童に成年同等の「自律性」を認めないのである。我々は「自律を侵してでも行われるべき何らかの介入を必要としているからこそ彼らを自律的主体として認めない」のであって、「自律的主体でないからこそ一般に自律を侵すものであるような介入も認容される」のではない。教育と同様に、身体的能力の変化を薬物という介入的手段に訴えて引き起こすことはそれ自体として不正であるとは考えられない。実際、資源の窮乏した国家に於いてより少ない食糧で生存できるようになることは身体能力の「向上」であり、その人の生存にとって有益なものである。であるとすれば、この国家の統治者が強制的に件の薬物を被治者に投与する、という行為選択になんら不思議なところはない。たとえもし不正な統治選択によって引き起こされたものであろうと、変容後の体質は現時点に於いて価値あるものである。もちろん、そうした窮乏国家の外部にいる者にとって、こうした体質変容が「適応」の最悪の場合であると映るのだとしても、それは外部にいる者の行為選択に関わってくるのであって、内部の統治者の行為選択の評価に関わってくるのではない。

　快楽説に於ける肉体的レベルでの適応の問題がこのように考えられるのだとして、欲求充足説に於いて事態はどうだろうか。内在的欲求のセットを現実の自己と共有する理想的主体は内在的欲求の適応に対して免疫を持たないのではないか。しかし、主体の自律が必ずしも問題でないとすればどうだろうか。「幸福な奴隷」を前にした統治者は、「幸福な奴隷」としてのアイデンティティを保持したいという内在的欲求と、統治権力の介入により奴隷状態を「剥奪」され新たなアイデンティティを保持するに到ったときのそれに対する内在的欲求とを比較しなければならないだろう。しかし、「幸福な奴隷」が新たなアイデンティティを持った新たな自分に対して何らの共感・同一化をもなしえないのならば、新たな自分の経験するだろう厚生は全く現在の「幸福な奴隷」に割り引かれることがないかもしれない。これはその個人の個別的事情によってしか言うことができない問題である。「ご主人様にお仕えする『私』」というアイデンティティが真に強固ならば、我々

はそれを剥奪しようとしてその個人を不幸に陥れるべきではないかも知れない。アイデンティティが自己の外部の環境への適応の産物であるならばこれはある程度まで容認されざるを得ない。完全情報・完全合理性の仮定は認知的適応に対して免疫を持っているが、内在的欲求それ自体の変容に関わってこない。アイデンティティの変容は合理性によってではなくそれ自体新たな環境への適応によるしかないかもしれない。もちろんアイデンティティなる一群の内在的欲求間の整合性を（非道具的）合理性が問題にしうるならば、その変容が欲求充足説に於いても可能ではあるのだが、我々はその選択肢を採用しないのであった。だが、ことによると欲求充足説は次のように論じることが可能かも知れない。個人は内在的欲求を実は極く少数しか保持しておらず、アイデンティティなどによって生じている欲求も実は内在的欲求ではない、と。「ご主人様にお仕えする『私』」でいたいという欲求は内在的欲求ではなく、「アイデンティティに従って自己の生を営みたい」という欲求から生じる道具的欲求に過ぎないかも知れない。この欲求すらも更に基底的な欲求から派生しているものかもしれない。内在的欲求を最終的に少数に（例えば4つの"F"に）絞り込めるのならば、アイデンティティの変容の問題も扱えるのかも知れない。だが、やはり欲求充足説にとって適応的選好形成の議論が扱いにくい物であることは認めなければならないだろう。我々は以下では基本的に快楽説を念頭に置いて議論を進めることになるだろう。

　識字教育の問題に対する統治功利主義の応答は、従って、概ね次のようなものである。もし、当の国家の資源が窮乏しており識字教育を実施することが困難であるならば統治者は識字能力への欲求を被治者に保持させないことが望ましく、むしろ積極的に適応的選好形成を容認するべきである。しかし、この国家の外部におり、資源を持つ行為主体に対して統治功利主義は識字教育のための資源提供を命じるであろう。もしこのようにして資源が提供されるならば、統治功利主義はこの国家の統治者に対して識字教育の実施を命じることになるだろう。快楽説に従うならば、そこで比較さるべきは、識字能力を持っていない主体の識字能力を持っていない状態に対する肯定的態度と、識字能力を有する主体の識字能力を持っている状態に対する肯定的態度である。適応的選好形成批判は後者を大なるものと前提する限りに於いて説得性を持ち、実際後者が大ならば、統治功利主義は識字教育を統治者に命じるであろう。であるとすれば、適応的選好形成を基にした

批判は成立しないことになる[†15]。

7.2 快楽生産の効率性

本節では厚生主義に対する別のタイプの批判を検討することにしよう。これは概ね快楽生産の効率性に関わる問題である。厚生主義では厚生とその生産効率のみが問題になっており、その他の要因を考慮から排除するために反直観的な結論を正当化することになる、という議論の主要なものを検討しておくことにしよう。

7.2.1 高価な嗜好

まず、厚生主義に対してしばしばなされる批判である「高価な嗜好」の問題を取り扱うことにしよう。これは概ね次のような議論である。ある人が自発的に高価な嗜好を涵養したとしよう。この人は上等のウォッカとキャビアがなければ普通の人々がビールとピーナッツによって得られるほどの満足も得られないとしよう。厚生主義は人々の嗜好の差異に敏感であることを誇りにしているから、同じ厚生を与えるためにこの人に実に高価なウォッカとキャビアを与え、普通の人々には安価なビールとピーナッツで済ませようとするであろう。これは著しく公正に反するではないか、というのだ。統治功利主義はこれについてどのような反論ができるだろうか。

7.2.1.1 批判対象は誰なのか

この問題は多くの場合、平等論の文脈で厚生主義批判のために持ち出される。厚生の平等を唱える分配的正義論は著しく公正に反する分配を正当化するので説

[†15] 適応的選好形成による厚生主義批判に対する反論の理路はこれに尽きるわけではない。特に統治制度を如何にデザインするかという統治理論的観点からは次のような応答がありうる。たとえば帰結主義リバタリアニズムを採るリチャード・エプスタイン (Richard Epstein) は、たとえ適応的選好形成が問題だとしても、それを是正する（つまり被治者の選好に介入する）権限を国家に与えてしまうと必ずやその権力は濫用され、恣意的操作による更なる適応的選好形成を招来するだけなので、統治理論はこの問題に介入せず放っておくのがよく、適応を気にする必要はないという筋道の議論を提示している [Epstein 2003 pp.143-149]。もちろんこの反論は価値論としての厚生主義の正しさを擁護するのにはまったく役に立たないし釈然としないことおびただしいが、もし統治者（と社会工学）に対する徹底的な不信の下で統治功利主義がリバタリアンな国家像をよしとするならば、適応の存在に対してこのように開き直るという結論が出ないとも限らない。

得的ではない、というのである。だが、そもそもこれは厚生主義批判なのだろうか。諸個人の利害調整基準として厚生を唯一可能な基準と見る厚生主義と、その基準を平等指標と見なす平等主義の複合形態としての「厚生の平等」批判としてはことによると成功しているのかも知れない。しかし、その成功によって論駁されるのは厚生主義である必要はなく、平等主義を放棄すれば厚生主義は維持されるはずである。そして、統治功利主義が厚生を平等基準であるなどと考えたことはない。功利主義は厚生を最大化基準として見なしているのである。高価な趣味を持った個人は快楽生産の効率性が悪いのだから、功利主義に於いて原則として劣後的に資源の割り当てを受けることになるだろう。これについては逆に、快楽生産の効率性が悪い個体（例えば身体障害などの場合）に却って彼らの厚生を悪化させるだろう、という批判がありうるだろう。しかし、この点については後に扱うとして、「高価な嗜好」の批判がそれ自体としては功利主義にとっての批判にならない、ということを認識することが重要である。では「高価な嗜好」に対する批判は瑣末で意義のないものだろうか。恐らくそうではない。それは誤っているのだが、そのゆえにその誤りの背後にある前提を検討することで厚生主義の内実を見るのに適した素材なのである。このことを次に検討することにしよう。

7.2.1.2 それは不公正か

まず、「高価な嗜好」の持ち主にとってウォッカとキャビアがもたらす厚生は、普通の人々にとってのビールとピーナッツがもたらす厚生に等しい。従って、「高価な嗜好」の持ち主がウォッカとキャビアを手にすることによってそれだけ他の人々よりも得をしているなどということは全くない。相手が自分よりも理由なく得をしている、といったタイプの議論はここでは通用しない。多くの論者はここで既に過ちを犯すのである。例えば次のような典型的な議論を見てみよう[16]。

> ……というのも、厚生主義の下では自発的に贅沢な趣味を涵養したら、それだけで社会に対してより大きな資源の分け前を要求できるようになり、わがままな人が得をして、倹しい人が損をすることになりかねないからである。

---

[16][若松 2003 p.121]

だが、より大きな資源を割り当てられることそれ自体はなんら「得」ではない。しかも、高価な嗜好の持ち主は別に「わがまま」ではない。それを「わがまま」というためにはこの人の要求が「不公正」であるという前提が必要だが、それこそが論証さるべき事柄であったはずである。また、資源を他者よりも多く持っていることが「得」であると主張するためには資源が厚生と離れて何らかの価値を持つものであるという前提が必要であるが、それは厚生主義批判としては完全な論点先取であろう。高価な嗜好の持ち主を羨んで自分も高価な嗜好を身につけようとする者がいればそれは不合理である。というのも、高価な嗜好を保持することで何らの厚生の上昇が発生するわけではないのだから。実際に羨望が発生するとすればそれは「自分がウォッカとキャビアを分配されるならば、自分がビールとピーナッツから得ているよりも高い厚生を得るであろうに」という思考に基づくものである。だが、このような思考を行う行為主体は、他者の厚生を真剣に考えることに端的に失敗しているのである。相手の選好セットを含んで、きちんと相手の立場に立つならば、ビールとピーナッツを割り当てられた個人は、ウォッカとキャビアを割り当てられた高価な嗜好の持ち主と位置を交換したいかどうかに関して無差別だろう。逆も同様であって、高価な嗜好の持ち主は安価な嗜好の持ち主と位置を交換することに対して無差別であろう。であるとすれば、互いに他者の状態に身を置いてみたときでも、この分配状態は容認されるであろう。

　これに対してよくある批判は、厚生主義は人々の欲求を所与として扱ってしまっているために欲求自体が自律的に組み替えられ得るものであることを無視し人間を快楽の器としての受動的存在に貶めてしまっている、と主張する[†17]。なるほど、そもそも高価な嗜好を涵養しなければ、ウォッカとキャビアにまわすだけの資源でより多くの人により上等のビールとピーナッツを分配できたかも知れない。それは「厚生の平等」からも功利主義からも望ましいことであっただろう。だが、この批判もまた「厚生の平等」に対する批判とはなっても功利主義に対する批判とはならず、厚生主義それ自体を反駁するものではない。「自律的主体として涵養した嗜好に責任を負うべきだ」というタイプの議論がなされるとしても、それは功利主義にむしろ支持を与えるものであろう。功利主義から見ればこの批判は、自発的に涵養された高価な嗜好に対し劣後的分配を行うことで高価な嗜好を涵養する

[†17] 例えば [Rawls 1982 pp.168-169] を見よ。

ことに対するサンクションとすれば、全体での快楽生産の効率性が上昇する、ということに等しいからである。自発的でない高価な趣味の発生はそれ自体としては快楽生産の効率性を妨げるけれども、分配に於ける劣後というサンクションによってはその発生を防止できないから、自発的な涵養の場合と違ってそこに特にサンクションを科す理由がない。これによって、自発的な涵養の場合と非自発的な発生の場合で高価な嗜好の取り扱いを功利主義が違えることの説明ができることになるし、厚生主義批判に於いて嗜好の形成の自律性が捉えられていない、ということが批判の根拠であるとすれば、それは功利主義には妥当しないことになる。また、功利主義的に最適な資源配分のもつ特徴は、その状況で自分がより多くを得ようとすれば必ず全体厚生が低下する、即ちその増加で自分が得る快楽を相殺してあまりあるだけの苦痛を他者が蒙る、ということである。

更に、功利主義は高価な嗜好に対して次のように対応するかも知れない。例えばベンタムは、貧民を収容して生命・安全を確保するための作業所 (workhouse) という救貧政策を提唱したのだったが、そこでは次のような提案がなされている。それまで良い暮らし向きをしてきて高価な嗜好を涵養してきた個人が没落して貧窮し作業所に収容される際の取り扱いは次のようになされる。いきなり質素な食事を与えると大きな苦痛を彼らに与えるので、もとから貧窮してきた人々とは違ったより高価な食事を最初は与え、そこから徐々に質素な食事に慣らしていくのである。この際、高価な食事をしているところを他の収容者に見せないためにこれは隔離して行われなければならない、とされる。高価な嗜好は適応させ、他の収容者にも羨望の苦痛を与えないようにそれを見せないようにする、というこの提案は極めて功利主義的なものであり、古典的功利主義による高価な嗜好の取り扱いの範型である。

7.2.2 快楽生産と障害

このようにして高価な嗜好の問題を厚生主義批判としては退けるのだとしても、実際には快楽生産の効率性の悪さの問題は高価な嗜好とは異なった形で現れることが多い。もっとも典型的にはそれは例えば障害者に対する分配の問題として生じることになるだろう。障害によって快楽の生産効率性が低い個人に対して功利主義が劣後して資源を割り当てるのならばこの結論が避けがたいように思われる

かも知れない。まず、厚生主義の観点からすれば障害は多くの場合非自発的でかつ馴らしにくい高価な嗜好と概ね同等の地位にある。この点で他の多くの高価な嗜好などとは異なった位置づけが与えられることはまず注意しておくべきであろう。生産インセンティヴの確保や、高価な嗜好の発生の抑止などといった目的のために分配が調整される他のタイプの高価な嗜好には、障害はならないだろう。その上で、しかし快楽生産の効率性の悪さが解消されるわけではないから、障害者により少ない資源を割り当てるという反直観的な結論を正当化することになるかも知れない[†18]。

これは恐らくある統治領域内の資源の総量に著しく依存する問題なのである。既に障害を持たない個人の生存すら怪しいほどに国家が窮乏しているようなところでは、手持ちの資源を最も効率的に分配する——餓死者を最小化する——ために、生存に資源がより多く必要な個人には劣後分配が行われることになるだろう。恐らく強度の障害を持つ個人は殆ど功利主義的分配の対象になるまい（その個人の生存に必要な資源で2人以上が生存できる場合を考えてみよ）。この分配に対する、障害者にも等しく生存する権利がある、という反論はここでは成立しない。どの個人の生存も等しく重要であるならば、この状況では生存者数の最大化こそが行われるほかないからである。資源が一定以上に存在するようになって初めて劣後的であるにせよ分配の可能性が生じてくるのだ。更に資源が増加することによって次のような事態が可能になるであろう。人々の快楽生産効率性は決して所与ではなく、改善することができる。障害者の基本的なニーズ——排泄などの生理上の要請や移動の自由などからはじまって多岐にわたるが——を満たすことは障害者の快楽生産効率性を改善することである。特に、社会資本の形でこれを整備することは規模の経済にもよって、比較的安価に快楽生産効率性を改善することができる手段であろう。それが健常者にもメリットがあるタイプのものならば特にそうである（階段からエレベーターへの転換など）。快楽生産効率性の悪い状態で多くの資源を投入するよりも、資源を快楽生産効率性の改善に回した上で残りを投入する場合とでは後者が優越してくる、という地点に政治的領域の資源の

[†18] こうした批判としてはセンの『不平等の再検討（拡大版）*The Inequality Reexamined*』によるものが良く知られている [Sen 1997]（[セン 2000]）。スキャンロンも同様の見解を提示している [Scanlon 1975 p.659]。なおこの問題に関するブラントの応答として [cf. Brandt 1979 pp.316-319]。

レヴェルが到達することがこうした政策の可能になる地点である。それでも恐らく最終的な厚生レベルに於いて障害者の厚生が平均して健常者の厚生を越えることはないが、実際にこうした包括的再分配が行われるならばそれは「不公正」とは呼ばれない様態のものになるだろう[†19]。

再び確認しておけば、資源が不足している国家に於いて障害者への劣後的分配が統治功利主義によって統治者に命じられることは確かである。そして、資源が不足していない外部の行為主体（他の国家や国際組織）にとって、件の統治者とは違い、障害者の厚生を大幅に改善する行為選択が正しい選択になることも排除されない。だが、このことは次のような問題を我々にもたらすだろう。我々は国内の障害者の厚生の改善と外国で生存が危機に瀕している人間のどちらに優先して資源を投入するべきなのだろうか。原理的には統治功利主義はあくまで功利主義として、感性主体が地球上の如何なる地域に存在しているかをイレレヴァントな情報であると見なす。であるとすれば、統治功利主義は国内の障害者の厚生を引き上げるまえにアフリカの食糧支援をせよ、と命じるのではないだろうか。これは統治功利主義の下で統治者が誰に対して統治の責任を負うか、という困難な問題である。これについてはここでは取り上げない[†20]。

[†19] 効率性を無視するほどに厳格な平等主義が——仮に平等主義に説得性があるとすればそのような極端な形態以外ではありえないと我々は考えているのだが——功利主義以上に反直観的帰結を招くことに注意すべきである。マーク・スタイン (Mark Stein) は障害者に対する分配を巡って、各々の分配的正義論がどのような結論を導くかを検討し、むしろ功利主義こそが厚生平等主義と資源平等主義の双方に優る「黄金の中庸 (golden mean)」という魅力を持つ、と主張している [Stein 2006]。仮設的事例を列挙し、功利主義が導く分配結果が平等主義よりも「反直観的でない」ことを理由にこれを擁護するというスタインの方法については必ずしも賛同できない部分はあるが、功利主義に関する一般的理解を覆そうとする試みとして興味深い。その基本的主張も、障害の「改善 (amelioration)」を通じて厚生の生産効率を上昇させることができれば（そして多くの場合にまさにそれが可能なので）センの想定は覆る、というものであり [ibid. pp.37-40]、本書も上に見たように同じ立場を採る。

[†20] 但しそのような議論を功利主義から提供するものとしてグディンの「割当責任論」がある [Goodin 1995 pp.280-287]。国外の貧困に対する支援の方が厚生生産の効率性が明らかに高いのでまずはそちらが優先されるべきだけれども、ある程度の資源を国外に投入した後、なお国内の障害者福祉に現在よりもずっと多量の資源が投入されるべきであるだろうとも思う。

第8章　総和主義批判と応答

　最後に検討するのは、功利主義に特有でありかつその理論的根拠の検討が最も少ない総和主義である。総和主義は集計主義の特殊な類型であるが、ここでは集計主義一般よりはむしろ総和主義を直接扱うことにしよう。
　ただし、ここで次のことに注意しておきたい。諸個人の享受する厚生が集計に先立って道徳的価値であることが論証できるならば、総和集計を方法論的個人主義などの前提抜きに導出しても構わないのである。世界に道徳的価値がどれだけあるかを考えるのに集計など不要である。あなたの目の前にコップが幾つかあり、そこに水が様々な量入っているとしよう。コップの水が水であることはどうしようもなく明らかである。目の前に水がどれだけあるかを知りたい時に、総和集計以外の手順を採るのは馬鹿げている。加重集計も論外であるだろう。なぜ水の全体が問題なのにいきなりコップごとに異なる重み付けをしだすのか。我々がどのような集計手段を用いるかに先立って水の全体は存在しており、総和集計はその全体を正しく認識する手段であるに過ぎない。同様に、我々が諸個人の享受する厚生を集計する前に既に道徳的価値は存在しており、総和集計はそれを知る手段であって、道徳的価値を構成するものではないだろう。ムーアが正しく、厚生が絶対的な価値であるならば、この議論は完全にうまくいくだろう。厚生を最大化しなければならないのは、それが絶対的に価値であり、価値は増大を指向するものだからである。そこでは不偏性も、その表現としての「1人を1人として数え決してそれ以上には数えない」というモットーも、最初から問題にならない。我々はその道を採らなかった。もちろん我々の採った道筋でも、我々の個人的価値が世界の道徳的価値に加法的貢献をする道徳的価値の部分に同一であるということを前提にすれば上の論法は成立するが、それはどうしようもなく論点先取であるだろう。レイルトンのように個人的な非道徳的価値と道徳的価値を実在性の根拠に於いて別個に同定する場合には、これはあくまで経験的な問題になる。レイルトン的な還元が巧くいくならば、それと別しての本章のような議論は必ずしも必要

なくなるだろう。ただし、そうした還元の前提として、個人的価値の「総和」という観念が本当にそれ自体として問題ないものであるかどうか、という問いは残る。もしそれが概念レベルで一貫していないものであったりすれば、総和主義の望みは最初から絶たれてしまうかもしれない。或いは、以下の議論を、そうした還元戦略を採らない功利主義者にも採りうる、いわば後退戦線として総和主義を論じているものだと考えてもらっても構わない。

8.1 方法論的個人主義による総和主義の論証

集計主義一般に共通の論拠として挙げられるのは方法論的個人主義である。これは、個人を越える如何なる集団も具体物ではなくそれらは総て諸個人の関係に還元して論じられなければならない、という還元主義と概ね等しいものと見ておけばよいだろう。価値論に於いて方法論的個人主義を採用するならば、個人を越える如何なる主体にも帰属させられないような価値の存在を認めない、といったタイプの議論になろう。例えば、方法論的個人主義は共同体をひとつの実体とは見ずにあくまで諸個人の集合と見るので、「共通善」なるものも常にその共同体の成員という個人にとっての「善」である他はない、として共同体論が批判されることになる。ここでの文脈に即して言えば、方法論的個人主義は社会的決定は諸個人の関係に還元して分析できるものでなければならない、と主張する。何が正しい統治かはその領域における個人についての情報があれば、「民族精神」や「国家理性」といった奇怪な存在について知らずとも、決定できるのである。

一般に厚生主義が方法論的個人主義と密接な関係を持つことには注意が必要である。規範理論に於いて問題となる価値は個々の主体の厚生に尽きる、という厚生主義は「国家」や「社会」が厚生の主体でありうるという不可思議な想定を置かなければ、方法論的個人主義を採用する他はないであろう。従って、厚生主義と別立てで集計主義自体を論じる意義はさほどない。但し、集計主義は行為評価のために必要な情報が個人についての情報に限られると主張するのみだから、個人間の分配の様態をそれらの情報から導出して用いることは否定されない。従って、非個人的価値を認める立場は、それが一階の個人的価値の総体に随伴する限りは集計主義によって排除されない。

8.1.1 ベンタムの場合

　まずベンタムに於ける古典的功利主義的総和主義の論証はどのようなものだったかを簡単に見ておくことにする。ベンタムはフィクションに基づく誤謬を最も徹底して排撃した人物の一人であった。当然、国家なるものも実際には人々の集団に他ならず、それを恰も実在であるかのように語ることで様々な誤謬が生じるのである。そこでベンタムは「国家の利益」を「個人の利益の総和」へと還元することを提案するのである。これは一見極めて素朴な議論であるように思われるかも知れない。方法論的個人主義から無反省に総和主義を導出しているように思われるからである。方法論的個人主義は集計主義を導くことはできるかも知れないが、総和主義を導くには力不足であろう。実際、不偏的なものに限っても集計方法としてはナッシュ型の総積集計がありうるだろう。また、そもそも方法論的個人主義から集計主義を導かないものとして、例えばホッブズ的な契約説を挙げることができるだろう。個々人が契約を結ぶことで総ての制度の基礎を創りだす、という契約説は方法論的個人主義ではあっても、集計とは無縁である。

　恐らくこれに対するベンタムの応答は「総和こそが国家の利益を与えないのならば如何なる集計方法が相応しいというのか」というものになるであろう。これは「国家の利益」をどのようなものとして考えるかに依存する問題である。個人にとっての利益が持つ、動機づける力、行動を再編する力、といったものとアナロジカルに考えるならば、国家にある行動を取ることを動機づけ、或いはその行動を再編するものを指すことになる。国家の行動を諸個人の相互作用に還元して見たときに、それらの相互作用を一定の方向に向ける力を持つものを指すことになるだろう。階級国家観の下では、どの時代であれそれは支配階級の利益である、ということになるかも知れない。しかし、仮にそうであるとしても我々は国家に於ける支配階級の交代をも説明することができなければならないだろう[†1]。そこでより一般的な集団である全国民の利益の何らかの集計がそれを説明する変数となる、と考えることができるかも知れない。もしそうならば、**4.1.2.3** でも触れたように他の集計方法（例えばマクシミンやマクシマクス）に比べれば恐らく総和

[†1] 次に触れる尾高はマルクス主義の唯物史観に対し同様の反論を行っている。経済関係が基盤にあるのだとしても結局は生産を行うものが人間である以上、それは政治へと（そして「政治の矩」へと）戻ってこざるを得ない、というのである [cf. 尾高 1955]。

主義がこれらを最もよく説明するであろう。もちろん、「国家の利益」を「個人の利益の総和」に還元できるのだとして、それを道徳理論が目的にしなければならない理由が直ちに明らかだとは言えないかも知れない。更にベンタム自身のそれを含めて一般に功利主義は功利考量の対象を特定の国家や集団に限定するものではなく総ての感性的存在を対象にするものなので、功利主義それ自体の正当化にこの議論が成功するかは疑わしいかもしれない。

8.1.2　尾高朝雄の場合

　これに対して、統治功利主義が功利主義の一類形である前に統治理論である、という立場をとるならば方法論的個人主義からの議論が成立するかもしれない。我々はここで尾高朝雄の議論を——牽強付会の危険を敢えて省みず——検討してみることにしよう。尾高の「ノモス主権論」によれば「法の窮極に在るもの」とは法を創造しまたそれを踏み越え破壊する「政治」に他ならない[†2]。であるにもかかわらず、より強い政体（即ちポリス）を目指すものとしての政治に於いて、政体の強さはその政体の政治の「正しさ」に一定程度依存する。尾高によれば政体の「正しさ」＝「政治の矩」は政体の強さを規定する重要な要因なのである[†3]。そしてこの「政治の矩」を尾高は「ノモス」と呼び、この理念こそが法の窮極に在るものだとする。「悪法もまた法である」として単純に政治が法を破ることを認容する立場も「悪法は法ではない」という単純な自然法論も退けつつ、尾高はノモスという法の理念を完全に裏切るに到った法はもはや法とは言えないという[†4]。そしてこのノモスとは「最大多数の最大幸福」というベンタム以来の理念なので

[†2] この点はしばしば看過されがちである。法の窮極にあるものはどこまでいってもあくまで「政治」なのだ。そして、その政治に内在しその強さを窮極に於いて左右する「政治の矩」として「ノモス」が存在するのである。そして、このような形で捉えられた法の理念は常に人間の実際の政治に影響を及ぼしうる地上のものでなくてはならず、遙か天空に浮かぶ形而上学的実在などとは全く無縁のものなのだ。

[†3] 「いかに強大な政治力も、政治の矩を無視するならば、到底永くその強大さを誇ることはできないという教訓を、最近の世界史は、最も大きな犠牲を払って、最も切実に人類に示したのである。」[尾高 1955 p.166]

[†4] 「少なくとも、政治が『政治の矩』にかなった正しい力であること、法が法の理念を裏切る腐敗した秩序と化していること、そうして、法を破るにあらずんば正義・公平の共同生活を実現する道が全くないということは、最後の場合において『法を破る力』を是認しうる絶対の条件でなければならない。」[ibid. p.227]

ある†5。

　尾高による「ノモス」と「最大多数の最大幸福」の等置はしばしば批判されるところである。即ち、方法論的個人主義から直ちに総和主義は導出できないはずである、云々。だが、「民族精神」や「国家理性」を称揚した戦前の全体主義体制への反省と反動から方法論的個人主義を尾高が採用したのだとしても†6、そこから直ちに「ノモス」＝「最大多数の最大幸福」が導かれたのだ、と考えることが明らかに不当であることは尾高の議論の構造を見れば明らかであろう。尾高の独創性はそれらの間の径庭を架橋する議論にこそあるのだから。

　政体の強さが政体に対する人々のそれを維持し発展させようとする意欲に依存するから、政体がその維持に対する動機付けを最も良く調達する時に政体の強さが極大化することになる。それゆえ、より強い政体を目指す統治者に対して助言する統治・政治理論は如何にして人々の動機付けを調達するかを示さなければならない。刑罰サンクションは特定の行動を取らせることはできるけれども、当のサンクションを発動する制度全体の維持・発展への動機付けを調達することはできない。それゆえ、政体はある程度まで道徳的アピールに訴えたり、被治者の個人的利益に訴える必要が出てくることになる。そうすると、そのような訴求力を持ち法の正統性を担保するものとして考えられている「ノモス」が「最大多数の最大幸福」に等置されることはさほど不思議ではないだろう。厚生の総和主義的集計の増大は常に誰かの厚生の増大をもたらし、常に誰かを動機づける。また、一人の人間に政体の維持への極めて強い動機付けを与えるよりは多数の人間にほどほどの動機づけを与える方が強い政体を目指す上で有益であろう†7。そこから同じ量の幸福でも「最大多数」を目指すべき理由が与えられることになる。尾高がここに配分的正義の要素を見いだすことは重要である。恐らくある程度の厚生の均分が達成されていなければその政体は遠からず滅びるのであって、仮に不均等だが高い厚生の総和を達成する政体があったとしてもそれは長続きしないために、

---

†5[ibid. p.223, pp.228-229]

†6実際には尾高は個人と政体としての国家を如何に調停するかに多大な関心を向けており、最終的に『自由論』に於いて尾高は「最大多数の最大幸福」の実現の方途として古典的自由主義ではなくフェビアン主義を「新ベンタム主義」であるとして採用するに到るのである。

†7だが、この論法は総和主義に限られるわけではない。集計の増大が常に諸個人の厚生の増大を伴わなければならないという条件はたとえば総積主義を排除しないし、それらの加重型のヴァリアントをも排除しない。従って明らかにこの議論だけでは不充分である。

総和に於いて劣ってもより均等である政体の方が長期にわたって存続し、結果的に高い功利性を達成することになる、ということを意味するであろう。原理的レベルでは分配パタンに関心を示さない功利主義も政治制度に埋め込まれるならば実践的に一定の分配パタンを重視することに理由がある、ということになる。

　ある政体を如何にして繁栄に導くかを教える政治の学として功利主義を考えるならば、このような形での集計主義・総和主義の正当化が——ここではもちろん不十分な素描に留まるが——行われうるだろう。ここには興味深い現象が現れている。統治者や被治者の恣意に委ねられない、政治の影響を免れる強固かつ精密な構築物として社会政治制度を設計・構築し提供することを目指すベンタム以来の統治功利主義が、実はその根底に於いて政治的なるもの (the political) によって初めて支えられうるものである、ということになりうるからである。同じ統治理論であるにはせよ、道徳理論よりはむしろ政治理論としての功利主義、という構想の可能性は恐らく従来よりも真剣に考えられなければならないだろう。統治者の政治性には少なくとも道徳性より期待が持てるかも知れない。そうだとすれば、道徳理論としての統治功利主義に政治学的正当化根拠を与えることで、統治者をよりよく統治功利主義へと動機づけることが可能になるだろう。

　この議論は、基本的に当の政治社会の成員を第一義的な対象とする点で一般的な道徳理論としての功利主義とやや趣を異にすることになる。しかし、尾高が論じるように国際社会もまた国際政治の場であって「国際政治の矩」としての「ノモス＝最大多数の最大幸福」が重要な役割を果たすのだと考えるならば、再び功利主義の範囲は人類全体へと拡大されることになるかも知れない[†8]。

8.2　経済学的論証

　総和主義の論証についてもう一つの大きな潮流は、経済学に於いて展開されているものである。これらは、社会的厚生が幾つかの条件を満たすとすれば、それらが諸個人の厚生の加法集計でなければならない、と主張する。こうした試みの中でもっとも良く知られているのはジョン・ハーサニ (John Harsanyi) による一

[†8] それでもなお人間以外の感性主体である諸動物種は排除されることになる。これを長所であると考えるか短所であると考えるかはここでは論じない。

連の作業であるから、まずはそれらから検討することにしよう。

ハーサニは社会厚生が当然に満たすべきと考えられる諸条件から社会厚生が加法集計の形をとることを示した最初期の研究を行った。ハーサニがこのために証明した経済学上の定理は二つ存在し、それぞれが別の経路を辿って総和主義を論証しようとするものである。我々は以下でそれらを順次検討することにしよう[49]。

8.2.1 集計定理

ハーサニの集計定理とは、概ね次のようなものである。もし社会の各個人の選好と社会的選好が期待効用仮説を満たし、社会選好が各個人の選好上のパレート原理によって制約されているならば、社会選好を表現する社会厚生関数は各個人の選好を表現する効用関数の線形結合で表される。即ち……

> 個人選好 R_i ($i = 1, 2, ..., n$) と社会選好 R が期待効用公理系を満足し、R が R_i 上のパレート無差別条件を満たすならば、R_i, R に対する von Neumann-Morgenstern 効用表現を V_i, V としたとき、実数 a_i ($i = 1, 2, ..., n$) と b が存在して「くじ選択肢」の集合 L 上の総ての $p \in L$ について
>
> $$V(p) = \sum_{i=1}^{n} a_i V_i(p) + b$$

もちろんこの集計定理はその前提として帰結主義・方法論的個人主義を形式上前提としているのだが、果たしてこれは総和主義を論証したものなのだろうか？

まず、集計定理の論証に必要な幾つかの前提がある。個々人の選好と社会選好という序数的情報にフォン-ノイマン・モルゲンシュテルン効用（vN-M 効用）を用いて基数表現を与える。そして、パレート原理による制約を満たす社会選好のvN-M 効用が、個々人のそれの線形結合であることを示すのである。センによる批判以来よく知られていることであるが、ここにはある致命的な欠点がある。vN-M効用は、選好関係という序数的情報がさらに一定の公理 (vN-M 公理系) を満たしているときに、それに基数的取り扱いを許すだけのものである。つまり、もとから

---

[49] 本節の技術的記述は全面的に [Weymark 1991] に拠る。ハーサニ自身の与えた証明が不完全なものであったことなど、幾つかの歴史的経緯はあるが、ここでは詳しくは触れない。[cf. Harsanyi 1976 pp.6-23],[cf. Harsanyi 1979]

存在した（公理系を満たす点で整合的な）序数的情報に何か新しい情報が付け加わったわけではないから、たとえ基数的表現を行おうともそこから得られる情報は本質的に序数的なものでしかないのだ。従って我々の統治功利主義にとってハーサニの集計定理を総和主義の論証として採用することはできない。我々の考える厚生はそれ自体個人間比較を許す基数的情報でなければならないからである[†10]。

この難点が仮に回避できたとしても、この定理には史に重大な難点がある。我々はvN-M公理系を満たす選好に対してvN-M効用という基数的表現を与えることが「できる」のであって、与えなければならないわけではないのだ。つまり、vN-M公理系を満たす選好に対してその序数的情報を保持したままvN-M効用でないような序数表現を与えることができるのである[†11]。であるとすれば、集計定理の意義は少なくとも総和主義の論証としては決定的にダメージを受けることになる。これは、社会厚生関数が線型であるかどうかが、諸個人の選好の効用表現としてvN-M効用を選択するかどうかという恣意的選択に依存しているということを示すからである。幾つかの可能な表現の中で敢えてvN-M効用を選択すべき理由は集計定理に内在してはいないので、この問題が解消されなければ、これは功利主義の論証としては致命的であるといってよいだろう[†12]。

[†10] 序数効用と基数効用の問題に関わるので、ここでアロー (Kenneth Arrow) の不可能性定理と功利主義の関係について触れておくことにする。アローの不可能性定理は諸個人の社会状態集合上の順序を採り、しかも一定の条件を満たす社会厚生関数が存在しないことを主張するものである。だが次のような不思議な主張を目にすることがある。序数効用ですらアローの不可能性定理が成立するのだから、基数効用を要求する功利主義はなおさら不可能である、と。だが、功利主義には総和集計という集計方法が既に存在しているのだ。それなのに功利主義が不可能であるとはいったいどういうことなのか。可能性としては、アローの不可能性定理が課す要件「定義域の非限定性」「無関連選択肢からの独立」「パレート基準」「非独裁制」（の基数アナロジー）のどれかに総和集計が抵触する、というものであろう。しかし、明らかに総和集計はこれらのどの要件にも違背しない。不可能性定理が課す要件を悉く満たす総和集計という集計方法が存在するのは、アローの不可能性定理が間違っているからではない。それは功利主義の総和集計が、アローの設定下で一般に社会厚生関数が用いることのできない（単位比較可能な）基数情報を用いているからである。不可能性定理が発見された時、これに対する反応は要件のどれかを緩和するか、序数情報に情報基礎を限定するのを諦め基数情報を許容しなければならない、ということであった。周知のように、不可能性定理は比較可能な基数情報の必要性を明らかにし（このために社会厚生関数から基数効用をも扱える社会厚生汎関数へと枠組が拡大されたのだった）、比較可能な基数情報を基礎にするという「罪」によってアローの枠組みから排除されていた功利主義をむしろ復権させたのである。序数主義よりも情報基礎が拡大されていることを以て功利主義を「不可能だ」と批判しながら、非効用情報を用いておらず（比較可能な基数効用だけでは）情報基礎が貧困であるとして功利主義をセンと同様に批判するという論法を採る論者の存在は残念ながら私の理解にはやや余る。

[†11] [Weymark 1991 pp.282-289]

[†12] ただし、純正な基数性の確保だけが問題ならば、vN-M公理系を満たす序数的選好から基数表

これらは選択や選好から実体としての厚生を逆生成しようという経済学の一般的な手法上の欠点である。但し、こうした選好説ではない通常の比較可能で基数的な厚生概念を与えた上で、それが何らかの意味で個人にvN-M効用による表現が妥当するような合理的選択をなさしめる力を持っているとすれば、この定理が総和主義の論拠とならないわけではない。選好の効用表現ではなく、知悉欲求説のような独立の厚生概念を採るなりした際に、この定理が意味を持つことはあり得るのである[†13]。

8.2.2 不偏観察者定理

これに対して、ハーサニには功利主義を論証しようとした、もう一つのよりよく知られた議論がある。ロールズが採用した「無知のヴェール」と同様の表象のもとで、ヴェールの背後の選択者は可能な社会状態の内で平均的効用が最も優れた社会状態を選択するだろう、というのである。つまり、通常の個人選好ならば、自分の結果についての「クジ」上の選好とvN-M効用を考えるところ、ヴェールの背後にいる「不偏的観察者」は自分が誰になるのかがわからないため、自分の陥る結果と自分が誰になるのかの対について「クジ」を考えることになる。ま

現を一意に導けないとしても、我々は既に序数的にではなく基数的に選好を持っているかもしれない。ジョン・ポロック (John Pollock) は次のような興味深い議論を提出している。諸事態に対してvN-M公理系が要求するような一貫した選好を割当てるために必要な脳のデータベースを考えよう。序数情報は算術的操作を許さないから、ある程度整合的な選好ランキングを保持するためには脳に物理的に不可能なレベルの膨大な選好情報が必要となる。我々が殆どありとあらゆる仮想的状況に対してある程度整合的な評価を割り当てることができるとすれば、その評価の基礎に序数的な選好ランキングがあるとは考えられない。我々は基数的情報とそこから評価的帰納 (evaluative induction) に基づいて計算することによってそれを達成していると考えるしかない [Pollock 2006 pp.24-36]。我々の欲求充足なり態度の快楽なりの主観的厚生が、こうした基数的評価データベースと密接に関連していることはほぼ明らかなので、我々の厚生が基数的で単位比較可能であることを想定することは問題にはならないだろう。ただし、そうだとすると表現定理の類は殆どそれ自体の意義を失うことになるし、こうした基数的評価データベースがvN-M公理系に従っていると考える理由もないので、どちらにしろ総和主義の擁護論に用いうるようなものではないことになる（だが厚生の基数性の論証はそれ自体として重要な問題ではある）。

[†13]例えばこうした議論の道筋を示す一例としてブルームの『善を量る *Weighing Goods*』をみよ [Broome 1991]。ハーサニの集計定理を、選好ではない形で独立に与えられた善の観念の下で再び論証するという試みが行われている。独立に与えられた個人的善について我々がそれをvN-M公理系に表現されるような合理性の対象にすることが正当化できればよいわけである。実際のところ90年代以降、ハーサニの集計定理については本節で述べたような認識が広く共有されており、集計定理がハーサニの元の議論のままで功利主義の（加重）総和主義を論証したものだと考えている功利主義者は存在しない（と信じたい）。

た、不偏観察者はそれぞれの個人の選好を自分のものとして共感的に判断する。再び諸個人の vN-M 効用関数を V_i と書き、n 人からなる集団の個人 i と m 個の結果 $x_1, x_2, ..., x_m$ のうち x_j の対 (i, x_j) についてその上のクジ π を考える。π は対 (i, x_j) に生起確率 π_i^j を割り当てるものだとしよう。この時不偏的観察者の選好は $\check{V}(\pi) = \sum_j \sum_i \pi_i^j \check{V}(i, x_j)$ と表現される。$\check{V}(i, x_j)$ に関して言えば、不偏的観察者は万全の共感を持って個人 i に同一化するから、ある個人 i について結果 $x_1, x_2, ..., x_m$ 上のクジ $p = (p_1, p_2, ..., p_m), \sum p_j = 1$ を考えたとき $\check{V}(i, x_j) = V_i(p)$ と見て良い。自分が個人 i になる確率を z_i と書けば $\pi_i^j = p_j z_i$ であり、無知のヴェールの仮定から $z_i = 1/n$ なので、

$$\check{V}(\pi) = \sum_{i=1}^{n} \frac{1}{n} V_i(p)$$

である。

　この定理を功利主義的に解釈した時の興味深い点は、これが数少ない加法平均集計を求める立場であることである。自分がヴェールを外した後にどの個人になるかだけが問題ならば、世界の厚生の総和がどうかは平均と別にして問題とはならない。だが、集計定理とほぼ同様の理由でこれらは退けられなければならないだろう。今度は線型性は、不偏観察者の効用表現として vN-M 効用を用いるかどうかに依存しているのである。問題はやはり序数的情報しかもたない選好から基数的な厚生の概念を与えることができないところにある。いずれにせよ、快楽説を採る統治功利主義にとってこれらの定理は総和主義の論証に於いて単独では殆ど利いてこないと考えておかなければならないだろう。必要なのは選好とは独立した善の観念であり、我々は既にこれを与えてきた。果たして主観的合理性がこうした個人的な内在的価値に関して vN-M 公理系的な要請に従うものかどうかという問いは、本書で我々が遂行している作業に直接関係があるわけではないので、ここでは措いておこう。

8.3　還元主義的人格観

　これまで論じてきたところが正しければ、方法論的個人主義からする総和主義の論証は一般的に功利主義に適用可能なものではなく、恐らく統治功利主義にとっ

てのみ補強的に利用可能な議論であるだろう。また、経済学的論証は恐らく我々の統治功利主義にとって意味を持たないものであるだろう。そこで、我々はパーフィットによって展開された人格論に基づく、総和主義の正当化を次に検討することにしよう。これは多くの功利主義に於ける総和主義の論証にとって有意義なものである。

8.3.1 パーフィット的論証

パーフィットはその大著『理由と人格 Reasons and Persons』の第 III 部で「人格」というものが通常考えられているよりも曖昧であり各時点での諸意識の緩やかな繋がり以上の意味を持たない、ということを大部を割いて論じている。人格は有機的統一ではなく、意識経験や記憶といった構成要素に完全に還元できるというわけである。ここでは我々はパーフィットの長大で綿密な論証の過程を再現するつもりも、それに代わるべき人格論を体系的に展開するつもりもない。それらは本書の範囲を超えることである。ただ、その人格論がなぜ功利主義に於ける総和主義の導出に用いられうるのかをここで簡単に検討しておくことにしよう[†14]。

8.3.1.1 人格は重要か

功利主義に対して寄せられるお定まりの批判として、功利主義は人格の個別性に充分配慮していない、感性主体の総体を誤って一つの経験主体であると捉えている、といったものが挙げられる。これらは功利主義を戯画化することに熱中していたある時期の権利論の典型的主張であった。しかし、人格の個別性がなぜ道徳的に重要なものなのかは論証さるべき事柄であって議論の前提ではない。これを用いて功利主義が論駁できると考えるのは論点先取である。

人格の個別性を退ける議論は権利論にとっては致命的に映ることが多い。ある時点でのある意識と別の時点でのある意識の間に本質的な繋がりがあると主張することを退ければ、「人格」なるものは偶然的なものであり程度問題でしかなくなるだろう。これは権利や責任といった道徳的観念の帰属点としての「人格」が怪しくなることを意味する。我々は「権利」や「責任」なしでやってゆくことに耐

[†14] したがって、以下でもパーフィットの議論それ自体を批判しているわけではなく、それを利用して総和主義を論証しようと言う試みにつきまとうだろう困難を指摘するにとどまる。

えられそうもないから、この議論は退けられるべきだと権利論を擁護する人々は言いたがる。これは明らかに筋が悪い議論である。我々は通常言われているような「権利」や「責任」なるものが成立しない、ということに別段の脅威を見いださない。もし「人格」なるものが疑わしいのであればそれらにしがみつくべき理由はない。

　パーフィットは「脳の分割」や「電送機による複製」などといった想像力豊かな議論によって「人格」に関する我々の標準的見解を退ける。人格は諸時点での諸意識が心理的継続性や物理的継続性によって緩やかに結びつけられた以上のものではない。我々の人格はそれを構成する各時点での各意識としてのみ道徳的重要性を持つに過ぎない。重要なのは人格ではなく各時点での意識である。であるとすれば、他者の意識と私の意識の間の径庭は私の各時点での意識間の径庭に比して全く大きいものではない。従って、功利主義者が全意識主体の集合を考えるときに、彼らはそれを何らかの統一体として考えているのではない。むしろ、「人格」なる統一体を解体しそれを各時点での意識主体の集合と見ているのである。

　ここから次のことが言われるだろう。もし各時点での意識主体の集合を我々が「私」と呼んでいるのであり「私」の利益を最大化するということが有意味ならば、同じく意識主体の集合である全感性主体の利益を最大化するということには意味がある。もし、「私」が「私の利益」を「私」を構成する諸時点での諸意識の利益の集計だと考えるならば、同じことが他の意識主体の集合についても言える。しかも我々が日常的に「私の利益」を諸時点での諸意識の「総和」として考えていると思われる以上、意識主体の集合の利益の総和こそが重要なのである。

8.3.1.2　自愛の原理と仁愛の原理

　功利主義者にとってパーフィットの議論の持つ意義は次のように整理できよう。シジウィックに由来する「自愛の原理 (Principle of Rational Prudence)」と「仁愛の原理 (Principle of Rational Benevolence)」を考えてみよう。自愛の原理は、自己利益に関して将来の「私」をも等しく配慮せよという合理性の要請であり、仁愛の原理は他者をも等しく配慮せよ、という要求である。パーフィットのように人格の個別性を否定し、総てを各時点での意識主体へと分解するならばこの二つの原理の区別はできなくなる。それゆえ自愛の原理にコミットするならば仁愛の

原理にもコミットしなければならない。こうして自己利益の最大化のみが（道徳的に）要請されるという（倫理的）利己主義は反駁される、というわけである。

だが、既に奥野満里子によって指摘されているようにこの議論には穴がある[†15]。もし利己主義者が「自分＝通時的諸意識の集合の利益」を最大化する理由を「なぜそのような集合でなければならないのか」と問われたときに「それが『私』であるからだ」と述べるならば、それは人格の個別性という過ちを前提するものであり、受け入れがたいものである、とは言えるだろう。しかし、「それらの集合にいまこの時点での意識主体である私が愛着を持っているから」と応える利己主義者に、これを不合理だとしてなし得る批判はない。そうだとすると利己主義者が人格としての「私」ではなく、いまこの時点の意識主体である私の風変わりな愛着が対象とする諸意識の利益のみを目指す可能性をも許容することになる。来年の元旦から大晦日までの意識主体に愛着を持つが、再来年いっぱいは全く愛着を持たず、3 年目は来年の半分程度にしか愛着を持たない、といった利己主義も可能であろう。この利己主義者を「不合理」だとして非難することはできない[†16]。要するに、自愛の原理と仁愛の原理が区別できないということを仮にパーフィットが論証したと功利主義者が考えるにせよ、そもそもそれらの原理を採用すべきだという論拠は提供されていないのである[†17]。

[†15][奥野 1999 pp.272-275]
[†16]パーフィットはこうした「将来の火曜日への無関心 (Future-Tuesday-Indifference)」や「1 マイル以内の利他主義 (Within-a-Mile-Altruism)」のような配慮・愛着パタンを「不合理」だと考えている [Parfit 1984 pp.123-126]。だがその論拠はまともに示されていない。共同体のメンバーへの配慮などと言うものが「1 マイル以内の利他主義」と比べてなぜ少しでも「合理的」だなどということがあるのか理解しがたい。配慮の対象の「内在的性質」に関連する差異でないというのだろうか（だがそれはなぜなのか）。なるほど、私が未来をあまり気にかけないとすれば（つまりそれが誰のことかに関わらず割引をするとすれば）、それは私と将来の諸意識との時間的懸隔と言うまったくの外在的性質に基づいているといえるだろう（あくまで永遠主義の下での話だが）。だが、パーフィットが合理的でありうると認める共同体のメンバーへの配慮はどうか。共同体から私の抽象的で曖昧な愛着・配慮を差し引いてみて、そこに地理的懸隔などの外在的性質による以上の差異が見出されるとでも言うのだろうか。私はここで主観的合理性に関する、ヒューム的な道具的合理性の立場が正しいと思う（理想化するとしても事実の知悉と瑕疵なき熟慮のもとでの欲求の実現に対する道具的合理性にとどまるだろう）。道徳的行為への欲求がそれ自体合理的な欲求でありそれを持たないこと自体が不合理であるとして、合理性自体に道徳性への契機を読み込もうとする合理主義的内在主義には――パーフィット自身はこの道筋を取りたがっているようだが――我々は与しない。
[†17]もちろんここからは、時間と主体に関して不偏的な理論か、両方に関してバイアスのある理論のどちらかが合理性の説明として正しい、ということになり、合理的自愛のみを採る立場が排除されることにはなるだろう。ここで問題にすべきなのは、時間バイアスと主体バイアスを共に認める立場からは偶さかに主体の時間バイアスが（その主体の愛着の問題として）存在せず

であるとすれば、パーフィットの議論は総和主義の正当化には全く利用できないのだろうか。恐らくそうではない。パーフィットは総和主義に於いて最も困難な論点である「加法集計」の説得的な論拠を与えることに成功しているかも知れない。もし私たちが自分の利益を考えることで、各時点での意識主体の利益の加法的集計(重み付けがあることを否定するものではない)に既に日常的にコミットしているのだとすれば、我々は既に意識間の利益の加法可能性を手にしている。これによって異個人間での厚生の加法可能性に我々がコミットしていることが示されるのである。

8.3.1.3 加法可能性に対するあり得る批判と反論

これに対して我々は次のような反論を予想することができる。「個人内に於ける厚生の加法可能性を個人間に及ぼすことはできない。なぜならば個人内に於いても厚生の集計は純粋に加法的ではないからだ。」例えばセンによるパーフィットに対する批判はこのような議論の典型例であるといえよう[†18]。もし「個人内=一定の意識主体の集合」間の分配パタンが重要であるならば、パーフィット的人格論に従えば「異個人=一定の意識主体の集合」間の分配パタンも重要になるのであり、必ずしも総和主義を採るべき理由はない、という。この批判が正しいとすると、パーフィットの人格論は集計主義に一定の根拠を与えるものとは評価されても、総和主義に貢献するわけではないことになる。しかし、個人内の分配がなぜ重要なのだろうか? センはここで『リア王』における悲劇の主人公リアを持ち出してくる。リアを構成する人生の各時点に於ける意識主体の利益の総和のみを考えるならば、リアの人生は人生の最後でのみどん底に墜ちるにすぎないから、総体として良好な厚生を持つことになる。しかし、そうだとすると我々はリアの人生がなぜ悲劇的だったのか理解できなくなるではないか、というのだ。

この議論が説得的であるかどうかはかなり疑わしいといって良い。まず、リアの人生を悲劇的だと判断している私たち自身は何者なのか。リアの人生が悲劇であったとして、当のリア自身にとってその人生が悲劇的だったのは人生の最後の

時間不偏的である場合がありうる、ということである。非仁愛的に自愛的であるべき理由がないということからは、そうであってはならないということにならない(パーフィットの議論はそこまで主張できるほど強力ではない)。

[†18][cf. Sen 1979 pp.470-471]

ごく短い期間に過ぎない。若きリアに聞くならば、彼は自分の境遇を悲劇的であるなどとは思っていないはずである。リアを構成する意識主体の集合の内で自分の人生を悲劇的だと考えている意識主体は極く小さな部分集合に過ぎない。死ぬ間際のリアが自分の人生を悲劇的だと考えるからといって、若き日のリアが人生を楽しんだことが遡及的に取り消されたりはしないのである。更に、リアの人生を悲劇的だと判断する私たち（というよりもセンとその支持者達）はリアの外部にいるのであってリアを構成する意識主体ではない。だが、我々は常にある時点での意識主体であってその瞬間の経験を得るのみであり、決して「人生」という意識主体の集合全体を一気に把握する立場になど立つことができない[†19]。それが可能なのは「物語」が終わるときであり、まさにその時「私」は死によって舞台から退場しているのだ。ここから生じがちな過ちは、リアの「人生」が悲劇的だったというとき「人生」がそれ自体としては意識主体の集合という以上の意味を持たないにもかかわらず、意識主体間に「時間の流れ」を付与してしまうことで自分自身の「時間選好」を投影してしまうというものである。

　リアの個人内分配パタンが重要だという直観の源が分配への確信ではなくリアの外部にいるに過ぎない傍観者の勝手な「時間選好」の投影の産物であることは次のようにしてわかる。リアの若く喜びに満ちた期間の内5年間分をとりさり、リアの悲劇が始まる年を5年早めよう。しかる後に悲劇の後に5年間の喜びに満ちた期間を付け加えよう。この時リアの個人内での厚生の分配パタンは変化していると言えるだろうか？　なるほど、時間軸に沿った形ではパタンの変化がある。しかし、個人間での分配パタンに於いては、時間の流れのような先後関係は存在していない。批判者は個人間と個人内のアナロジーの有効性を認めた上で、個人内の分配の重要性から個人間の分配の重要性を導こうとしているのだから、時間軸に沿った形でのパタンの変化を分配パタンとしてはイレレヴァントであると見なければならない（個人間には時間軸に沿ったパタン変化に対応するパタン変化が存在しないか存在したとしても重要でないから）。とすると、批判者の前には同じ分配パタンを持った二つの人生が提示されることになる。オリジナルのリアの

[†19] フェルドマンも一定の個人内分配パタンを評価する主体が当の個人内の時点切片であることから、そうした自身内分配パタンに対する各時点での態度的快楽として個人内分配パタンの価値をその個人の厚生に取り込めると見ている [Feldman 2004 pp.138-141]。

人生と、悲劇が5年早く始まるが悲劇の後に5年の喜びを得て人生を終えるリアの人生である。果たして、それでも後者は「悲劇的」に思えるだろうか？ 多くの人々はそうではない、と感じるだろう。オリジナルのリアの人生が悲劇的に思われたのは、個人間分配パタンにアナロジカルに利いてこない時間軸にそった特殊な個人内分配パタンに対する我々の選好のせいなのである。端的に言えば、我々のこうした評価の背景にあるのは「終わりよければすべてよし・終わり悪しければすべて悪し」という単純なバイアスである。我々はこれを「ハッピーエンド選好」とでも呼んでおこう。ハッピーエンド選好は我々の多くに比較的見られる選好だが、それは偶さかにそうなのであって、人間ならばみなそうであるはずだ、と考える理由はない。このハッピーエンド選好は、いまこの瞬間の意識主体である私の異時点に於ける意識主体に対する「愛着」の典型例である。晩年の意識主体に安楽な生活を送らせたい、そのためには中年期の苦労もよかろう、という時、我々は中年期の意識主体に対する愛着を欠きつつ老年期の意識主体に愛着を抱くのである。これは「自愛の原理」には反しているかも知れないが、それを退けるべき理由はまったくない。結論は明らかである。一定の個人内分配パタンが重要に思われるとしてもそれは我々の時間選好（多くの場合ハッピーエンド選好）に由来するのであって分配パタンそれ自体の内在的重要性を示すものではなく、一定の個人間分配パタンの実現を我々に命じるものではない。それゆえ、加法可能性を個人内から個人間へと移行させる議論は無傷で残るのである。

　さて、個人内の分配パタンへの我々の執心が偶さかの時間選好の産物であるということが暴露されたからには、個人間の分配パタンへの執心もまた同様なのではないだろうか？ リアの状況を個人内の文脈から個人間の文脈に移すならば、これは悲劇的な境遇にいる少数の人間がいる一方で多くの喜びを謳歌する人々がいる状況になる。先ほどリアの外部からリアの人生全体を悲劇的だと評価した人々は、今度はこれらの諸個人の集団のどこにいるのか。我々は個人間の文脈では常に意識主体の集合の内部にいるのであって、外部の「正義の女神」の位置になどいはしないのである。これに対して次のような反論があろう。若き日のリアには老年の悲劇が見通せなかったが我々は他者の経験を知っているではないか。内部にいることは人々の間の分配パタンの認識を妨げるものではない、と。だがこれは誤っている。というのも、若き日のリアですら、老年の悲劇を予期しておりな

おかつその老年の意識主体に対して愛着を持つならば「私＝リア」の利益が損なわれていると感じ、悲劇を回避しようと努めるであろうからである。それは意識間の分配パタンが重要だからではなく、その意識に対しいまこの意識が「愛着」を持つからこそ生じるのだ。そこで必要なのは他の意識主体の経験に対する認識とその意識主体に対するいまこの意識主体の「愛着＝共感」である。従って、個人内に於いていまこの瞬間の意識主体たる私が異時点の意識主体に対して如何なる愛着を持つかが問題であるならば、異個人間に於いても問題はこの「私」が他の如何なる「他者」に「愛着＝共感」を有するかにある。帰結主義の不偏性が没人格性を含意しないことを論じた際に触れたように、分配パタンそれ自体の内在的重要性などというものは非個人的な価値論に依存するものであり、ここでも採用することができない。個人間分配パタンへの我々の執心は偶さかの選好の産物であるに過ぎない。もちろん、個人間分配パタンへの私の態度的快楽は（もしあればだが）私の厚生を構成するから集計対象となるけれども、それ以上のものではまったくない。我々は個人内の場合も個人間の場合もこうした選好の存在を進化主義的に説明しうるのではないかと思うけれども、ここではそうした詳細を追求する必要はないだろう。

8.3.2　時点主義的人格観

　ここまで論じてきたところに従えば我々は加法可能性を手にしているものの加算の際の「不偏的重み付け」を手にしていないのである。恐らく人格論から不偏性を導出することは困難であろう。それゆえ、我々としては不偏性それ自体を採用すべき理由をここで検討することはしない。エゴイズムは常に成立可能な立場なのであってこれを退けることは不可能であろう。だから、自分の思うとおりに重み付けをするべし、という立場を我々は排除できない。しかし、「不偏的重み付け」がもっともらしい重み付けのひとつであることまで否定する必要はないだろう。原理的に他の重み付けを排除できないとしても、統治理論として統治者がこれを採用するようにし向ける場合に、重み付けが偏った統治理論を統治者に採用させたいと思う被治者は恐らくいないであろうから、実践的にはさほど問題にならないと見て良いだろう。そこで、我々は加法可能性に不偏的重み付けを合わせて総和主義を手にすることができると考えよう。パーフィットの議論は通時的集計と

共時的集計の間の垣根を低くする秀逸なものであるが、自愛の原理から仁愛の原理を導くことを我々は拒絶した（個人間での加法可能性への我々のコミットメントは導ける）。それは自愛の原理を採用すべき必然性がないからであった。我々が総和主義を手にしたと考えてみよう。すると、ある時点で存在する意識主体の厚生の総和こそがその時点の世界の事態が有する道徳的価値である。しかし、その時点に存在する個体の将来の対応者は未だ存在しておらずその時点に現存する諸意識主体とは存在論的身分が全く異なっているから、それらはいまこの瞬間の世界の厚生には直接には算入されることができない。それらはあくまでその時点の現存する意識主体の予期と愛着を通じて繰り込まれることによってのみ現在の世界の事態に算入される。注意したいのだが、我々はある世界の時点的事態の道徳的価値をその事態に存在する諸個人の厚生の総和を不偏的に集計することによって同定するけれども、その時点から見て将来の諸時点の厚生はその時点の諸個人に依存して畳み込まれるのであり、これをも通時的に不偏集計するものではない。つまり、我々は共時的不偏集計（これは仁愛の原理に対応する）は採るけれども通時的不偏集計（これは自愛の原理に対応する）は採らないのである[20]。

我々はこうした時点主義に基づいた人格論を採用する。それはパーフィットのもの同様に「還元主義」的なものであるが、主体の合理性として自愛の原理と仁愛の原理を共に拒否する、よりヒュームに（帰されるものに）近いものとなるだろう[21]。実在するのは現在のみであり、我々は現在の時点切片そのものである。「人格」に関して道徳的に意義があるのは、それぞれ時点の意識主体であり、その予期と愛着である[22]。我々はいまこの瞬間の私と心理的に連続し、類似する将来

---

[20] むろん主体の合理性としては我々は時間バイアスと主体バイアスを完全に認めるし道具的合理性のみを認めるので、道徳的行為を為したいという欲求などの外在的条件の助けなしには、こうした主体不偏的な道徳的価値が直ちに主体の合理性の対象とはなるわけではない。我々がこの点で外在主義を採ることを思い出すべきである。

[21] すなわち、シジウィックによってヒュームに帰される次のような見解に。"Grant that ... the permanent identical 'I' is not a fact but a fiction ... why, then, should one part of the series of feelings into which the Ego is resolved be concerned with another part of the same series, any more than with any other series ?" [Sidgwick 1981(1907) pp.419]「人格」に関するヒュームの見解については『人間本性論 A Treatise of Human Nature』BOOK I. PART IV. SECT. VI. を見よ。ただしその翌年に BOOK III とともに出版された Appendix に於いてヒュームがそこでの見解を不満足なものとして撤回していることには注意が必要である。

[22] 時点切片としての我々は厳密に言えば持続しない。従って持続しない実体が信念なり欲求なり理由を有したりなどの「主体 (agent)」であるなどということがありうるだろうか、それらは時間幅を持った持続する実体にしか帰属しえないのではないか、という疑念が提出されうる

の意識主体に愛着を持ちがちであるが、それは基本的には偶然的な事柄である。我々は先に厚生の時点主義を採用し歴史主義を退けた。こうした立場から人格がどのようなものとして捉えられどのような含意がそこから生じてくるのかを、総和主義という文脈を離れて暫時検討しておくことにしよう。

8.3.2.1　いまこの瞬間の私

　時点主義に立てば通常考えられているような「人格」というものはそもそも原始的に実在しえないものであるかも知れない。物理主義の下では、人格（の時点切片）は常に一定の（3次元的）物理的構成物と同じものである。存在するのは常に現在の時間切片に現れた意識主体以外のものではない。この意識主体としてのいまこの「私」が、過去／未来の時点でこの肉体に同定できると「私」が記憶／予期する諸意識に対して如何なる「愛着＝共感」を抱くかは原理的には偶さかのものでしかない。我々は自愛の原理を合理性の要請としては退けるのであった。如何に風変わりな「愛着＝共感」であろうとも、それを不合理であるとして批判しうる地点は現在のどこにも存在しないからである。そこで実在しない未来や過去の諸意識主体についてそれらの集合（の有機的統一）として「人格」を語ることをやめるとすれば、結局のところそれらはいまこの「私」の記憶と予期に同定される他はない。そして、その記憶と予期を持つ私はあくまで時間切片上の意識点に他ならない。こうした考えかたそれ自体は決して珍しいものでも奇矯なものでもない。身近なところでは仏教哲学の刹那滅論を考えてみればよいだろう。その説く所に従えば、あらゆる（瞬間的な断片としての）実在にとって持続して同一

[Brink 1997]。たとえば、欲求充足説の場合の厚生の帰属先は時点切片ではない持続する実体でなければならないのではないか。だが我々は快楽説を採り、しかも「主体がその持続を欲求するところの経験」といった快楽の分析を退けたので、時点切片に問題なく帰しうる価値論を採用したのであった。更に、我々はキャサリン・ホーリィ(Katherine Hawley)の議論に従って以下のように考えることができる [Hawley 2001 p.65]。そういった心的状態は別に時点切片の内在的性質である必要はない。それは主体たる時点切片と対応者関係に立つ他の時点切片との関係性質として理解されてよい。ブリンクのような懸念から行為主体が持続する実体でなければならない、ということは出てこない。率直に言うと、私はここでは更に現在主義的な応答を採りたい。飛ぶ矢の例を思い出そう。現在の時点切片としての矢は飛んでいないように見える。しかし、それは傾向性を持っている。たとえ次の瞬間にその矢が飛ばなかったとしても（つまりなぜか別の原因によって隣接する対応者に於いてそうした傾向性が顕現しなかったとしても）今この瞬間に於いてその矢は「飛んでいる」。同様に、行為の主体性は傾向性として現在にそっくり存在し時点切片はその内在的性質として主体たりうる、と考えたい。

性を保つことは原理的に不可能である。或いはベンタムその人の「まさに予期によってこそ、持続した人生を構成する連続する諸時点は……連続的全体の部分となるのである」という言明を考えても良いだろう[†23]。どの時点切片も3次元的実体として、それは持続しない。ありうるのは我々の日常的な（そして多分にコンヴェンショナルな）持続理解としての対応者関係による（2級市民的な）継続的実体であるが、しかし、私の対応者である将来のある時点断片の厚生を配慮することを、今この瞬間の私の合理性は決して命じるものではない。今この私という意識が同定されるところの物理的実体（私の肉体）の持続と「人格」の持続は一致しない。記憶を完全に喪失した主体は物理的実体としては記憶を失う前と対応者関係に立つかもしれないが、「人格」としては対応者関係に立っていないかもしれない。通常いわれるような「人格」は持続する物理的実体とは同視し得ない擬制的実体であるというしかない。しかし、持続する「人格」を構成する対応者関係はパーフィット的な心理的連続性関係だと考えてはいけないのだろうか？　だが、現在の私が心理的に連続する諸意識に対してその厚生を配慮すべきことを私の合理性が必然的に命じるわけでもない[†24]。私は「私」を今この私が愛着を抱く将来の（だが非存在的対象として現在にある）意識主体と私の集合と見たい。重要なのは心理的連続性と心理的類似性ではなく、私の愛着なのである。仮に自愛の原理が正しいとするなら、私は「私」を「私」だから配慮し愛着を持つのではない。私が配慮と愛着を持つからこそそれらの諸断片が「私」となるのである。私の道具的合理性――合理性はまさにこれに尽きるのだが――が予定する「私」は、従って現在のこの私の愛着パタンに他ならない。我々の時点主義的な帰結主義にとっては、ある行為が帰結する事態に含まれる諸意識主体とその愛着パタンこそが重要な道徳的意味を持つのであり、通常使われるような「人格」とか「個人」の間時間的な同一性はそれ自体としてはなんら重要ではない。それらはあくまで擬制的実体であって、特定の愛着パタンを指すものに過ぎない。時点主義の下で私の愛着パタンそのものの合理性は問われず、それは基本的には道徳理論の外部の

[†23] この引用文はジェラルド・ポステマ (Gerald Postema) に負う [cf. Postema 1986 p.159]。
[†24] これはパーフィットが「極端な主張 (Extreme Claim)」と呼ぶ主張である [Parfit 1984 pp.307-312]。我々は「私」("I") を擬制と見るし、しばしばヒュームに帰される見解（の存在論的アナロジーとしての現在主義的延存モデル）が基本的に正しいと思う。従って擬制としての「人格」を前提にする「責任」といったような観念もまた擬制的実体であることを免れない。つまり、それらは道徳的事実ではなく、主観的意思決定の層にしか関与し得ないのである。

問題である。

　だが、愛着のみから「私」が捏ね上げられるわけではない。今この瞬間の私が予期を全く、或いは殆ど持たないならば、私は一般に人格と呼ばれているようなものを持ち合わせないだろう。岩の塊を蹴り飛ばせば痛いだろう、という予期を抱くことに失敗すれば、別の瞬間の意識主体たる私はそれを蹴って苦痛を経験するかもしれない。苦痛によって岩の塊を蹴り飛ばせばどうなるかについての予期を形成することに失敗すれば、更に別の瞬間の私は再び岩を蹴って苦痛を経験することだろう。快苦は予期を通じ欲求を再編することによって私達に働きかける。欲求は既にして未来を志向するものであり、予期とそれに対する態度によって成り立つ。殆どの感性主体はこの意味での予期を備えている。サンクションもまた快苦によって私達に働きかける。もし岩を蹴り飛ばしても私が苦痛を経験しないのならば、私は岩を蹴ればどうなるのかについての予期を形成しないであろう。もしサンクションがなければ我々はある行為なりの帰結についての予期を形成しないであろう。サンクションと予期の関係は緊密なものであって、サンクションの予期によって我々は欲求を抱いたり抱かなかったりするであろう。しかし、予期そのものはサンクションを経験することによって形成されるのである。

　自らの行動に対して物理的以外のサンクションを負わない意識主体は予期を形成するのに失敗するであろう。そしてその主体にはサンクション（を加えられるだろう未来に於ける自分）への予期が欠けており、サンクションはその意識主体の行動に影響を与えることができないだろう。これらは相互に循環しサンクションの境界と我々の予期＝人格の境界は一致するであろう。これはどういうことか。未成年に対し法的サンクションを科さない、という法制度を考えてみよう。未成年は自分の行為に対して法的サンクションを科されない。それゆえ、この意識主体は自分の行為がもたらす法的帰結についての予期を形成しない。そして、まさに自分の行為の法的帰結についての予期を持たぬがゆえに法的サンクションは未成年に働きかけることができず、それゆえ法はサンクションを無用なものとして未成年に法的サンクションを科さないであろう。ここまでくれば事態は明らかである。ある意識主体に対し、その意識主体が「人格」であり、「責任」を有する、と称してサンクションを科すことそれ自体がまさにサンクションに対する予期の形成を通じて「人格」それ自体を作り出すのである。法の世界に於いて「人格」である

とは法的サンクションによってその行動を制御されうる、ということに等しい。

　我々の予期が現実の我々のように発達していない世界を考えてみよう。みなが嬰児のごとき予期しか有していなければ、社会の組織的発達は困難であり、我々の厚生はごく低いものにとどまらざるを得ないであろう。我々が現在のような社会を既に構成していることは、我々の予期能力の証であり、我々が「人格」を持っていることの理由である。如何なる程度の如何なる予期を持つかは今この瞬間の意識主体の偶然的問題であって、その合理性それ自体を問うことが無意味であるにもかかわらず、予期を獲得することによって生じる社会組織の発達とその功利性が我々をそのような予期の維持へと向かわせるに到るのである。我々の予期パタンがある程度まで類似しているのは、物理的要因もさることながら、その予期パタンによって生じる社会的組織が再び当の予期パタンを維持させるようなサンクションのシステムを備えるからなのだ。そうであるとすれば、既に統治なるものが問題になるに到ったところで如何なるサンクション配置が望ましいかを論じる統治功利主義はこうしたフィードバックのさなかに既にいることになる。それゆえ、「人格」は擬制だが、「人格」があるかのように語ることには統治功利主義的に大きな意味がある。そのように語ることでサンクションと予期の循環が確保され、そこで初めて高い功利性が維持できるような社会組織が可能になるからである。

　次のことが明らかであるだろう。我々の愛着とその前提としての予期のパタンは、道徳理論にとっては剥き出しの所与であるけれども、我々はそうした予期と愛着のパタンを一定程度まで統治に於いて将来に向けて制御することができる。私の予期と愛着は、通常「人格」と呼ばれるものとは似ても似つかないパタンを原理的には採りうる。しかし、統治功利主義の下で、私がある特定の予期と愛着のパタンを備えることが、統治功利主義的に望ましいだろうし、そのパタンは我々が通常「人格」と呼んでいるものと相当程度に近しいものとなるだろう。我々は「人格」なるものをあたかもあるかのように擬制的実体として語るのであるが、そのこと自体の正当化は統治功利主義によってなされる。法体系をはじめとして、我々が擬制である「人格」を意味あるものと見なして行為することが功利主義的に望ましいならば、統治功利主義は「人格」の存在を認め、それを維持しようとするだろう。それゆえ、「人格」なるものに基づいて功利主義を論難することは完全な論点先取となるほかはない。そもそも擬制である「人格」を功利主義以外の

何に基づいて擁護できるというのだろうか。

　「人格」は（時間的懸隔による割引の問題はとりあえず措くとして）可能な予期パタンの内でも特殊なパタンの集合を指すことになるだろう。さて、我々は自愛の原理を退けるから、個人が自分の「人格」に所属する諸意識に必ずしも等しい愛着を有している必要はない。そこで、基本的にはある時点での予期パタンを「人格」と同定し、その内部に属する未来の諸意識に対する愛着パタンを「人格」とは別立てで扱うことにしたい。化学生物兵器研究に従事するかどうかの岐路に立つジョージの例を考えてみよう。ジョージは化学生物兵器研究に従事した場合の「自分」に対して（つまり研究開発に従事しているその意識主体を予期し「自分」であるとは認めるのだが）、そうでない場合よりも強い愛着を持つことができないのである。従って、予期内容に依存して愛着の強度がここでは変化していることになる。こうした変化を含んだ愛着パタンを特に「（人格の）インテグリティ」と呼ぶことにしよう。自愛の原理は否定されているから、ジョージの合理性はたとえ化学生物研究に従事した自分が何らかの作用によって幸福だったとしても、それを「自分」の幸福に算入することを求めるものではない[†25]。しかし、こうした語法は煩雑であることも否めないから、紛れがない場合には予期と愛着のパタンの双方を含めて「人格」と呼ぶことにする。

8.3.2.2　割当単位としての人格

　しかし、仮に人格に関するある種の実在論的立場を採って、私の予期や愛着如何とは関わりなく将来の諸意識断片の一定の集合が「私」という人格として実在するという立場を選択したとしても、そうした一定の（いまこの私と心理的連結関係や物理的対応者関係に立つような）意識主体の集合を「人格」として纏め上げることが望ましいことを統治功利主義から論じることができれば、以下で論じる議論が、時間や持続に関する一見奇矯な立場を採らずとも、そのまま適用可能であるかもしれない。だから極く簡単なものであるにせよ、そうした議論の筋書きを示しておくことが有益であろう。そのために再び異個人間の意識集合と個人

[†25] つまり「平和愛好」とか「自分の手を汚したくない」というインテグリティは、そのインテグリティに沿っていない将来の「自分」に十全たる愛着を持てない、という予期依存的な愛着パタンである。

内の意識集合のアナロジーを用いよう。

　世界に存在する感性主体を功利主義が対象にするにもかかわらず、基本的に国内の統治に焦点を合わせて功利主義理論を展開することの正当性があるかを巡って、グディンは「割当責任論」という次のような興味深い議論を提示している[†26]。それによると、我々は功利主義を採用することによって我々の道徳的考慮の対象を全感性主体（とりあえず人間に限っておく）としなければならないのだが、全感性主体は空間的に分散しすぎており、我々が一度に考慮に入れるにはコストがかかりすぎるのである。そこで全感性主体への一般的配慮義務をある形で分配することにすればよい。全感性主体を幾つかの集団に分割し、基本的にはその集団の成員間で互いを道徳的考慮の対象とするように仕向けるのである。そこでは対象を狭くした分より強い配慮を自分が属する集団の成員に対して向けることが求められる。全世界に対して均等にある程度の配慮を差し向けるよりは、近しい相手に大きな配慮を差し向ける方が配慮の確保効率が全体として良好なものになる、というわけだ。こうして、最初の一般的配慮義務は消滅するわけではないのだが、それより強い特別な義務が集団の成員に対して課されるのである。こうして、国家の存在それ自体と、国家の統治者が国民に対して外国人に対してよりもより大なる功利主義的配慮を差し向けるべきことが正当化されるというわけである。現実のように国家が分割単位になることの理由としては連続した領域を支配することのコスト効率性、言語や文化の類似性による統治コストの低減などといった偶然的かつ事実的事項が挙げられることになる。

　さて、この議論は世界の全個人をどう分割するかという話だったわけだが、次に世界の全個人の全時点での各意識の総体を考えてみよ。もちろんこれらの意識間に原理的なつながりがあるわけではない。さて、この総体の各意識にこの総体の成員である全意識を配慮させることは実際上馬鹿げている。例えばどの意識主体も自分よりも過去の時点に存在する意識主体の厚生を配慮することはできない相談である。ではどういった集団にこの総体を分割すれば先ほどのグディンによる割当責任論同様に効率の良い功利主義的配慮の分配が可能だろうか。

　まずある時点での意識主体にそれより未来時点に存在する意識主体を配慮させるべきことが当然に導かれる。これによって集団の基本条件が定まれば、その集

[†26] [Goodin 1995 pp.280-287]

団内の成員たる諸意識を時間系列上に整列できることになるだろう。更に、ある意味でこれらの意識は近いもの同士でなければならない。そうすると、他の意識主体の置かれた状況についての情報をある程度確実に入手できる意識主体にそれらの意識主体を配慮させるのが良いであろう。世界に於いて情報のありかは様々だが、こと意識について論じるならばそれは脳内にあると考えておけば足りるであろう。であるとすれば、脳という物理的基盤を共有するような（それゆえ偶然的にしろ心理的連続性と類似関係が成立するような）意識集団へと意識総体を分割し、集団内の成員を配慮させればよいであろう。さて、いまや我々は心理的連続性・類似性を基盤とした通時的意識集合という人格へと功利主義によってたどり着いたのである。もちろん我々の物理的・心理的条件が現実のようでなければ、別様の割当単位があり得たであろう。或いはテクノロジーの進歩によってそうした諸条件が整うならば、現在とは全く違った割当単位が採用されるべきまでに到るかも知れない。とまれ、こうした「人格＝諸意識の集合」を作出することが功利主義的に正当化されるので……と進めば、前節のような「人格＝特定の予期・愛着パタン」の議論とほぼ同様の位置に我々は立つだろう。擬制ではない実体としての人格についても、その人格内の諸意識に互いに愛着を確保し互いに配慮をさせることが功利主義的に正当化されることになる。統治功利主義は内在的には人格にまったく意義を認めないけれども、人格には統治の基点として功利主義的に大きな意義がある。もちろんこの議論は、ある一定の予期と愛着のパタンとしての「人格」が統治的に大きな意義を持つことをも同様にして示すものである。このように論じておいたうえで、以下では再び我々の本来の立場へと戻り、議論を進めよう。

8.3.2.3 手段としての人格・目的としての人間

　我々が「人格」と呼びたがるものは——再三の繰り返しとなるが——あくまで今この瞬間の意識主体のある特定のタイプの予期パタン（ないし諸意識断片の集合）以外の何物でもない。そういった特定のパタン以外の予期パタンを有する意識主体は当然可能だし、現に存在している。そしてそうした主体は「人格」ではない、とされ一般に道徳理論や規範理論の外に放り出される運命にあるのだ。しかし、統治功利主義に於いてはそうした主体は風変わりな予期を持った主体であ

るという以上の特別扱いを必要とはしない。我々は「人格」なるものに外在的意義しか認めないのだからこれは当然の帰結である。これは例えば、「狂人」とも呼ばれうるような、予期と愛着のパタンが「人格」パタンと著しく乖離しているタイプの主体を念頭に考えればよいかもしれない。そうした意識主体に対しては我々はサンクションによる行動の制御ができないだろうからこそ我々はそうした主体にサンクションを科さないのだ。このような意識主体にとっての個人的価値を考えることを統治功利主義は妨げられない。予期パタンが風変わりであるからといって、個人的価値の主体である事をやめるわけではないのだ。その予期の様態を把握することができるならば、統治功利主義にとってその主体の厚生を配慮する際の原理的難点はない。我々の統治制度とそれによる種々のサンクションこそが「人格」を創り出す、というフーコー的なモチーフが此処には見られるであろう。しかし、統治制度こそが諸意識の幸福をもたらす統治のためにのみ道具的に「人格」を創り出すのだということをあからさまに正面から主張する統治功利主義に於いてこそ、制作され損ねた「人格」や予期形成に失敗した「主体」を排除することなく考慮対象に含めることができるのである。我々は「人格」を統治功利主義の目標達成上の純然たる手段と見る。その目標は感性的主体としての諸意識の利益の衝突を最も望ましい形で解決することである。「人格」は人間であることとは原理的に無関係である。我々の目的は後者であって前者ではない。

　我々の予期パタンそのものが統治による改変の対象であるということは、統治功利主義が我々の「人格」なるものをある意味で変更不能な所与だとは見ていないことを意味する。我々は統治によって自己を改変しうるのであり、既に持たれている我々の欲求を調整する際に、欲求そのものを彫琢する可能性が開かれている。この意味で統治功利主義はスタティックな利益調整原理ではない。それは我々の利益構造の改変それ自体をも視野に入れているのである。

8.3.2.4　殺人を禁ずる根拠：間接説

　人格についてのこうした見解が実際の法制度設計に影響を与えるということがあるだろうか。恐らくある。我々は人格の予期説・厚生の時点主義の二つの前提から殺人の禁止についての幾分風変わりな正当化を与えることになる。これは古典的功利主義に由来する議論だが、恐らく不人気であったために後の功利主義者

が必ずしも採用しようと考えてこなかったものである。

いまこの瞬間の意識主体の予期パタンの内にしか「人格」が存しないとすれば、それは現在に意識主体がいない限り語ることができないものである。殺人を考えよう。ある意識主体を殺害するならば、我々はその意識主体に何らかの不正を為したことになるだろうか。答えは否である。というのも、殺害された時点ではそこに意識主体は存在しないからである。殺害行為の遂行中、我々は恐らくその意識主体に苦痛を与えるであろうから、それは不正である。しかし、ある苦痛を与えた後にその苦痛が（死ぬか危害行為が中止されるかはともかく）消滅する、という点では殺人未遂も殺人既遂も変わるところがない。それゆえ、殺害することそれ自体がその意識主体に対して何らかの苦痛を与えるとは考えられない。「人格」は各時点の意識主体の内にのみその実体を有しているので、殺害は「人格」に危害を与えることもない。眠っているものに安らかな死を与えよ。如何なる苦痛もそこでは生じないであろう。従って、殺人は被害者の被害ゆえに禁止されるということができない。そのような被害は原理的に生じようがないからである。被害者の未来の幸福への期待を侵害したと言えるだろうか？　もちろん言えない。期待が侵害されるためには殺人が実行されなければならず、殺害された後には期待の主体がいないからである。

こうして、殺人を被害者の蒙る危害に基づいて功利主義的に禁じることができないことがわかる。これは時点主義に立つ以上ほぼ回避することができない。では、古典的功利主義（そこに我々の統治功利主義も含めることにするが）はどのようにして殺人を禁ずる法を正当化することができるのだろうか。これに対するベンタムの解答は大要次のようなものである。殺人が社会で許容されるならば、我々は自分の身の安全が損なわれることを予期するだろう。この予期こそが、予期によってもたらされる未来についての信念に対する現在の態度的快楽こそが、これらを禁ずる法制度への我々の欲求を創り出すだろう。つまり、殺人の禁止根拠は殺された意識主体以外の我々の快苦に拠って為されるのである。これが間接的な殺人禁止の根拠論である[†27]。これは著しく反直観的であると思われるかも知れないが、良く考えればそうではないことがわかるだろう。というのも、殺される人々でない我々のそのような反直観性そのものがまさに快苦を生み出すベースになる

[†27][Bentham MSS UCL Lxxii 214]([cf. Boralevi 1984 p.229])

からである。もっと直接的な正当化が為されなければならない、と考えたくなる心情は当然理解できる。例えば率直な功利主義者であるピーター・シンガーですら、間接説だけでは心許ないと感じたためか、殺人禁止の直接的正当化を求めて快楽説ではなく欲求説が妥当である、と考えるのである。だが、快楽説と時点主義を採用する限りは、それは不可能である[†28]。

　実際のところ、少なくとも古典的功利主義者にとってはこれはさほど違和感のある話ではない。人々に恐怖の苦痛を与えるといった副次的効果を総て除いて考えるならば、快楽説（時点主義はこれと極めて親和的であるが）の下で、快苦から切り離された死それ自体は主体にとってなんら危害ではないからである。エピクロスの快楽説が、死が人にとって危害でないということを論証し、死への恐怖という苦痛を人間の生から取り除くことをその主要な目的としていたことを思い起こすべきである。快楽説のこの特徴は、快楽説の説得性を損なうというよりはむしろ快楽説を際立たせる興味ある特徴であった[†29]。未来への予期が未発達であるという点で動物と嬰児は同等の地位にある。主観的な時点主義のもとで予期が未発達な主体が将来を時点に畳み込むことは殆どできないので、こうした主体が享受する時点厚生は低いものにとどまることになる。このためにベンタムが菜食主義者でなかったことを想起すべきである。肉食の肯定について一貫的な立場を採るなら、親や周囲の愛情や配慮という外在的な要因が総て取り除かれるならば新生児を食用のために殺すことも原理的には否定されないだろう。快楽説に基づく功利主義は殺人を欲求充足説に基づく功利主義者が認めるよりも広範に認める傾向にある（特に安楽死などの場合を想起せよ）。一般に快楽説功利主義は殺人の禁止根拠を間接的に──それが他者に与える不安を通して──正当化するのであって、それ自体が直ちに殺された主体にとって悪いものだと言うことはない[†30]。

[†28] とはいえ、快楽説のこの最大の（殆ど本質的な）特徴を拒絶する快楽説論者としてフェルドマンを挙げることができよう。『魂の刈手と対面する *Confrontation with the Reaper*』に於いて、フェルドマンは「人格」が死によって消滅したとしても死ぬ前の「私＝ある物理的実体」は死の後も（屍体として）持続しており、死という危害の帰属先となりうるという [Feldman 1992 pp.143-156]。特に送られえただろう快適な生が死によって送られえなくなることは（外在的な）危害となるというやや奇怪な立場によって死の悪さを論証しようとする。次いで、死の悪さから殺人の不正を引き出すために功績ベースの価値論を弄り回すというフェルドマンらしさが遺憾なく発揮されているが、やはり個人ないし人格の持続がこうした立場を維持するのに本質的に要求されることに注意したい。

[†29] 死の問題と古代ギリシャの快楽説については特に [cf. Warren 2004]。

[†30] このことが「反直観的」だということは受け容れてもよい。ただし、フェルドマンが指摘する

この殺人禁止根拠論からすれば嬰児殺が正当化されやすいことは見やすき道理である。嬰児でない主体の殺害が禁じられているところで嬰児が殺されるとしても、それによって、自分が殺されるかも知れないと思う意識主体は存在しないから、ここでは先ほどの殺人禁止の間接的正当化が成立しない。そもそも嬰児が殺されることに恐怖と不安を感じられるようになっていれば、その主体はもはや嬰児ではない段階まで発達しているのだから。もちろん様々な副次的要因を考えなければならないが、古典的功利主義に関する限り、嬰児殺は一般の殺人よりもごく緩い条件で許容される（或いは推奨される）のである。従って、功利主義的統治体制は堕胎や嬰児殺を現在より相当程度に緩い条件で許容する法制度を持つことになるだろう。

8.3.2.5 制度と法的主体：再び間接説

我々はこの殺人禁止の間接的正当化を一般化した議論にすることができる。例えば、一般に権利の正当化根拠に対して次のような議論ができることになるだろう。統治功利主義はもちろん功利主義であるので「権利の利益説」や「権利の選択説」といった集団の中では利益説陣営に与することになる。しかし、殺人禁止論の例を見てもわかるように、その正当化根拠としての利益は殺される意識それ自体の利益ではありえなかった。例えば、次のような状況を考えてみればよいだろう。遺言によって自分の財産の死後の処分様態を指示する権利を我々は有している。さて、私にとってこの権利の行使によって生じる未来の事態への予期（例えばパートナーが経済的に困窮せず暮らしてゆけるだろうといったそれ）自体は確かに態度的快苦の対象であり、私の利益である。ここで、私が死ぬとしよう。私という意識主体はもはや存在せず、それゆえ如何なる権利の帰属主体ももはや存在していないはずである。私はもはや所有権の帰属点としては存在しない。であるとすれば、遺言によって財産処分を生前に決定しておくなどという権利はそも

ように、古代以来数千年間の道徳哲学者たちが、殺人がそれ自体として不正であるということを論証しようとしてきたにもかかわらず、今日に到るまで論争はまったく終わる気配を見せず、論証に成功した道徳哲学の教説は未だ存在しない [Feldman 1992 p.157]。かくも長期にわたる道徳哲学者達の（悪名高い）失敗を説明する世界の事実とはなんだろうか？　答えは明瞭この上ないものだと思われる。死がそれ自体として悪いものではなく、殺人がそれ自体として不正なものではない、という世界の道徳的事実こそがそれを説明するであろう。道徳哲学者達の試みは、存在しない物理的実体を捜し求める試みと同じだったのである。

そも不可能事に属するのではないだろうか。自然権型リバタリアニズムの論者にはこれを肯定する論者もいるだろう。死んだ時点で既に権利主体たる「人格」は消滅しており、それゆえ遺言による財産処分の権利はそもそも成立し得ないのである。

　だが、我々の統治功利主義の間接的正当化論に従えば遺言による財産の処分を権利として認めることができる。遺言を前にして我々は次のように自問するであろう。「遺言を残した主体は現在存在しない。ではなぜ彼の遺産を遺言に従って処分せねばならないのか。遺言に従って遺産を処分する権利なるものはそもそも存在し得ないはずである……」しかる後に次のように自答するであろう。「我々がこの遺言を実効あらしめるためになぜ労を割かねばならぬかは明らかである。遺言を残した者の利益など死んでいる以上は問題にはならぬ。だが、少なくとも我々がそうしないならば、我々が自ら遺言を為した際にそれが実効あるものだと確信することが全くできないではないか……」我々には自分の予期する利益を安定したものにするために、その予期を産みだしているシステムそれ自体を維持する動機が発生するのである。それゆえ、統治功利主義がこうした予期のもたらす快苦を高く評価するのならば、これ（ここでは遺言）を統治功利主義は法的権利として設定しようとする。権利には意識主体はむろん「人格」の存在など必要ないのだ。

　私がある法的権利を行使しようとするとき（本当は死んでいたら「行使」のしようがないのだが）、それを国家が（もはや私が存在しない時に於いてすら）実力によって貫徹することの統治功利主義的正当性は、一般的にはそれを貫徹することでその権利を発生させている制度を維持し、その制度によって生じている人々の予期を保護する問題になる。従って、当の法的権利主体の、権利の実現によって生じる予期ではない現在的利益それ自体はそのような権利の貫徹と実現を統治功利主義になせと命じるに必要なだけの強度を持ち得ないことが多いであろう。私が権利行使・権利実現によって得る利益が他者の利益予期とそれを保護せんとする統治功利主義による統治選択の反射的効果に過ぎないことも少なくない。この事は次のことをも意味する。権利実現という事態の本質は権利主体ではなく、それを取り巻く他の行為主体の行動様態にある。それゆえ、ある権利規範は義務規範の複合として還元的に理解されなければならない。遺言の例で言えば、遺言を為しそれを死後に執行して財産を処分される権利なるものは（そんなものがある

としてだが)、生き残った我々を主体とする財産処分などの諸義務の複合として理解されることになる(権利規範の義務規範還元説)。

8.3.2.6　プリコミットメントの場合：再々度間接説

だが、これらは主体の存在消滅という特異な状況を相手にしていたからこそ生じる難点であって、一般にこうした考え方を採用する必要はないではないか、という批判があるかも知れない。我々はここでいわゆる「プリコミットメント[†31]」を例に取り上げてみよう。まず、予期に拠る未来についての信念とそれに対する態度的快楽を期待快、と呼ぶことにしよう。いまこの瞬間の意識主体の予期と「人格」を我々は同視する。

ここで我々は次のようなプリコミットメント的状況を取り上げよう。

> 私はある疾患に冒されており生命維持装置をつけているが、数年後には脳機能の一部が損なわれ意思決定能力を失うと予期される。そのような状態で生きながらえることを私は憎み、そのような状態に立ち至った際には生命維持装置を外してこの肉体を苦痛なく死に至らしめるべきことを他者に要請し文書で残す。数年後予期されたとおりの事態が起きる。しかし、意思や予期の能力は損なわれているが、強度の快楽を感じる至福状態にいる。さて周囲はどうすべきだろうか。

至福状態にいるこの意識主体は予期能力を有しておらずその殺害は予期を侵害しようがないので、生命維持装置を外すこと自体は周囲の快苦に委ねられることになる。私の至福を上回るだけの快苦事情が周囲にあるだろうか。さて、数年前の意識主体の意思は周囲に対してどのような意味を持つものだろうか。「意思能力があったときの意向を尊重して生命維持装置を外すべきだ」とか「いまは至福の状態にいるのだから死なせるべき理由はない」といった議論が生じるであろう。数

[†31] オデュセウスはサイレンの歌声に魅了されて海へと身を投げることを防ぐために事前に己を船のマストへと縛り付けさせ、サイレンのいる海域を通行している時に彼がどれだけ縄目をほどけと命じようとも縄をほどくな、と船員に命じた。このように、事前のコミットメントをたとえ事後の意思が変容しようとも貫徹すること、をプリコミットメントと呼ぶ [cf. Elster 1979 p.37]。特にこれを法制度として事前の意思の貫徹を主体に保証することができるかが問題になる。

年前の意識主体は、意思や予期の能力が損なわれた意識主体を自分と同定する予期パタンを持ち、しかし、それに愛着を持たない「インテグリティ」を有しているわけである。だが、数年後の時点ではそこには意識主体はいるが「人格」はないのである。従って、いまや存在しない「インテグリティ」なるものを根拠にすることは根本的に問題があることになるだろう。だが、この問題は別に数年後に私が意思や予期を失わずとも生じるはずである。今の私の「人格（とそのインテグリティ）」は結局は今この瞬間の意識の内にしかないのだから、過去の時点でのある意識主体が如何なる予期と愛着のパタンを保持していたかなどこの私には関係のないことだ。従ってプリコミットメントはプリコミットメントした過去の主体の快苦によっては貫徹され得ない。プリコミットメントに根拠を与えると信じられがちな過去の「人格」やその「インテグリティ」など現在のどこを捜しても見あたりはしないのである。意思能力を失う前の本人の「インテグリティ」を尊重して生命維持装置を外すべきである、というありがちな主張は支持され得ない。

従ってプリコミットメントを制度的に担保するということは、それが過去の意識主体から連綿と存在する「人格（とそのインテグリティ）」なる擬制を貫徹する作用を持つということによって、現時点での人々の期待快を最大化することによってのみ基礎付けうる。インテグリティを理由にプリコミットメントが実行されるという確信があって初めて、私が現時点で恐れる事態（無様に生きながらえること）が回避されるであろうという現時点の期待快は実現される。恐れる事態が到達したら（もはや「私」ではない）存在のその時点での快苦（ここでは至福状態であった）に従って決定が下されるだろうと私が思うならば、私の現時点でのプリコミットメント的期待快（生命維持装置を外すことに拠る死への期待快）はそもそも決して強い形では生じない。注意すべきだが、もし私が意思と予期を失いつつ（至福ではなく）激しい苦痛に苛まれるのだとすれば、統治功利主義はその生命を終わらせることを良しとするであろうから、そのような状態を予期する場合にはプリコミットメントは必要がない。プリコミットメントがなくとも、統治功利主義体制下では激しい苦痛の死による終焉に対する期待快は安定して形成されるからである。私が現時点で、自らのプリコミットメントが完遂されると確信できるのは、それまでに（過去の私を含む）他者が、プリコミットメントを完遂しているときのみである。安楽死が実行されてこなかった環境で、私は自分が安

楽死処置を施してもらえることを確信できない。プリコミットメントの最大の問題は、現時点の意識主体たる私が未来の履行を手にできないし、履行の請求もできないところにある。これを回避するためにはプリコミットメントに履行保障を与える制度が形成されるほかない。この制度が、履行時点での「私」の快苦を一定の条件下で決して省みないことによって、また制度内で相当の優越的地位を有することのみによって、私のプリコミットメント的期待快は充足される。今、この瞬間にこの国家内にあるプリコミットメントによる処置を保障する制度が存在しているとせよ。この制度が、今この瞬間維持される事が正当化できるのは、それが現時点でプリコミットメントを行おうとする個体にもたらす期待快のゆえであり、今この瞬間処置を受けつつあるなんらかの個体の過去に於ける期待快のゆえでは決してないのだ。この制度は、各時点でプリコミットメントを行おうとする諸個体の期待快と、同時点で処置を受ける諸個体の快苦の集計が通時的に正である事が見込めるとき、そのときに限って正当化できる。そしてこれはそれほど容易なことではない。もちろんこうした制度はその社会に於ける「人格」というフィクションを強固にするのに役立つ。だが、これがどれほどの功利性を有するかどうかは相当程度に偶然的な問題である。

プリコミットメントを制度的に担保すべきか否かという問題は、「人格のインテグリティ」を尊重するべきだ、などといった曖昧かつ誤った議論に拠っては解決され得ないであろう。それは、より具体的に我々の期待快が如何なるものであるか、如何なるものであるべきか、を議論することなくしては満足のゆく解決を与えること能わざるものであり、現に統治功利主義はまさにその解決のための出発点を提供しているのである[†32]。

8.3.2.7 時点主義と功利主義

我々は最後にもう一度 **2.3.3.1** で触れた点をここまでの議論と照らし合わせて確認しておこう。まず、世界の事態に関する時点主義はその時点に於ける世界の時

[†32] プリコミットメントが本質的には複合行為問題であることに注意しよう。時点 t の私の行為 a が後の t' の「私」から行為 b 以外の行為選択肢を剥奪するならば、複合行為 $a+b$ は現実主義に拠っても、t に於ける私の行為選択肢集合に入る。共時的アナロジーを考えてみよう。2人ゲーム状況で私が行為 a によって相手に行為 b 以外を選択させないことができるならば、実際のところその状況に於ける集合行為 $a+b$ の行為主体は私だけなのである。

点切片のみを問題にし、それゆえ厚生に関する時点主義を導く。帰結主義の基本テーゼに従って、世界の事態の「善さ (good)」はその時点の世界が含む厚生に尽きる。だが、たとえ間接功利主義であろうとも、行為（行為それ自体は世界の事態ではなく世界の事態を遷移させる経路として観念される）を評価対象にしなければならないので、我々は第2のレベルで「正しさ (right)」を定義しなければならない。行為によって遷移した先の時点的事態の厚生を比較することによってこれを達成する。そこから先の世界の事態の厚生は、直近の遷移先の事態に畳み込まれる形でしか、現在に於いて問題とはならない。未だ生まれぬ将来世代も10分後の「私」もその存在論的身分は等しい。問題は予期パタンと愛着＝共感パタンに帰着する。我々が未だ生まれぬ将来世代に予期を抱くか、そして更にそこに愛着＝共感を抱くかは基本的に偶然的な事情であって、「自愛の原理」のような特定の愛着パタンの保持を統治功利主義が必然的に命じることはない。

　予期に基づく我々の決定自体が我々の予期パタンを変動させることは注意しておいてもよいだろう。確かに、ここには循環が見られるが、一定の予期や愛着のパタンを正当化することを統治功利主義が必要としていないことを考えれば、これはなんら問題ではない。現在の世界の「善さ」は現在の意識主体の厚生の総和だが、そこで算入される「私」の厚生というものは決定的な仕方で現在のこの「私」という予期と愛着に依存する。我々が今ここである選択を採ると、400年後の人々が素晴らしい幸福を享受するものとしよう。その選択を採った時点での我々が400年後の未来を予期し（予期しない人々の方が多そうだが）、更にそこにいると我々が予期する感性主体に対して愛着＝共感を持つならば（更にありそうにない話だが）、厚生の時点主義の下で未来世代を配慮するために現在に於いて我々がその選択を採ることが要求されうるであろう。時点主義は我々の愛着を本質的な与件と見なす。歴史主義はそれらを無関連と見なす。仮にあるボタンを押すと我々が3秒後に消滅し、400年後に素晴らしい幸福を享受する人々が宇宙に多数存在するようになるとしよう。我々には、既に述べたような歴史主義を含めて極端に理想主義的な帰結主義を採って遥か遠くの未来世代のために我々の身を滅ぼすことを正当化するか、ここまで述べた統治功利主義のような立場を採ってこのボタンを押すのを我々の予期と愛着・共感の問題に委ねるかしか、恐らく可能ではないだろう。

8.3.2.8 総和主義だけの困難か？

このように総和主義を論じてきたことで、これらの議論が無駄に形而上学的であると思われたかも知れない。だが、総和主義の論証に於いて、恐らく如何なる立場を採るにせよ、人格論・時間論やその他の問題について一定の展開をすることなく満足の行く論証を与えることはできないだろう。もちろん、一見簡単な原則である総和主義を論証するために大袈裟（かつ極端）とも見える形而上学的な道具立てが必要とされる、ということはむしろ理論家にとっては極めて興味ある点であるだろうが、本書でそうした存在論的・形而上学的問題について詳細な議論を与えることは到底不可能であるから、その作業は全面的に別稿に譲らねばならない。

だが、この困難は次のような示唆をも与えるであろう。総和主義よりも複雑な集計を採用するとしても、そのような集計もまた、道徳的直観などに無批判に寄りかかることを良しとしない限りは、総和主義を上回る形而上学的挑戦を引き受けなければならない。これは何も集計原理だけに限られた話ではない。一般に単純かつ明快といわれる功利主義の素描をある程度正確に与えようとするだけで既にこれまで展開してきただけの議論が必要とされることを思うと、功利主義の単純さを主要な欠点と見なすような、他のより「複雑」な理論が引き受けなければならない負担に我々は眩暈を感じざるを得ない。今や殆どの理論は帰結評価をある程度まで内部に全面的にしろ部分的にしろ取り込むようになってきている。そうである以上は、帰結とは何か、帰結の評価基準は何か、その集計基準は何か、といった問いは誰にとっても避けるべからざる問題なのだ。率直に告白すると、単純簡素な功利主義よりも複雑な諸理論をある程度自己に理解可能な形で敷衍しようと試みるほどの「野心」を抱くには、私は無能かつ無力である。それはもちろん自らの乏しい個人的能力の問題だが、功利主義を採るにあたって無視できないひとつの理由なのである。

第 II 部　小括

　我々はこうして、この第 II 部に於いて功利主義を特徴づける帰結主義・厚生主義・総和主義の各テーゼに就いて一定の弁明を提供したことになる。帰結主義は一定の時間論的立場とメタ倫理的立場に基づいて擁護された。厚生主義は、帰結主義の行為論的前提を厚生主義批判が理解していないことを指摘することによって擁護された。総和主義については、方法論的個人主義に加えて統治者の政治性に訴えてこれを擁護する道筋と、人格論に基づいて擁護する道筋の双方を検討した。但し、加法集計の重み付けの不偏性それ自体は、不偏性という道徳性それ自体の制約条件や実践的な採用の可否によるものとされたことに注意すべきである。

　第 II 部の議論によって、第 I 部で展開したような古典的功利主義の再定式化の細部がより明らかになったはずである。これらは基本的に防御的議論を提供するものであって、これらのテーゼを採用しない他の立場を攻撃するものでは必ずしもなかったが、他説の批判は基本的に本書の目的を超えることであるから、それらについては別稿に譲らなければならない。我々は統治功利主義の理論的な基礎部分の全体が既にほぼ明らかになったものと信ずる。

第 III 部

功利主義とリベラリズム

第III部では、統治功利主義がリベラリズムとして、諸個人の「自由」や「権利」といった馴染みの話題に対してどう対応するかを簡単に見ることにしよう。法の支配・立憲主義・福祉国家的再分配といった「リベラル・パッケージ」に対して統治功利主義はどのような振る舞いを見せるだろうか。

第9章 善と正義　功利主義はリベラルか

　そもそも統治功利主義はリベラリズムなのだろうか？これは当然問われるべき問題であろう。というのも、統治功利主義は個人の道徳的権利の存在を認めないし、それどころか自由 (liberty) に対しても外在的価値しか認めないからである。であるにもかかわらず、我々は功利主義がロールズ以降の現代リベラリズムの一つの類型であることを主張する。

9.1　善に対する正義の基底性

　「善に対する正義の優先性 (the Priority of Right)」を支持する政治哲学をリベラリズムと呼ぶ、という現代リベラリズムの定義はロールズに由来するが、ここではそれについて論じない[†1]。我々は「正義」を特に社会制度及び統治決定を評価する概念と見なすことにしよう。人々の「善き生の構想」に依存しない形で正義の原理を正当化し、それによって人々の「善き生」の追求に制約を科す、という基本的な現代リベラリズム理解の下で、統治功利主義はリベラリズムに分類されるのだろうか。
　この疑念は、多くの功利主義が「個人にとっての善とは快楽／欲求充足である」と述べるところに由来する。個人にとって「善」が何かを提示してしまっている以上、功利主義はそれを「善の構想」として受け入れない個人に対して独立に正当化できない「善の理論」であって、リベラルな「正義の理論」ではない、とい

[†1] むろん、個人的自由の重視、立憲主義的な権利の重視、公私区分、国家の中立性、といったパラダイム的特徴を無視してよいわけではない。特に第10章では、目下の政治的社会に於いては、概ねこうしたパラダイム的特徴を統治功利主義が（あくまで偶さかに）有するだろうことを論じ、統治功利主義が目下の我々に対して「リベラル」な統治処方を行うことを確認する (**10.2.1, 10.2.2**)。また、ここで我々がリベラリズムにとって最も根本的な要素と見る「善に対する正義の優先性」という概念も、ロールズ自身のようにではなく、井上達夫による「善に対する正義の基底性」として捉えるものである [cf. 井上 1986 pp.216-240]。リベラリズムの要請に関するロールズ自身の自己理解という釈義学的関心は本書ではほぼ無視されることに注意したい。

うわけだ。これに対する最も容易な返答は功利の指標説であろう。功利主義は功利性を指標として用いているのであって何らかの特定の善の理論にコミットしているわけではない、ということができる。だが、我々はこれまでのところ殆ど常に善の功利説を念頭に議論を進めてきた。では、善の功利説に従った統治功利主義はリベラリズムではないのだろうか？

9.1.1 善の理論と善き生の諸構想

そうではない。功利主義に於ける個人的善と快なり欲求充足なりとの等置は、個人的善の備える性質についてのものであったからだ。「熱」が「分子の運動」に等しい、と語ることは「熱」を起こす手段（木と木をこすりあわせる、火打石、ガスバーナー、等）について語ることではない。同様に「個人的善」が「快」や「欲求充足」に尽きると言うことはそれらを得る様態に口出しをすることではない。そもそも、自分の諸欲求を再編する力としての功利性はそれ自体を欲求することが殆ど不可能である。これは「分子を運動させよう」と思ったところでそれを直接達成することができないのと同じ事である。「善き生の構想」を人が追求しその追求の過程で実現のために自分の諸欲求を再編していくならば、その再編を引きおこしているものこそ統治功利主義が功利性と呼ぶものであった。それゆえ「善き生の構想」の実現は必然的に功利性を伴うことになる。善の功利説は如何なる善き生の構想をも「善を達成し得ない」として排除することがない。それらを追求する際にある個人が「善とは〜である」と考えて善の功利説を誤りだ、と考えるとしても何の問題もない。「熱」を「燃素の放出」だと考えることは熱を得ることの妨げにはならない。「能く燃えるものには燃素が大量に含まれている」という燃素説の含意は熱を得るという行為に「同じような材質のものは同じように燃えやすい」といった幾ばくかの助けをさえ与えるであろう。同様に、善の功利説以外の善の理論が、その主体が善を獲得することを妨げるものではない。これは決してトリヴィアルな主張ではない。善の達成の前提として善の理論の認識を求めるような立場はここで排除されている。個人的非道徳的価値についての功利説が特定の善き生の構想とこのようにして独立であるならば、それらから集計手続きによって導出される功利主義は、リベラルな正義の理論である[†2]。

[†2] この点について、功利主義が現代的意味でのリベラリズムに属する正義の構想であるというこ

だが、功利主義は多元的な善の諸構想の通約不能性を軽視している、という批判があるかも知れない[†3]。もちろん、功利の指標説にとってはこの批判は端的に的はずれである。そこで測られているのは善の諸構想の個々人に於ける充足度であって価値それ自体のランキングではないのだから[†4]。しかし、善の功利説が善の諸構想の多元性を軽視している、ということも言えない。それは善の多元性を認めないが、善の構想の多元性は認めているのであり、それぞれの諸構想によってクレームされている諸価値が通約不能であることを承認する。善の諸構想がクレームする――人々が内在的価値だとみなす――諸価値は互いに通約不可能であろう[†5]。そして、善の功利説は一元論の本領を発揮して、かかる諸価値は実際には功利性から独立した内在的価値を全く持たない、というであろう。ここには何の矛盾もない。リベラリズムに於いて尊重さるべき与件は善の諸構想の多元性であって、価値多元主義それ自体ではない。善の諸構想は主体に個人的善を功利性の形で提供するだろう。善の諸構想が諸主体に実際に十全に個人的善を与えることを認める点で、統治功利主義は善き生の構想を善き生の構想として尊重しているのである。ある個人がまさにその善き生の構想の下でのみ個人的善を手に入れられる可能性を統治功利主義は承認する。その個人に如何なる代替的な善き生の構想を押し付けても彼女が個人的善を得損ねる、ということは大いにありうる。しかし、こうしたことは功利主義の価値論がどうであるかとはまた別の話なのである。

9.1.2 目的論と義務論

我々はロールズ本人が『正義論』に於いて「正義の優先性 (the Priority of Right)」と述べた時にどういうつもりだったかに内在的な興味があるわけではない。むしろそれがどう受け取られ（リベラルを特徴付けるものと）人々に考えられたか、の方が本章の関心の下では重要である。そして、それについては、リベラリズムは

とを極く早い段階で指摘したものとして [井上 1986 pp.224-230] を見よ。本書もこうした井上の主張を上述のように基本的に支持する。
[†3]例えば [Rawls 1982 p.173f] を見よ
[†4]この点については [井上 1986 pp.228-229] を見よ。
[†5]或いは少なくとも互いに通約不可能であるというクレームをそれぞれの善の諸構想はするだろう。いずれにせよ功利主義はそうしてクレームされる諸価値上の固定されたメタスケール・メタランキングを提供するものではない。

人々の善き生の諸構想に中立ないし独立に政治社会の規範的原理を同定しようという試みである、と考えておけば足る。だからサミュエル・フリーマン (Samuel Freeman) によるような細かなロールズ解釈の問題に本論で踏み込むことはしないけれども、ここで些かなりとも触れておくことが有益であるかもしれない。フリーマンは、ロールズのこの区別が、目的論 (≠ 帰結主義)／義務論の区別に対応するという[†6]。目的論は、善が正義に先行して独立に同定されるという立場を指し、例えば分配パタンを価値論に取り込む型の「功利主義」は帰結主義だが、目的論ではなくむしろ義務論だとされる。というのも、分配の問題は「直観的にわかるように」正義の問題であるから[†7]。だが、たとえば功績を功利主義的枠組に取り込む場合でも、功績という観念がどれほど「正義」の問題に関わっていようと、それは価値論的な概念であって義務的な概念ではない。与えられるべき報いが与えられていないという事態は確かに「不正義」の状態であるかもしれない。しかし、それが求めているのは「不正義」の解消という事態当為であって具体的な行為者の行為当為ではないし、「不正義」の減少が目指されているのであればそれは程度の観念と比較の観念を有しており、道徳原則のように悉無的なものではない[†8]。更に、分配パタンを作り上げる1階の価値はそれ自体（少なくとも外在的には）価値でなければならないから（そうでなければどうしてその分配パタンが重要になりうるのかが説明できないだろう）、1階の価値は2階の価値とは独立にそれに先立って存在している。従って、仮に2階の価値が「正義」の問題なのだとしても、「正義」に先立って「善」が存在することは否定されえないだろう。伝統的な観念としての「正義」（大抵は『ニコマコス倫理学』あたりのそれ）が「善」と対比されて義務論／目的論の区別に対応するなどということはまったくない[†9]。

[†6][Freeman 2007 p.46]
[†7][Rawls 1999a p.22]
[†8]これに関連して述べておくと、もし功績が行為当為を与えるようなものであると、それはダンシーが主張するような「正しさ (rightness)」に関する BPA によって消去されてしまうだろう。功績が事態当為しか与えないならば、それは少なくとも行為の正しさよりは項数の低い関係性質である（cf. **3.3.2.7**）。
[†9]行為帰結主義が行為の道徳性質として割り当てる「正しさ (rightness)」を分配的正義などを含んだ「正義 (Justice, Right)」と混同することは多義性の誤謬を犯すことである。また、間接帰結主義は主観的意思決定方式としての人々の動機群に分配への考慮があることを歓迎するだろう。従って「主観的正しさ」ないし「咎のなさ (blamelessness)」のレベルで伝統的「正義」が論じられることに帰結主義者は別段異議を唱えたりはしないのである。

9.1 善に対する正義の基底性　259

　これに関してキムリッカは興味深い議論を提出している[†10]。功利主義は厚生の総体の最大化を目指しているが、それは功利主義の本来的目標ではない、というのである。平等主義を軸に、多くの政治理論が基本的には何らかの「〜の平等」にコミットしている、と見なすキムリッカによれば、功利主義は諸個人の利益への配慮の平等主義という政治理論である。功利主義はあくまで諸個人を平等に取り扱うことを以ってその政治理論（ないし道徳理論）としての適切性を主張しているのであり、厚生の総体の最大化は副産物に過ぎない。平等な配慮という、ロールズ的には「正」に分類される論拠から副産物として「善」の最大化が生じるのである。自愛の原理から視点の拡大なり人格を諸経験へと解体するなりして仁愛の原理を導く場合、確かに自分に対するのと同じだけの配慮を他者に対しても向けよ、という不偏的ないし平等主義的要請から総和主義が帰結する[†11]。従って功利主義は目的論的である必要はなく、ロールズが「善に対する正義の優先性」を導入した意図に反して、排除されないというわけである。しかし、諸個人の利益への平等な配慮だけでは功利主義は恐らく導出可能でないだろう（帰結主義である必要すらないだろうから）。厚生の総体の最大化は平等主義の副産物よりは、その他の要素（特に価値論）の直接的産物であるだろう。本書では既に見たように不偏性を平等主義という実質的な要請というよりは、道徳性の概念的要請だと見ている。従って不偏性がそれ自体として「正」の問題だという立場を採るのでなければ、こうした議論に完全に与するわけではない[†12]。

[†10] キムリッカの議論の詳細については [Kymlicka 2002 pp.35-37] を見よ。もちろんキムリッカは、だからといって功利主義が平等主義の構想として適切であるわけではなく平等主義としては見事に失敗している、と付け加えるのを忘れない。
[†11] フリーマンはこれが人間ないし経験主体ごとの平等な配慮ではなく、等しい強度の利益 (equally intense interests) に対する平等な配慮に過ぎないからキムリッカの議論は失敗している、と主張している [Freeman 2007 pp.61-62]。これは奇妙な議論である。同じ実践的結論を導く功利主義者同士で、どちらをベースに功利主義を正当化しているかが異なっていても構わないからである。等しい強度の利益に対する等しい配慮といっても功利主義の内実が損なわれない、ということは、経験主体ごとの平等な配慮から功利主義が導かれることを不可能にするものではない。等しい強度の利益に等しい配慮を向けるのは、自己利益に関して私が等しい強度の利益に等しい配慮を向けるということが諸経験主体への平等な配慮によって他者の利益についても拡大されたからだ、と考えることはまったく妨げられない。どんな利益にも必然的にそれを享受する主体がおり、主体と切り離して利益それ自体を配慮する、ということはそもそも一貫していないかもしれない。フリーマンの主張は、厚生を絶対的な価値と見る功利主義に対してはともかく、それを個人関係的価値と見る立場に対しては必ずしも力を持たない。
[†12] いずれにせよ、我々はロールズ自身の「善に対する正義の優先性」の理解をそのままリベラリズムの要請として考えているわけではないので、ここでの議論は本筋ではない。

9.1.3 「正」に反する「善」

ロールズによる「正の優先性」は、正義に反するような善き生の諸構想の充足に重要性を認めず、政治的決定の基盤からそれを排除する、というものである[†13]。確かに、功利主義はこのような意味では「正」を「善」に優越させていない。**5.1.2.1**で触れたハーサニの制限功利説がここで思い出されるかもしれない。そこでは、正当な利害関心 (legitimate) でないような欲求の充足は集計に当たって排除されたのだった。排除対象の欲求の充足は個人的善ではあるのだが道徳的重要性を認められず道徳的価値の構成部分とならないのか、それともその充足は個人的善ですらないのか。非道徳的な個人的価値の問題としてみれば、例えば「悪意の喜び」を排除する理由は特に見あたらないように思われる。しかし、それが道徳的価値の構成部分となるとは考えがたいと思われるかもしれない。そうした悪意の喜びを基礎に社会的決定が為されるならば、それは不正である、と。我々は先に、この問題は価値論自体よりは間接功利主義的レベルで対処されるべきだと示唆していた。悪意の喜びなどを初めとする、他者の厚生の非実現を望む欲求の保持や、それらに喜びを覚えるような心理的特徴の保持は「咎のあるもの (blameworthy)」と見なされうる。功利主義が必ずしも欲求や個人が何に態度的快楽を覚えるかといった要素を所与だとは見ていないことをもう一度思い出そう。人種差別的欲求は、それを改変してしまうほうが世界がより善いものとなるならば、功利主義によって改変が求められるだろう。そうした欲求の充足や或いはそれに伴う態度的快楽はそうした欲求を保持・強化させてしまうので、これを与えないほうが良い、ということになるだろう。これは迂遠ながらそうした欲求などへのサンクションとなってその改変を引き起こすだろう。従って（客観的な正しさのレベルではともかく）統治者の主観的意思決定たる政治的決定のレベルでは、そうした問題含みの欲求の充足などが考慮対象に入ってこない方が望ましいだろう、という点ではロールズの立場と我々の立場にさほどの差があるわけではない。だが、権利を侵害するか否かといったかなり明確な基準で欲求や利害関心を排除する立場に比べて我々の方法が遥かに曖昧模糊としていることは認めなければならない。そうした間接功利主義的基準を体系的に検討することはできないとすれば、これは確か

[†13] [Rawls 1999b pp.284-285]

9.1 善に対する正義の基底性

に功利主義にとって不利な点となりうる[†14]。

 以下に簡単に述べる議論は残念ながら本書ではあまり取り扱わなかった主観的意思決定の問題（二層理論でいえば直観レベルの問題）に関わり、ことの性質上世界の偶然的事情に大きく依存することもあって、大まかな枠組みに関して多少の示唆を行う以上のことは期待できない。だが、とりあえず「悪意の喜び」から出発しよう。我々が「正義」を専ら間接功利主義的に処理することを正面から認めれば、悪意の喜びという「正義」の問題の取り扱いを「正義」の問題一般にも類推的に適用できるかもしれない。さて、悪意の喜びの問題を体系的に取り扱う傾向にある分野として内在的価値論を直ちに思い浮かべることができる。多くの内在的価値論に於いて悪意の喜びは「値しない (undeserved)」喜びとして価値と見なされなかったり、或いは喜びとしての価値を上回るだけの反価値を備えるものと見なされる。これを客観的正しさに関わる価値論のレベルではなくて、主観的な正しさのレベルに導入しよう。つまりそうした快苦や欲求充足の外在的価値について、内在的価値論同様に体系的な分析が与えられればよい。「値しない」快や「値する」苦は「咎のあるもの (blameworthy)」とみなし直接的統治決定の集計に算入せず、「値する」快や「値しない」苦は「咎のないもの (blameless)」とみなして算入するのである。こうした不算入は迂遠ながら咎・サンクションとなるだろう。まず快苦を基礎におき、更にそれらに対する態度（的快苦）をパタンに応じて値するかしないか分類していくという手続き自体は我々のこれまでの枠組みにとってそれほど違和感があるものではない。だが、たとえば、値する苦に対して抱かれる苦は値するだろうか、しないだろうか。たとえ値する苦であっても、それに対して共感的に苦を感ずる主体の苦は値しないだろうか？ こうした高階の態度に関する功績の割当は理論家の間で必ずしも一致していない[†15]。それらの解決については別の機会に譲ることとしよう。だが、差別的欲求の多くは（必ずしも総てではないにせよ）こうした枠組みに沿って処理できるのではないかと思われる。

[†14] 我々は採用しないが、間接帰結主義に基づく権利論を構築する試みとして [cf. Sumner 1987]。
[†15] たとえば [Zimmerman 2001 p.201] に掲げられた表を見よ。

9.2 功利主義はリベラリズムの「劣った構想」か

こう論じてきたにもかかわらず、功利主義は自分がリベラルであることを更に弁明しなければならない。例えば、井上達夫は功利主義がリベラルな正義の理論であることを承認するが、それはリベラリズムの「劣った構想」なのだ、と主張する[†16]。我々は統治功利主義がリベラリズムの最良の構想である、と主張する。それゆえ、井上が功利主義を「劣っている」と判断する理由を検討し、それがその判断に値するようなものなのかを吟味してみなければならない。

9.2.1 正義の範囲

功利主義の特徴の一つは中心となる功利原理の適用範囲が極めて広汎であるところにある。それは行為、規則、制度、感情、など殆どあらゆるものに対してそのもたらす功利性を割り当ててその価値を判断するであろう。功利主義を正義の構想と見るならば、功利主義者は正義理念があらゆる実践領域を包み込むものであることを主張していることになる。井上は正義理念（それは正義構想のクラスである）は個体的関心を本質とするエゴイズムや愛と両立しないと説く。エゴイズムや愛はその本質とする個体性が普遍化に抵抗するものであり、普遍化可能性としての正義理念とそもそも相容れないからである。我々もこれを承認しよう。その上で、井上は愛が正義に従わない価値であって、正義を覆すことがある、と論じる。つまり、正義は個体的関心を本質とするような価値によって限界づけられた価値である、というのだ。

だが、正義理念そのものから正義の限界がこのように湧き出てくるものではない。ここには愛が正義の対象から外れるような（道徳的に利いてくる）内在的価値を持つものだという前提が必要であり、もちろんこれは功利主義にとっては端的に論点先取である。功利主義は個体的関心をもまた功利性によって把握しようとする。もちろん、このようにして功利主義が正義理念の限界を否定すること、正義基準の万能性を主張することが功利主義の問題点である、と考えられているのだろう[†17]。なるほど、我々は正義基準の万能性を主張することにしよう。だが、

[†16][井上 1986 pp.229-230],[井上 1999 pp.98-101]
[†17][井上 1986 p.121] だが、正義理念の限界を巡る対立は正義構想を巡る対立ではない。それは価値多元主義を採用するかどうかなどと絡んだレベルの違う問題である。

それのどこが問題なのか。

　ここで再び間接功利主義を検討した際の議論を思い起こさなければならない。我々は人々が個体的関心に基づいて行動することを排除しなかった。間接功利主義は人々の意思決定基準とは原理的には切り離されているから、統治功利主義を採用することは人々が個体的関心に基づいた行動をとることを妨げるものではまったくない。我々は功利主義を外在主義的に考えることにしたのだった。全感性主体の厚生の総和が道徳的価値に同定されたからといって、それが我々を動機づける力を必然的にもつものではなく、それは動機づけの生成に関する偶然的事情に全面的に依存する。そして、正義の自己制約性はまさにここにこそ求められるのである。厚生の総和最大化と言う正義基準が世界の誰に認識されずとも妥当し続ける評価基準としてのみではなく、政治制度・統治制度に埋め込まれたものとして自らを実現しようと思えば正義は人々を正義の追求に向けて動機づけなければならない。そしてこれは正義に対して内在的に動機づけられることを当然視する「正義の徒」によっては見落とされるほかない制約である。なるほど正義は愛のような個人の個体的関心を覆す力を持ち得ないことがあろう。しかし、それはそうした個人の強い動機を覆すだけの動機付ける力を正義が持っていない、というだけのことである。愛が正義を覆すからでも、正義が愛を許容できない偏狭な価値であるからでもない。それは価値のレベルでの対立ではなく諸個人の内部での行為理由なり動機付けなりの対立であり、価値それ自体にとっては外在的な問題なのである。そして、人々を決して動機づけ得ないような峻厳な要請はこの制約によって統治制度に埋め込まれたものとしての正義から排除されることになる（統治制度のそうした無益な峻厳さは統治制度の功利性を実に効率的に低下させるであろう）。6.2.2.1で見たように、統治功利主義は愛やインテグリティといった個人的視点の問題をも不偏的に処理するが、そのことは統治制度内に於いてそうした個人的視点が考慮から排除されることを意味するものではないし、個人的視点から見た時に愛やインテグリティの方が正義などと言うものよりも重要であることを否定しているわけでもない。

9.2.2　妥当要求と充足要求

　次に功利主義に対する井上の第二の批判を見てみよう。井上に拠れば、功利主

義は人々の充足要求の調整を目指しており、善の諸構想の対立が妥当要求の争いであることを見落としているのである。これは、各構想が自らの正当性を巡って対立していることを無視し、単なるデタントとしての利害調整を行うのみであって、真の問題を隠蔽しているというわけだ[†18]。そうした調整結果に対して人々が充足を得るとしても、それは彼らの妥当要求と全く無関係に為されているので、そうした調整結果が政治的正統性を獲得することはありえない。妥当要求は自らの要求の理由をクレームするものであり要求の正当化理由を一切排除してしまう功利主義によっては適切に扱い得ない、というのである。リベラリズムの「より良き形態」は妥当要求を適切に扱い、公共的決定の正統性を担保するものでなければならない。

これに対して反論を試みるならば、まず第一に、功利主義は妥当要求の対立を認識していないのではない。功利主義は、対立する善の諸構想の多元性とそれらがクレームしている価値（善の功利説からすれば実際には内在的価値を一切持たないのだが）が通約不可能な形で——だが功利の指標説に拠れば功利性を指標として比較可能な形で——競合していることを認めている。更に、妥当要求は充足要求の部分集合である。我々はそれを2階の充足要求を伴った充足要求として捉えることができよう。自分自身がある充足要求を有していることそれ自体に充足要求を持っていると考えればよいのである。私がハイドンの音楽を聴くことに妥当性を主張しているとき、私はハイドンの音楽を好み、自分がそれを好んでいること自体を好んでいるのである。他人にハイドンの音楽を好ましめたい、という他者への要求は妥当要求にとって原理的には不要である。私はハイドンの音楽を好むことは選ばれた人間にしか可能でないと思っており、自分自身がその選ばれた人間である、と思っているかも知れない。その場合他者がハイドンの音楽を好むことを私は要求していない（むしろ音楽のことなど何もわかっておらぬ他者がハイドンの音楽を好むことを厭うかも知れない）。妥当要求を充足要求として処理することそれ自体にはなんら概念的問題はない。妥当要求と充足要求の区別は「理由」を巡る正当化の対立にあり、例え妥当要求が充足要求の部分集合であろうとも、その区別の重要性が否定されるわけではない、という反論があり得よう。だが、なぜそのような区別（「理由」への無意義なこだわり）が重要なのかは論証

[†18] 例えば [井上 1999 pp.93-95,99-101] を見よ。

の対象であって論証の前提ではない†19。そして我々はそうした主張に対する説得的な論証を寡聞にして知らない。また、井上も指摘する通り、利益対立の調整が比較的容易であり理由対立こそが血で血を洗う争いを引きおこす、ということはない。利益対立の方が理由対立よりも苛烈な対立を引き起こす例は珍しくも何ともない。しかし、対立の激しさにかわりがない、ということは、統治者に次のような示唆を与えるであろう。問題は秩序の安定のための対立の馴致を如何になしうるかであって、その対立が拠って来たるところ（充足を巡る争いか「理由」を巡る争いか）などではまったくないのである。

　むしろ功利主義よりは政治的正統性なるものの方に批判の中心があるのかもしれない。功利主義による利益調整が為されたところで、その利益調整解を自発的に人々に受忍させるような正統性を功利主義が持ち得ないことが問題である、という可能的批判に対して率直に言えば、功利主義に対してこうした「正統性」なるものを要求すること自体が論点先取である。功利主義は「正統性」が何らかの内在的な道徳的レレヴァンスを持っているとは認めない。「正統性」なるものがそもそも存在しうるかどうかの挙証責任は統治功利主義の側にはない。正統性がそもそも存在し得ないものであるならば（我々が既に遵法義務の存在を否定していることを思い出すべきである）、それを調達できないことを責められるいわれはないだろう。仮にそれが存在したところで、正統性が秩序の安定などの形でもたらす功利性が問題になるに過ぎないし、それだけが問題ならば「正統性の外観」が達成できれば充分である。そもそも政治的正統性を「人々が自発的に受忍する理由（恐らく動機も）」を提供するものとして考えるのならば、要点は受忍と受忍調達コストにある（自発的でない受忍の調達を刑罰サンクションで行うことは明らかに高コストであろう）。そこでは正統性それ自体が内在的な道徳的意義を有しているかどうかなどどうでも良いことなのだ（もちろん功利主義からしてみれば正統性がそのようなものを有しているなどということはありえないことである）。統治者は自らが統治功利主義に従っていることを喧伝する必要はないのだから、た

---

†19 功利主義が「理由 (reason)」なるものを重要だと見なさない所以を簡単に述べておくならば、我々にとって重要なのは価値であってそれを求める理由ではないからである。価値の達成が錯誤からであろうと、理由に基づかないものであろうと、諸個人が未だ価値の何たるかを認識せずとも、実在としての価値の価値たるところは何ら損なわれないのであって、理由がどうであろうが無関係なのである。価値と行為理由は独立の概念である。一般に（非イギリス系の）価値の実在論は「理由」にやや冷淡な態度を取る傾向にある。

とえ功利主義が正統性を調達しないと考える国民が大多数である国家に於いてすら、そうした統治者は正統性を調達すると一般に人々が考えているような制度を作出することの功利性がコストを上回るならば喜んでそうした外観を備えるだけのことである（密教道徳化はそれ自体では問題ではない）。もっとも、率直に言えば、統治者が功利主義的に意思決定を行うことを正面から認識しそのために徹底した監視を行うような被治者がいる方が望ましい統治制度なので、統治功利主義を密教化せざるを得なくするような被治者の心性はそれ自体功利性が低く、統治による改変の対象であるだろう。外観を備えるのみでは足りないような政治的正統性の哲学的正当化可能性を井上が考えており、それを功利主義が行い得ないと批判しているのだとすれば、統治功利主義の立場は明瞭であって「そのようなものは存在しないだろう」というものである。ここでも我々は政治的正統性の存在に関する説得的な論証を寡聞にして知らない。

　そうすると、井上の「功利主義はリベラリズムの劣った構想である」という批判に対する応答は次のようになるだろう。統治功利主義は善き生の諸構想を「選好」に還元しているのではない。我々はそうした諸構想のクレームする諸価値の通約不可能な対立を認めることができる。ただ、そうした諸価値が実際には存在しないか、内在的価値を持っているわけではない、と主張する（善の功利説）。だが、「熱」を「熱」として追求することが「熱は分子の運動である」という命題によって妨げられるのではないように、そうした善の諸構想が諸個人によって真摯に「善」として追求されることを妨げるものはない。従って統治功利主義が所与としての善の諸構想の多元性や妥当要求を捉え損ねているという批判は当たらない。更に井上が「リベラリズムのより良き形態」と呼ぶものがそもそも「正統性」を備えた政治的決定の可能性を前提としているならば、統治功利主義はそのような「より良き形態」などはそもそも存在しないと主張し、「より良き形態」が存在しない以上は「劣った形態」としての功利主義こそがリベラリズムの最良の構想である、と主張する。ベンタムが、功利主義に代わる一貫したまともな理論が存在しないことを以って自らの功利主義の適切性を主張したことを思い出そう。ここでも我々は同様の態度を採る。本書のこの部分まで我々はいわばリベラリズムの（彼らから見れば）後退戦線を構築してきたのである。これがリベラリズムの最前線であるということを論証する作業は基本的には、「より良き形態」と称するリベ

ラルな諸理論を悉く批判していく作業になるだろう。だが、それは本書の範囲を超えることである。

こうした問題は部分的には井上が功利主義を諸個人の選好を所与としてその利益調整を図るだけが能の静的な「選好功利主義」として理解していることに根ざすものかもしれない。だが、我々の統治功利主義は快楽説を採用するものであり、快楽説は主観的功利説の一類形ではあるが、欲求充足説とかなり異なった含意を持っている。ある経験が意識主体に快をもたらすか否かはまさにそれを経験したとき初めてわかることである。快楽は根本的に我々の自由にはならない。私が忌避し全く欲求していないものですら、経験されるならば多大な快楽をもたらし、我々の欲求プロファイルを根底から組み替えてしまうかも知れない。それは崇高な行為への欲求を生み出すものでもあり、悪魔的な行為へと人を駆り立てるものでもあり、或いは極めて卑俗な行為に人をして耽溺せしめるものである。快楽は快楽主体の恣意的な選択など全く踏み越えてしまうものなのだ。我々を根本的に組み替えてしまうような契機に対して快楽説は常に開かれている。なにやらせせこましい「インテグリティ」に執着して自閉する立場と快楽説が根本的に異なっていることが注意されるべきである。快楽説の下で、妥当要求は他者を未知の大なる快楽へと誘うものとして理解されるだろう。私がつまらない卑しいものだとみる他者の善き生の構想に対する私の妥当要求は、私を私たらしめた諸快楽を他者が経験すれば変容するに違いない、という確信である[†20]。

いずれにせよ、ここでは功利主義がリベラリズムの最良の構想でありうる可能性が排除されていないこと、功利主義がリベラリズムの「劣った形態」であるかどうかが全く自明ではないことが確認されれば充分である。

[†20] だが、そうした快楽を経験する資質に恵まれていないと私が思う他者に対して敢えて変容へのいざないを為す理由はない。ハイドンの室内楽にモーツァルトの惨めきわまるオペラなど足元にも及ばぬ快楽を覚えられるような恵まれた人間は限られているかも知れない。快楽は「理由」を蹂躙する根本的に非合理的な何かとして我々に現れる。

第10章　功利主義に於ける国家と個人

次に統治功利主義に於いて国家と個人がどのような関係に立つかを極く簡単に見ておこう。特に時点主義的人格観の下で国家は個人を如何なる「人格」として取り扱うべきなのかを考える端緒をここで提供しておきたい。

10.1　統治手段としての自律

現在主義的人格観のもとで「人格」は意識主体の予期と愛着のパタンと同視されることになる。こうした人格観の下で「自律(autonomy)」の問題はどのように取り扱われることになるだろうか。まず注意しておきたいことであるが、統治功利主義は「自律」に何ら内在的価値を認めることはない。だとすれば統治功利主義に於いて自律は全く問題にならないのだろうか？　必ずしもそうではない。

10.1.1　分割して統治せよ

我々は先に 8.3.2.2 に於いて「人格」を作出することが統治功利主義的に正当化される可能性について触れた。長期の予期を持った統治主体の眼前には、空間軸と時間軸に沿った被治対象たる諸意識主体の広大な畑が広がっている。如何にしてこれらを功利主義的に統治すればよいだろうか。古来からの政治的格言「分割して統治せよ (divide et impera)」こそがこうした統治主体に与えうる最良の指南であろう。既にグディンの「割当責任論」とアナロジカルに論じたように、未来に対する功利主義的配慮を現在の意識主体に持たせることが統治効率の面から要請され、この配慮の単位である意識集合こそ「人格」であった。統治者の限られた能力からすれば、被治諸意識を一定のパタンに沿って分割しその各パタン単位に対して定型的な統治を行うしかまともに統治を遂行する方法はないだろう。幸いにして「人格」はそうした分割パタンを我々に提供しているではないか。

この議論で統治者の統治遂行能力が本質的な役割を果たしていることに注意し

よう。もし統治者の能力が低ければ、精細な分割単位に基づいた統治は不可能である。統治者の統治能力の不足を分割単位内の諸意識間の配慮によって補おうとしているのだから、能力が低ければ低いほど分割単位は大きくならざるを得ない。少なくとも統治者が功利主義的に振る舞おうとしていたわけではないにしろ、かつての家族単位での社会構造はこの実例を示しているだろう。家長のみを直接の統治参照点とし家族内部は家族内部に任せることで、諸個人に直接に統治を及ぼすだけのリソースを持たない統治主体は統治を行うことになる。統治能力と分割単位の細粒度が連動するというこの事実は後に極めて重要な含意を持つことになるだろう。

10.1.1.1 予期の確保

　手を振り回しその手が何かに当たることで肉体的快苦という物理的サンクションを経験し我々は身体の境界を認識する。同様にある行為に対するサンクションを経験することで我々は「自己」の境界を認識するだろう。記憶の及ぶ過去の行為に対するサンクションを現在経験することが、我々の未来に対する予期を形成する。こうした予期がなければ統治者によるサンクションの予告は現在の意識主体に何ら働きかけることができないだろう。では意識主体の予期を確保するために統治者は何を為すべきなのか。我々が現時点でどういう行為選択をしようと未来の事態が変らないならば我々は自らの行為選択に関心を失うだろう。ある行為者の行為選択に応じて未来が有利にも不利にもなる状況を作出することが予期を確保するための第一の手段である。幼児の面倒を我々が際限なく見続けるならば我々はその幼児を「過保護」な環境で育て、予期の充分発達していない主体を創り出してしまうことになるだろう。だが、それは幼児に限ったことではなく、およそ意識主体一般にとって当てはまる事実である。

　道徳家が如何に高邁な「自律」の理想を夢見るとしても、現実の統治に於いて「自律」は、干渉しないかわりに内部の面倒も自分で見よ、という要求として現れる。これは統治に於ける分割単位の指標として「自律」が用いられることを示すものである。「自律的選択には責任を負わねばならない」といったクリシェは「自律」が現実の社会でまさにこのように作用していることを示している。かつてアメリカ法的な「プライヴァシー」は家族領域への国家不介入を意味していたが、い

まやそれは個人領域への国家不介入を意味するものとなった。そうした「プライヴァシー」は結局のところ、統治に於ける分割単位に対する不介入を意味しているのだ。それはプライヴァシー概念自体の変容ではなく、統治者の統治技術・統治能力の上昇によってより精細な分割単位が統治に於いて利用可能になった、という変化なのであると考えるべきである。介入しないことによって分割単位内での自己規律（家父長制的家族単位に於いてそうした規律が個人の抑圧を含め著しい不正をもたらしていたことは注意さるべきであるが）を行わせ、統治コストを低減する、という構造には何ら変化がない。再び個人という単位に話を戻せば、「自律的主体」であるということと、長期の予期を持ち自らの行動をそれに従って調整する能力を備えているということはほぼ同じことである。そして、長期の予期を備えた意識主体の統治コストは低いものとなるだろう。我々は予期が未熟であったり、或いは予期を備えていない人々に対して刑罰による威嚇を有効的に用いることができないのだから。

10.1.1.2 愛着の確保

さて、こうして予期を確保することができ一定の意識主体の集合を「人格」として纏め上げることができたとして、次の問題はどのようにして分割単位内の諸意識主体に互いを配慮させるか、である。再び家族が統治の基本分割単位だった時代に、その単位がどのようにして保たれたかを考えてみればよい。答えは「連座制」或いは「家長制」である。家族内のある個人の咎を家族の成員全員（或いは家長）に問うことによって、家族の成員が咎ある行為を為すことを他の家族の成員（或いは家長）が抑止するのである。「人格」に属する諸意識主体に対してこれをアナロジカルに適用すればどうなるか。ある時点の意識主体が犯した咎を同一人格内の別の時点の意識主体に問えばよいのではないか。3ヶ月前に「私」が犯した犯罪について今この「私」が帰責点となる、ということはそういうことではないのか。だが、ここには根源的難点がある。今この「私」は3ヶ月前の「私」に何ら抑止を加えることができないではないか。そもそも3ヶ月前の「私」が今この「私」のことを思い煩っていなかったのだとすればそれを取り戻すことはできない。同様に、もし今この「私」が3ヶ月後の「私」を思い煩わないのだとすれば、現在の「私」の咎の責めを3ヶ月後の「私」が負うと知ったところで今の私

の行為選択は如何なる影響も受けないであろう。たとえ「私」が3ヶ月後に対する予期を持とうとも、それに対する愛着＝共感を持たないのならば分割統治は失敗することになる。

　我々の未来への予期がなければそもそも正負のサンクション予告による現在の意識主体への統治は成立し得ないのだが、更にそこに一定の愛着＝共感パタンがなければならないのだ。殆どの場合には脳という物理主義的基盤に由来してか、多くの意識主体は一定の愛着＝共感パタンを事実的に有しているので、このパタンを徒に掘り崩さないようにすることが統治者に求められることになる。愛着＝共感パタンと「人格のインテグリティ」がほぼ同一視できるものだとすれば、事態は次のようになる。「人格のインテグリティ」を損なうような統治は現在の意識主体の未来に対する配慮を損なわせ、統治コストを上昇させるであろう。再び生物化学兵器の研究所とジョージの事例を思い出してみよう。もし統治者がジョージに研究所への就職を命じるならばどうなるか。ジョージは就職した後の自分に対して弱い愛着＝共感しか抱かないだろう。仮に就職した後もこの状態は続くだろう。研究所で兵器開発に携わり「自分が『自分』ではない」という状況に置かれたジョージは自己の未来に対して弱い配慮しか持たないだろう[†1]。統治功利主義がジョージの厚生を配慮しようとすれば、厚生実現のために最も必要な情報を持っている当人が厚生の実現に弱くしか動機づけられていないことは致命的であるかも知れない。研究所への就職を命じる場合と命じない場合とでは、ジョージの厚生を確保するための統治コストが上昇していることに注意すべきである。

　統治功利主義に於いて「自律」や「人格のインテグリティ」に配慮する理由があるとすればそれは本人に関する情報の偏在と予期・愛着パタンによって生じる統治コストの上昇を防ぐためであるということができるだろう。逆に言えば、統治コストの低減を図れないならば、「自律」を殊更に問題にする必要はないということでもある。何らかの疾患や障碍によって予期パタンが統治者が予定したような形で確保できないような意識主体に対して刑罰サンクションを科すことが無意味であることがこれによって説明される。もちろん、そうした主体の功利性をも

[†1] 愛着パタンとしての「インテグリティ」が記憶を通じて比較的長期間持続することに注意すべきである。もちろん次第にジョージが兵器開発にアイデンティティを見いだし、別様の「インテグリティ」を見いだすようになる可能性は常に開かれている。

統治者は配慮しなければならない。未来の意識主体についての情報が現在のそうした意識主体から得られないのであれば、統治者にできることは極く限られたものにならざるを得ない。恐らく多くの人間個体に共通する物理的基盤を持つと一般に期待されるような快楽――恐らくは肉体的苦痛からの解放――を保証すること、この意識主体に長期の予期が存在しない以上は短期ごとの快楽を努めて大きなものとしなければならないこと、がそこから導かれるであろう。

10.1.2 主体の論理と配慮の論理

ここまでの議論は統治者が長期の予期を備えていることを前提に話が進められてきた。だが、実際には現代の政治社会に於いて統治者のみが被治者と異なったスパンの予期を備えていると考えるべき理由はない。というのも、繰り返しになるが、統治者もまた被治者なのだから。もし統治者と被治者の予期範囲が等しいものだとすれば、次のような2つの事態が想定される。

- 統治者が長期の予期を備え、広大な範囲の意識主体の統治のために、被治者に長期の予期を必要とする場合
- 統治者が短期の予期を備え、狭小な範囲の意識主体の統治のために、被治者に狭小な予期しか必要としない場合

我々はここまで前者を想定してきたが、後者の可能性をも検討しておかなければならない。

10.1.2.1 統治単位の精細化

被治者に狭小な予期しか必要がないということは、統治単位が我々が通常考える「個人」よりも更に精細になることを示している。長期の予期を前提とした制度上のサンクションがなくとも統治が遂行できるためには、統治技術と統治能力が更に高度に発達していなければならない。また、統治者の予期スパンもまた被治者同様に短期であるから、こうした政治社会の統治者は短期的に政治社会に大なる利益をもたらす統治を統治功利主義によって命じられることになるだろう。だが、統治の予期スパンが短期であるならば、そうした政治社会は遠からず別の

体制に取って代わられるだろう。一般にそのような政治体制は自らの存続を維持することに資源を費やそうとはしないからである。もちろんそうして短期にある政治体制が滅び去るのだとしても、そういった統治選択は統治功利主義から見て全く不正なものではないだろう。そうした政体に属している諸意識主体の予期スパンが短期なのだから、時点主義を採用する以上はそれを拒絶する理由はないのである。だが、もしそうした政体が長期的に存続しないのならば、(目下長期の予期を有する) 我々がここで特に関心を持つ必要はそもそもないはずである。

　よく考えてみれば、政治体制の存続スパンが統治者と被治者の予期スパンから直ちに帰結するわけではない。短期の予期スパンを持つ諸意識主体からなる政体が長期存続する可能性はもちろん残されている。そのためには政体の存続を左右するような選択を統治者の(そしてまた被治者の)行為選択肢から排除されている必要があるだろう。つまり、政体の存続が主体の意識に上らない形で保証されていなければならない。これは可能だろうか？恐らく不可能ではない。主体の意識に上らせない形で主体の行動を束縛することはそれ自体としてはさして困難なことではないからだ。ローレンス・レッシグ (Lawrence Lessig) が「アーキテクチュア」と呼んだタイプの権力が可能ならば、我々はそれをなし得るだろう[†2]。赤信号で車を止めるとき、その赤信号に対して交通法規という規範に服従して車を止める主体など必要ではない。赤信号になったときに自動的に止まるように車が設計されているならば、赤信号で止まらなければいけないかどうかは我々の意識には上らないであろう。こうした「アーキテクチュア」として政治制度が設計されうるならば、その政体の存続期間は意識主体の予期スパンとは切り離されたものとなりうる。

　予期スパンの短期化は大きく分けて二通りの事情によってもたらされる。まず、将来を見通すコストが高すぎるために予期が妨げられる場合である。ホッブズ的な自然状態に於いては人々は相互協力の可能性を未だ見いだすことができず、それゆえ未来に対する安定した予期を持つことができない。将来のために蓄えるという行動は私有財産の出現に伴って初めて実効的なものとなるのである。こうした状況では諸意識主体の予期スパンは短いものとならざるを得ないだろう。だが、予期スパンの短期化は予期の極大安定によってももたらされうる。もし私が何か

[†2] [cf. Lessig 1999 pp.30-42]

を望んだ瞬間にその望みが叶えられるならば、我々は常に自分が一定以上の快楽を得ることを安定的に予期し、結局のところそうした予期自体が不要なものとなるであろう。お茶を飲みたいと思った瞬間にお茶が既に差し出されているならば、我々はお茶のためにそれ以上の何かをしようとはしないだろう。意識的な欲求でさえなくとも良い。既に大手のネット書店に於いて、「おすすめ」の書籍が過去の購入履歴の分析から提示されるようになっているが、これが更に高度化していけば目の前に差し出されたものをとりあえず消費すれば、それが必ずや満足を与えてくれることを意識主体は学ぶであろう。結果として意識主体は何らかの能動的欲求すら抱かなくなるかもしれない。

こうした形での予期スパンの短期化は、現在比較的長期の予期スパンをベースとした社会にいる我々にとっては「自律」の破壊として映るだろう（刹那的主体！）。しかも、既に予期スパンのこうした短期化は（ネット書店の例に顕著なように）始まりつつあるのだ。我々の欲求充足の効率化の結果として予期の極大安定化は既に実現され始めている。大屋雄裕は近代的な「自律」した個人を想定する「主体の論理」と対比して、欲求主体に先んじた形で主体を「配慮」し欲求充足の効率的提供を是とする傾向性を「配慮の論理」と呼んでいる[†3]。自分の欲望を自分が一番よく知っているという前提がもはや成り立たなくなりつつある。しかも、そうした「配慮」は経済的活動の一環として、欲求主体本人と同等かそれ以上に欲求充足へのインセンティヴを以て為されるのである。先に検討したように統治功利主義に於ける「自律」の意義が情報コストと予期スパンにあるのだとすれば、そこではもはや「自律」は不必要なものとなるだろう。そして、こうした事態を可能にする、被治者の欲求についての精細な情報が安価に入手できるような技術の発達とは、一言で言えば「監視技術」の発達である。大屋の指摘する通り、サービスの行き届いたレストランは監視の行き届いたレストランにほかならない。

10.1.2.2 統治功利主義と監視

「自律的個人」の否定と分割統治単位の精細化が等価であって、しかもそうした精細化をもたらすものが「監視」であるとすれば、これは多くのリベラルな理

[†3][cf. 大屋 2004]

論家の忌み嫌うものであろう。だが、統治功利主義はこれを退けない。功利性に満ちた監視社会がもし可能であるならば、統治功利主義がそれを退ける理由はないからである。ここで再びベンタムの手になる監視装置であるパノプティコンを考えてみよう[†4]。パノプティコンは内部の人間を監視すると同時に監視者を外部から監視するための構造物である。パノプティコンの構造それ自体によって、内部の監視者は自己利益追求と被監視者の厚生の追求を必然的に一致して行うことになるのだ。パノプティコンにはパノプティコンを監視する外部が存在する。だが、政治社会全体が外部なき一つの巨大なパノプティコンであって、監視者たる統治者を被治者が内部から監視しかえす構造になっているならばどうだろうか。

統治者を被治者が監視することで透明性を確保し答責性を持たせるという、一般にリベラリズムが統治権力に対して課そうとする制約の典型的表現をここに見ることは容易い。しかも、統治者の自己利益と被治者の厚生の増進がパノプティコンの構造そのものによって一致させられているならば、統治者が被治者の厚生を損なうことは困難である。統治者から被治者への監視は効率的に被治者の功利性を達成するために用いられ得るだろう。監視によって得た情報を統治者が秘密裏に自己利益のために使うことができないような構造さえ用意されるならば、監視それ自体はなんら問題ではない。例えば、治安という統治上の重大目的達成のための監視カメラ設置が被治者の「自律」を損なうかどうかなど本来的にはどうでも良いことである。問題はその監視情報が恣意的に運用されないような透明性を確保することに尽きる。

監視による効率的欲求充足と予期の極大安定化が我々の予期スパンを短期のものにしてしまう、という問題は統治功利主義にとって実際のところまったく問題ではない。統治技術の進展と共に分割統治単位が縮小していくという見やすき道

[†4] ベンタム研究者の多くはパノプティコンに監視＝統治の技法を読み込むことを避けたがる。この背景にはフーコーのパノプティコン批判があるが、フーコーがベンタムの意図を必ずしも正しく理解していない（或いはそもそものつもりがない）、という事情がある。パノプティコンは収監者に対する効率的監視のシステムであると同時に、パノプティコン自体を外部からの監視に曝すことでパノプティコンに於ける統治者・監視者を規律することにその要点がある。それは、収監者が死亡した場合に看守に多額の罰金を課すことで看守の自己利益と収監者の厚生を一致させるアーキテクチュアを用意し、さらに会計の公開によって経済的効率性と透明性・答責性を確保しようという計画なのだ（しかも公的負担の最小化のためにパノプティコンは民営なのである）。だが、それを含めて「監視」がベンタムに於ける統治のキーワードであることは揺るがない。

理を拒否する理由などないのだから。家族を統治単位とした時代から個人を統治単位とする時代へと移行した後に、ついには各刹那ごとの意識主体の切片を統治単位とする時代が来ることそれ自体には何らの不思議もなかろう。統治者自身の予期スパンもまた短期化するのだとしても、統治者と被治者を包み込む統治アーキテクチュアの出来が良ければ、そうした統治体制は長期にわたって存続しうるものであるだろう。必要なのは「自律的主体」の行方に関する漠然たる不安などではなく、監視という形で発達しつつある統治技術が功利主義にかなう形で用いられることを保証し、ジョージ・オーウェル (George Orwell) が『1984』で描き出して見せたようなディストピアの出来を如何に防ぐか、を考えることである。オーウェル的ディストピア自体は明らかに被治者の（そして恐らく統治者の）厚生が異常に低く、功利主義的に望ましい政体ではありえない[t5]。

10.1.3 人格亡きあとのリベラリズムへ

　本節で述べてきた議論が示していることは明白であると思われる。統治功利主義は「人格」を内在的に価値あるものとしてではなく、その統治上の功利性を以って手段として価値あるものと見る。それゆえ、統治功利主義は「人格」の存在を前提にしない稀有なリベラリズムであることになる。ここまでの議論を一端まとめておこう。この私が熱いアイロンを触らないのは触った時の「私」という他者の苦痛を予期し、それに配慮するからである。グディンの「割当責任論」の異時点間アナロジーを考えれば、我々が私の属する「人格」に属する他の諸意識を予期し配慮することには高い功利性がある。こうした予期と配慮が存在しないところでは、統治の最も根本的手段であるサンクションが有意味に用いられえないからである。「人格・自己責任」が「家族・連座制」と強い類似性を有していることは決して偶然ではない。「人格」も「家族」も諸意識の配慮の共同体と言う点で同じものであり、その差は諸意識を分割統治する際の統治コストに基づく細粒度の差に基づくものなのである。統治技術が発達しておらず統治コストが高いところでは、その未発達を諸意識の配慮によって補完するほかない。だが、配慮の共同

[t5] オルダス・ハクスリー (Aldous Huxley) の『素晴らしき新世界 Brave New World』の方がむしろ功利主義のユートピア／ディストピアには近いだろう。だが、はっきりいって我々がそれをディストピアだと思うかどうかは多分に慣れの問題であるだろうと思う。

体内部での不正はまさにその故に統治による制御の対象とはされないことになる。統治技術の発達と統治コストの低下が配慮の共同体の縮小を可能ならしめることは明らかであろう。自動車のエンジンが酒気を帯びていれば起動しないメカニズム、脱税なき完全消費税を達成する貨幣の完全電子化など、行為主体の予期が無くとも望ましい行動を採らせることが可能な統治技術の発達は、予期と愛着＝共感を必要とする威嚇サンクションを無用ならしめ、その高い功利性ゆえに統治に於いて重要な意義を持ってきた「人格」をその地位から追いやることになるだろう。ここにいたっては、近代的な「個人」はもはや無用である。配慮の共同体の縮小は、それまでの配慮の共同体内部での抑圧と桎梏を統治による是正の対象として暴露するであろう。「人格」もまた例外ではなく、「人格」自体に諸意識に対する抑圧と不正が内在しうることに注意することが必要である[†6]。

ここでたとえば、福祉国家を考えてみよう。我々が福祉国家を必要とする理由は大きく分ければ、自愛的保険と仁愛的救貧の2つである。前者は収入ベースの給付を正当化するであろう。多く払い込んだ人間は多く受け取るのである[†7]。これは明らかに長期の予期を備えた「人格」を前提にしないと成立しないであろう。後者はそうではない。拠出したかどうかとは関係なく、今まさに困窮しているということが給付を正当化する。仮に困窮者が過去に愚かな行為を為したがゆえに今その苦境に陥っているのだとしても、困窮者の過去の意識主体の行為ゆえに現在の彼女が苦しまねばならない特別な理由はどこにもない。彼女の現在の困窮が、そしてそれだけが、給付の根拠である。むろん、過去の彼女という意識主体に対

[†6] 我々はそうした抑圧と不正が必要悪であることを否定しているわけではない。今しばらくの間はそれは不可避であるだろうし、そうした状況の下で何が行われるべきかについては次節で検討することになる。ただ、その場合でも自分たちが「人格」の名の下に本当は何をしているのかを常に意識することが必要であることに変わりはない。

[†7] この点に関して、グディンは諸個人の期待を安定させるという要請からこうした収入比例的給付を正当化しようとしている [Goodin 1995 pp.183-206]。グディンは失職などに伴う一時的貧困には短期的給付を行い、もしその貧困が長期に及ぶならばその新しい環境に適応して期待レベルを低下させ失望の苦痛を低減するべきである、と考えている。失業前の収入と同額の支給を行うような収入比例的給付はそうした適応の苦痛を緩和するのに用いられうるのである [ibid. p.195]。これが由緒正しいベンタム主義的応答であることを思い出そう (7.2.1.2)。我々もこの点でグディンは確かに正しいと考える。しかし、予期・期待を重視するこうした議論は、我々の政治社会に於いて未だ「人格」の果たすべき役割が目下充分には縮小していないという外在的要因から要請されるのである。我々はここで福祉国家の本来的理念について考えており、それがそのまま実行に移されうるのは、来るべきだがなお到来していない「人格」亡きあとの福祉国家に於いてであるので、以下の記述がグディンの議論と対立するわけではないことに注意したい。

し現在の彼女の困窮を予期させることでその愚かな行為を掣肘しようという功利主義的理由は存在するが、これはなんら必然的なものではない（「自己責任」などという観念に功利性上の利点以外の何の奥深い意味もありはしないのである）。愚かな行為を掣肘するのに予期が必ずしも必要なものでないことは上述の通りである。同様に、社会全体のパイを増やすためのインセンティヴとして功績感応的な分配ルールが事実として必要であることを否定するつもりはないが、それはあくまで功利性の問題であって、労働価値説や自然権論の入り込むべきところではない。経済的繁栄すらも最終的には（或いはむしろ）長期の予期を必要としないかもしれない。こう考えてくると、長期の予期と強力な自愛を備えた合理的エゴイストによってすら支えられるようなものに尽きない本来的な——つまり保険的ではなくて救貧的な[†8]——福祉国家の意義が、近代化と統治技術の発達が個人を家父長的連座制から解放したのと同様に私を「私」の連座制から解放するところにあるのではないかと思われるであろう。本来的には、過去の「私」が愚かであろうともそれを以って現在の私に連座的に苦痛が課されるべきではないのである。福祉国家の理念は「人格」などという擬制的実体にではなく、それを構成する受苦的諸意識としての人間そのものに向けられているし、また徹底的にそうあるべきものである。先にも触れたような「より良き形態のリベラリズム」の殆どはまさにここで過ちを犯しているのである。

このようにして我々の統治功利主義は、政治社会に於ける配慮の共同体の範囲を頑迷にも家族共同体へと差し戻そうとする現代のトーリたる右派と、その範囲を固陋にも個人に保ち続けようとする現代のウィッグたる左派の双方を共に退け、快苦を経験する意識主体としての人間を「人格」の圧制から——哲学的急進派が個人を家父長的圧制から解放しようとしたのと同様に——解放しようとする現代の急進派（ラディカルズ）という名誉ある地位を占めるであろう。統治功利主義は、我々を「人格」の桎梏から解放せしめるものとして目下の統治技術の発展を基本的に称揚し、濫用を防止しつつその正しい（＝幸福を最大化する）使用を確保せしめるような統

[†8]「救貧的」という語から生じるかもしれない誤解を避けるためにいっておけば、統治功利主義は困窮を解消するのみならず更に可能な限り人々の厚生レベルを引き上げようとしているのであるから、福祉国家的な介入政策に対して決して消極的な姿勢を採っているのではない。リバタリアニズムにありがちな、福祉を義務的でない自発的な慈善の問題として（すなわち「余分の勤め (supererogation)」として）見る立場には統治功利主義は立っていない。

治アーキテクチュアが如何に可能かを問おうとするのである[†9]。

10.2 国家介入の境界

こう述べてきたものの、結局、我々の予期スパンが長期であろうと短期であろうと、それらに応じて統治功利主義の要請にかなうような統治選択の解がそれぞれ存在するだろう。予期の様態それ自体は統治功利主義にとっては外在的要因である。今後も統治技術の発達が進展していくならば趨勢がどちらかといえば配慮の共同体の縮小にあるのではないかと考えるとしても、現段階では（残念ながら）まだ我々の予期スパンを統治技術の発展が有意に縮小させるにいたってはいない。そこで我々は再び長期の予期スパンをベースに国家と個人の関係について検討を続けよう。既にこれまでに、統治功利主義の下で統治者の恣意を抑制し仁愛的に振る舞うことを統治者に強いるための立憲主義的体制が正当化されること、その下で統治功利主義が統治者にどのような行為選択を命ずるかを検討してきた (**2.4, 6.2.2**)。立憲主義を実施することの反射的効果として我々が法的権利を理解することも示されたはずである[†10]。そこで最後に、統治功利主義がリベラリズムとしてどのような社会構想を素描するかを論じる手がかりを提示しておくことにしよう。

10.2.1 功利主義に於ける自由の位置

まず、統治功利主義に於ける自由の位置づけについて極く簡単にだけ触れておくことにしよう。リベラリズムを「正義の善に対する基底性」として理解するならば、リベラリズムと「自由」は原理的には切断されていることになる[†11]。統治

[†9]「人格」を将来的には諸意識がそこから解放さるべきものと見る我々の立場が、ある程度穏健な功利主義の殆どにすら受け容れがたいものであることを否定するつもりはない。だが、それはむしろ、功利主義が同調主義的になっており功利原理から現状維持的見解をひねり出すのにその理論的努力の殆どを傾けているというキムリッカの揶揄 (cf. **1.3**) を統治功利主義が退けるのに充分な証拠であるだろう。功利主義がもはや打ち出しえないとキムリッカがいうところのラディカルな政治改革のプログラムを統治功利主義は提示する。我々は統治技術の発達を基本的には（特にそれらが濫用されない条件の確保を要求しつつ）歓迎しかつ推進しようとするし、統治技術が一定の発展段階に到れば統治功利主義は「諸意識を人格の軛より解放せしめよ！」と高らかに宣言するであろう。

[†10] 権利主体ではなくそれを目にする被治者の期待快こそが権利の正当化の中心にある、ということについては **8.3.2.5** を見よ。

[†11] リベラリズムが自由を基底にする理念でないことについては [井上 1999 pp.197-211] を見よ。

功利主義もまた、この意味でのリベラリズムの一構想であるが、功利主義である以上は「自由」に何ら内在的価値を認めないのである。もちろん、功利主義者は歴史的には自由主義者であったが、それは偶然的事情に依存するところも大きいといわねばならない。

10.2.1.1　ベンタムの場合

　古典的功利主義に於ける自由の取り扱いの基本線は既にベンタムによって示されている。我々もまた彼の自由論の多くを正しいものとして受容して良いだろう。ベンタムの文献の解釈学的詳細をここで示すつもりはないが、その大要は概ね次のようなものである[†12]。

　ベンタムはホッブズを引き継いで、自由を徹底的に消極的自由として捉える。このためには「自由とは悪を為す自由ではないだろうか？」という彼のよく知られた問いを思い起こせば充分であろう。自由は自分の行動に制限がないことにある。もちろん、自由に内在的価値を認めないことが、こうした簡素な自由の定義を許すのである[†13]。その上でベンタムは次のように論じる。国家の法によって自由を新たに創り出すことはできない。というのも、法は常に強制を伴うから、ある自由を作出することを法で定めればそれを侵害する自由を剥奪することになるからだ。ちょうど実際に剥奪された自由の分だけ、別の行動に関する自由が法によってもたらされる。それゆえ、自由の総量は決して変わることがない。法によって行いうるのは自由の再配置のみなのだ[†14]。また、法は必然的に人々の行動を規

[†12] 興味のある読者はダグラス・ロング (Douglas Long) による浩瀚かつ包括的な研究 [cf. Long 1977] を参照すべきである。

[†13] いうまでもなく積極的自由（ないし政治的自由）に何らかの内在的価値があるとはまったく認められない。徹底した消極的自由論者に貼られがちな「マジノ線メンタリティ」なるレッテルはこうした立場にとっては無意味である。我々は自由を確保するために積極的自由を切り捨てて消極的自由に閉じこもるのではなく、どちらであれ自由に何か独立の意義があること自体を否定しているからである。むしろ主として積極的自由を称揚する論者が濫用する、「自由」にまつわりついている情緒——ギリシャやローマに託けたロマン主義風文学趣味以外のなにものでもなかったりするのだが——を暴露するためにこそ功利主義の自由論は営まれる。ベンタムにとって「自由」もまた擬制的実体であったことを思い出すべきである。「自由」に対する我々の態度はイアン・カーター (Ian Carter) が「経験的アプローチ (empirical approach)」と呼ぶのに対応し、「価値基底的アプローチ (value-based approach)」を排除する [cf. Carter 1999]。

[†14] この点については [Bentham RRR p.334],[Bentham OLG pp.253-254] を見よ。だが、このいわゆる「自由の保存則 (Law of Conservation of Liberty)」ないし「ゼロサム・テーゼ (zero-sum thesis)」について論ずる余地が多くあることも否定できない（これらについては [Steiner 1994 pp.52-54],[Carter 1999 pp.258-264],[Kramer 2003 pp.209-224] を見よ）。だが、この問題に不

制するものであるから（というのも法に可能なのは命令と禁止のみであるから）、常に自由の再配置を伴うものである。それゆえ、大なる功利性をもたらす法を制定すれば、その法がもたらす自由の配置が大なる功利性をもっていることになる。世界に含まれる自由の総体は法によっては決して変動しない、というこの洞察は貴重である。というのも、それは消極的自由が内在的価値を持たないことを傍証するからである。そして自由が内在的価値で無いならば、その上の分配パタンが（二階の）内在的価値を持つとも考えがたい。自由の可能な再配置それぞれについて我々は功利性を割り当てることができ、そうした諸配置の価値評価を行うことができる。自由はあくまでその功利性ゆえに偶さかに意義あるものとなるのである。自由それ自体にベンタムは何ら内在的価値を認めないのだけれども、自由の配置はそれがもたらす功利性によって価値あるものとされる。ベンタムはこうした自由を「安全(security)」と表現することを好む。財産権は財産を侵害されないという安全である。ベンタムは一般的幸福の増進のために立法者が目指すべき副次目的として「生存・平等・豊富・安全」を掲げる。これらの中でベンタムが最も重視したのは安全であった。とりわけ、この安全は人々の期待(expectation)を安定したものとし、それゆえ極めて大きな功利性を達成する、とされる。期待が安定しないところでは、人々は決してまともに功利性を享受することができないのだ[†15]。財産権が保護されないところでは人々は財産を得るための労働をすらまともに行い得ないであろう。安全はより複雑な欲求の基盤なのであり、自由はこの「安全」の下位部門として立法者の関心に入ってくるものとされるのである。

　こうした安全を立法の主要目標としてベンタムは経済自由主義色の強い社会構想を展開する。各人が各人の利益を最も良く理解していると推定されしかも自分の利益を実現する意欲を最も持っていると考えられるならば大枠を定めた上での自由放任が最も良い結果をもたらすであろう、という議論の道筋は見易いものである。

　可避につきまとう「自由の測定(measurement of freedom)」という、行為の個別化問題を含む厄介な存在論的問題にここで踏み込むことはできない。

[†15]ベンタムの古典的功利主義に於ける期待と安全の重要性については [Postema 1986 pp.168-190],[Kelly 1990] を見よ。但し本書ではこれらの論点には立ち入らない。

10.2.1.2 知識問題と功利主義

　功利主義が自由を何ら内在的に価値を有するものとは見ないからといって、統治功利主義の下で自由が存在しなくなるものではない。功利主義的法体系の下で自由は如何なる配置にあるのだろうか、つまり、我々は統治功利主義と消極的自由の関係をどのように捉えればよいだろうか。いうまでもなく細かな論点は具体的事情に依存することになるから本書で能く検討をなし得るところではないが、大まかな社会的デザインはどのようなものになるかを論じることは不可能ではないだろう。

　その大きな手がかりとなるのがハイエク以来一般化した「知識問題」による功利主義批判である。ハイエクに従えば、そもそも社会全体に散らばった情報を効率的に利用するためにはそれらを有している各主体の自由な行動に委ねるのが一番だということになる[†16]。総ての主体の功利性をまともな精度で知ることのできる地点が我々の政治制度内にないとすれば統治功利主義は統治者に何を命ずべきであろうか。もちろん間接功利主義からすればこうした知識問題それ自体はなんら脅威ではないと言えるかも知れない。というのも、知識問題の存在によって統治の正邪の判定基準であることを功利主義が妨げられるわけではないからである。だが、統治功利主義が統治者に意思決定手段を提供しようとするならば、このような応答をして済ませるわけにはいかないだろう。

　我々はハイエクの主張をもちろんある程度まで受け入れることができる。知識問題それ自体はなんら功利主義に内在的なものではないのだから、最も良く功利主義的目標を達成する社会構想がハイエク流の自由主義的なものであることを妨げるものはない。だが、功利主義が「伝統」や「慣習」なるものにあまり重きを置きたがらないことは強調しておかなければならない。政治思想としての功利主義の功績の多くは、コモンローの理不尽な規定に対する批判や実定道徳の欺瞞を暴露するところにあったからである。もともと功利主義はベンタムに見るように、ある法体系のもとで形成される人々の期待功利性 (expectation utility)[†17] を重要

[†16] [cf. Hayek 1978 pp.55-71] ただしここでもハイエクについての文献学的詳細を云々する気はない。
[†17] これは始原功利性 (original utility) と対比され、主体の予期・期待の作用によって初めて功利性となるものをいう。経済学でいう期待効用 (expected utility) ではないことに注意せよ。

なものとして評価するから、ある新規の制度を実施することが期待功利性を損ねることでメリットよりもデメリットを多くもたらしがちであることを認識し、やや保守主義的傾向を持つものである。にもかかわらず、功利主義による政治改革運動が可能だったとすれば、それは明らかに功利性を損ねている事例が我々の知識の限界にもかかわらず容易に認識されうる、ということを示唆している。もし知識問題をたてに伝統的ルールに従うことが常に最善の選択であると考えるならば、ラッセル・ハーディンが言うとおり、それは滑稽なパングロス主義と選ぶところがないだろう[†18]。社会工学の全面的不可能性を言い立てるには社会は社会工学に満ち溢れすぎている。

　自由が価値を有するのは我々が他者について無知だからであると認めるべきであろう。もちろん、この瞬間の私にとって一瞬後の「私」ですら他者なので、脳器官の共有という点を考慮しても自分が自分の幸福にとっての全き審判であるとは断言しがたい。しかし、予期・記憶と愛着が存在することによって、私は「私」の幸福の実現に対するインセンティヴを最も強固に有するであろう。ヘア流の完全なる大天使からなる社会に於いては自由もリベラリズムも不要である。我々が自由を必要とするのは我々が不完全であるからだ。我々の互いに対する無知は深いので、統治者が利用できる情報はごく限られた（主に肉体的な）快苦に関するものになるだろう。だが、我々はそうした限られた情報すらも利用できないほどには無知ではないと考えてもよかろう。

　また、次のことを考えておくべきであろう。目下の情勢に鑑みるに、POSシステムに代表されるようなローカルな情報を「監視」して中央に集約する技術の発達について楽観視することも不可能ではないだろうし、更には知識問題を「解決」するのではなくて「解消」する道もあるかもしれない。人間行動が総体として複雑であることが知識問題の源泉であるならば、それを単純化してしまえばよいのである。つまり、先に見たように主体の予期や期待が縮小していき、そのつどの欲求の形成を制御するシステムが出来上がるなりするならば(**10.1.2**)、そうした複雑さは問題とならないだろう。複雑怪奇な形をした木製ブロックでは積み木遊びができないとすれば、それらのブロックを積みやすい形に加工・整形してしまえばよいのである。たとえ、そうした世界の到来が長期の予期を備えた「人格」

[†18][cf. Hardin 1988 p.161]

たる我々に厭わしく映るのだとしても、その「厭わしさ」は知識問題にとって外在的なものに過ぎない。知識問題に訴える議論は問題の「解消」を唱える立場に対して言うべきことを持ってはいない。我々はここでもこうした統治功利主義にとって外在的な要因についての判断を差し控えておこう。広範な自由の領域が政治社会に必要であるという立場と、根源的なレベルで自由を抹消することこそが政治社会に必要であるという立場との違いを生み出している統治技術の問題それ自体は統治功利主義にとっては外在的要因であるに過ぎない。ここでは今後の趨勢がどちらかにあるのかについては検討しない。いずれにせよ知識問題が、間接帰結主義レベルではまったく利いてこない議論であり、直接帰結主義レベルでも批判者が強調したがるほどのものではないだろうこと、が確認されればここでは充分である。

10.2.2 他者危害原理再び

我々の他者に関するこうした無知を前提にするならば、かなり広汎な(国家からの)消極的自由を保証する必要があるように思われる。しかし、それらが広汎であるにしろ、どこに境界が引かれるかが最も大きな問題であることに変わりはない。そこでミル (J. S. Mill) 以来の他者危害原理 (harm principle) をそうした境界の候補として統治功利主義の視点から考えてみることにしよう。他者危害原理で常に問題となるのは「他者危害」とは何か、という問題である。凡そあらゆる行為は他者との相互作用を含み快も不快も同時にもたらすものである。「他者危害」なき行為は自由である、と宣言されたところで、これは実践的有用性に著しく欠ける原理でしかないだろう[†19]。

10.2.2.1 私的領域 自律でも解釈でも想像でもなく

リベラルな国家介入の境界設定という文脈では、他者危害原理はやや古色蒼然としたものだといわなければならない。多くのリベラルな理論家は暗黙に他者危害原理を前提することはあってもこれを積極的に擁護することはあまりない。他

[†19] 念のため確認しておくと、諸個人の行為への統治的介入の唯一の正当化根拠は他者危害である、と述べるのだから、他者危害がなければ統治は介入できないことになる。しかし不介入の正当化根拠は幾らでもあるので、他者危害がある行為に対し、それだけで介入すべきだということにはならない。この非対称性は重要である。

者危害の具体的基準が提示されないこともその一因であるが、より大きな要因は他にあるだろう。おそらく他者危害原理では「自律」の問題が巧くすくいとれない、と考えられているのである。

例えばラズは（他者）危害原理に「自律」の要請を組み込むことでこれを再構成しようとする[†20]。ラズによれば、（自律を含む）道徳的価値（とりわけ卓越主義的に理解された「自律」）の積極的推進が政府の責務である。個人の自由ないし自律は「妥当な」善き生の諸構想の内からどれを選び取るかに存在するのであって、「厭わしい」善き生の諸構想から選択する自由などないのだが、自律を尊重しようとするがゆえにかろうじて実践的に行為主体のそうした選択は容認されうる、とされる[†21]。自律を保証するためには政府はむしろ積極的に諸個人に介入しなければならない。金銭的理由から自律が困難な状況に陥った個人に自律を与えるために国家が課税による再分配を行わなければならないし、自らの自律をそこなう選択の自由は認められず国家の強制的介入が認められうる。ここではもはや危害原理は国家介入を排除するためというよりは、国家の介入に積極的な道徳的正当化を与えるための原理として作用していることに注意すべきであろう。もちろん我々は特定の善き生の諸構想を「妥当な」ものとして、或いは、「厭わしい」ものとして決定できるとは考えないから[†22]、ラズによる「拡張された危害原理」を採用することはできない[†23]。

[†20] [cf. Raz 1986 p.412-420] ラズは危害 (harm) に他者だけでなく自己の危害をも含めている（自己危害は介入の正当化根拠となるのである）。これは危害原理の非標準的解釈であるが、それなりの理由がありうるだろう。我々の立場からすれば、いまこの私の愚行によって後の「私」という他者が危害を蒙るのである。従って、原理的にはラズ的な解釈の方が正しい。だが、我々はここで他者危害原理を論ずる前提として「人格」の功利性が高いことを要求している（そうでなければ最初から自由や自律は問題とならず他者危害原理も不要である）。それゆえ、統治介入の客観的な正しさではなく介入の決定方式に関する原理として、他者危害原理の通常の解釈を適切なものとして受け入れることができる。

[†21] 本書の中でも既に何度か遭遇したように、この論法は卓越主義の定石であった。

[†22] より正確に言えば、次のようである。我々はどんな善き生の諸構想も諸個人の価値の実現のために必要なものとしてこれを認める。従って、善き生の諸構想間に「妥当な」とか「厭わしい」といった差異を認めない。もちろん価値の実現効率の良し悪しなどの差異がありうるが、我々がこれらの間に認める差異は内容関係的だが内容依存的ではない。内容のような善き生の諸構想の内在的性質ではなく、それらが追求される際に現実の事態や他者の追求とどのような社会的関係に立つか（必然的に他者の幸福追求を妨げずにはおかないようなものか etc.）、という外在的な関係性質にのみ、統治功利主義は善き生の諸構想の間の差異を見出すのである。

[†23] 繰り返しになるが、善き生の諸構想は妥当要求を持つものであり得る。しかし、それらのクレームするだろう価値はそれ自体としては妥当根拠たり得ない（実在しないから）。

もちろん自律の保証が国家の介入を限界づける最重要のファクターだと考えるならば、そもそも他者危害原理に訴える必要はないはずである。直截に個人にとって自律的であるとはどういうことかを示し、それを保証するような境界設定が必要だ、と論じればよいからである。例えばフェミニズム法学者として著名なドゥルシラ・コーネル (Durcilla Cornell) は「想像上の領域 (imaginary domain)」の保証をこうしたものとして要求する。コーネルによれば、プライヴァシーは家の中か公道かといった物理的空間の問題ではなくて、自分自身を如何なる存在だと自己規定するかについて十全に想像力を巡らせるために必要な想像上の空間の問題なのである[†24]。或いは、井上達夫は「解釈的自律性」という自律観が「より良きリベラリズムの形態」の基礎に据えられるべきことを主張し、必ずしも自分の恣意によって選び取られたものではない（と本人には思われる）価値を解釈・追求する能力を備えることだと説明している[†25]。

だが、統治功利主義において自律にそのような地位は与えられない。長期の予期スパンを前提にするならば、そうしたスパンを現在の意識主体の予期と愛着＝共感が持っていることが重要なのであって、そうしたスパンが想像力や自己解釈を駆使して達成されたかどうかはどうでもよいことである。統治功利主義に於いて他者危害原理が意味を持つのは、むしろそれが自律なるものを内在的に擁護するような原理ではないからである。

また、他者危害原理が功利主義によっては正当化され得ない、というありがちな批判も成立しない。立憲主義的な法的境界として他者危害原理を設定することと、そのような境界が設定された統治環境に於いて統治功利主義がその境界線を破るべきであると統治者に命じる場合があるか否かは別の問題だからである[†26]。また、統治者の主観的意思決定原理として他者危害なき行為に対する介入を排除することは、客観的評価原理としての功利原理になんら反するものではない[†27]。

[†24][Cornell 1995 pp.8-13]
[†25][井上 1999 pp.154-175]
[†26]cf. **2.4**
[†27]cf. **3.1** ただし、統治者が統治決定の際に他者危害原理を埋め込まれた統治構造内部に於いて他者危害原理違反だが功利性に優れた介入をなすべきである、と功利主義が命じる余地は残したい。従って、この指摘は一般論としては正しいかもしれないが我々が必ずしも採用するところではない。

10.2.2.2 基礎快と構成快

　他者危害原理に実質的な基準を補うという目的のためには、我々の危害対象を構成する厚生＝快楽に対して「基礎快／構成快」という以下のような実践的区分を設けることが有用である。この区分はあくまで実践的なものであって、それが快楽概念それ自体に理論的に内在しているということではない。またこの区分の境界は相当程度に曖昧である。我々は以下に幾つかの基準を示し、これらの内の幾つか或いは総てを満たすようなものの総体としてこの区分を構想する。それゆえ、「基礎快」とか「構成快」といったものは家族的類似の域を出るような概念ではないし、これらがスペクトラムを成すものであることに注意すべきである。

- 我々の言語や文化に依存せずに一般に経験される快楽が基礎快。それらによって構成される快が構成快。

- 自己意識の存在によって初めて可能となる快楽が構成快。記憶と予期を失っても経験されうる快楽が基礎快。

- 適応の影響を受けやすい快楽が構成快。適応を引き起こすために多くの苦痛コストが必要な快楽が基礎快。

- 他者がそれを経験していることに関する情報がそれほど乏しくない快楽が基礎快。情報が乏しい快楽が構成快。

　これらの基準が総て何らかの意味での「コスト」に関係づけられていることは明らかであろう。快楽主体の内面に立ち入らずとも推定できる快楽、予期パタンが標準的でない意識主体に対してもある程度の確からしさで保障することが出来る快楽、適応的選好形成に際して本質的問題を引きおこす快楽、といったものを我々はここで考えている。率直に言えば、これらの総てを満たすような「基礎快」の典型例は肉体的快苦である。自尊 (self-respect) もまたこの快楽スペクトラムの内で基礎快に概ね近いところに位置づけられるであろう。さて、他者危害原理に於ける「危害」の具体的基準は「基礎快の侵害」であると我々は主張することにしよう。これはあくまで介入の排除基準であって、国家に対し介入の正当化根拠を与えるためのものではないことに注意すべきである。我々は快楽の最大化のた

めに一定の包括的再分配を政治社会が行うことが望ましいだろうとは考えているが、他者危害原理それ自体は基礎快の一定レベルまでの保障を統治者に命じるものとして構想されているわけではない[†28]。

次になぜ「基礎快／構成快」という区分に従って境界を引かなければならないのかをごく簡単に論じておくことにしよう。国家の諸個人への介入の具体的な限界が功利原理自体、或いは態度的快楽説自体から湧き出てくることはありえない。そこで我々は我々の情報の貧困にその根拠を見出すことになるだろう。具体的な制度のあり方によって適応的影響を多く受けるような、そしてそのことが歴史上も観察されてきたような高度構成快選好(これには殆どの政治的選好が含まれる)がこの境界の画定に関わると、それは自己強化的な境界線を引きがちである。例えばフェミニズムが批判した家族と家の中という物理的空間に従って引かれた公私二元論的境界線——功利性に於いて劣る境界線であり、後には社会状態の変化によって更に功利が低下したにもかかわらず強固な安定性を誇ったのだが——のようなものを引くことを許容することは出来ない。そうした自己強化的境界線は、自己強化的であるがゆえに一つの均衡をもたらすものではあるが、均衡であること自体はそれが功利最大化にかなうかどうかとは無関係である。むしろ、そのような均衡を生み出させないことで、常に諸個人の高度構成快選好が流動的になっているほうが、より功利にかなう別の社会状態へと我々を連れて行く可能性が高かろう。もちろん、境界線に介入しない——即ち法という暴力装置による自己強化を経ない——にもかかわらず安定した高度構成快選好の均衡が生じるならばそれはそれでよいだろう。どの支配的な政治的立場にも自らの支配的地位を濫用することを許さない方が、長期的には厚生の効率的生産がなされるのである[†29]。

それゆえ、他者危害原理による公私の境界線は、それが自己強化的に働く高度構成快を排除したものであるほうが良かろう。こう考えてくると、社会制度によっ

[†28] これは統治功利主義に於ける分配的正義の問題として別立てで論じられなければならないが、本書では立ち入ることが出来ない。
[†29] ここでの「政治的立場」に本書の提唱する統治功利主義が含まれるであろうことはもちろんである。だが、しつこいが、本節の議論は「人格」の功利性が高いという偶然的事情の下のものなので、「人格亡きあと」に於いては統治功利主義が絶対的ドクトリン——しかも密教的ドクトリンとして——として政治社会に君臨すべきであると我々が考える可能性を排除するものではない(むろん長期の予期を備えた我々にとってこれが恐ろしく抑圧的に思われることもいつもどおりである)。

て適応しにくい快楽――おそらく偶然的であるとはいえ強固な生理的基盤を持つ基礎快――を境界とすればよいのではないかと思われる[†30]。こうした境界線はまた、あくまで推定基準として働くのであって、ある特定の個体が基礎快の侵害に快楽を見いだす可能性を排除するものではない[†31]。

[†30] ベンタムが同性愛脱犯罪化論の擁護のために用いた論法は、それ自体なんら苦痛をもたらさない性行為に対する一般の偏見による苦痛は、性行為が脱犯罪化されて許容されそれがなんらの苦痛ももたらさないことが知られるにつれて、適応によって解消されるというものである（ベンタムのテクストについては [Crompton 1978a],[Crompton 1978b] を見よ）。偏見的嫌悪の苦痛を算入すると無益な処罰の放縦化を招きかねないのである。ここからは、基礎快の侵害なき行為についての偏見を社会的決定から締め出しても、その偏見による苦痛は適応によって次第に解消されるという一般的議論を引き出すことができよう。ベンタムが被抑圧者の解放に向けて如何に急進的な態度と議論を持ち合わせていたかについてはボラレヴィの『ベンタムと被抑圧者 Bentham and the Oppressed』[Boralevi 1984] を見よ。

[†31] 現代に到るまで他者危害原理が「被害者なき犯罪」の脱犯罪化・合法化を巡って論じられてきたことを考えよう。そこで、例えば SM を例に考えてみよ。そこで為されるべきは SM を基礎快侵害として他者危害原理に基づいて禁じることではなくて、被侵害者が SM から受け取っているものが彼にとっての快楽であることの挙証責任を侵害者に負わせることである。例えば、そうした性的行為の最中に常に行為の撤回・中止を非侵害者が要求できるためのサイン表示の取り決めが行われていることが違法性を阻却するための条件である、といったような法的規定がそのようなものとして機能するだろう。

第 III 部　小括

　第 III 部では古典的功利主義を継承する統治功利主義が提示しようとする政治構想の端緒となるべき諸点についてごく手短に論じた。統治功利主義は現代的リベラリズムの一構想であり、その最善の構想たりうるものである。他の多くのリベラリズムとは違い、統治功利主義は自由も自律も基底的価値とはみなさない特異な構想である。統治功利主義は、統治技術の発達の存否という外在的要因に応じて二つの立場を採った。「人格」をそこから諸意識が解放さるべき桎梏と見てこれを解体することを支持する「人格亡きあとのリベラリズム」としての立場と、古典的な他者危害原理を個人に対する統治介入の境界線とするいわゆるリベラルな立場である。大げさな言い方をすれば我々は前者こそが時代の趨勢からして避けがたく到来すべきものと見るしそこに於いてこそ統治功利主義の強みは存分に発揮されるべきものと考えるけれども、目下の状況を鑑みるならば後者の方に当面は力点を置かざるをえないであろう。統治功利主義の下で国家介入の（或いは法の）限界問題に対して統治功利主義は他者危害原理に基づいた解答を与える。我々は肉体的快苦を典型例とするような基礎快の侵害がリベラルな国家に於ける統治介入の条件である、と主張する。

結　語

　本書でなされたことはわずかである。
　まず我々は功利主義を内在的に検討することで、説得的な功利主義構想としての古典的功利主義を統治功利主義として再構成することを試みた。それに従えば、功利主義は何よりもまず統治理論でありその名宛人を統治者とする。道徳に意味ある唯一の内在的価値は我々が持つ信念とそれに対する態度の複合としての態度的快楽である。諸個人の非道徳的価値としてのこれらの総和主義的集計が道徳的価値に同定される。統治功利主義は間接功利主義を基底にしながらも、統治者に対して不偏性と功利原理に基づく統治行為選択を要求する点で直接功利主義に与する。また、間接功利主義の擁護の際に統治功利主義のメタ倫理的立場が還元的自然主義を採用する道徳実在論に基づくことを確認した。
　次に功利主義を特徴づける帰結主義・厚生主義・総和主義の諸点についての外在的な批判に対する応答を試みた。この過程で統治功利主義がコミットする様々な形而上学的教説が明らかにされた。帰結主義批判に対する応答によって統治功利主義が道徳実在論と動機付けないし理由の外在主義にコミットしていることが示された。厚生主義批判に対する応答は帰結主義に於ける価値と主体の行為評価との関係が統治功利主義に於いて具体的にどのようになっているかを正確に認識することを求めるものであった。総和主義の可能的根拠の検討と批判に対する応答によって、我々の時点主義的な立場が明らかにされた。
　最後に我々は統治功利主義がリベラリズムの一構想として理解されること、それがリベラリズムの最良の構想であり得ることを主張し、リベラリズムとしての統治功利主義が国家或いは法の限界問題に対して基礎快の侵害の有無という他者危害原理的基準を以て応答することを簡単に確認した。また、今後も統治技術の着実な発達が続くならば到来すべき状況の下で、という留保を付しつつ「人格亡きあとのリベラリズム」としての統治功利主義を素描した。ここに於いて統治功利主義は、「人格」の解体を容認し一定の範囲でそれを推進しもするという、現在の

政治哲学的立場の多くから隔たった地点に立ち、その急進性を露にしたのである。

　本書の掲げる副題「功利主義リベラリズムの擁護」はここにおいてなお未達の目標であることになろう。本書は未だ外郭すら明らかではないリベラリズムとしての功利主義を論じるための予備作業として、功利主義そのものの輪郭をはっきりと描くことを目指したものであった。また、それは戯画化・単純化されて論じられることの多い功利主義に一つの形を与え、功利主義批判者にとっても参照点となるべき具体像を描くことを目的としていた。この限定された目的に関して本書がある程度まで成功していることを我々は期待する。

　本書に続くべき作業は統治功利主義の政治的構想を明瞭に描くこと、それが他の政治構想に比して如何に優れたものであるかを論ずること、である。しかし、統治功利主義の政治構想に於いて「法」が如何なる位置を占めるべきかを検討することなしにそうした作業が行われ得ないことは明らかである。我々が道徳的権利を認めない以上、権利について語ることは法的権利について語ることである。法的権利は法的義務の複合体である。それゆえ功利主義的政治社会に於ける法的義務の性質を明らかにしない限り、我々は権利というリベラルにとって最も基本的な概念すら手にしてはいないことになるだろう。我々は統治功利主義をその政治哲学的背景としつつ、法概念論に正面から向き合わなければならない。この意味に於いて、我々の統治功利主義は古典的功利主義の歩んだ道を再び辿り直そうという試みであった。ベンタムが具体的な政治構想にその莫大な精力を注ぐ前に主権者命令説に到達する必要があったように、我々も統治功利主義から法概念論へ、そしてまた統治功利主義的政治構想へと折り返してこなければならない。いまや我々が本書で為し終えた長く煩雑な検討はこの意味に於いて古典的功利主義の歩んだ長き道程の初めの一歩を踏み出す作業にほかならなかったのである。

文献一覧

Åqvist (1969) "Improved Formulations of Act-Utilitarianism," *Nôus*, Vol. 3, pp. 299–323.
Austin, John (1832 (2000)) *The Province of Jurisprudence Determined*: Prometheus Books.
Bailey, James Wood (1997) *Utilitarianism, Institutions, and Justice*, New York; Oxford: Oxford University Press.
Bales, R. Eugene (1971) "Act utilitarianism: account of right-making characteristics or decision-making procedure?" *American Philosophical Quarterly*, Vol. 8, pp. 257–265.
Barry, Brian (1995) *Justice as Impartiality*, Oxford: Clarendon Press.
Belnap, Nuel, Michael Perloff, and Ming Xu (2001) *Facing the Future*: Oxford University Press.
Ben-Dor, Oren (2000) *Constituional Limits and the Public Sphere*, Oxford: Hart Publishing.
Benatar, David (2006) *Better Never to Have Been: The Harm of Coming into Existence*, Oxford: Clarendon Press.
Bentham, Jeremy (1970a) *An Introduction to the Principles of Morals and Legislation (IPML)*, London: The Athlon Press.
―――― (1970b) *Of Laws in General (OLG)*, London: The Athlon Press.
―――― (1977) *A Comment on the Commentaries and A Fragment on Government (FG)*, London: The Athlon Press.
―――― (1983) *Rights, Reform, and Representation (RRR)*, Oxford: Clarendon Press.
―――― (1989) *First Preparatory Principles to Constitutional Code (FPPCC)*, Oxford: Clarendon Press.
Bergström, Lars (1966) *The Alternatives and Consequences of Actions*, Stockholm: Almqvist & Wiksell.
―――― (1968) "Alternatives and Utilitarianism," *Theoria*, Vol. 34, pp. 163–170.
―――― (1971) "Utilitarianism and Alternative Actions," *Nôus*, Vol. 5, pp. 237–252.
―――― (1977) "Utilitarianism and Future Mistakes," *Theoria*, Vol. 43, pp. 84–102.
―――― (1996) "Reflections on Consequentialism," *Theoria*, Vol. 62, pp. 74–94.
Blackorby, Charles, Walter Bossert, and David Donaldson (2005) *Population Issues in Social Choice Theory, Welfare Economics, and Ethics*, Cambridge: Cambridge University Press.
Boralevi, Lea Campos (1984) *Bentham and the Oppressed*, Berlin: Walter de Gruyter.
Bourne, Craig (2006) *A Future for Presentism*, Oxford: Clarendon Press.
Brandt, Richard B. (1963) "Toward a Credible Form of Utilitarianism," in *Morality and the Language of Conduct*: Wayne State University Press.
―――― (1979) *A Theory of the Good and the Right*, Oxford: Clarendon Press.
―――― (1992) *Morality, Utilitarianism, and Rights*, Cambridge: Cambridge University Press.

―――― (1996) *Facts, Values, and Morality*, Cambridge: Cambridge University Press.
Brink, David Owen (1986) "Utilitarian Morality and the Personal Point of View," *The Journal of Philosophy*, Vol. 83, No. 8, pp. 417–438.
―――― (1989) *Moral Realism and the Foundations of Ethics*, Cambridge: Cambridge University Press.
―――― (1997) "Rational Egoism and Separateness of Persons," in Jonathan Dancy ed. *Reading Parfit*, Oxford: Blackwell Publishers, pp. 96–134.
Broome, John (1991) *Weighing Goods*, Oxford: Blackwell.
―――― (1999) *Ethics out of Economics*, Cambridge: Cambridge University Press.
―――― (2004) *Weighing Lives*, Oxford: Oxford University Press.
Brown, Campbell (2005) "Blameless Wrongdoing and Agglomeration: A Response to Streumer," *Utilitas*, Vol. 17, No. 2, pp. 222–225.
Bykvist, Krister (2006) "Prudence for Changing Selves," *Utilitas*, Vol. 18, No. 3, pp. 264–283.
Byron, Michael ed. (2004) *Satisficing and Maximizing*, Cambridge: Cambridge University Press.
Carlson, Erik (1995) *Consequentialism Reconsidered*, Dordrecht: Kluwer Academic Publishers.
―――― (2006) "Incomparability and Measurement of Value," in Kris McDaniel, Jason R. Raibley, Richard Feldman, and Michael J. Zimmerman eds. *The Good, the Right, Life and Death*, Aldershot, U.K.; Burlington, VT: Ashgate Publishing Company, pp. 19–43.
Carson, Thomas L. (2000) *Value and the Good Life*, Notre Dame, IN: University of Notre Dame Press.
Carson, Thomas L. and Paul K. Moser eds. (1997) *Morality and the Good Life*, New York; Oxford: Oxford University Press.
Carter, Ian (1999) *A Measure of Freedom*, Oxford: Oxford University Press.
Castañeda, Hector-Neri (1975) *Thinking and Doing*, Dordrecht: Kluwer Academic Publishers.
Chalmers, David J. (1996) *The Conscious Mind*, New York: Oxford University Press.
Chisolm, Roderick M. (1976) *Person and Object: A Metaphysical Study*, London: George Allen & Unwin.
―――― (1986) *Brentano and Intrinsic Value*, Cambridge: Cambridge University Press.
Cornell, Drucilla (1995) *Imaginary Domain*, New York; London: Routledge.
Crisp, Roger (2006) *Reasons and the Good*, Oxford: Clarendon Press.
Crisp, Roger and Brad Hooker eds. (2000) *Well-being and Morality: Essays in honour of James Griffin*, Oxford: Clarendon Press.
Crompton, Louis (1978a) "Jeremy Bentham's Essay on Paederasty," *Journal of Homosexuality*, Vol. III, pp. 385–405.
―――― (1978b) "Jeremy Bentham's Essay on Paederasty," *Journal of Homosexuality*, Vol. IV, pp. 91–107.
Dancy, Jonathan (2000) "Shoud We Pass the Buck?" in Anthony O'Hear ed. *Philosophy, the Good, the True and the Beautiful*, Cambridge: Cambridge University Press, pp. 159–173.
Darwall, Stephen, Allan Gibbard, and Peter Railton (1992) "Toward fin de siecle ethics: some trends," *Philosophical Review*, Vol. 101, pp. 115–189.

Davidson, Donald (1987) "Problems in the Explanation of Action," in P. Pettit, R. Sylvan, and J. Norman eds. *Metaphysics and Morality*, Oxford: Basil Blackwell.
Dinwiddy, John Rowland (1992) *Radicalism and Reform in Britain, 1780-1850*, London ; Rio Grande, OH: Hambledon Press.
Doepke, Frederick C. (1996) *The Kinds of Things: A Theory of Personal Identity Based on Transcendental Argument*, Chicago and La Salle, IL: Open Court.
Donner, Wendy (1991) *The Liberal Self*, Ithaca, NY: Cornell University Press.
Dretske, Fred (1988) *Explaining Behavior*, Cambridge, MA: MIT Press.
Driver, Julia (2001) *Uneasy Virtue*, Cambridge: Cambridge University Press.
Dworkin, Ronald (1977) *Taking Rights Seriously*, Cambridge, MA: Harvard University Press. (邦訳：ロナルド・ドゥウォーキン (2003)『権利論（増補版）』（木下毅，野坂泰司 訳），木鐸社., ロナルド・ドゥウォーキン (2001)『権利論 II』（小林公 訳），木鐸社.)
Elster, Jon (1979) *Ulysses and the Sirens*, Cambridge: Cambridge University Press.
────── (1982) "Sour Grapes: Utilitarianism and the Genesis of Wants," in Amartya Sen and Bernard Williams eds. *Utilitarianism and Beyond*, Cambridge: Cambridge University Press, pp. 219–238.
────── (1983) *Sour Grapes: Studies in the Subversion of Rationality*, Cambridge: Cambridge University Press.
Epstein, Richard Allen (2003) *Skepticism and Freedom*, Chicago ; London: University of Chicago Press.
Feldman, Fred (1986) *Doing the Best We Can*, Dordrecht ; Boston: Reidel Publishing Company.
────── (1992) *Confrontations with the Reaper*, New York ; Oxford: Oxford University Press.
────── (1997) *Utilitarianism, Hedonism, and Desert*, Cambridge: Cambridge University Press.
────── (2004) *Pleasure and the Good Life*, Oxford: Clarendon Press.
Finnis, John (1980) *Natural Law and Natural Rights*, Oxford: Clarendon Press.
Firth, Roderick (1952) "Ethical Absolutism and the Ideal Observer," *Philosophy and the Phenomenological Research*, Vol. 12, No. 3, pp. 317–345.
Forrester, James Wm. (1996) *Being Good and Being Logical*, Armonk, NY ; London: M. E. Sharpe.
Freeman, Samuel (2007) *Justice and the Social Contract: Essays on Rawlsian Political Philosophy*, New York ; Oxford: Oxford University Press.
Gauthier, David (1986) *Morals by Agreement*, Oxford: Clarendon Press. (邦訳：デイヴィド・ゴティエ (1999)『合意による道徳』（小林公 訳），木鐸社.)
Gibbard, Allan (1978) "Act-Utilitarian Agreements," in Alvin Goldman and Kim Jaegwon eds. *Values and Morals*: Reidel Publishing Company, pp. 91–119.
────── (1990a) *Utilitarianism and Coordination*, New York ; London: Garland Publishing.
────── (1990b) *Wise Choices, Apt Feelings*, Cambridge, MA: Harvard University Press.
────── (2003) *Thinking How to Live*, Cambridge, MA: Harvard University Press.
Goble, Lou (1993) "The Logic of Obligation, 'Better' and 'Worse'," *Philosophical Studies*, Vol. 70, pp. 133–163.
Goldman(Smith), Holly (1976) "Dated Rightness and Moral Imperfection," *The

Philosophical Review, Vol. 85, pp. 449–487.
——— (1978) "Doing the Best One Can," in Alvin Goldman and Kim Jaegwon eds. *Values and Morals*, Dordrecht: Reidel Publishing Company, pp. 185–214.
Goodin, Robert E. (1995) *Utilitarianism as a Public Philosophy*, Cambridge: Cambridge University Press.
Gosling, J. C. B. (1969) *Pleasure and Desire*, Oxford: Clarendon Press.
Griffin, James (1986) *Well-Being*, Oxford: Clarendon Press.
——— (1996) *Value Judgement*, Oxford: Clarendon Press.
Hamblin, C. L. (1987) *Imperatives*, Oxford: Blackwell.
Hardin, Russel (1988) *Morarity within the Limits of the Reason*, Chicago ; London: University of Chicago Press.
Hare, Richard Mervyn (1981) *Moral Thinking*, Oxford: Clarendon Press.（邦訳：リチャード・ヘア (1994)『道徳的に考えること』（内井惣七，山内友三郎 監訳），勁草書房.）
Harman, Gilbert (2000) *Explaining Value*, Oxford: Clarendon Press.
Harsanyi, John (1976) *Essays on Ethics, Social Behavior, and Scirntific Explanation*, Dordrecht: Reidel Publishing Company.
——— (1979) "Bayesian Decision Theory and Utilitarian Ethics," *American Economic Review, Papers and Proceedings*, Vol. 68, pp. 223–228.
Hart, H. L. A. (1961) *The Concept of Law*, Oxford: Clarendon Press.（邦訳：ハーバート・ハート (1976)『法の概念』（矢崎光圀 監訳），みすず書房.）
Hawley, Katherine (2001) *How Things Persist*, Oxford: Clarendon Press.
Hayek, Friedrich (1978) *Law, Legislation and Liberty: Rules and Order*, Chicago: University of Chicago Press.
Hinchliff, Mark (1988) "A Defense of Presentism," Ph.D. dissertation, Princeton University.
Hooker, Brad (2000) *Ideal Code, Real World*, Oxford: Clarendon Press.
Horty, John F. (2001) *Agency and Deontic Logic*, Oxford ; New York: Oxford University Press.
Horwich, Paul (1974) "On Caluculating the Utility of Acts," *Philosophical Studies*, Vol. 24, pp. 21–31.
van Inwagen, Peter (1990) *Material Beings*, Ithaca, NY ; London: Cornell University Press.
Jackson, Frank (1987) "Group Morality," in R. Sylvan P. Pettit and J. Norman eds. *Metaphysics and Morality*, Oxford: Blackwell.
——— (1998) *From Metaphysics to Ethics*, Oxford: Clarendon Press.
Jackson, Frank and Robert Pargetter (1986) "Oughts, Options and Actualism," *The Philosophical Review*, Vol. 95, pp. 233–255.
——— (1987) "Two Puzzles about Conditional Obligation," *Philosophical Papers*, Vol. 16, pp. 75–83.
Jackson, Frank, Philip Pettit, and Michael Smith (2004) *Mind, Morality, and Explanation: Selected Collaborations*, Oxford: Clarendon Press.
Jacquette, Dale (1996) *Meinongian Logic*, Berlin: Walter de Gruyter.
Johnson, Conrad D. (1991) *Moral Legislation*, Cambridge: Cambridge University Press.
Joyce, Richard (2001) *The Myth of Morality*, Cambridge: Cambridge University Press.
Kagan, Shelly (1989) *The Limits of Morality*, Oxford: Clarendon Press.

―――― (1994) "Me and My Life," *Proceedings of the Aristotelian Society*, Vol. 94, pp. 309–324.
Kalderon, Mark Eli ed. (2005a) *Fictionalism in Metaphysics*, Oxford: Clarendon Press.
Kalderon, Mark Eli (2005b) *Moral Fictionalism*: Clarendon Press.
Kamm, Frances Myrna (1993) *Morality, Mortality: Death and Whom to Save from It*, Vol. 1, New York ; Oxford: Oxford University Press.
―――― (1996) *Morality, Mortality*, Vol. 2, New York ; Oxford: Oxford University Press.
Kaplow, Louis and Steven Shavell (1994) ""Why the Legal System is Less Efficient than the Income Tax in Redistributing Income"," *Journal of Legal Studies*, Vol. 23, pp. 667–681.
Kelly, Paul (1990) *Utilitarianism and Distributive Justice*, Oxford: Clarendon Press.
Kolm, Serge-Christophe (1996) *Modern Theories of Justice*, Canbridge, MA: MIT Press.
Korsgaard, Christine (1983) "Two Distinctions in Goodness," *The Philosophical Review*, Vol. 92, pp. 169–197.
Kramer, Matthew H. (2003) *The Quaility of Freedom*, Oxford ; New York: Oxford University Press.
Kymlicka, Will (2002) *Contemporary Political Philosophy*, Oxford: Clarendon Press, 2nd edition.（邦訳：ウィル・キムリッカ (2005)『現代政治理論（新版）』（千葉眞 他訳），日本経済評論社．）
Lacey, Nicola (1998) "Bentham as Proto-Feminist? or An Ahistorical Fantasy on 'Anarchical Fallacies'," *Current Legal Problem*, Vol. 51, pp. 441–466.
Lemos, Noah M. (1994) *Intrinsic Value*, Cambridge: Cambridge University Press.
Lessig, Lawrence (1999) *Code: And Other Laws of Cyberspace*, New York: Basic Books.（邦訳：ローレンス・レッシグ (2001)『CODE――インターネットの合法・違法・プライバシー』（山形浩生，柏木亮二 訳），翔泳社．）
Lewis, David K. (1979) "Attitudes *de dicto* and *de se*," *The Philosophical Review*, Vol. 86, No. 4, pp. 513–543.
―――― (1986(1969)) *Convention*, Oxford: Blackwell.
―――― (1986) *On the Plurality of Worlds*, Oxford: Blackwell.
―――― (1989) "Dispositional Theories of Value," *Proceedings of the Aristotelian Society Supplementary*, Vol. 63, pp. 113–137.
Lieberman, David (1989) *The Province of Legislation Determined: Legal Theory in Eiteenth-century Britain*, Cambridge: Cambridge University Press.
Long, Douglas G. (1977) *Bentham on Liberty*, Toronto: University of Toronto Press.
Lyons, David (1965) *Forms and Limits of Utilitarianism*, Oxford: Clarendon Press.
Mele, Alfred R. (2003) *Motivation and Agency*, New York: Oxford University Press.
Mendola, Joseph (2006) *Goodness and Justice*, Cambridge: Cambridge University Press.
Merricks, Trenton (2001) *Objects and Persons*, Oxford: Clarendon Press.
Miller, Alexander (2003) *An Introduction to Contemporary Metaethics*, Cambridge: Polity Press.
Molnar, George (2003) *Powers*, Oxford ; New York: Oxford University Press.
Mulgan, Tim (2001) *The Demands of Consequentialism*, Oxford: Clarendon Press.
―――― (2006) *Future People*, Oxford: Clarendon Press.
Murphy, Liam (2000) *Moral Demans in Nonideal Theory*, New York: Oxford Univer-

sity Press.
Nagel, Thomas (1970) *The Possibility of Altruism*, Oxford: Clarendon Press.
――― (1979) *Mortal Questions*, Cambridge: Cambridge University Press.
――― (1986) *The View from Nowhere*, New York: Oxford University Press.
Noonan, Harold W. (2003) *Personal Identity*, London ; New York: Routledge, 2nd edition.
Nozick, Robert (1974) *Anarchy, State, and Utopia*, New York: Basic Books.（邦訳：ロバート・ノージック (1995)『アナーキー・国家・ユートピア』(嶋津格 訳), 木鐸社.）
Nussbaum, Martha Craven (1988) "Nature, Function, and Capability: Aristotle on Political Distribution," in *Oxford Studies in Ancient Philosophy*, Vol. Supplementary volume: Clarendon Press.
――― (1999) *Sex and Social Justice*, New York: Oxford University Press.
――― (2000) *Women and Human Developement*, Cambridge: Cambridge University Press.
Oddie, Graham (1996) "The Consequences of Action," in Jack Copeland ed. *Logic and Reality*, Oxford: Clarendon Press.
――― (2005) *Value, Reality, Desire*, Oxford: Clarendon Press.
Oddie, Graham and P. Menzies (1992) "An Objectivist's Guide to Subjective Value," *Ethics*, Vol. 102, pp. 512–533.
Oddie, Graham and Peter Milne (1991) "Act and Value: Expectation and the Representability of Moral Theories," *Theoria*, Vol. 57, pp. 42–76.
Parfit, Derek (1984) *Reasons and Persons*, Oxford: Clarendon Press.（邦訳：デレク・パーフィット (1998)『理由と人格』(森村進 訳), 勁草書房.）
Parsons, Terence (1980) *Nonexistent Objects*, New Haven ; London: Yale University Press.
Persson, Ingmar (2005) *The Retreat of Reason*, Oxford: Clarendon Press.
――― (2006) "What Consequentialism Is Not," in Kris McDaniel, Jason R. Raibley, Richard Feldman, and Michael J. Zimmerman eds. *The Good, the Right, Life and Death*, Aldershot, U.K. ; Burlington, VT: Ashgate Publishing Company, pp. 135–149.
Pessin, Andrew and Sanford Goldberg eds. (1995) *The Twin Earth Chronicles: Twenty Years of Reflection on Hilary Putnam's "The Meaning of 'meaning' "*, Armonk, NY ; London: M. E. Sharpe.
Pettit, Philip (2002) *Rules, Reasons, and Norms*, Oxford: Clarendon Preess.
Pollock, John L. (2006) *Thinking about Acting: Logical Foundations for Rational Decision Making*, Oxford ; New York: Oxford University Press.
Posner, Eric (2000) *Law and Social Norms*, Cambridge, MA: Harvard University Press.（邦訳：エリク・ポズナー (2002)『法と社会規範』(大田勝造 監訳), 木鐸社.）
Postema, Gerald (1986) *Bentham and the Common Law Tradition*, Oxford: Clarendon Press.
Prawitz, Dag (1970) "The Alternatives to an Action," *Theoria*, Vol. 36, pp. 116–126.
Prior, Arthur (1956) "The Consequences of Actions," *Proceedings oh the Aristotelian Society*, Vol. supp. 30, pp. 91–99.
――― (1967) *Past, Present and Future*, Oxford: Clarendon Press.
Rabinowicz, Wlodek and Toni Rønnow-Rasmussen (1999) "A Distinction in Value," *Proceedings of the Aristotelian Society*, Vol. 100, pp. 33–51.

―――― (2003) "Tropic of Value," *Philosophy and Phenomenological Reasearch*, Vol. 66, pp. 389–403.
―――― (2004) "The Strike of the Demon," *Ethics*, Vol. 114, pp. 391–423.
Railton, Peter (1984) "Alienation, Consequentialism, and the Demands of Morality," *Philosophy and Public Affairs*, Vol. 13, pp. 134–171.
―――― (1986a) "Facts and Values," *Philosophical Topics*, Vol. XIV, No. No. 2, pp. 5–31.
―――― (1986b) "Moral Realism," *The Philosophical Review*, Vol. XCV, No. No. 2, pp. 163–207.
―――― (1989) "Naturalism and Prescriptivity," *Social Philosophy and Policy*, Vol. 7, pp. 151–174.
―――― (2003) *Facts, Values, and Norms*, Cambridge: Cambridge University Press.
Rawls, John (1971(2005)) *A Theory of Justice*, Cambridge, MA: Belknap Press, original edition.
―――― (1982) "Social Unity and Primary Goods," in *Utilitarianism and Beyond*, Cambridge ; New York: Cambridge University Press.
―――― (1999a) *Collected Papers*, Cambridge, MA: Harvard University Press.
―――― (1999b) *A Theory of Justice*, Cambridge, MA: Belknap Press, revised edition.
Raz, Joseph (1986) *The Morality of Freedom*, Oxford: Clarendon Press.
―――― (1990) *Practical Reason and Norms*, Oxford: Oxford University Press, 2nd edition.
―――― (1999) *Engaging Reason*, Oxford ; New York: Oxford University Press.
Regan, Donald (1980) *Utilitarianism and Co-Operation*, Oxford: Clarendon Press.
Rosati, Connie S. (1995) "Persons, Perspectives, and Full Information Accounts of the Good," *Ethics*, Vol. 105, pp. 296–325.
Rosen, Frederick (1983) *Jeremy Bentham and Representative Democracy*, Oxford: Clarendon Press.
Ross, Sir William D. (1930) *The Right and the Good*, Oxford: Clarendon Press.
―――― (1939) *Foundations of Ethics*, Oxford: Clarendon Press.
Ryle, Gilbert (1949) *The Concept of Mind*, London: Hutchinson's University Library. (邦訳：G・ライル（1987）『心の概念』（坂本百大、井上治子、服部裕幸 訳）、みすず書房.)
Sartorius, Rolf (1969) "Utilitarianism and Obligation," *The Journal of Philosophy*, Vol. 66, No. 3, pp. 67–81.
Sayre-McCord, Geoffrey ed. (1988) *Essays on Moral Realism*, Ithaca, NY: Cornell University Press.
Scanlon, Thomas M. (1975) "Preference and Urgency," *Journal of Philosophy*, Vol. 72, No. 19, pp. 655–669.
―――― (1998) *What We Owe to Each Other*, Cambridge, MA: Belknap Press.
―――― (2003) *The Difficulty of Tolerance: Essays in Political Philosophy*, Cambridge: Cambridge University Press.
Scheffler, Samuel ed. (1988) *Consequentialism and its Critics*, Oxford: Oxford University Press.
Scheffler, Samuel (1994) *The Rejection of Consequentialism*, Oxford: Clarendon Press, revised edition.
Schroeder, Timothy (2004) *Three Faces of Desire*, Oxford: Oxford University Press.
Schueler, G. F. (1995) *Desire*, Cambridge, MA: MIT Press.
Sen, Amartya (1979) "Utilitarianism and Welfarism," *The Journal of Philosophy*, Vol.

76, pp. 463-489.
―― (1982) "Rights and Agency," *Philosophy and Public Affairs*, Vol. 11, pp. 3-39.
―― (1985) "Well-being, Agency, and Freedom," *The Journal of Philosophy*, Vol. 82, pp. 169-221.
―― (1997) *On Economic Inequality*, Oxford: Clarendon Press, expanded edition. (邦訳:アマルティア・セン (2000)『不平等の経済学――ジェームズ・フォスター、アマルティア・センによる補論「四半世紀後の『不平等の経済学』」を含む拡大版』(鈴村 興太郎,須賀 晃一 訳),東洋経済新報社.)
Shafer-Landau, Russ (2003) *Moral Realism*, Oxford: Clarendon Press.
Shaw, William H. (1999) *Contemporary Ethics: Taking Account of Utilitarianism*, Oxford: Blackwell.
Sider, Theodore (1996) "All the World's a Stage," *Australasian Journal of Philosophy*, Vol. 74, pp. 433-453.
―― (2001) *Four-Dimensionalism*, Oxford: Clarendon Press.
Sidgwick, Henry (1907 (1981)) *The Methods of Ethics*: Macmillan and Company (Hackett Publishing Company), 7th edition.
Singer, Marcus George (1961) *Generalization in Ethics*, New York: Alfred A. Knopf Publisher.
―― (1977) "Actual Consequence Utilitarianism," *Mind*, Vol. 86, pp. 67-77.
Singer, Peter (1993) *Practical Ethics*, Cambridge: Cambridge University Press, 2nd edition. (邦訳:ピーター・シンガー (1999)『実践の倫理(新版)』(山内友三郎,塚崎智 監訳),昭和堂.)
Smart, J. J. C. and Bernard Williams (1973) *Utilitarianism For and Against*, Cambridge: Cambridge University Press.
Smith, Michael (1989) "Dispositional Theories of Value," *Proceedings of the Aristotelian Society Supplimentary*, Vol. 63, pp. 89-112.
―― (1994) *The Moral Problem*, Oxford: Blackwell.
―― (2002) "Which Passions Rule?" *Philosophy and Phenomenological Research*, Vol. 65, pp. 157-163.
―― (2004) *Ethics and the a Priori*, Cambridge: Cambridge University Press.
Soames, Scott (2002) *Beyond Rigidity: The Unfinished Semantic Agenda of Naming and Necessity*, New York ; Oxford: Oxford University Press.
―― (2004) *Reference and Description*: Princeton University Press.
Sobel, Jordan Howard (1970) "Utilitarianisms: Simple and General," *Inquiry*, Vol. 13, pp. 394-449.
―― (1976) "Utilitarianism and Past and Future Mistakes," *Nôus*, Vol. 10, pp. 195-219.
Sobel, David (1994) "Full Information Accounts of Well-Being," *Ethics*, Vol. 104, pp. 784-810.
―― (2001) "Subjective Accounts of Reasons for Action," *Ethics*, Vol. 111, pp. 461-492.
Stein, Mark S. (2006) *Distributive Justice and Disability: Utilitarianism against Egalitarianism*, New Haven ; London: Yale University Press.
Steiner, Hillel (1994) *An Essay on Rights*, Oxford: Blackwell.
Stocker, Michael (1990) *Plural and Conflicting Values*, Oxford: Clarendon Press.
Strawson, Galen (1994) *Mental Reality*, Cambridge, MA: MIT Press.
Streumer, Bart (2003) "Can Consequentialism Cover Everything ?" *Utilitas*, Vol. 15, pp. 237-247.

―― (2005) "Semi-global Consequentialism and Blameless Wrongdoing: Reply to Brown," *Utilitas*, Vol. 17, pp. 226–230.
Sumner, L. W. (1987) *The Moral Foundation of Rights*, Oxford: Clarendon Press.
―― (1996) *Welfare, Happiness and Ethics*, Oxford: Clarendon Press.
―― (2006) "Feldman's Hedonism," in Kris McDaniel, Jason R. Raibley, Richard Feldman, and Michael J. Zimmerman eds. *The Good, the Right, Life and Death*, Aldershot, U.K. ; Burlington, VT: Ashgate Publishing Company, pp. 83–100.
Tännsjö, Torbjörn (1998) *Hedonistic Utilitarianism*, Edinburgh: Edinburgh University Press.
Thomason, Richmond H. (1981) "Deontic Logic and the Role of Freedom in Moral Deliberation," in Risto Hilpinen ed. *New Studies in Deontic Logic*, Dordrecht: Kluwer Academic Publishers, pp. 177–186.
―― (2002) "Combinations of Tense and Modality," *Handbook of Philosophical Logic*, Vol. 7, pp. 205–234.
Tooley, Michael (1997) *Time Tense & Causation*, Oxford: Clarendon Press.
Toulmin, Stephen (1950) *An Examination of the Place of Reason in Ethics*, Cambridge: Cambridge University Press.
Wallace, R. Jay, Philip Pettit, Samuel Scheffler, and Michael Smith eds. (2004) *Reason and Value*, Oxford: Clarendon Press.
Warren, James (2004) *Facing Death: Epicurus and his Critics*, Oxford: Clarendon Press.
Weymark, John (1991) "A Reconsideration of Harsanyi-Sen Debate on Utilitarianism," in Jon Elster and John Roemer eds. *Interpersonal Comparisons of Well-being*, Cambridge: Cambridge University Press, pp. 255–320.
Williams, Bernard (1988) "The Structure of Hare's Theory," in Douglas Seanor and N. Fotion eds. *Hare and Critics: Essays on Moral Thinking*, Oxford: Oxford University Press.
Zimmerman, Michael J. (1996) *The Concept of Moral Obligation*, Cambridge: Cambridge University Press.
―― (2001) *The Nature of Intrinsic Value*, Lanham, MD: Rowman & Littlefield.
Zimmerman, Dean W. ed. (2004) *Oxford Studies in Metaphysics*, Vol. 1, Oxford: Clarendon Press.
―― (2006) *Oxford Studies in Metaphysics*, Vol. 2, Oxford: Clarendon Press.

井上達夫 (1986)『共生の作法』, 創文社.
―― (1999)『他者への自由』, 創文社.
大屋雄裕 (2004)「情報化社会における自由の命運」,『思想』, 9月号, 212–230頁.
奥野満里子 (1999)『シジウィックと現代功利主義』, 勁草書房.
尾高朝雄 (1955)『法の窮極にあるもの (新版)』, 有斐閣.
塩野谷裕一 (2002)『経済と倫理』, 東京大学出版会.
若松良樹 (2003)『センの正義論』, 勁草書房.

あとがき

　本書は 2005 年 12 月に東京大学大学院法学政治学研究科に提出した修士論文「功利主義リベラリズムとその擁護のための予備的考察」に、明らかな誤りの訂正と論旨の明確化のための修正を施したものである。改稿の過程で生じた元の論文に対する増補は脚注に追い出してあるので、本文の同一性はほぼ保たれているはずである。また、多少とも煩雑な議論は悉く脚注に追い出してあるので、詳細に煩わされずに本文を通読していただけることと思う。

　私自身が功利主義とは何であり何でないかを知るために本書の基となった論文が書かれたといってよい。単純簡素が売りのはずの功利主義が、そのおぼろげな輪郭を知るためだけにすらこれほどの煩雑な議論を要求するなどということは当初まったく予想もしていなかった。扱うべき主題の多さゆえ、功利主義を論ずるに際し必ず問題になるような話題であっても扱えなかったものが幾つかあることに憾みはあるが、それらについては別の機会に譲ることとしたい。本書は功利主義に関して取り立てて新奇な議論を提出しているわけではないし、それを意図してもいない。本書の提示する議論で功利主義に関する古典的功利主義以来の膨大な議論の蓄積のどこかに見つけられないようなものは殆どないだろう。私がそうであったように、功利主義についてある程度の詳細を知りたいと思っているのにどこから手をつければ良いのかすらわからず途方に暮れている人に、功利主義についての一定の見通しと手がかりを提供できていれば本書のささやかな目的は十二分に果たされる。したがって本書は既に功利主義に一定の共感を持っている読者を念頭に於いて書かれているけれども、功利主義に反感を感ずる読者に対しても、絵に書いたような功利主義が不穏にも現実に主張されているのを目の当たりにして自分の反感が虚しいものでなかったことを知ることができるというささやかな快楽を提供できているものと思う。本書のための改稿を行う際にこうした様々な可能的読者が本書から得るかもしれない快楽に対する共感によって作業を行う動機が強められた。総ての可能的読者に対して、ここに記して謝したい。

本書が成立する過程では実に多くの方にお世話になり、またそれに対応するご迷惑をおかけした。まずもってこの場を借りて心より御礼を申し上げたいと思う。同じ研究室の先輩である、大屋雄裕さん、谷口功一さん、横濱竜也さんの3人の方々にはありとあらゆる点で大変お世話になった。横濱さんには修士論文の執筆中から現在に到るまで、お会いするたびに本書の脚注のような煩瑣な議論にお付き合いいただいて、さぞかしご迷惑であったろうと思う。しかし、そうした議論と励ましがなければ本書はそもそも成立していなかったであろう。本書に関連する報告を東京法哲学研究会・関西法理学研究会の合同合宿と東京大学法学部基礎法学研究会で行った際には諸先生方より貴重なコメントを頂戴した。

次いで東京大学で定期的に行われているベンタム研究会のみなさんに感謝申し上げたい。ベンタムのテクストの内在的詳細や歴史的連関を無視した私の大雑把な話や、或いは反対に『法一般論 Of Laws in General』のような無味乾燥なテクストのちまちました逐語的読解にも忍耐強くお付き合いいただいた。私自身は結局本書では思想史的方法をまったく採らなかったけれども、お教えいただいたり議論させていただいたりしたことから受けた影響は計り知れない。研究会を主催されている児玉聡さんを初めとして、板井広明さん、小畑俊太郎さん、川名雄一郎さん、小松佳代子さん、高島和哉さんのみなさんと、ベンタム研究会で修士論文を検討していただいた際に詳細なコメントをくださった山本圭一郎さんにこの場を借りて御礼を申し上げたい。

更に井上彰さんと井上達夫先生のおふたりに心よりの感謝を申し上げたい。井上彰さんは本書の草稿を読んでくださり、その該博な知識と明晰な知性で凡そあらゆる草稿に免れがたく存する明らかな誤りをチェックし、多くの有益なコメントを寄せてくださった。自分でも何を書いたか忘れがちな些末な細部にまで眼を光らせて多くの誤りを未然に防いでくださったことには感謝のほかない。本書に少しでも内容・形式上の改善が見られるとすれば、それはひとえに井上さんのおかげである。指導教員である東京大学大学院法学政治学研究科の井上達夫先生には学恩はもとより既にして言うもおこがましいほどのご迷惑をおかけしている。修士論文執筆中に研究会などで戴いた励ましがなければそもそも論文を書き上げることはできなかったであろう。何度でも繰り返し感謝を申し上げたい。先生からは完成し提出した論文に対して光栄なことに「方向性からなにからまったく間

違っている」という過分のご評価を戴いた。謹んで本書を献呈させていただき、鉄槌が下されるのを喜んで待ちたいと思う。

　最後になるが、勁草書房編集部の土井美智子さんは私の決して読みやすいとはいえない拙い修士論文を読んでくださり、またその出版を勧めてくださった。この幸運と、修士論文の増補・改稿という単純な作業に我ながら恐ろしいほどの怠惰と遅筆ぶりを発揮した私に対する土井さんの卓越した統治とがなければ本書はまったく成立していなかったであろう。篤く衷心よりの御礼を申し上げる。

索引

アルファベット

Åqvist, Lennart　75
Austin, John　18
Bales, R. Eugene　59
Belnap, Nuel　82, 84
Bentham, Jeremy　i, 3, 13, 47, 144, 180,
　　183, 185, 203, 206, 213, 219–222,
　　236, 243, 244, 266, 276, 278,
　　281–283, 290, 294
Bergström, Lars　75, 80
Blackorby, Charles　121
Boralevi, Lea Campos　243, 290
Bossert, Walter　121
Brandt, Richard　17, 19, 31, 32, 48–54, 56,
　　59, 61, 111, 138, 142, 145, 146, 214
Brink, David　59, 61, 62, 97, 123, 128, 129,
　　174, 180, 235
Broome, John　122, 225
Bykvist, Krister　156
Carlson, Erik　63, 74, 75, 115
Carson, Thomas L.　107, 126
Carter, Ian　281
Castañeda, Hector-Neri　74, 78, 89
Chalmers, David J.　109
Chisolm, Roderick M.　77
Cornell, Drucilla　287
Crisp, Roger　145
Dancy, Jonathan　92, 258
Darwall, Stephen　108
Donaldson, David　121
Donner, Wendy　153
Driver, Julia　28
Dworkin, Ronald　131–133
Elster, Jon　187, 247
Epstein, Richard Allen　210
Feldman, Fred　26, 74, 77, 112, 144–146,
　　148, 150, 151, 163, 164, 167, 231,
　　244, 245
Finnis, John　124
Firth, Roderick　172
Freeman, Samuel　258, 259
Gibbard, Allan　26, 38–40

Goble, Lou　77
Godwin, William　i
Goldman(Smith), Holly　77
Goodin, Robert　3, 5, 11, 204, 215, 240, 278
Gosling, J. C. B.　145, 146
Griffin, James　115, 116, 126, 127, 129, 138,
　　147, 196
Hardin, Russel　132, 284
Hare, Richard Mervyn　29, 30, 36, 48,
　　51–56, 60, 65, 67, 99, 199, 205, 284
Harman, Gilbert　98, 100
Harsanyi, John　119, 129, 131, 222–225,
　　260
Hart, H. L. A.　132
Hawley, Katherine　235
Hayek, Friedrich　132, 283
Hinchliff, Mark　78
Hooker, Brad　17, 33, 50
Horty, John　76, 84, 87, 89, 90
Horwich, Paul　26
Hume, David　107, 135, 229, 234, 236
Jackson, Frank　64, 77, 109
Johnson, Conrad　43, 45–49, 56
Kagan, Shelly　148
Kant, Immanuel　29, 33, 60, 62, 78
Kelly, Paul　282
Korsgaard, Christine　95
Kramer, Matthew　281
Kymlicka, Will　6, 259
Lacey, Nicola　i
Lemos, Noah M.　145
Lessig, Lawrence　274
Lewis, David K.　77, 151
Long, Douglas　281
Lyons, David　19–21, 25–28, 31
Mendola, Joseph　78, 109
Mill, John Stuart　i, 3, 18, 285
Miller, Alexander　107
Molnar, George　167
Moore, George Edward　28, 95, 98, 107,
　　108, 113, 123
Mulgan, Tim　17, 32, 177, 178
Murphy, Liam　25

Nagel, Thomas 171
Nozick, Robert 152, 153, 166, 176, 201
Nussbaum, Martha C. 125, 126, 187, 188
Oddie, Graham 77, 78, 91, 102
Parfit, Derek 78, 124, 146, 147, 173, 203, 227–230, 233, 234, 236
Pargetter, Robert 76, 77
Persson, Ingmar 162–164
Pollock, John L. 225
Posner, Eric 41
Postema, Gerald 236, 282
Prawitz, Dag 75
Prior, Arthur 65, 84
Rabinowicz, Wlodek 92, 95
Railton, Peter 28, 59–63, 102, 103, 105, 107, 109–111, 128, 175, 217
Rawls, John 4, 14, 15, 110, 114, 115, 173, 187, 188, 225, 255, 257–260
Raz, Joseph 45, 46, 115, 286
Regan, Donald 25–27
Rønnow-Rusmussen, Toni 92, 95
Rosati, Connie 105
Rosen, Fred 13
Ross, David 92
Scanlon Thomas M. 92, 214
Scheffler, Samuel 177, 178, 180
Schueler, G. F. 135
Sen, Amartya 2, 180, 214, 230
Sider, Theodore 77, 78
Sidgwick, Henry 3, 12, 59, 98, 99, 228, 234
Singer, Marcus George 28, 29, 31
Singer, Peter 120, 121, 244
Smart, J. J. C. 5, 12, 130
Smith, Michael 102, 103, 135
Sobel, David 104
Sobel, Jordan Howard 74, 75, 77, 79
Stein, Mark 215
Steiner, Hillel 281
Sumner, L. Wayne 112, 124, 125, 129, 137, 146, 150
Tänssjö, Torbjörn 145
Thomason, Richmond 77, 84
Thompson, William i
Toulmin, Stephen 48
Warren, James 244
Weymark, John 223, 224
Williams, Bernard 5, 12, 14, 55, 176–179, 182
Wollstonecraft, Mary i
Zimmerman, Michael J. 77, 95, 97, 261

ア 行

アーキテクチュア 183–185, 205, 206, 274, 276, 277, 280
愛着 77, 156, 194, 229, 232–239, 241, 242, 248, 250, 269, 271, 272, 278, 287
アイデンティティ 137, 190, 197, 208, 209, 272
悪意の喜び 129, 130, 260, 261
異個人間 78, 117, 121, 156, 172, 230, 233, 239
意識主体 118–120, 141, 155, 166, 167, 203, 228–243, 245–250 , 267, 269–275, 277–279, 287, 288
意思決定 5, 12, 20, 22–24, 29, 30, 38, 39, 42, 46, 59–63, 66, 67, 80–83, 92, 158, 172, 178, 181, 193, 194, 199, 201–205, 208, 236, 247, 258, 260, 261, 263, 266, 283, 287
異時点間 78, 121, 201, 277
一般化原理 29–31, 51, 52, 78, 79
いとわしき結論 121, 204
井上達夫 255, 257, 262–267, 280, 287
インテグリティ 125, 176–182, 202, 203, 239, 248, 249, 263, 267, 272
ウィリアムズ → Williams, Bernard
ウルストンクラフト → Wollstonecraft, Mary
永遠主義 77, 166, 229
嬰児殺 120, 245
永存的 77, 118
エゴイズム 99, 102, 179, 233, 262
エプスタイン → Epstein, Richard Allen
エリート主義 5, 12, 13
延存的 77, 78
オースティン → Austin, John
大屋雄裕 275
尾高朝雄 220–222
オディー → Oddie, Graham

カ 行

カーソン → Carson, Thomas L.
カーター → Carter, Ian
カールソン → Carlson, Erik
快苦 111, 112, 118–120, 122, 128, 129, 135, 144, 145, 150–152 , 156, 192, 195, 196, 203, 206, 237, 243–249, 261, 270, 279, 284, 288, 291
外在主義 99, 103, 108, 128, 135, 146, 153, 179, 180, 234, 263, 293

索引　311

蓋然主義　28, 62–64, 66, 76, 80, 84, 91, 92
快楽主義者のパラドクス　61, 92
快楽説　92, 97, 111–113, 117, 119, 130, 134, 136–138, 140–144 , 149, 150, 152, 154–158, 169, 190–197, 206, 208, 209, 226, 235, 244, 267
　　外在的快楽説　143, 145, 146
　　感覚的快楽説　143, 144, 147
　　歓楽的快楽説　150–152
　　記述的快楽説　142, 143
　　規範的快楽説　142, 143
　　心理的快楽説　112, 142, 143
　　態度的快楽説　146, 147, 149–152, 154, 192, 289
　　内在的快楽説　109, 143, 145, 148
カスタニェダ　→ Castañeda, Hector-Neri
価値
　　価値の傾向説　100, 102, 103, 106, 107, 109, 111–113, 130, 138, 157, 165, 172
　　個人的価値　94, 98, 103, 109, 110, 115, 123–125, 127, 128, 130, 131, 155, 170, 173, 174, 182, 184, 217, 218, 242, 260
　　道具的価値　95, 96
　　内在的価値　66, 67, 93–107, 111, 113, 114, 119, 125, 127–129, 143, 152, 154, 166, 167, 169, 173–175, 178, 187, 188, 194, 226, 257, 261, 262, 264, 266, 269, 281, 282, 293
価値論　59, 64, 71, 74, 91–93, 109, 120, 121, 128, 163–167, 169, 173, 174, 178, 200, 202, 210, 218, 233, 235, 244, 257–261
可能主義　25, 32, 49, 50, 52, 64, 74–79, 91, 203, 205
「神」　65, 103, 106, 164
　　神的命令説　103, 164, 165
　　有神論　103, 107, 165
感覚質　144
艱苦　144, 150
還元主義　61, 78, 92, 107, 110, 111, 203, 218, 226, 234
外延等価性　20, 23–26, 28
監視　62, 185, 266, 275–277, 284
カント　→ Kant, Immanuel
歓楽　144, 150–152
帰結主義　2, 12–14, 17, 18, 25, 27, 28, 33, 35, 43, 51, 52, 59–64, 66, 67, 70, 72–74, 77–80, 83, 89–92, 99, 111, 121, 128, 160–167, 169, 170, 172, 174–180, 197, 200–202, 206, 207, 210, 223, 233, 236, 250, 252, 258, 259, 293
　　間接帰結主義　28, 59–61, 63, 66, 80, 81, 92, 121, 178, 258, 261, 285
　　規則帰結主義　17, 33, 48, 79, 178
　　行為帰結主義　17
　　直接帰結主義　59, 285
基数　223–226
基礎快　288–291, 293
期待快　247
ギバード　→ Gibbard, Allan
義務ステータス　163–166
キムリッカ　→ Kymlicka, Will
義務論　3, 51, 162–165, 169, 177, 201–203, 257, 258
義務論理　83, 84, 87, 89
客観的リスト　59, 116, 124–127, 129, 138, 188, 196, 198, 200
共時的　21, 26, 27, 52, 68, 78–80, 146, 234, 249
極小化戦略　74, 79, 204
極大化戦略　79, 204
極大共感者　173, 174, 177
グディン　→ Goodin, Robert
グリフィン　→ Griffin, James
ケイガン　→ Kagan, Shelly
経験機械　150, 152–156
経験則　37, 42
傾向性　29, 64, 71, 74, 135, 167, 185, 235, 275
現在主義　77, 78, 119, 156, 235, 236, 269
現実主義　25, 64, 75–80, 91, 92, 194, 202–204, 249
権利　54, 56, 57, 131, 187, 188, 193, 214, 227, 228, 245, 246, 255, 260, 280, 294
　　道徳的権利　45, 56–58, 255, 294
　　法的権利　57, 58, 246, 280, 294
行為指導性　28, 63, 64, 66, 163
行為選択肢　19, 20, 22, 23, 28, 30, 32, 33, 41, 42, 50, 51, 74, 75, 78, 81, 83, 111, 163, 189, 193, 194, 197–200, 204, 206, 249, 274
構成快　288, 289
厚生主義　2, 93, 94, 97, 160, 175, 187, 188, 190, 191, 193–197 , 199, 200, 206, 207, 210–214, 218, 252, 293
功績　146, 167, 174, 244, 258, 261, 279, 283
公務員　5, 14, 181, 182, 203
功利計算　4–7, 12, 17, 29, 31, 32, 35–37, 42, 47, 48, 51, 54, 184
功利原理　42, 48, 52–55, 58, 59, 61, 62, 67,

132, 158, 181, 199, 203–205, 262, 280, 287, 289, 293
功利主義
　間接功利主義 (IU)　4–6, 12, 30, 42, 54, 59–63, 67, 70, 81–83, 92, 100, 111, 120, 129, 131, 158, 171, 178, 181, 183, 186, 199, 203, 250, 260, 261, 263, 283, 293
　規則功利主義 (RU)　17, 18, 20, 29–34, 36–38, 42–54, 56, 58–60, 63, 129, 178
　行為功利主義 (AU)　17–20, 23–31, 33–46, 48, 50–55, 58, 59, 63, 64, 132, 158
　功利主義的一般化 (UG)　18–34, 37, 38, 48–52, 78, 79
　個人道徳的功利主義　4, 5, 7–15, 17, 48, 55, 56
　古典的功利主義　2, 18, 78, 113, 134, 144, 145, 158, 180, 203, 213, 219, 242–245, 252, 281, 291
　世界功利主義　74
　総督府功利主義　5, 11, 12, 184
　直接功利主義 (DU)　5, 6, 12, 13, 59–61, 67, 70, 100, 183, 184, 194, 199, 204, 205, 293
　統治功利主義　4–7, 9–15, 41, 42, 46–48, 55–58, 61, 62, 93, 94, 107, 111, 113, 132, 134, 135, 145, 158, 181–186 , 188, 194, 198–201, 203, 205, 206, 209–211, 215, 220, 222, 224, 226, 227, 238, 239, 241–243, 245, 246, 248–250, 252, 254–257, 262, 263, 265–267, 269, 272–277, 279–281, 283, 285–287, 289, 291, 293, 294
功利性
　一般功利性　32–34, 43, 46, 47, 50, 52, 54
　一般遵守功利性　32, 33
功利の指標説　93, 94, 143, 145, 158, 256, 257, 264
コースガード　→ Korsgaard, Christine
コーネル　→ Cornell, Drucilla
合理性
　完全合理性　104, 106, 127, 130, 138, 209
　主観的合理性　39, 156, 226, 229
　道具的合理性　63, 94, 97, 102–105, 107, 138, 178, 179, 190, 197, 229, 234, 236
ゴールドマン（スミス）　→ Goldman(Smith), Holly
個人の視点　99, 171, 173, 177, 178, 180, 182, 204, 263

コスト　11, 26, 27, 29, 33, 35, 42, 47–49, 51–54, 56–58, 60, 178, 190, 204, 207, 240, 265, 266, 271, 272, 274, 275, 277, 278, 288
ゴスリング　→ Gosling, J. C. B.
ゴドウィン　→ Godwin, William

サ　行

サイダー　→ Sider, Theodore
最大化　5, 10, 14, 21, 44, 48, 49, 54, 59, 61, 71, 74, 98, 119, 128, 162–165, 169, 183, 204, 211, 214, 217, 228, 229, 248, 259, 263, 279, 288, 289
最適規則体系　18, 52, 53, 59, 171, 178
最適動機群　130, 171, 178, 199
サムナー　→ Sumner, L. Wayne
サンクション　4, 5, 8, 9, 40–43, 46, 55–58, 61, 62, 181, 183–185, 204, 213, 221, 237, 238, 242, 260, 261, 265, 270, 272, 273, 277, 278
死　231, 243–245, 247, 248
自愛　141, 156, 228–230, 232, 234–236, 239, 250, 259, 278, 279
シェフラー　→ Scheffler, Samuel
塩野谷祐一　14
シグナリング　8, 41
シジウィック　→ Sidgwick, Henry
事実主義　25, 28, 59, 62–66, 74, 76, 79, 91
自然主義　61, 92, 107–111, 144, 164, 293
持続　77, 78, 112, 146, 234–236, 239, 244, 272
実在論　60, 61, 107, 109, 111, 143, 156, 173, 174, 239, 265, 293
実体
　擬制的実体　203, 236, 238, 279, 281
実定道徳　48, 283
時点主義　64, 71–74, 77, 79, 80, 84, 86, 95, 110, 111, 118, 119, 121, 122, 167, 168, 194, 203, 233–236, 242–244, 249, 250, 269, 274, 293
時点切片　77, 118, 166–169, 197, 201, 231, 234–236, 250
指標的功利説　94, 114, 115
社会規範　8, 41, 42, 110, 112
社会工学　132, 284
ジャクソン　→ Jackson, Frank
自由　9, 93, 115, 126, 132, 173, 187, 194, 196, 198, 214, 221, 254, 255, 267, 280–286, 291
集計　2, 94, 98, 99, 107, 110, 115, 117,

索引

119–121, 123, 128, 129, 131, 173, 183, 217–219, 221–226, 228, 230, 233, 234, 249, 251, 252, 256, 260, 261, 293
遵守状況　32, 56
消極的責任　12, 14, 175–178, 182
序数　223–226
ジョンソン　→ Johnson, Conrad
自律　116, 126, 133, 155, 188, 189, 192, 194, 207, 208, 212, 213, 269–272, 275–277, 285–287, 291
仁愛　9, 13, 65, 99, 105, 107, 184, 185, 228–230, 234, 259, 278, 280
シンガー　→ Singer, Marcus George, → Singer, Peter
人格　78, 118, 179, 203, 227, 228, 234–239, 241–244, 246–249, 269, 271, 277–280, 285, 286, 289, 291, 293
　人格の同一性　77–79, 227, 228, 234
随伴　92, 218
スキャンロン　→ Scanlon, Thomas M.
スタイン　→ Stein, Mark
スマート　→ Smart, J. J. C.
スミス　→ Smith, Michael
正義　4, 14, 15, 93, 94, 114, 115, 161, 167, 168, 175, 220, 232, 255–263, 280
　分配的正義　97, 98, 128, 210, 215, 258, 289
性質　64, 91, 92, 108, 124, 164, 166, 168, 170, 171, 256
　外在的性質　229
　価値性質　77
　関係性質　235, 258, 286
　傾向性質　71, 79
　現象性質　144
　自然性質　92, 144
　道徳性質　110, 258
　内在的性質　95, 229, 235, 286
セン　→ Sen, Amartya
選好
　外的選好　131–133
　顕示選好　191, 192
　メタ選好　132, 133
先行存在説　119, 120
善の功利説　93–97, 113, 114, 128, 158, 256, 257, 264, 266
総量説　119–121
総和主義　98, 110, 119, 128, 160, 174, 194, 217–227, 230, 233–235, 251, 252, 259, 293

ソーベル　→ Sobel, Jordan Howard, → Sobel, David
存在論　65, 66, 77, 78, 119, 165, 234, 236, 250, 251, 282

タ 行

対応者　77, 78, 121, 234–236, 239
耐時的　77, 78
代替可能性　121
大天使　28, 30, 51, 54, 60, 65, 67, 199, 284
卓越主義　116, 125, 126, 154, 286
他者危害原理　132, 285–291, 293
堕胎　120, 245
ダンシー　→ Dancy, Jonathan
チザム　→ Chisolm, Roderick M.
知識問題　132, 283–285
チャーマーズ　→ Chalmers, David J.
調整問題　37, 41, 42, 63, 162
直観　4–6, 8, 9, 11, 12, 17, 19, 25, 29–31, 34, 36, 48, 52, 54, 55, 60, 71, 74, 83, 97, 108, 111, 120, 122, 129–132 , 145, 149, 154–156, 169, 187, 188, 200, 204, 205, 210, 214, 215, 231, 243, 244, 251, 258, 261
ツィンマーマン　→ Zimmerman, Michael J.
通時的　21, 23, 25, 26, 68, 72, 78–80, 229, 233, 234, 241, 249
適応的選好　187–193, 195, 196, 198, 200, 201, 206, 207, 209, 210, 288
適応費用　206
当為
　行為当為　88, 91, 200, 203, 258
　事態当為　88, 91, 200, 258
ドゥウォーキン　→ Dworkin, Ronald
トゥールミン　→ Toulmin, Stephen
統治技術　271, 273, 276–280, 285, 291, 293
統治者　5, 6, 9, 11–13, 15, 40–42, 46, 56–58, 61, 62, 99, 100, 158, 181–185, 193–195, 197–210, 215, 221, 222, 233, 240, 252, 260, 265, 266, 269–274, 276, 277, 280, 283, 284, 287, 289, 293
ドナー　→ Donner, Wendy
ドナルドソン　→ Donaldson, David
トマソン　→ Thomason, Richmond
トムソン　→ Thompson, William
ドライヴァー　→ Driver, Julia

ナ 行

名宛人　5, 15, 55, 198, 202, 203, 293

内在主義　97, 102–104, 128, 229
二層理論　29, 48, 52, 55, 60, 199, 261
認識的理想主体　63, 65, 66, 121, 122
ヌスバウム　→ Nussbaum, Martha C.
ネーゲル　→ Nagel, Thomas
ノージック　→ Nozick, Robert
ノモス　220–222

ハ 行

パーゲッター　→ Pargetter, Robert
ハーサニ　→ Harsanyi, John
ハーディン　→ Hardin, Russel
ハート　→ Hart, H. L. A.
パーフィット　→ Parfit, Derek
ハーマン　→ Harman, Gilbert
ハイエク　→ Hayek, Friedrich
配慮　102, 103, 106, 121, 122, 128, 132, 141, 156, 192, 227–229 , 236, 240–242, 244, 250, 259, 269–273, 275, 277–280
被治者　5, 6, 12, 13, 15, 40, 41, 46, 55, 62, 168, 181, 182, 184–186, 197–201, 207–210, 221, 222, 233, 266, 273–277, 280
ヒューム　→ Hume, David
ビュクヴィスト　→ Bykvist, Krister
評価基準　43, 59, 62, 66, 73, 80, 158, 251, 263
表現定理　165, 225
平等　97, 125, 128, 167, 173, 174, 210–212, 214, 215, 259, 282
　　厚生の平等　210–212
ファース　→ Firth, Roderick
フィニス　→ Finnis, John
フェアネス　19, 49, 128
フェミニズム　125, 287, 289
フェルドマン　→ Feldman, Fred
不可能性定理（アローの）　224
複合行為　72–76, 78–80, 204, 249
福利　94, 103, 115, 123–129, 149–151, 153, 155, 173, 187, 188
フッカー　→ Hooker, Brad
部分学的本質主義　77
普遍化可能性　29, 30, 50, 171, 262
不偏観察者　174, 225, 226
不偏性　5, 6, 12, 14, 15, 72, 99, 110, 169–177, 180–185, 204, 217, 233, 252, 259, 293
プライアー　→ Prior, Arthur
ブラッコルビー　→ Blackorby, Charles
ブラント　→ Brandt, Richard
フリーマン　→ Freeman, Samuel
プリコミットメント　247–249

ブリンク　→ Brink, David
ブルーム　→ Broome, John
分岐時間モデル　68, 69, 71, 74, 83–85
ヘア　→ Hare, Richard Mervin
ペアション　→ Persson, Ingmar
ベイルズ　→ Bales, R. Eugene
ベルイシュトレーム　→ Bergström, Lars
ベルナップ　→ Belnap, Nuel
ベンタム　→ Bentham, Jeremy
ホーティ　→ Horty, John
ホーリィ　→ Hawley, Katherine
ボザート　→ Bossert, Walter
ポステマ　→ Postema, Gerald
没人格性　169, 172, 173, 175, 177, 233
ボラレヴィ　→ Boralevi, Lea Campos
ポロック　→ Pollock, John L.

マ 行

マーフィー　→ Murphy, Liam
マルガン　→ Mulgan, Tim
未決問題論法　108, 109, 113
密教　12, 52, 62, 266, 289
ミル　→ Mill, John Stuart
ムーア　→ Moore, George Edward
メンドーラ　→ Mendola, Joseph
目的論　257–259

ヤ 行

有機的統一　95, 119, 121, 141, 166, 168, 169, 227, 235
予期　11, 39, 42, 72, 121, 232, 234–239, 241–248, 250, 269–280, 283, 284, 287–289
欲求
　道具的欲求　101, 105, 141, 142
　内在的欲求　100, 101, 104–106, 127, 131, 141, 142
欲求充足説　92, 97, 111–113, 119, 123, 130, 134, 137–142, 146, 148–150, 157, 196, 197, 208, 209, 267
　知悉欲求説　137, 138, 195, 196, 225
　2 階の欲求説　106, 138

ラ 行

ライアンズ　→ Lyons, David
ラズ　→ Raz, Joseph
ラビノヴィチ　→ Rabinowicz, Wlodek
リーガン　→ Regan, Donald
理想的自己　103–106, 109, 111–113, 117, 130, 131, 196, 197

理想的主体　29, 63, 65, 67, 70, 82, 83, 86, 90–92, 101–104, 194, 196, 197, 204, 208
立憲主義　57, 58, 132, 184, 205, 254, 255, 280, 287
リベラリズム　3–5, 14, 15, 94, 114–116, 132, 253–257, 259, 262, 264, 266, 267, 276, 277, 279–281, 284, 287, 291, 293, 294
リベラル・パラドクス（センの）　132
理由　89, 91, 92, 102, 104, 110, 112, 113, 120, 121, 127, 130, 135, 141, 142, 179, 180, 204, 230, 234, 248, 263–265, 267, 278, 293
理由賦与的　92, 144
ルイス　→ Lewis, David K.

累積効果　21, 26
ルール崇拝　34, 36, 45, 50, 51
レイシー　→ Lacey, Nicola
レイルトン　→ Railton, Peter
歴史主義　64, 65, 71, 73, 74, 79, 86, 110, 111, 118, 119, 121, 141, 235, 250
レッシグ　→ Lessig, Lawrence
ローゼン　→ Rosen, Fred
ロールズ　→ Rawls, John
ロサティ　→ Rosati, Connie
ロス　→ Ross, David
ロング　→ Long, Douglas

　　ワ　行

若松良樹　211
割当責任　215, 240, 269, 277

著者略歴
1982 年　千葉県に生まれる
2004 年　東京大学法学部卒業
2006 年　東京大学大学院法学政治学研究科総合法政専攻修士課程修了
現　在　一橋大学大学院法学研究科教授
共　著　書　『法哲学と法哲学の対話』（大屋雄裕と共著、有斐閣、2017 年）
　　　　　　『メタ倫理学の最前線』（勁草書房、2019 年）
　　　　　　『人工知能と人間・社会』（勁草書房、2020 年）
　　　　　　『リーガル・ラディカリズム』（有斐閣、2023 年）ほか
主　論　文　「動物の道徳的地位を承認するということ」（『宗教法』42 号、2023 年）ほか

統治と功利　功利主義リベラリズムの擁護

2007 年 5 月 25 日　第 1 版第 1 刷発行
2024 年 7 月 20 日　第 1 版第 6 刷発行

著　者　安　藤　　馨
発行者　井　村　寿　人
発行所　株式会社　勁　草　書　房

112-0005 東京都文京区水道 2-1-1　振替　00150-2-175253
（編集）電話 03-3815-5277／FAX 03-3814-6968
（営業）電話 03-3814-6861／FAX 03-3814-6854
大日本法令印刷・牧製本

ⓒANDO Kaoru　2007

ISBN978-4-326-10169-6　Printed in Japan

JCOPY 〈出版者著作権管理機構　委託出版物〉
本書の無断複製は著作権法上での例外を除き禁じられています。複製される場合は、そのつど事前に、出版者著作権管理機構（電話 03-5244-5088、FAX 03-5244-5089、e-mail: info@jcopy.or.jp）の許諾を得てください。

＊落丁本・乱丁本はお取替いたします。
ご感想・お問い合わせは小社ホームページからお願いいたします。
https://www.keisoshobo.co.jp

著者	書名	訳者/備考	価格
D・パーフィット	理由と人格 非人格性の倫理へ	森村進訳	11000 円
A・セン	合理的な愚か者 経済学=倫理学的探究	大庭・川本訳	3300 円
R・M・ヘア	道徳的に考えること レベル・方法・要点	内井・山内監訳	5280 円
奥野満里子	シジウィックと現代功利主義	A5判	★5280 円
若松良樹	センの正義論 効用と権利の間で	四六判	3300 円
大屋雄裕	法解釈の言語哲学 クリプキから根元的規約主義へ	A5判	3850 円
瀧川裕英	責任の意味と制度 負担から応答へ	A5判	3850 円
小泉良幸	リベラルな共同体 ドゥオーキンの政治・道徳理論	A5判	3850 円

＊表示価格は 2024 年 7 月現在。消費税 10％ が含まれております。
＊★印はオンデマンド出版です。